Theologische Bibelkunde

Einführung in das Alte Testament (EAT)

Herausgegeben
von Andreas Wagner

Band 2

Achim Müller

Theologische Bibelkunde

EVANGELISCHE VERLAGSANSTALT
Leipzig

Achim Müller, Dr. theol., Jahrgang 1965, hat seit 2002 einen Lehrauftrag für Bibelkunde an der Universität Mainz. Nach dem Studium der Theologie, Psychologie und Ägyptologie in Mainz mit einer Arbeit über Prov 1–9 promoviert. Diverse Arbeiten zur Weisheit und zur biblisch-hebräischen Syntax. Nach einem Volontariat Redakteur beim Radio und bei der Evangelischen Kirchenzeitung (Frankfurt a. M.). Seit 2003 Pfarrer in Worms mit Schwerpunkt im Bereich Kultur und Erwachsenenbildung. Regelmäßige Mitarbeit bei den Homiletischen Monatsheften.

Bibliographische Information der Deutschen Nationalbibliothek:
Die Deutsche Nationalbibliothek verzeichnet diese Publikation in der Deutschen Nationalbibliographie; detaillierte bibliographische Daten sind im Internet über http://dnb.dnb.de abrufbar.

© 2022 by Evangelische Verlagsanstalt GmbH · Leipzig
Printed in Germany

Das Werk einschließlich aller seiner Teile ist urheberrechtlich geschützt.
Jede Verwertung außerhalb der Grenzen des Urheberrechtsgesetzes ist ohne Zustimmung des Verlags unzulässig und strafbar. Das gilt insbesondere für Vervielfältigungen, Übersetzungen, Mikroverfilmungen und die Einspeicherung und Verarbeitung in elektronischen Systemen.

Das Buch wurde auf alterungsbeständigem Papier gedruckt.

Gesamtgestaltung: Kai-Michael Gustmann, Leipzig
Umschlag-Illustration: Jim Padgett, Gospel of John Chapter 6-4; Distant Shores Media/Sweet Publishing, CC BY-SA 3.0
Druck und Binden: BELTZ Grafische Betriebe GmbH, Bad Langensalza

ISBN 978-3-374-06640-7 — e-ISBN (PDF) 978-3-374-06681-0
www.eva-leipzig.de

Inhalt

1. Vorwort 9
2. Zur Arbeit mit diesem Buch . 11
3. Einleitung 13
3.1 Das Land Israel 13
3.2 Geschichte der biblischen Zeit . . 14
3.2.1 »Landnahme«, »Richterzeit« und Entstehung des Königtums . . . 15
3.2.2 Königszeit 16
3.2.3 Exilszeit und Perserzeit 17
3.2.4 Hellenistische Epoche – Die Dynastie der Hasmonäer . 17
3.2.5 Römische Epoche – neutestamentliche Zeit 18
3.3 Der Text der Bibel 20
3.3.1 Die Sprachen der Bibel – antike Übersetzungen 20
3.3.2 Übersetzungen in moderne Sprachen 22
3.4 Fragen 23

4. Das Alte Testament 25
4.1 Der Kanon des AT in seiner Vielfalt 26
4.2 Fragen 34

5. Der Pentateuch – die Tora Israels 35
5.1 Genesis 36
5.1.1 Urgeschichte 37
5.1.2 Erzeltern 43
5.1.3 Josefsnovelle 48
5.1.4 Übersicht Genesis 50
5.1.5 Fragen 53
5.2 Exodus 53
5.2.1 Israel in Ägypten – Mose – Auszug 54
5.2.2 Plagen – Verstockung des Pharao 54
5.2.3 Passa und Mazzot 55
5.2.4 Auszug aus Ägypten 56
5.2.5 Wanderung durch die Wüste . . 56
5.2.6 Am Sinai: Theophanie und Bundesschluss 57
5.2.7 Das Goldene Kalb 58
5.2.8 Übersicht Exodus 61
5.2.9 Themen 61
5.3 Levitikus 65
5.3.1 Versöhnungstag 68
5.3.2 Heiligkeitsgesetz 69
5.3.3 Übersicht Levitikus 70
5.4 Numeri 70
5.4.1 Lagerordnung mit Volkszählung und Aufbruch vom Sinai 70
5.4.2 Wüstenwanderung: Die rebellierende Generation 71
5.4.3 Eroberung des Ostjordanlandes durch die neue Generation . . . 72
5.4.4 Übersicht Numeri 72
5.5 Deuteronomium 73

Inhalt

- 5.5.1 Einleitungsreden 74
- 5.5.2 Bundesschluss im Lande Moab – Josua als Nachfolger des Mose – Tod des Mose 78
- 5.5.3 Übersicht Deuteronomium . . . 78
- 5.5.4 Themen 79
- 5.6 Struktur und Entstehung des Pentateuchs 82
- 5.7 Weiterführung der Erzählung des Pentateuch 83
- 5.8 Fragen zu Exodus bis Leviticus . . 84

6. Vordere Propheten (Nebiim harischonim) 85
- 6.1 Das Deuteronomistische Geschichtswerk 86
- 6.2 Josuabuch 89
- 6.3 Richterbuch 92
  - 6.3.1 Die einzelnen Richter 94
  - 6.3.2 Übersicht Richterbuch 96
- 6.4 Samuelbücher 97
  - 6.4.1 Samuel und die Lade 98
  - 6.4.2 Königtum Sauls 98
  - 6.4.3 Davids Aufstieg 100
  - 6.4.4 Thronnachfolge Davids 101
  - 6.4.5 Übersicht Samuelbücher 102
- 6.5 Königsbücher 104
  - 6.5.1 Salomo 105
  - 6.5.2 Die getrennten Reiche – König Ahab von Israel 106
  - 6.5.3 Die Elia- und Elisa-Erzählungen 107
  - 6.5.4 Von Hiskia bis Josia und das Ende Judas 108
  - 6.5.5 Übersicht Königsbücher 109
- 6.6 Fragen Vordere Propheten 109

7. Hintere Propheten (Nebiim haacheronim) 111
- 7.1 Einführung in die Prophetie . . 111
  - 7.1.1 Mantiker und Propheten 112
  - 7.1.2 Eigenart der hebräischen Schriftpropheten 118
  - 7.1.3 Fragen Einführung in die Prophetie 118
- 7.2 Die kleinen Propheten (Zwölfprophetenbuch) 118
  - 7.2.1 Hosea 121
  - 7.2.2 Amos 124
  - 7.2.3 Jona 126
  - 7.2.4 Haggai, Sacharja und Maleachi 131
  - 7.2.5 Fragen zu den Kleinen Propheten 137
- 7.3 Jesaja 138
  - 7.3.1 Protojesaja 139
  - 7.3.2 Übersicht Proto-Jesaja 143
  - 7.3.3 Deuterojesaja 143
  - 7.3.4 Übersicht Deuterojesaja 146
  - 7.3.5 Tritojesaja 146
  - 7.3.6 Fragen zu Jesaja 149
- 7.4 Jeremia 150
  - 7.4.1 Berufungsvision und Worte gegen Jerusalem und Juda . . . 151
  - 7.4.2 Jeremia-Legenden 153
  - 7.4.3 Zukunftshoffnungen Jeremias 154
  - 7.4.4 Fragen Jeremia 155
  - 7.4.5 Übersicht Jeremia-Buch 155
- 7.5 Ezechiel 156
  - 7.5.1 Zeichenhandlungen (Kap. 4–5) 157
  - 7.5.2 Heilsvorstellungen bei Ezechiel 158
  - 7.5.3 Übersicht Ezechiel 159
  - 7.5.4 Fragen Ezechiel 161

8. Schriften (Ketubim) 163
- 8.1 Merkmale hebräischer Poesie . . 163
- 8.2 Die Psalmen 165
  - 8.2.1 Aufbau aus Sammlungen . . . 165
  - 8.2.2 Theologischer Rahmen 167
  - 8.2.3 Psalmengattungen 168

INHALT

8.2.4 Thematische Psalmengruppen 171
8.2.5 Übersicht über den Psalter . . . 173
8.2.6 Fragen zum Psalter 173
8.3 Weisheit 174
8.3.1 Sprüche Salomos 175
8.3.2 Hiob 179
8.3.3 Qohelet 185
8.4 Die Megillot 187
8.4.1 Hoheslied 188
8.4.2 Rut 190
8.4.3 Klagelieder 192
8.4.4 Ester 193
8.4.5 Fragen zu den Megillot 194
8.5 Das Danielbuch 195
8.5.1 Daniellegenden 196
8.5.2 Visionen bei Daniel 198
8.5.3 Übersicht Danielbuch 200
8.5.4 Fragen zum Danielbuch 202
8.6 Esra und Nehemia 202
8.6.1 Esra, der erste Schriftgelehrte . 204
8.6.2 Fragen zu Esra und Nehemia . 204
8.7 Die Chronik 205

9. **Das Neue Testament** 207
9.1 Der neutestamentliche Kanon . 207
9.2 Fragen zum Kanon 209

10. **Echte Paulusbriefe** 211
10.1 Die neutestamentlichen Briefe . 211
10.2 Erster Thessalonicher-Brief . . . 214
10.3 Erster Korinther-Brief 215
10.4 Zweiter Korinther-Brief 219
10.5 Philipper-Brief 222
10.6 Philemon-Brief 223
10.7 Galater-Brief 224
10.8 Römer-Brief 227
10.8.1 Theologische Grundlegung . 229
10.8.2 Paränese (Ermahnungen) . . 231
10.9 Fragen neutestamentliche Briefe und Paulus 233

11. **Die synoptischen Evangelien** 235

12. **Markusevangelium** 241
12.1 In der Wüste 242
12.2 Am Meer von Galiläa 243
12.3 Der Weg ins Leiden – Nachfolge 246
12.4 Jerusalem: Zwischen Ölberg und Tempel 247
12.5 Das Grab 249
12.6 Fragen zu Markus 253

13. **Matthäusevangelium** 255
13.1 Vorgeschichte 256
13.2 Lehre, Wunder und Konflikte . . 257
13.3 Jüngergemeinde und Abrechnung mit den Gegnern . 259
13.4 Passion und Ostern 260
13.5 Fragen zu Matthäus 266

14. **Lukasevangelium** 267
14.1 Parallele Geburtsgeschichten . . 268
14.2 Kleine Einschaltung und große Auslassung 269
14.3 Große Einschaltung: lukanischer Reisebericht 269
14.4 Ende in Jerusalem 270
14.5 Fragen zu Lukas 276

15. **Apostelgeschichte** 279
15.1 Jerusalemer Urgemeinde 280
15.2 Mission in Samaria und der Küstenebene 281
15.3 Drei Missionsreisen des Paulus und Apostelkonvent 283
15.4 Gefangenschaft des Paulus . . . 286
15.5 Fragen zur Apostelgeschichte . . 289

16. **Unechte Paulusbriefe** 291
16.1 Kolosser-Brief 293
16.2 Epheser-Brief 295

16.3 Pastoralbriefe 296	18.6 Fragen Apokalypse 317
16.4 Der zweite Thessalonicher-Brief 297	**19. Johanneische Schriften** 319
16.5 Fragen zu den unechten Paulusbriefen 298	19.1 Das Evangelium nach Johannes 319
	19.1.1 *Unterschiede zu den Synoptikern* 320
17. Hebräerbrief und katholische Briefe 299	19.1.2 *Prolog* 321
	19.1.3 *Öffentliche Wirksamkeit Jesu* 322
17.1 Hebräerbrief 299	
17.2 Katholische Briefe 304	19.1.4 *Abschiedsreden* 326
17.3 Jakobusbrief 305	19.1.5 *Passion und Ostern* 328
17.4 Der Brief des Petrus und der Brief des Judas 307	19.1.6 *Anhang* 330
	19.2 Übersicht Johannesevangelium 330
17.4.1 *Der erste Petrus-Brief* 307	19.3 Fragen Johannesevangelium und Johannesbriefe 336
17.4.2 *Judasbrief* 309	
17.4.3 *Zweiter Petrus-Brief* 309	
17.5 Fragen Hebräerbrief und Katholische Briefe 310	**20. Die Bibel als Wort Gottes: hermeneutischer Ausblick** . . 339
18. Die Apokalypse 311	**21. Anhang** 343
18.1 Rahmenerzählung: Johannes auf Patmos 311	21.1 Lernstrategien zum Wiederholen des Stoffs 343
18.2 Sieben Sendschreiben 312	21.2 Abkürzungen 345
18.3 Visionen vom endzeitlichen Kampf und Sieg 312	21.3 Zeittafel 346
	21.4 Leseminimum 348
18.4 Neuer Himmel, neue Erde und neues Jerusalem 314	21.5 Hilfsmittel für das Studium der Bibel 350
18.5 Übersicht Apokalypse 317	21.6 Abbildungsverzeichnis 355

1.

Vorwort

Die biblischen Texte sind das Blut, das in den Adern der Theologie fließt. Wer also Theologie studieren möchte, ist darauf angewiesen, sich intensiv mit der Bibel auseinanderzusetzen. Dabei taucht er nicht nur in eine fremde Welt ein – den Alten Orient und die griechisch-römische Antike, sondern er ist auch immer wieder mit der langen Wirkungsgeschichte dieser Texte konfrontiert: des Alten Testaments im Neuen und als jüdische Bibel; der Auslegung der biblischen Texte und ihrer philosophisch-theologischen Durchdringung in den christlichen Theologien; der Prägung von Mentalitäten und Moralvorstellungen durch diese Texte; ihre Fruchtbarkeit für das spirituelle Leben von Juden und Christen; ihre Umsetzung in bildender Kunst, Literatur, Musik, Filmen.

Die gesellschaftliche Debatte der letzten Jahre arbeitet sich am Verhältnis zwischen Christentum und Islam ab: Wir merken, wie sehr unsere eigene Kultur von den in der Bibel bewahrten Traditionen geprägt ist – und unserer ganz spezifischen Aneignung dieser Traditionen. Sie unterscheidet sich von der im Islam, der ja ebenfalls aus den biblischen Traditionen schöpft.

All das ausführlich zu behandeln, kann realistischerweise nicht Aufgabe einer Bibelkunde sein, dennoch soll in dieser Bibelkunde immer wieder das vielfältige Geflecht sichtbar werden, in dem die biblischen Texte stehen – untereinander und mit ihren Lesern und Interpreten. Das hat auch den didaktischen Sinn, dass so nicht nur isolierte Inhalte biblischer Bücher gelernt werden, sondern die Inhalte Anschluss an Bekanntes finden können – und das ist hilfreich, wie wir aus der Lernpsychologie wissen.

Die Ausarbeitung eines solches Lehrbuches geschieht nicht im luftleeren Raum. In über 20 Semestern, die ich nun schon Bibelkunde an der Johannes Gutenberg Universität Mainz unterrichte, haben die Studierenden (Pfarramt, Lehramt/Bachelor of Education) mir immer wieder Anlass gegeben, neue Materialien zur Lernhilfe zu entwickeln. Ihre Fragen ließen erkennen, welche Themen interessant sind. Daher möchte ich den Teilnehmerinnen und Teilnehmern an meinen Übungen danken.

Weiterer Dank gilt Edith Raim, die mir ein Exemplar des von ihr mitherausgegebenen Buches »Ein Ort wie jeder andere« überlassen hat, in dem ich die Abbildung zum Purimfest 1946 in Landsberg gefunden habe. Meine Koblenzer Kollegin Dr. Anja A. Diesel hat mir aufmunternde Rückmeldungen zum Manuskript gegeben, auch dafür möchte ich danken. Ebenso Prof. Dr. Andreas Wagner, der das Lehrbuch in diese Reihe aufgenommen hat. Nicht zuletzt gilt mein Dank meiner Frau Veronika Veerhoff, die sich der Mühe unterzogen hat, die Bibelstellen zu kontrollieren.

Mein Dank gilt auch der VELKD sowie meiner eigenen Kirche, der EKHN, die sich mit Zuschüssen an den Druckkosten beteiligt haben.

Worms, im Oktober 2021

2.

Zur Arbeit mit diesem Buch

Seit Langem schon gehören zwei Bereiche zum bewährten Lernstoff der Bibelkunde: Erstens die Gliederungen biblischer Bücher, mit denen man sich ihre zentralen Inhalte erschließen kann und zweitens dann Querschnitte, die wiederkehrende Themen und Motive zusammenstellen. Diese Bibelkunde will bei beidem helfen. Sie unterscheidet dabei zwischen Grund- und Aufbauwissen: So bietet sie einen konzentrierten Durchgang, der durch weitere Abschnitte je nach Zeit oder Interesse vertieft werden kann. Auf diese Weise kann etwa zwischen elementaren Kursen im Rahmen eines Bachelorstudienganges und breiter angelegten Kursen für Pfarramt und Diplom unterschieden werden.

Ein anderer Weg, den Stoff zu konzentrieren, besteht darin, eine Auswahl der theologisch zentralen Bücher zu treffen. Diese werden gründlich durchgenommen, während die übrigen Schriften nur knapp in ihren einleitenden Kurzübersichten gelernt werden. Als zentral kann man folgende Bücher ansprechen:

AT: Genesis, Exodus, Deuteronomium, 1./2. Samuel, 1./2. Könige, Jesaja, Jeremia, Ezechiel, Hosea, Amos, Jona, Sacharja, Psalmen, Hiob, Daniel.
NT: Mt, Mk, Lk, Joh, Apg, Echte Paulusbriefe, Hebr, Apk.

Die Inhaltsangaben werden in dieser Bibelkunde unter folgende Gesichtspunkte gestellt:
1. **Aufbau** der Bücher mit ihrer Gliederung: Struktur und Inhalt.
2. Hinweis auf **wichtige Textstellen** gerade mit Blick auf die zwei folgenden Aspekte:
3. **Theologische Kernthemen** der Bücher – mit Ausblicken auf Rezeption und Wirkungsgeschichte in Judentum, Christentum und Islam sowie in den verschiedenen Bereichen von Kunst und Kultur.
4. **Thematische Querschnitte** zur Verdeutlichung unterschiedlicher Bereiche: Personen und Orte, theologische und ethische Themen, Textsorten, Feste und Rituale, zentrale Begriffe.

Dabei werden als Lernhilfen angegeben:
- ein halbwegs realistisches Leseminimum (s. Anhang I),
- eine vorangestellte Zusammenfassung der zentralen Inhalte der Bücher,
- abschließend Fragen zur Kontrolle des Lernstoffs, untergliedert in Grundwissen und vertieftes Wissen,
- grafische Übersichten,
- Tabellen zur Gliederung,
- Abbildungen.

Darüber hinaus gibt es Hinweise auf weiterführende – nicht nur exegetische – Literatur (inklusive Internetadressen). Die in den Literaturverzeichnissen aufgeführte Literatur wird mit Autor, Jahr und Seite zitiert.

In einer Bibelkunde versteht es sich von selbst, dass bei den Antworten immer auch die biblischen Belegstellen für die einzelnen Aussagen anzugeben sind, auch da, wo es der Kürze halber nicht eigens erwähnt ist.

Der Stoff ist auf 13 »Lektionen« verteilt. Jeder Lektion sind zwischen 20 und 30 Seiten zugemessen. Bei 14 Semesterwochen kann der Stoff so bequem durchgenommen werden und es bleibt eine Stunde für Wiederholungen; falls nur 13 Wochen zur Verfügung stehen, können aus den Ketubim Hiob und die Psalmen ausgewählt werden.

1. Einführung
2. Genesis
3. Exodus bis Deuteronomium
4. Das deuteronomistische Geschichtswerk
5. Einführung in die Prophetie, Dodekapropheton
6. Große Propheten
7. Ketubim I, Psalmen und Geschichtsbücher
8. Ketubim II, Weisheit mit Hiob
9. Die echten Paulusbriefe
10. Synoptiker I, Markus und Matthäus
11. Synoptiker II, das lukanische Doppelwerk (Lk u. Acta)
12. Die übrigen Briefe und Apokalypse
13. Die johanneischen Schriften (Evangelium u. Briefe)

Dieser Zeitplan kann auch als Orientierung dienen, wenn diese Bibelkunde als Grundlage für ein Selbststudium bei der Vorbereitung auf eine Prüfung dienen soll.

3.

Einleitung

3.1 Das Land Israel

Israel, das Land in dem die Bibel entstanden ist, ist ein kleines Land. Die oft erwähnte Ausdehnung des Heiligen Landes von Dan im Norden bis Beerscheba im Süden (Ri 20,1; 1Sam 3,20 passim) beträgt 240 km, etwas kürzer ist der Jordan von der Quelle bis zur Südspitze des Toten Meeres. Im Norden, auf der Höhe des Sees Genezareth, ist das Land 50 km breit, im Süden, von der Mittelmeerküste bis zum Toten Meer, sind es 150 km. Östlich des Jordan beginnt nach 50 km allmählich die Wüste, nur im Gebiet des Basan, im Norden, ist das fruchtbare Gebiet 75 km breit.

Ausdehnung

Israel ist durch kleinräumige Strukturen unterschiedlicher Landschaften mit großen Gegensätzen geprägt. Im Westen, entlang dem Mittelmeer, liegt eine feuchtwarme, fruchtbare Küstenebene, die nach Osten hin zu einem ersten Gebirgszug ansteigt: im Norden Galiläa, in der Mitte das samarische und im Süden das judäische Gebirge.

Vielzahl unterschiedlicher Landschaften

Östlich der ersten Gebirgskette liegt der Jordangraben mit dem Toten Meer, die tiefste Stelle der Erde, mit fast 400 m unter dem Meeresspiegel. Im Osten, dem heutigen Jordanien, steigt das Land wieder zum Gebirge an, im Norden der Basan sanft hügelig, im Süden Ammon, Moab und Edom sehr viel steiler.

Israel liegt in der subtropischen Klimazone, wobei der Norden und Nordwesten mediterran geprägt sind, während die übrigen Landesteile vom Wüstenklima dominiert sind. Die Temperaturen hängen dabei ganz entscheidend von der Höhe ab; im Sommer sind sie sehr viel stabiler als im Winter, wo sie stärker schwanken und hin und wieder unter den Gefrierpunkt absinken, so dass es in den höheren Regionen, z. B. in Jerusalem – wenn auch sehr selten – Schnee gibt.

subtropische Klimazone

Die Landwirtschaft in Israel hängt ganz vom Regen ab. Nur dort, wo er ausreichend fällt, ist ein Anbau von Pflanzen möglich. Alle übrigen Gebiete eignen sich für Weidewirtschaft mit Ziegen oder sind Wüste (so der Negev im Süden und die judäische Wüste am Ostabhang des judäischen Gebirges).

Regen ermöglicht Landwirtschaft

3. Einleitung

Literatur
Keel, Othmar/Küchler, Max, Orte und Landschaften der Bibel, 4 Bde., Zürich/Göttingen 1984 ff.

Tipp
Bilder aus der Welt der Bibel: ‹http://www.holylandphotos.org›

3.2 Geschichte der biblischen Zeit

fruchtbarer Halbmond

Israel liegt im sogenannten fruchtbaren Halbmond, dem Kulturgebiet, das sich von Ägypten über Israel/Palästina, den Libanon und Syrien sowie die südliche Türkei bis ins Zweistromland (Mesopotamien, das heutige Irak) erstreckt. Hier haben sich schon im 9. vorchristlichen Jahrtausend Menschen sesshaft niedergelassen und den Ackerbau erfunden; es ist somit eine Wiege der menschlichen Zivilisation.

Doch trotz allem hat Israel/Palästina selbst im Altertum immer etwas im Abseits gelegen. Es waren die großen Nachbarn am Nil und in Mesopotamien, die die Geschichte bestimmt haben, daneben die mittleren Mächte, wie die phönizischen Städte an der Küste des heutigen Libanon und die aramäischen Staaten im Raum des heutigen Syrien.

Epochengliederung

»Landnahme«	1200–1000 v. Chr.
Frühe Königszeit (Saul–David–Salomo)	1000–926
Königszeit: Israel und Juda	926–722
Königszeit: Juda allein	722–586
Babylonisches Exil	586–525
Perserzeit	535–332
Hellenistische Zeit und Hasmonäerzeit	332–64
Römische Epoche (ntl. Zeitalter)	64 v. Chr. – 321 n. Chr.

Für die Bibelkunde ist es hilfreich, einen Überblick über diese Epochen zu gewinnen. Man kann dann die erzählten Ereignisse aus den einzelnen biblischen Büchern in ihre Zeit einordnen (vgl. die ausführliche Zeittafel im Anhang).

Das Bild, das die Geschichtswissenschaft von der biblischen Zeit entwirft, unterscheidet sich vor allem im Anfang stark von der Darstellung der Bibel. Die Bibel beginnt die Geschichte Israels mit Abraham. Er kommt nach Kanaan, lebt dort als Nomade. Sein Enkel Jakob wandert dann mit seinen Kindern nach Ägypten. Dort werden dessen Söhne zum Volk Israel. Mose befreit es aus der Knechtschaft und führt es nach vierzigjähriger Wüstenwanderung an die Grenze des Gelobten Landes. Sein Nachfolger Josua erobert das Land, und Israel siedelt dort, erst von Richtern regiert, dann von den Königen Saul, David und Salomo. Doch die Archäologie zeigt ein anderes Bild.

> ➤ Stichwort: **Namen des Landes**
> Die wechselvolle Geschichte des Landes spiegelt sich in zahlreichen Namen wieder, die das Land in seiner Geschichte getragen hat: Kanaan, so schon in ägyptischen Texten aus der Mitte des 2. Jt. v. Chr. und auch in Teilen des AT. In der Bibel selbst heißt dieses Land Israel. Als es römische Provinz war, hieß es Palästina (von den Philistern abgeleitet) – ein Name, der sich neben Israel bis in die Neuzeit hinein gehalten hat. Die Zweiheit der Namen spiegelt auch die politische Situation: Zurzeit leben in dem Land zwei Völker, die Israelis in Israel und die Palästinenser in den autonomen Gebieten.

3.2.1 »LANDNAHME«, »RICHTERZEIT« UND ENTSTEHUNG DES KÖNIGTUMS

Die Entstehung Israels fällt in den Epochenübergang von der Spätbronze- zur Eisenzeit. In der Spätbronzezeit (1550–1200 v. Chr.) gab es in Palästina eine Vielzahl von kleinen Stadtstaaten mit je eigenen Königen, die im Einflussbereich des ägyptischen Neuen Reiches lagen. Diese Ordnung bricht am Ende dieser Epoche zusammen; Ursache sind klimatische Veränderungen. Sie führen zu einer großen Migrationswelle, den die Forschung als Seevölkersturm bezeichnet. Die Ägypter gestatten einem Teil dieser Seevölker, den Philistern, sich an der südlichen Küste Palästinas anzusiedeln.

Kanaanäische Stadtstaaten (1550–1200)

Archäologisch lässt sich in Israel/Palästina am Ende der Bronzezeit feststellen, dass viele Städte aufgegeben werden und stattdessen kleine Dörfer im Gebirge entstehen. Diese sind die Keimzellen des späteren Israel. Dieser Prozess der Volkwerdung wird oft in Anlehnung an die Darstellung im Josuabuch »Landnahme« genannt. Bereits 1208 v. Chr. ist Israel erstmals inschriftlich belegt, und zwar auf einer Siegesstele des ägyptischen Pharao Merneptah. In der frühen Eisenzeit (der sog. Eisen-I-Zeit, 1200–1000) bilden sich dann die Stämme Israels. Aus diesen gehen in der folgenden Epoche, der Eisen-IIA-Zeit (1000–926), die beiden Königrei-

Israel entsteht und wird ein Staat 1200–926

che Israel und Juda hervor. In welchem Umfang die Berichte über Saul, David und Salomo legendarisch sind, ist unter Historikern umstritten.

3.2.2 Königszeit

Getrennte Reiche Israel und Juda 926–722

Die weitere Geschichte der getrennten Reiche ist durch außerbiblische Quellen teilweise abgesichert (926–722). Während im Nordreich mehrere Dynastien abwechseln, oft durch gewaltsame Umstürze, entwickelt sich das Südreich relativ ruhig. Dort herrscht ununterbrochen bis zum Ende die Dynastie (das Haus) Davids.

Die Epoche der getrennten Reiche kann unterteilt werden: zunächst die Phase des Kampfes zwischen dem Nordreich Israel mit den Aramäern, später dann die Zeit, in der das Nordreich einer Koalition angehört, die dem expandierenden assyrischen Großreich entgegentritt, dem es aber 722 v. Chr. unterliegt. Die Hauptstadt Samaria wird erobert und zerstört, die Oberschicht deportiert, das Gebiet wird assyrische Provinz.

Südreich Juda allein

Das Südreich Juda war während dieser Zeit ein unbedeutendes Königreich, es lag abseits der Heerstraßen, und das unwegsame, gebirgi-

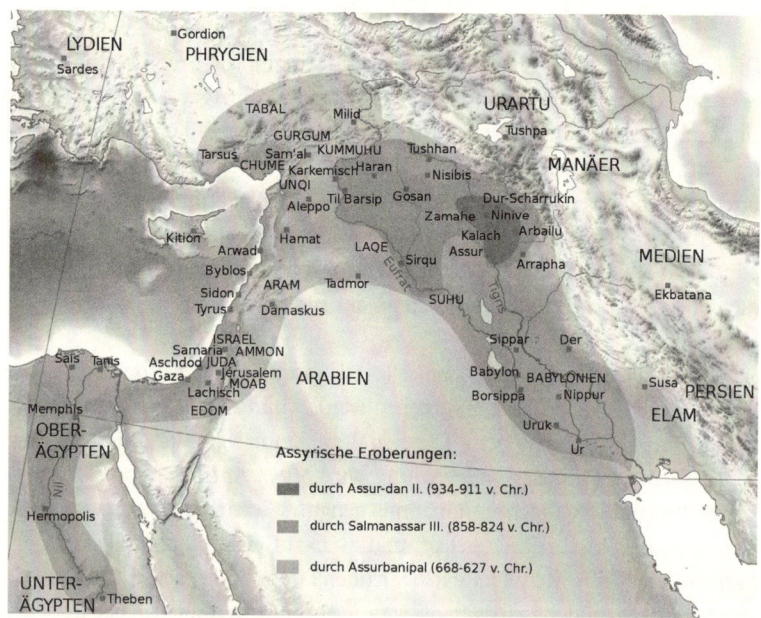

Abb. 1: **Die Expansion des Assyrischen Reiches**

ge Gebiet bot wenig Reichtümer, weder den einheimischen Königen noch fremden Eroberern. Erst mit dem Untergang des Nordreichs veränderte sich die Lage, da viele Flüchtlinge die Bevölkerung im Süden beträchtlich anwachsen ließen. Juda ist assyrischer Vasall, also ein selbstständiger Staat im assyrischen Einflussbereich, und muss diese Abhängigkeit durch Tribute bekräftigen. König Hiskia versucht sich aus dieser Oberherrschaft zu lösen, muss sich aber nach der Zerstörung vieler seiner Städte und der Belagerung Jerusalems (701 v. Chr.) den Assyrern erneut unterwerfen.

Erst mit dem Ende des assyrischen Großreichs (612 v. Chr.) gewinnt Juda mehr politischen Spielraum; König Josia erweitert das Gebiet und führt eine Kultreform am Jerusalemer Tempel durch (622 v. Chr.).

3.2.3 Exilszeit und Perserzeit

Wenige Jahre danach erobern die Babylonier unter ihrem König Nebukadnezar zweimal Jerusalem, zerstören den Tempel, den Salomo gebaut hatte, und führen die Oberschicht ins Babylonische Exil (586–538 v. Chr.). Für diese Zeit ist auch der hebräische Begriff *Gola* (hebr. »Wegführung«) üblich.

Babylonisches Exil 586–538

Das babylonische Großreich wird von dem Perserkönig Kyros erobert; er erlaubt den Juden die Heimkehr aus dem Exil (539); doch nicht alle kehren zurück. Das ist der Beginn der jüdischen Diaspora (griech: »Zerstreuung«). In der nachexilischen Zeit (538–332) ist Judäa persische Provinz mit begrenzter Selbstverwaltung. Der Tempel in Jerusalem wird wieder aufgebaut. Diese Zeit ist die prägende Phase für die biblische Literatur: Ältere Texte wurden überarbeitet und neu herausgegeben, andere biblische Bücher sind erst in dieser Zeit entstanden.

Nachexilisch: Persische Provinz Jehud 538–332

3.2.4 Hellenistische Epoche – Die Dynastie der Hasmonäer

Der makedonische König Alexander der Große besiegt 333 die Perser und erobert in der Folge Palästina, Ägypten. Bis nach Indien führt ihn sein Eroberungszug. Nach seinem frühen Tod zerfällt sein Großreich in die Herrschaftsgebiete seiner Nachfolger, die Diadochenreiche. Palästina gehört zuerst den ägyptischen Ptolemäern, dann den syrischen Seleukiden. In dieser Zeit verbreitet sich die griechische Kultur und Sprache im ganzen Orient.

Alexander der Große

In Jerusalem bricht 168 v. Chr. ein schwerer Konflikt aus. Der seleukidische König Antiochus IV., mit Beinamen Epiphanes (griech. »der offenbare«), entweiht den Jerusalemer Tempel. In der Folge kommt es zu einem jüdischen Aufstand, dem Makkabäeraufstand (167–164). Es gelingt den Makkabäern ein jüdisches Königtum zu etablieren, die Dynastie der Hasmonäer. Das ist die letzte Phase der politischen Selbstständigkeit Judas. Die hasmonäischen Könige können ihre Herrschaft auf ganz Palästina ausdehnen.

Gott Makkabäeraufstand bringt die jüdische Dynastie der Hasmonäer an die Macht

3.2.5 Römische Epoche – neutestamentliche Zeit

Die politische Selbstständigkeit Judas endet 63 v. Chr mit der Eroberung Jerusalems durch den römischen Feldherrn Pompeius. Der auch im Neuen Testament erwähnte König Herodes hat Palästina in römischem Auftrag regiert (40 –4 v. Chr.). Nach seinem Tod teilen die Römer sein Herrschaftsgebiet auf: Einen Teil, nämlich die Provinz Judäa, verwalten sie selbst (u. a. mit Pontius Pilatus als Präfekt), einen Teil geben sie Söhnen des Herodes zur Regierung, die aber nicht mehr den Königstitel erhalten, sondern als Tetrarchen (griech. Vierfürsten) regieren, so Jesu Landesherr Herodes Antipas (4 v. – 39 n. Chr.), der im NT bisweilen als König bezeichnet wird (vgl. etwa Mk 6,14 – aber anders in Mt 14,1). Das ist die Epoche des Lebens Jesu (vermutlich 3 v. Chr. – 30 n. Chr.).

Gegen die römische Herrschaft erheben sich die Juden in zwei Aufständen, die desaströs verlaufen; im Ersten Jüdischen Krieg (60–74 n. Chr.) zerstören die Römer den Tempel in Jerusalem (70 n. Chr.) und nach dem Zweiten Jüdischen Krieg (132–135) verbieten sie den Juden die Ansiedlung in Jerusalem, das als Aelia Capitolina eine rein römische Stadt wird.

Ende jüdischer Autonomie in zwei Kriegen

Literatur
Frevel, Christian, Geschichte Israels, Stuttgart ²2018.
Koch, Dietrich-Alex, Geschichte des Urchristentums, Göttingen 2014.
Kollmann, Bernd, Einführung in die Neutestamentliche Zeitgeschichte, Darmstadt ²2011.
Schipper, Bernd U., Geschichte Israels in der Antike, München 2018. (knappe, gut zu lesende Darstellung)
Schnelle, Udo, Die ersten 100 Jahre des Christentums 30–130 n. Chr., Göttingen 2015.
Weippert, Manfred, Historisches Textbuch zum Alten Testament, Göttingen 2010. (Sammlung von außerbiblischen Quellen zur Geschichte Israels mit hilfreichen Kommentaren)

3.2 Geschichte der biblischen Zeit 19

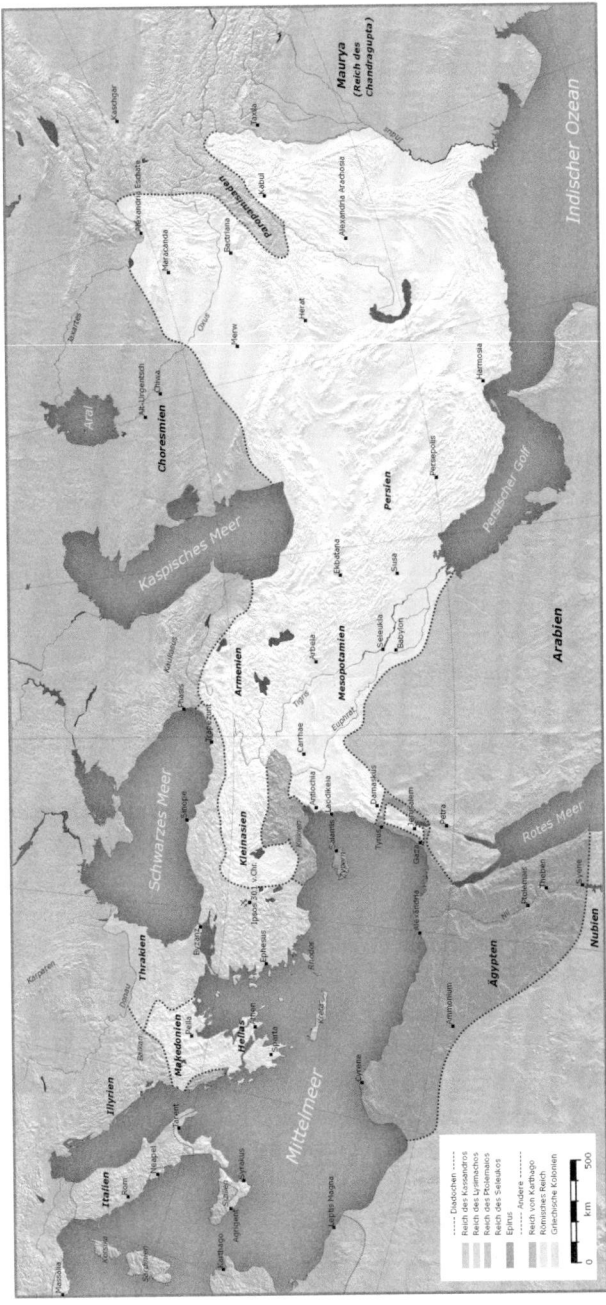

Abb. 2: **Die Reiche der Diadochen** (Nachfolger Alexanders des Großen): In Ägypten herrschten die Ptolemäer, in Mesopotamien die Seleukiden

3.3 Der Text der Bibel

Die Bibel ist nicht das Werk eines einzigen Autors; sie ist eine Sammlung von Schriften aus vielen Jahrhunderten. Die ältesten Textteile sind das Deboralied (Ri 5); es stammt vermutlich im Kern aus dem 11. Jh. v. Chr., der Epoche, in der Israel entstanden ist. Die jüngsten Texte sind einige ntl. Briefe, u. a. der 2. Petrusbrief aus dem Anfang des 2. Jh.s n. Chr. Diese lange und komplizierte Entstehungsgeschichte spiegelt sich auch in den Sprachen wider, in denen die Bibel geschrieben ist.

Die Sprachen der Bibel

AT	Hebräisch (und Aramäisch)
NT	Griechisch
LXX	griechische Übersetzung des AT, in Alexandria entstanden (ab 300 v. Chr. durch jüdische Gelehrte)
Vulgata	Lateinische Übersetzung von AT und NT durch den Kirchenvater Hieronymus (um 400 n. Chr.)

3.3.1 Die Sprachen der Bibel – antike Übersetzungen

Das Alte Testament ist in hebräischer Sprache geschrieben, einige kleine Teile auch in aramäisch (ein paar Worte in Genesis, ein Vers in Jeremia und einige Kapitel Esra und Daniel: Gen 31,47; Jer 10,11; Esr 4,8–6,18; 7,12–26; Dan 2,4–7,28). Während der Perserzeit wurde das Hebräische kaum noch als Umgangssprache gesprochen, es wurde durch das Aramäische verdrängt. Das Hebräische überlebte als jüdische Literatursprache, ähnlich dem Lateinischen im europäischen Mittelalter. Der überlieferte hebräische Text des AT heißt der masoretische, nach den Masoreten, den Überlieferern des Textes.

Die Masoreten überliefern den hebräischen Text

Schon im Altertum wurde das Alte Testament mehrfach übersetzt. Die älteste dieser Übersetzungen ist die Septuaginta. Sie entstand ab 300 v. Chr. bei den griechisch sprechenden Juden in Alexandria. Eine jüdische Legende zur Entstehung dieser Übersetzung überliefert der Aristeas-Brief: Im frühen dritten Jahrhundert soll der König von Ägypten, der Grieche Ptolemäus II. (308–246 v. Chr.) diese Übersetzung für seine Bibliothek in Alexandria in Auftrag gegeben haben. Dazu lud er 72 Übersetzer aus Judäa ein, die in 72 Tagen die Übersetzung vollendeten. Daher

Ab 300 v. Chr.: Septuaginta als griechische Übersetzung des AT

3.3 Der Text der Bibel

hat sie ihren Namen: die Übersetzung der (Zweiund-)Siebzig (lateinisch: *Septuaginta*, Abkürzung: LXX).
Die christliche Kirche hat die jüdische Bibel in der Gestalt der LXX übernommen. Bei den Juden kam diese Übersetzung daher außer Gebrauch; stattdessen wurden Übersetzungen ins Aramäische benutzt, die *Targume*. Die Folge ist, dass die erhaltenen Handschriften der LXX frühestens aus dem vierten Jahrhundert n. Chr. stammen und von Christen geschrieben sind. Die älteste erhaltene Handschrift ist der Codex Sinaiticus, der im Internet einsehbar ist (http://codexsinaiticus.org).

Auch für die lateinisch sprechenden Christen wurde die Bibel aus AT und NT übersetzt: Der Kirchenvater Hieronymus (ca. 347–419) hat um 400 diese *Vulgata* (lat. *die Allgemeine*) genannte Übersetzung angefertigt. Ihre Sprache hat nicht nur das lateinische Mittelalter geprägt; der Text der Vulgata ist der autoritative Text der katholischen Kirche, wobei der Text des Hieronymus seit 1979 durch eine Neuübersetzung nach den Urtexten abgelöst worden ist (Nova Vulgata).

Um 400 n. Chr.: Vulgata als lateinische Übersetzung von AT und NT

Vertiefung: **Text der Septuaginta**

Vor allem die Septuaginta enthält für einzelne alttestamentliche Bücher größere Abweichungen im Wortlaut und darüber hinaus auch in der Anordnung der Bücher. In den Büchern Proverbia, Ester und Daniel hat die LXX eine Reihe von Zusätzen, im Jeremiabuch und in Proverbien sind ganze Kapitel umgestellt. Im Psalter variiert die Zählung der Psalmen und es ist ein zusätzlicher 151. Psalm überliefert. Je nachdem, welche Tradition zugrunde gelegt wird, variiert also der Umfang der Bibel, der sog. Kanon, im Alten Testament!

Septuaginta hat eine eigene Textform

Literatur
Aland, Barbara/Aland, Kurt, Der Text des Neuen Testaments, Stuttgart ²1989.
Fischer, Alexander A., Der Text des Alten Testaments, Stuttgart 2009.
Kraus, Wolfgang/Karrer, Martin (Hg.), Septuaginta Deutsch. Das griechische Alte Testament in deutscher Übersetzung, Stuttgart 2009.

Vertiefung: **Qumran**

In Qumran, einem Ruinenhügel am Nordwestende des Toten Meeres, hat man 1949 eine sensationelle Entdeckung gemacht. Eher zufällig fand ein Beduinenjunge in einer Höhle Tonkrüge mit alten Lederrollen. Über Umwege gelangten sie in die Hände von Wissenschaftlern, die gleich die Bedeutung der Funde erkannten. Die Ruine wurde ausgegraben, und im Laufe der Jahre kamen eine Reihe von Handschriften und Tausende von Fragmenten antiker Handschriften zutage. Sie stammten aus den drei Jahrhunderten vor der Zeitenwende und waren offenbar während des Ersten Jüdischen Krieges in den Höhlen deponiert worden. Von nahezu allen Büchern des AT wurden Schnipsel gefunden, nur Ester fehlt; vollständig erhalten ist eine Rolle des Jesajabuches. Daneben gibt es Texte, die schon anderweitig bekannt waren, so die Damaskusschrift. Von besonderem Interesse sind natürlich auch die bis dahin unbekannten Texte; sie enthalten die jüdische Literatur der Zeitenwende: Neufassungen von biblischen Erzählstoffen, Texte, die das Leben einer besonderen Gemeinschaft (»Sekte«) beschreiben, und manches andere.

Literatur

Lim, Timothy H./Collins, John J., Handbook of the Dead Sea Scrolls, Oxford 2010.

Maier, Johann, Die Qumran-Essener: Die Texte vom Toten Meer, 3 Bde., München/Basel 1995-1996.

Ulrich, Eugene, The Biblical Qumran Scrolls and Textual Variants, Supplements to Vetus Testamentum 134, Leiden/Boston/MA 2010.

Xeravitz, Geza G./Porzig, Peter, Einführung in die Qumranliteratur, Berlin/Boston 2015. ‹http://orion.mscc.huji.ac.il/index.html›

Faksimiles von Rollen: ‹http://dss.collections.imj.org.il›, ‹www.deadseascrolls.org.il› (alle 22. Januar 2017).

3.3.2 Übersetzungen in moderne Sprachen

Entgegen der landläufigen Meinung war Martin Luther (1483-1546) keineswegs der Erste, der die Bibel ins Deutsche übersetzt hat; schon im frühen Mittelalter wurde das Leben Jesu in althochdeutscher Sprache zusammengefasst - eine, wenn auch sehr freie, Übertragung oder Nacherzählung, genannt *Heliand* (»Heiland«, 9. Jh. n. Chr.). Im späten Mittelalter gab es dann eine ganze Reihe von Übersetzungen.

Mit der Reformation entstanden die bis heute gebräuchlichen Übersetzungen Luthers (NT 1522; AT und NT 1534) und die der Zürcher Bibel (1529).

Lutherbibel   Seit der Mitte des 19. Jahrhunderts wird die *Lutherbibel* (Lu) immer wieder sprachlich modernisiert und auf einen neueren wissenschaftlichen Stand gebracht. Die letzte Revision ist zum Reformationsjubiläum 2017 veröffentlicht worden. Die Lutherbibel ist die in Deutschland am meisten verbreitete Übersetzung und diejenige, die von den Kirchen der EKD für den gottesdienstlichen Gebrauch empfohlen ist. Ihre Sprache hat die moderne deutsche Sprache mitgeprägt und sie hat Spuren in der deutschen Literatur hinterlassen. Ihren Wortlaut und Stil im Ohr zu haben, erleichtert es daher, biblische Anspielungen in der deutschen Literatur zu erkennen.

Die Zürcherbibel (Zü) erschien 1931 in einer revidierten Fassung, und zwischen 1987 und 2007 wurde sie erneut überarbeitet. Die aktuelle Ausgabe stellt von der sprachlichen Gestalt, der wissenschaftlichen Genauigkeit der Übersetzung, den Einleitungen zu den einzelnen Büchern sowie dem umfangreichen Glossar eine hervorragende Bibelausgabe dar!

Zürcherbibel

Auf katholischer Seite existiert seit 1980 mit der *Einheitsübersetzung* (EÜ) eine einheitliche Bibel für alle Bistümer des deutschen Sprachraums (daher der Name). Sie wurde überarbeitet und ist 2016 neu herausgekommen.

Einheitsübersetzung

Die *Elberfelder Bibel* (Elb) bemüht sich, möglichst eng am originalsprachlichen Wortlaut zu übersetzen; ihre Anfänge liegen in der zweiten Hälfte des 19. Jahrhunderts, die letzte Revision war 2006. Einen entgegengesetzten Weg schlägt die *Gute Nachricht Bibel* ein (letzte Revision 1997): sie interpretiert mehr als andere Übersetzungen. Das trägt einerseits zu ihrer Verständlichkeit bei, lässt aber gleichzeitig den originalen Wortlaut oft nicht genau erkennen.

Elberfelder

Gute Nachricht

Ein Projekt eigener Art stellt die *Bibel in gerechter Sprache* (BigS, 2006) dar: In ihr soll Frauen, Juden und anderen Gerechtigkeit widerfahren, indem die Frauen explizit genannt werden und indem jüdische Traditionen in der Übersetzung auch sprachlich erkennbar bleiben.

Bibel in gerechter Sprache

Literatur
‹http://www.bibelwissenschaft.de/startseite› (hier finden sich verschiedene Bibelausgaben, auch in den Ursprachen).
Salzmann, Bertram/Schäfer, Rolf, Art. Bibelübersetzungen, christliche deutsche, ‹http://www.bibelwissenschaft.de/stichwort/15285›.
‹http://www.bibel-in-gerechter-sprache.de/index.php› (alle 21. Januar 2017).
Stolt, Birgit, Martin Luthers Rhetorik des Herzens, Tübingen 2000 (zur Sprache der Lutherbibel).

3.4 Fragen

1.) Welches sind die Hauptepochen der Geschichte Israels und welche Großmächte waren in ihnen jeweils vorherrschend?
2.) Warum war das babylonische Exil so wichtig?

3.) Welches sind die originalen Sprachen der Bibel und welche antiken Übersetzungen spielen für die Textgeschichte eine wichtige Rolle?
4.) Nennen Sie die gebräuchlichsten deutschen Übersetzungen und charakterisieren Sie diese kurz!

Vertiefung
- Stellen Sie die wichtigsten Ereignisse aus der Geschichte des Jerusalemer Tempels zusammen!
- Inwieweit unterscheiden sich MT und LXX?

4.

Das Alte Testament

Das Alte Testament ist eine Sammlung jüdischer Schriften, die im ersten vorchristlichen Jahrtausend entstanden sind. Sie ist die Heilige Schrift des Judentums. Das Christentum hat von seiner Mutterreligion, dem Judentum, diese Texte als seine Heilige Schrift übernommen und durch eigene Texte, die neutestamentlichen Schriften, ergänzt. So kam es zur Unterscheidung von Altem und Neuem Testament.

➤ Stichwort: **Testament**
Das Wort »Testament« ist ein Lehnwort aus dem Lateinischen; *testamentum* bezeichnet einen Vertrag oder den letzten Willen eines Menschen (so ja auch unser nichttheologischer Sprachgebrauch). Das ursprüngliche hebräische Wort lautet *bĕrît*, was »eidliche Verpflichtung« bedeutet (s. u. § 5.5.4, Stichwort: Bund).

Der Begriff »Altes Testament« nimmt eine Formulierung des Apostels Paulus auf:

Denn bis zum heutigen Tag liegt dieselbe Decke auf dem Alten Bund, wenn daraus vorgelesen wird. (2. Kor 3,14)

Mit diesem Bild einer Decke versucht Paulus die Haltung der frühen Christen zu ihrer jüdischen Tradition zu beschreiben: Einerseits schließen sie sich eng an diese an, andererseits grenzen sie sich von der damals üblichen jüdischen Rezeption ab. Jedenfalls ist »Altes Testament« eine durchweg christliche Bezeichnung. Manche wollen in ihr eine Abwertung dieses Kanonteils erblicken und verwenden stattdessen *Erstes Testament* oder *Hebräische* bzw. *Jüdische Bibel*. Doch haben auch diese beiden letztgenannten Begriffe ihre Tücken. Sachlich ist der Begriff »Hebräische Bibel« nicht ganz korrekt, da er die aramäischen Abschnitte übergeht. Wichtiger noch wiegt ein Umstand, auf den die jüdische Bibelwissenschaftlerin Hanna Liss aufmerksam macht:

Erstes Testament und Jüdische Bibel als alternative Begriffe für das AT

»Zwar ist die hebräische Bibel die jüdische Bibel insofern, als sie die Heilige Schrift der Juden darstellt. Aber die »jüdische« Lesart liest die Bibel niemals ohne die traditionelle Bekleidung, d. h. ohne ihre Einbindung in den Strom der nachbiblischen Traditions- und Auslegungsliteratur.« (Liss, 2008, 16)

Juden verstehen ihre Heilige Schrift also in der Tradition von Mischna, Talmud und den anderen Texten ihrer Traditionsliteratur. Der Begriff »Hebräische Bibel« unterschlägt durch seine Neutralität aber genau diese Prägung.

Auch die christliche Lesart als Altes oder als Erstes Testament ist auf seine eigene Weise geprägt. Schon der Begriff macht es deutlich: Christen verstehen die hebräische Bibel nicht aus sich heraus oder als »jüdische« Bibel, sondern hingeordnet auf ein zweites, neues Testament; oder personal gesprochen: Sie verstehen es bezogen auf Jesus Christus – wie auch immer man diese Beziehung im Einzelnen theologisch verstehen will. Dabei entwirft der Begriff »Erstes Testament« eher die Idee einer offenen Reihe, wohingegen die Dualität von alt und neu die zutreffendere Vorstellung zweier aufeinander bezogener Kanonteile vermittelt.

Die jeweils eigene Lesart von Juden und Christen drückt sich in einer unterschiedlichen Anordnung der Bücher sowie (zumindest teilweise auch) in einer unterschiedlichen Anzahl der Bücher in der Sammlung »Jüdische Bibel« bzw. »Altes Testament« aus.

4.1 Der Kanon des AT in seiner Vielfalt

➤ Stichwort: **Kanon**

Das griechische Wort Kanon bedeutet »Rohr«, »Richtschnur« und bezeichnet auch die Listen der von der Kirche als autoritativ anerkannten Schriften. Von hier aus ist es zum allgemeinen Begriff für solche Sammlungen heiliger Bücher geworden.

Mikra und Tanach als jüdische Bezeichnungen für die Bibel

Für die Juden ist unser Altes Testament die heilige Schrift, Mikra genannt (hebr. die Vorzulesende) oder *Tenach* bzw. *Tanach* (engl. Tanakh). Dieses Wort ist eine Abkürzung aus den Anfangsbuchstaben der drei Teile des jüdischen Kanons (in Anführungszeichen jeweils die Übersetzung der hebräischen Bezeichnung):

Tora	»Weisung«	(die Fünf Bücher Mose)
a		
Nevi'im	»Propheten«	(Josua bis Maleachi)
a		
Ketubim	»Schriften«	(Psalmen u. a.)

Das christliche Alte Testament ordnet die Bücher anders an:

Geschichtsbücher (Genesis/1. Mose bis Ester)
Lehrschriften (Hiob bis Hoheslied)
Prophetische Bücher (Jesaja bis Maleachi)

Auch die Anzahl der Bücher ist unterschiedlich; im Gefolge der LXX galten in der christlichen Kirche immer mehr Bücher als kanonisch, als im Judentum anerkannt waren. Erst die Reformatoren haben, beeinflusst durch das humanistische Bestreben, die Quellen im Original zu lesen, nicht nur die Texte aus den Ursprachen übersetzt, sondern auch den Umfang des Alten Testaments auf den der hebräischen Bibel reduziert. Die nicht hebräisch überlieferten Bücher und Buchteile galten im Anschluss an einen Begriff der Alten Kirche als apokryph (griech. verborgene) und sind nicht eigentlich verbindlich. In der katholischen Tradition haben sie zwar einen minderen Rang, sind als deuterokanonische (griech. »zum zweiten Kanon gehörende«) Schriften aber Bestandteile des Kanons. Diese Bewertung hat Konsequenzen für die evangelischen und katholischen Bibelausgaben: In der Zürcher Ausgabe sind die Apokryphen nicht mit abgedruckt; bei den Lutherbibeln gibt es Ausgaben ohne Apokryphen; sind sie enthalten, stehen sie am Ende des AT in einem gesonderten Abschnitt (so schon bei Luther selbst). In der katholischen Einheitsübersetzung hingegen sind die deuterokanonischen Bücher und Buchteile zwischen den protokanonischen (griech. »zum ersten Kanon gehörende«) Schriften eingeordnet.

Tanach und AT: unterschiedliche Zahl und Anordnung der Bücher und verschiedene theologische Konzepte

Schriften

Alttestamentliche Apokryphen

➤ Stichwort: **Kanon der östlichen Kirchen**
Die Kirchen des Ostens, das sind die orthodoxe Kirche, die syrische Kirche, die armenische und die äthiopische, haben einen umfangreicheren (und teilweise nicht so fest abgegrenzten) Kanon als die westlichen. Weit verbreitet ist der 151. Psalm; man findet den 151. Psalm in der orthodoxen, syrischen und äthiopischen Kirche, ebenso wie das 3. und 4. Makkabäerbuch sowie das 3. und 4. Buch Esra; ähnlich

ist es in der syrischen Kirche. In der Bibel der äthiopischen Kirche sind zusätzlich auch noch das Jubiläen- und das Erste (äth.) Henochbuch, der armenischen die Geschichte von Josef und Asenet sowie die Testamente der 12 Patriarchen enthalten (vgl. *Römer/Macchi/Nihan*, 2013, 775 ff.).

Die genaue Anzahl der Apokryphen variiert: in den historischen vollständigen (oder einigermaßen vollständigen) Handschriften der LXX, die alle christlichen Ursprungs sind, finden sich unterschiedliche Zusammenstellungen der Bücher, ebenfalls in den überlieferten Kanonlisten der Alten Kirche und in den Schriften der Kirchenväter. Die aktuelle Ausgabe der LXX von Rahlfs und Hanhart (und die darauf fußende deutsche Übersetzung) bietet eine eigene Zusammenstellung, die so von keiner alten Handschrift geboten wird. In Einzelheiten variiert der Umfang der Apokryphen zwischen der Lutherbibel und dem katholischen Kanon, der seit dem Konzil von Trient 1546 gilt. Der Unterschied zwischen den evangelischen Apokryphen und den katholischen deuterokanonischen Schriften ist das »Gebet des Manasse« (aus den Oden der orthodoxen Kirche), das Luther in seine Ausgabe aufgenommen hat, das aber in der katholischen Tradition nicht kanonisch ist.

Literatur

Becker, Eve Marie/Scholz, Stefan (Hg.), Kanon in Konstruktion und Dekonstruktion: Kanonisierungsprozesse religiöser Texte von der Antike bis zur Gegenwart – Ein Handbuch, Berlin/Boston 2012.

Denzinger, Heinrich/Hünermann, Peter, Kompendium der Glaubensbekenntnisse und kirchlichen Lehrentscheidungen, Freiburg i. Br. ^{42}2009, Nr. 1501–1503 (Text des Tridentiner Konzils).

McDonald, Lee M., The Biblical Canon: its Origin, Transmission, and Authority, Peabody/Mass. 2007.

Rahlfs, Alfred u. Hanhart, Robert (Hg.), Septuaginta id est vetus testamentum graece iuxta LXX interpretes, Stuttgart 2006.

➤ Stichwort: **Begriff »apokryph« in Bezug auf AT und NT**
Bei dem Begriff »apokryph« muss man eine wichtige Unterscheidung beachten! Im Alten Testament bezieht sich der Begriff auf die griechisch überlieferten, aber dennoch traditionell (deutero-)kanonischen Schriften. Im Bezug auf das Neue Testament gibt es den Begriff »apokryph« auch. Aber die Texte, die unter ihm zusammengefasst werden, gehören nicht zum Kanon und haben auch nie dazugehört.

4.1 Der Kanon des AT in seiner Vielfalt

Literatur

Charlesworth, James H. (Hg.), The Old Testament Pseudepigrapha, 2 Bde., New York 1983-1985.

Kümmel, Werner G./Lichtenberger, Hermann (Hg.), Jüdische Schriften aus hellenistisch-römischer Zeit, Gütersloh 1973 ff.

Markschies, Christoph/Schröter, Jens/Heiser, Andreas (Hg.), Antike christliche Apokryphen in deutscher Übersetzung: Bd. 1 in 2 Teilbänden, Tübingen ⁷2012.

Schenke, Hans-Martin (Hg.), Nag Hammadi Deutsch, Berlin ²2010.

Schneemelcher, Wilhelm (Hg.), Neutestamentliche Apokryphen in deutscher Übersetzung: Bd. 1: Evangelien. Bd. 2: Apostolische Apokalypsen und Verwandtes, 2 Bde., Tübingen ⁶1999.

Siegert, Folker, Einleitung in die hellenistisch-jüdische Literatur. Apokrypha, Pseudepigrapha und Fragmente verlorener Autorenwerke, Berlin u. a. 2016.

Vertiefung: **Theologie des jüdischen Kanons**

Die jüdische Tradition zählt in der Tora 613 Ge- und Verbote. Sie prägen den jüdischen Glauben und das jüdische Leben bis heute. Die Autorität dieser Weisung wird v. a. im Dtn zum Thema:

Dtn 4,2 »Kanonformel«

> *Ihr sollt nichts dazutun zu dem, was ich euch gebiete, und sollt auch nichts davontun, auf dass ihr bewahrt die Gebote des HERRN, eures Gottes, die ich euch gebiete.* (Zü)

Dtn 6,4–9 Schema'-Israel: Im Anschluss an dieses Bekenntnis Israels fordert Gott auf, seine Gebote zu beherzigen und zu lehren:

> *Und diese Worte, die ich dir heute gebiete, sollst du zu Herzen nehmen und sollst sie deinen Kindern einschärfen und davon reden, wenn du in deinem Hause sitzt oder unterwegs bist, wenn du dich niederlegst oder aufstehst. Und du sollst sie binden zum Zeichen auf deine Hand, und sie sollen dir ein Merkzeichen zwischen deinen Augen sein, und du sollst sie schreiben auf die Pfosten deines Hauses und an die Tore.* (Zü)

Dieser Text ist die Grundlage für die jüdischen Gebetsriemen, die Juden zum Gebet um den Arm und auf die Stirn binden, sowie für die Mesusa, ein Kästchen mit diesem Bibeltext, den man an Türrahmen befestigt.

Diese zentrale Rolle der Tora spiegelt sich auch im jüdischen Gottesdienst: Im Laufe eines Jahres wird die ganze Tora fortlaufend gelesen. Auf diese folgt die so genannte Haftara; dabei handelt es sich um ausgewählte Abschnitte aus den Propheten des jüdischen Kanon.

Tora ist der wichtigste Teil der jüdischen Bibel

4. Das Alte Testament

	MT	EÜ	Lu/Zü	
Tora	Fünf Bücher Mose	Fünf Bücher Mose	Fünf Bücher Mose	**Geschichtsbücher**
Vordere Propheten	Josua	Josua	Josua	
	Richter	Richter	Richter	
		Rut	Rut	
	1. & 2. Samuel	1. & 2. Samuel	1. & 2. Samuel	
	1. & 2. Könige	1. & 2. Könige	1. & 2. Könige	
		1. & 2. Chronik	1. & 2. Chronik	
		Esra & Nehemia	Esra & Nehemia	
Hintere Propheten	Jesaja	**Tobit**		
	Jeremia	**Judit**		
	Ezechiel	Ester + **Zusätze**	Ester	
	Zwölfprophetenbuch	1. & 2. **Makkabäer**		
Schriften	Psalmen	Hiob	Hiob	**Lehrbücher**
	Hiob	Psalmen	Psalmen	
	Proverbien/Sprichw.	Sprichwörter	Sprichwörter	
	Rut	Qohelet/Prediger	Qohelet/Prediger	
	Hoheslied	Hoheslied	Hoheslied	
	Qohelet/Prediger	**Weisheit Salomos**		
	Threni/Klagelieder	**Jesus Sirach**		
	Ester	Jesaja	Jesaja	**Propheten**
	Daniel	Jeremia	Jeremia	
	Esra & Nehemia	Threni/Klagelieder	Threni/Klagelieder	
	1. & 2. Chronik	**Baruch u. Brief Jeremias**		
		Ezechiel	Ezechiel	
		Daniel + **Zusätze**	Daniel	
		Zwölfprophetenbuch	Zwölfprophetenbuch	

Im Deuteronomium wird dieser Übergang zum Kanonteil Propheten schon vorbereitet, in dem Mose als erster einer Reihe von Propheten angesprochen wird (Dtn 18,18 – anders allerdings 34,10). In den Propheten wird die Anbindung an die Tora ausdrücklich vollzogen, dieses Motiv rahmt den ganzen Kanonteil!

Prophetenbücher legen die Tora aus

Jos 1,7	Mal 3,22
Sei nur mutig und sehr stark, und halte die ganze Weisung, die Mose, mein Diener, dir gegeben hat, und handle danach. Du sollst nicht davon abweichen, weder nach rechts noch nach links, damit du Erfolg hast auf allen deinen Wegen. (Zü)	*Denkt an die Weisung des Mose, meines Dieners, die ich ihm am Choreb geboten habe für ganz Israel: Satzungen und Rechte! (Zü)*

Der Name »Propheten« mag seltsam erscheinen, wenn man gewohnt ist, die Bücher Josua bis 2. Könige als Geschichtsbücher zu betrachten. Aber in diesen Büchern spielen Propheten ja immer wieder wichtige Rollen und in der jüdischen Tradition gelten Propheten als Autoren der Bücher.

Anders als in den ersten beiden Teilen des jüdischen Kanon variieren in den Ketubim (hebr. »Schriften«) historisch die Anordnungen und weichen teilweise von der Reihenfolge ab, wie sie in den heutigen hebräischen Bibelausgaben üblich ist; diese Reihenfolge hat sich mit dem Buchdruck durchgesetzt. Allgemein sucht man die Ursache für diese Unterschiede darin, dass die Schriften dieses Teils als Letzte kanonische Geltung erlangt haben. Auch dieser Teil ist vielfältig auf die Tora bezogen, v. a. der Psalter (s. u. § 8.2).

Ketubim (Schriften)

Das Ende der jüdischen Bibel ist in der heute üblichen Reihenfolge in 2Chr 36,22 f. das Kyros-Edikt, in dem der Perserkönig Kyros den Juden aus dem babylonischen Exil erlaubt, in ihre Heimat Israel zurückzukehren; diese Heimkehr nach Jerusalem gehört zu den Hoffnungen von Juden in aller Welt, wie der Wunsch beim Passafest, »nächstes Jahr in Jerusalem«, es ausdrückt. Damit kann man in diesem Schluss eine – wenn auch verhaltene – eschatologische Hoffnung erblicken.

Literatur

Behrens, Achim, Kanon. Das ganze Alte Testament ist mehr als seine Teile, in: Kerygma und Dogma 53, 2007, 274–297.

Zenger, Erich u. a., Einleitung in das Alte Testament, Stuttgart ⁹2016, 25–27.

4. Das Alte Testament

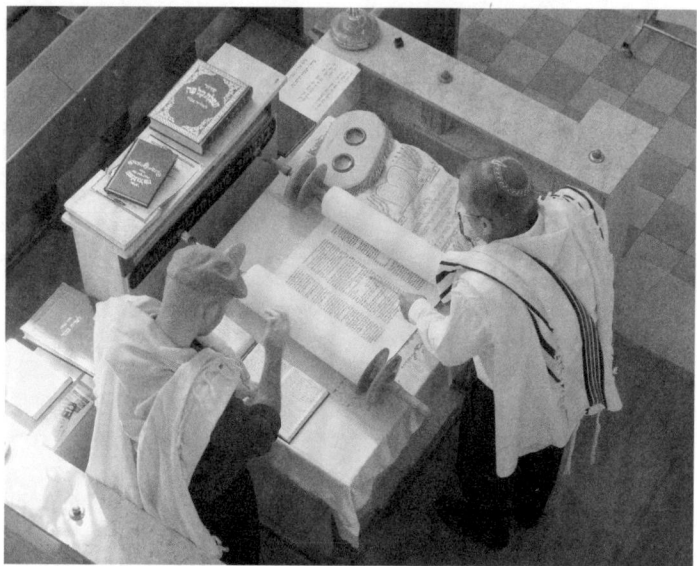

Abb. 3: **Toralesung:** Torarollen werden in einem besonderen Schrank, dem Aron haqodesch (hebr. *Heiliger Schrein*) aufgehoben. Voller Ehrerbietung werden sie hervorgeholt, wenn aus ihnen vorgelesen werden soll. Rechts neben der Rolle ist die aufwändig bestickte Hülle zu sehen, in der die Rolle aufbewahrt wird.

Die Fünf Bücher Mose gelten als Geschichtsbuch und damit der Vergangenheit verhaftet

Die Lehrschriften des AT bieten Unterweisung für die Gegenwart

Vertiefung: **Christliche Rezeption als Altes Testament**
Das christliche Alte Testament unterscheidet sich nicht nur in der Zahl der Bücher, sondern auch in ihrer Reihenfolge von der jüdischen Bibel:

Geschichtsbücher – Lehrschriften – Propheten

In dieser anderen Reihenfolge steckt auch eine andere Theologie! Indem die Tora als Teil der Geschichtsbücher angesehen wird, verliert sie ihren grundlegend normativen Status. Im Zentrum des christlichen Interesses stehen die Erzählungen von der Schöpfung der Welt, über die Erwählung Abrahams und seiner Nachkommen bis hin zu den Märtyrern der Makkabäerzeit etwa 150 Jahre vor Jesus. Das Gesetz ist nach Paulus nicht mehr heilsrelevant und daher diese Umwertung der Tora von der Weisung zum Geschichtsbuch möglich, das über eine *vergangene Epoche* berichtet.

Bietet der erste Teil des Alten Testaments mit der Geschichte einen Blick in die Vergangenheit, so widmet sich der zweite Teil »Lehrschriften« der

Gegenwart. Psalmen und Weisheitsbücher bieten Gebete und Lebensweisheit auch für Christen.

Zentral für die christliche Rezeption des Alten Testaments sind die Propheten; zwar wurde auch der Psalter traditionell nicht nur als Gebetbuch der Kirche verstanden, sondern immer auch auf Jesus hin ausgelegt, so gilt Letzteres in verstärktem Maße für die alttestamentlichen Propheten. Sie waren, besonders mit ihren als *messianischen Weissagungen* verstandenen Passagen, Künder einer Zukunft, wie sie sich mit Jesus Christus im Neuen Testament erfüllen sollte. Und so bildet Mal 3,23 f. die Brücke:

Prophetenbücher mit den messianischen Weissagungen bieten die Brücke zum NT

> *Siehe, ich will euch senden den Propheten Elia, ehe der große und schreckliche Tag des HERRN kommt. Der soll das Herz der Väter bekehren zu den Söhnen und das Herz der Söhne zu ihren Vätern, auf dass ich nicht komme und das Erdreich mit dem Bann schlage.* (Lu)

Im NT wird Johannes der Täufer mit Elia identifiziert (Mt 11,14; 17,13). Er, den die Juden noch erwarten, und für den sie jeden Sederabend einen Becher Wein hinstellen, ist nach christlichem Verständnis genauso schon gekommen wie der Messias (Jesus). Damit kann man in der gegenseitigen Zuordnung von Altem und Neuem Testament den Zusammenhang von Verheißung und Erfüllung sehen.

Altes Testament			Neues Testament
Geschichtsbücher	Lehrschriften	Propheten	
Vergangenheit	Gegenwart	Zukunft	
Verheißung			**Erfüllung**

Freilich: Diese einfache Zuordnung wird heute so theologisch kaum noch vertreten; aber wie genau das Verhältnis der beiden Testamente zu formulieren sei, das ist Aufgabe der Systematischen Theologie und kann hier nicht weiter verfolgt werden.

Literatur

Behrens, Achim, Das Alte Testament verstehen. Die Hermeneutik des ersten Teils der christlichen Bibel, Einführungen in das Alte Testament, Bd. 1, Göttingen 2013.

Söding, Thomas, Einheit der Schrift? Zur Theologie des biblischen Kanons, QD 211, Freiburg i. Br. 2005.

4.2 Fragen

1.) Erklären Sie die unterschiedliche Bedeutung der Begriffe Altes Testament, Erstes Testament, Jüdische Bibel, Hebräische Bibel und Tenach!
2.) Was sind die Unterschiede zwischen dem Tenach und dem AT?

Vertiefung
- Welche unterschiedliche Theologie liegt der Anordnung der Bücher im AT und im Tenach zugrunde?

5.

DER PENTATEUCH – DIE TORA ISRAELS

Pentateuch, so nennt die alttestamentliche Wissenschaft die fünf Bücher Mose; der Name kommt aus dem Griechischen: *die Fünf Gefäße*, in denen die Rollen der Bücher aufbewahrt wurden. Diese Bezeichnung spiegelt den antiken Brauch, Schriftrollen in Tonkrügen aufzubewahren – wie bei den Funden von Qumran. Auch die einzelnen Bücher werden von der alttestamentlichen Wissenschaft mit ihren griechisch-lateinischen Namen bezeichnet (ebenso im katholischen Bereich sowie in der neuen Zürcher), daneben findet man gelegentlich auch die hebräischen Bezeichnungen, die sich aus dem ersten bzw. einem der ersten Wörter herleiten (unterstrichen jeweils das verwendete Stichwort):

Mose		**Griechisch**	**Hebräisch**
1.	Genesis	**genesis** »Entstehung/Ursprung«	**bereschit** »Im Anfang ...«
2.	Exodus	**exodos** »Auszug«	**schemot** »Und dies sind die Namen ...«
3.	Levitikus	**levitikon (biblion)** »das levitische (Buch)«	**wayyiqra** »Und er (Gott) rief ...«
4.	Numeri	**arithmoi** »Zahlen« der Israeliten	**bemidbar** »Und Jhwh sprach ... in der Wüste ...«
5.	Deuteronomium	**deuteronomium** »zweites Gesetz«	**debarim** »Dies sind die Worte ...«

Der Pentateuch beginnt mit der Weltschöpfung und erzählt von der Erwählung Abrahams und seiner Nachkommen, von der Verheißung des Landes (Genesis), der Volkwerdung Israels in Ägypten, der Befreiung des Volkes durch Gott mit Moses' Hilfe (Exodus), dem Aufenthalt am Sinai, bei dem Israel die Tora von Gott erhielt (Exodus, Levitikus, Numeri), den 40 Jahren in der Wüste, der Eroberung des Ostjordanlandes (Numeri)

Pentateuch: Fünf Bücher Mose, von der Weltschöpfung bis zum Tod des Mose und der Abschiedsrede des Mose; er schärft dem Volk noch einmal die Gebote ein (Deuteronomium), bevor er stirbt. Erst im Buch Josua erfüllt sich die Landverheißung aus der Genesis. Dieser kurze Überblick macht deutlich: In diesen Büchern wechseln sich Erzählungen und teilweise lange Passagen mit Gesetzen ab, vor allem in der so genannten Sinai-Perikope (Ex 19-Num 10).

Achtung: Die Bezeichnung Mose-Bücher darf nicht so verstanden werden, dass Mose der Verfasser dieser Schriften wäre (auch wenn das gelegentlich so verstanden wird und in der jüdisch-christlichen Tradition auch lange so verstanden wurde); der Begriff meint eher die Hauptfigur von vier Büchern.

Literatur
Crüsemann, Frank, Die Tora. Theologie und Sozialgeschichte des alttestamentlichen Gesetzes, Gütersloh ³2005.
Ska, Jean L., Introduction to Reading the Pentateuch, Winona Lake/IND 2006.

5.1 Genesis

In der Urgeschichte dominieren Geschichten von Schuld, Strafe und Bewahrung – in der Erzelterngeschichte beginnt mit der Erwählung Abrahams die Segensgeschichte mit ihren Verheißungen; sie führt seinen Enkel Jakob mit seiner Großfamilie nach Ägypten, wo Josef Wesir des Pharao geworden ist.

Mit dem Buch Genesis beginnt die Bibel. Es enthält wichtige Stoffe, die im Neuen Testament, in der christlichen Theologie und der Kunstgeschichte eine große Rolle spielen – und deswegen auch im schulischen Unterricht breit vorkommen. Daher ist es wichtig, dieses Buch genau zu kennen! Bei der Genesis gliedert man üblicherweise wie folgt:

1–11	Urgeschichte
12–35	Erzelterngeschichte (früher meist »Vätergeschichte«)
12–25	Abraham und Sara, Nebenfrau Hagar
26	Isaak und Rebekka
27–35	Jakob mit Lea und Rahel, Nebenfrauen Bilha und Silpa
36	Esaus Nachkommen
37–50	Josephsnovelle

Erzähltexte zum Nacherzählen
- Priesterlicher Schöpfungsbericht (Kap. 1)
- Menschenschöpfung und Sündenfall (Gartenerzählung; Kap. 2–3)
- Kains Brudermord (Kap. 4)
- Sintflut (Kap. 6–9)
- Gottes Bund mit Abraham, Fassung 1: Gott als rauchender Ofen (Kap. 15)
- Gottes Bund mit Abraham, Fassung 2: Beschneidung als Zeichen (Kap. 17)
- Sodom und Gomorrha (Kap. 19)
- Opferung/Bindung Isaaks (Kap. 22)
- Jakobs Traum von der Himmelsleiter (Kap. 28)
- Josephsnovelle (Grundzüge, Kap. 37–50)

5.1.1 Urgeschichte

Die Urgeschichte führt von der Schöpfung bis hin zu Terach, dem Vater Abrahams. In ihrem Horizont liegt die gesamte Menschheit. Sie ist eine Geschichte von Schuld, Bestrafung und Bewahrung (»Sündenfall«, Brudermord Kains, Sintflut, Turmbau zu Babel) – die in der Segensgeschichte, die mit der Erwählung Abrahams beginnt, von Gott eine neue Wendung bekommt. Das ist der Anfang der Geschichte Gottes mit Israel.

Zwei Schöpfungsberichte
Gleich zu Beginn der Bibel wird deutlich: Die Bibel ist ein vielstimmiges Werk, nebeneinander stehen zwei Schöpfungsberichte, die von der Erschaffung der Welt und des Menschen auf ganz unterschiedliche Art erzählen. Dabei unterscheiden sie sich nicht nur in der Erzählhaltung, sondern auch in der Reihenfolge der Ereignisse weichen sie voneinander ab.

Der erste Bericht beginnt mit dem Chaos, dem Tohuwabohu (Lu »wüst und leer«); was dann folgt, ist streng systematisch aufgebaut, achtmal – an sieben Tagen, darum Sieben-Tage-Schema – wiederholt sich der gleiche Ablauf:
- Gott befiehlt (Wortbericht) und
- das Schöpfungswerk entsteht oder Gott macht es selbst (Tatbericht).

Schöpfung der Welt in sieben Tagen mit dem Sabbat als Endpunkt

Tag	Werk	Entstehung
1	Licht	Gott spricht und es geschieht
2	Feste (Himmelsgewölbe)	Gott macht Feste und scheidet Wasser
3	Trennung von Land und Meer Pflanzen auf der Erde	Gott spricht und es geschieht Erde bringt sie hervor
4	Lichter (Sonne, Mond, Sterne)	Gott hängt sie auf
5	Wassertiere und Vögel	Gott schafft sie
6	Tiere auf der Erde Menschheit	Erde bringt sie hervor Gott schafft sie
7	Sabbat	Gott ruht, heiligt den Tag

Diese Doppelung in Wort- und Tatbericht betont den Wortbericht: Gott schafft in erster Linie durch sein Wort. Ziel der Schöpfung ist nicht der Mensch, sondern der Sabbat; den begeht Gott noch allein, die Menschen lernen ihn erst nach dem Auszug in Ägypten in der Wüste kennen, in der Geschichte von Wachteln und Manna (Ex 16).

Wichtig ist vor allem die Menschenschöpfung:

Gott schuf den Menschen zu seinem Bilde, zum Bilde Gottes schuf er ihn; und schuf sie als Mann und Frau. Und Gott segnete sie und sprach zu ihnen: Seid fruchtbar und mehret euch und füllet die Erde und machet sie euch untertan und herrschet über die Fische im Meer und über die Vögel unter dem Himmel und über das Vieh und über alles Getier, das auf Erden kriecht. (Gen 1,27 f.)

Mensch als Ebenbild Gottes

Bei der Menschenschöpfung im ersten Schöpfungsbericht sind vier Punkte zu beachten:
1. die gesamte Menschheit aus Männern und Frauen wird geschaffen, sie soll sich ja vermehren (das ist die Bedeutung des Begriffs Segen!);
2. die Menschheit erhält einen Herrschaftsauftrag;
3. der Mensch wird zum Ebenbild Gottes geschaffen;
4. nur vegetarische Ernährung wird erlaubt.

➤ Stichwort: **Schöpfungstexte der Bibel**

Das Thema Schöpfung findet sich über die ganze Bibel verteilt. Zentrale Texte sind die beiden Schöpfungsgeschichten Gen 1 (Sieben-Tage-Schema) und Gen 2–3 (Adam und Eva mit der Gartenerzählung), sowie die Rede der Weisheit, die sich als erstes Geschöpf Gottes präsentiert (Prov 8). In den Gottesreden des Hiob-Buches stellt Gott seine staunenswerten Schöpfungswerke zusammen (Hi 38–41).

5.1 GENESIS

In den Psalmen finden sich vielfältige Anspielungen, zentral ist das Thema in zwei Psalmen: Ps 8 mit der Beschreibung der Rolle des Menschen im Kosmos und Ps 104 mit einer Darstellung der Naturordnung.

Die Schöpfung durchs Wort, wie in Gen 1, findet sich noch Ps 33 und ist dann im Prolog des Johannes-Evangeliums (Joh 1).

Für die Zukunft wird im AT und NT eine neue Schöpfung angekündigt: Jes 65-66; 2 Kor 5,17; Apk 21.

Literatur
Keel, Othmar/Schroer, Silvia, Schöpfung, Göttingen/Fribourg ²2008.
Schmidt, Konrad (ed.), Schöpfung, Tübingen 2012.

Der zweite Schöpfungsbericht mit Adam und Eva. Anders als der erste, eher sachlich gestaltete Bericht, ist der zweite eine bunte Erzählung mit mancherlei Details (Gen 2-3). So wird die Erschaffung des Menschen genauer geschildert: Staub und Erde werden als Materialien genannt. Der Spannungsbogen von Gen 2 läuft auf die sexuelle Anziehung hinaus, die Frauen auf Männer in der Regel ausüben (Gen 2,24 f.). In Kap. 3 kulminiert dieser zweite Schöpfungsbericht dann in der berühmten Geschichte mit Adam, Eva und der Schlange. Diese stiftet Eva an, Gottes Gebot, nicht vom Baum in der Mitte des Gartens zu essen, zu übertreten, was dazu führt, dass Adam und Eva aus dem Garten vertrieben werden und ihnen bestimmte Lebensminderungen zugefügt werden:
- Frau: Beschwerden, zahlreiche Schwangerschaften, unter der Herrschaft des Mannes, Feindschaft mit der Schlange
- Mann: nur schweißtreibende Feldarbeit sichert Ernährung, Sterblichkeit

Zu beachten ist, dass außer diesen Lebensminderungen, die als Strafe verstanden werden können, Gott sich weiterhin den Menschen zuwendet; dies ist dadurch veranschaulicht, dass Gott den Menschen Kleidung macht (Gen 3,21).

Hinter dieser Geschichte mag ein alter Mythos davon stehen, wie der Tod in die Welt kam; ein solcher Mythos findet sich in Mesopotamien z. B. im Gilgamesch-Epos (Tafel XI). Christlich hat diese Geschichte als »Sündenfall« eine zentrale Stellung für die Anthropologie erhalten. Sie diente zum Beleg einer generellen Sündhaftigkeit und damit Erlösungsbedürftigkeit des Menschen. So schon Paulus:

5. Der Pentateuch – die Tora Israels

Deshalb, wie durch einen Menschen die Sünde in die Welt gekommen ist und der Tod durch die Sünde, so ist der Tod zu allen Menschen durchgedrungen, weil sie alle gesündigt haben. (Röm 5,12; Lu)

Der Kirchenvater Augustinus (354–430) hat dann in seinem Werk »Vom Gottesstaat« in den Büchern 11–14 diese Auslegung breit vorgetragen. Andererseits wird diese Geschichte seit der Neuzeit auch so ausgelegt, dass in dieser Geschichte der Ursprung der menschlichen Freiheit gesehen wird; so stellt der evangelische Theologe Paul Tillich (1886–1965) heraus:

»... dass die Möglichkeit der Abwendung von Gott eine Qualität der Struktur der Freiheit als solcher ist. Die Möglichkeit des Falls beruht auf allen Eigenschaften der menschlichen Freiheit«. (Tillich, 1987, 39)

Literatur
Flasch, Kurt, Eva und Adam. Wandlungen eines Mythos, München 2004.
Maul, Stefan M., Das Gilgamesch-Epos, München ³2006.
Tillich, Paul, Systematische Theologie, Bd. 2, Berlin u. a. 1987.

Beide Schöpfungsberichte bieten eine eigene Sicht

Die Reihenfolge der Schöpfungswerke variiert im zweiten Schöpfungsbericht gegenüber dem ersten. Werden in Gen 1 die Tiere vor den Menschen geschaffen, so werden hier die Tiere nach dem Menschen geschaffen, der als Mann zu guter Letzt die Frau erhält als »Hilfe, die ihm entspricht« (2,18; EÜ). Diese unterschiedliche Reihenfolge macht deutlich, dass sich die beiden Schöpfungsberichte nicht logisch ausgleichen oder auf einen konsistenten Geschehensablauf reduzieren lassen. Dennoch stehen sie nebeneinander am Beginn der Bibel. Offenbar war den biblischen Autoren weniger an der Sachaussage der Texte gelegen, als an einer tieferen, symbolischen Bedeutung – und da sollen beide einander ergänzen in ihrer Sicht des Menschen, indem der erste die herrscherliche Rolle des Menschen betont, der zweite seine Sterblichkeit.

Kain und Abel: der erste Brudermord

»Windhauch«

Kain und Abel – die Sintflut

Nach Adam und Eva geht es mit den Verfehlungen der Menschen weiter: Kain erschlägt seinen Bruder Abel (hebr. *hǽbæl* »Windhauch«, der Name bedeutet: Vergänglichkeit!, vgl. Qoh 1,2 »Alles ist eitel«, auch da steht im Hebräischen *hǽbæl*), Kain muss fliehen, erhält aber von Gott das Kainsmal als Schutzzeichen (Bewahrung!); Kains Nachkomme Lamech prahlt mit seiner exzessiven Rache (4,23 f.). Und nachdem sich die Menschheit vermehrt hat (Kap. 5), vergehen sich die Göttersöhne an den Menschen-

5.1 Genesis

töchtern und das Geschlecht der Riesen entsteht (6,1–4). Diese Geschichte ist schon in frühjüdischer Zeit auf den Engelfall ausgedeutet worden (1./äth. Henoch). Diese Deutung ist in die christliche Tradition eingegangen. Jedenfalls stellt Gott vor der Sintflut fest:

Engelfall

... dass der Menschen Bosheit groß war auf Erden und alles Dichten und Trachten ihres Herzens nur böse war immerdar. (Gen 6,5; Lu)

Darum erlaubt Gott Noah, sich mit den Tieren in einem Schiff zu retten. Als die Sintflut vorbei ist, verspricht Gott, so etwas nie wieder zu tun:

Noah und die Sintflut

Ich will hinfort nicht mehr die Erde verfluchen um der Menschen willen; denn das Dichten und Trachten des menschlichen Herzens ist böse von Jugend auf. Und ich will hinfort nicht mehr schlagen alles, was da lebt, wie ich getan habe. (Gen 8,21; Lu)

Eine Feststellung mit resignativen Untertönen: Gott konnte zwar die Menschen ausrotten – nicht aber die menschliche Bosheit.

➤ Stichwort: Noah im Koran
Im Koran ist Noah mehrfach erwähnt, zweimal sogar recht ausführlich: Sure 7, 59–64 und Sure 11,25–49.

Dann schließt Gott einen ersten Bund mit den Menschen, den Noah-Bund. Anders als die Bundesschlüsse mit Abraham und am Sinai gilt dieser Bund nicht nur Israel!

Insgesamt lassen sich die Geschichten der Urgeschichte als Erzählungen von Schuld, Strafe und Bewahrung zusammenfassen:

	Schuld	Strafe	Bewahrung
Gartenerzählung	Essen vom Baum	Vertreibung aus dem Paradies	Kleider
Kain und Abel	Brudermord	unstetes Leben	Kainsmal als Schutzzeichen
Sintflut	Bosheit	Ertrinken	Noah wird gerettet; Noah-Bund
Turmbau zu Babel	Namen machen (Hybris)	Zerstreuung	babylonische Sprachverwirrung

Vertiefung: **Genealogien**

Durch die ganze Bibel hindurch ziehen sich Genealogien, Stammbäume. Beim Lesen werden sie gerne überblättert. In der Urgeschichte der Genesis finden sich zwei größere Genealogien in Kap. 5 und 10:

- Kap. 5: von Adam bis Noah. Hier kommt der sprichwörtliche Methusalem vor (hebr. Metuschelach, Gen 5,27); er wird über 900 Jahre alt. Häufig versteht man dieses Motiv der hohen Lebensalter so, dass die Urzeit damit als ideale Zeit der Lebensfülle gezeichnet ist. Später dann dauert ein Leben maximal 120 Jahre (Gen 6,3). Die Erzväter werden älter (Abraham 175, Isaak 180, Jakob 147), Mose erreicht genau dieses »biblische Alter« (Dtn 34,7). Realistischer ist Ps 90,10, der das maximale Lebensalter mit 70 bis 80 Jahren angibt. Als Heilserwartung gibt es dann in der nachexilischen Prophetie wieder Hoffnung, 100 werden zu können (Jes 65,20).
- In Kap. 5 gibt es eine kurze Notiz zu Henoch: »und weil er mit Gott wandelte, nahm ihn Gott hinweg und er ward nicht mehr gesehen« (Gen 5,24). Diese Entrückung eines Menschen, der ohne zu sterben bei Gott aufgenommen wird, wird dann später der Anknüpfungspunkt einer Offenbarungsliteratur, deren Gewährsmann Henoch ist (außerkanonische Henochbücher).
- Kap. 10: Die sogenannte Völkertafel enthält in Form eines Stammbaumes die Namen der Völker der damals bekannten Welt.

Auf diese Weise verwirklicht sich in der Darstellung durch die Genealogien die Segenszusage Gottes aus dem ersten Schöpfungsbericht, der ja Mehrung bedeutet: Die Menschen werden zahlreich und breiten sich über die ganze Erde aus.

Ursprünglich hatten dieses Genealogien sicher einen anderen Sinn, wie man ihn aus vielen Gesellschaften kennt: Aus der Ethnologie wissen wir, dass vorschriftliche Gesellschaften ihr Sozialsystem über solche Genealogien beschreiben. Zuordnungen und Ausgrenzungen, Verwandtschaft und Feindschaft sowie Besitzansprüche werden so geregelt, da die Vererbung entlang der genealogischen Linien verläuft. Dabei sind die Genealogien nicht als historische Fakten zu verstehen, sondern sie werden entsprechend den aktuellen gesellschaftlichen Gegebenheiten immer wieder verändert.

Außerhalb der Genesis finden sich solche Genealogien noch am Anfang der Chronik, wo die Geschichte von Adam bis Saul anhand dieser Genealogien rekapituliert wird. Und im Neuen Testament bieten Matthäus und Lukas je einen eigenen Stammbaum Jesu.

Literatur

Vansina, Jan, Oral Tradition of History, London ³1992, 182-185.

5.1.2 Erzeltern

Die Geschichten von den Erzeltern sind Familiengeschichten – zentrales Thema ist der Nachwuchs, der den Fortbestand der Sippe sichert. Und so ist der Zusammenhang unter den Erzeltern ein genealogischer – den Stammbaum der Erzeltern muss man genau kennen.

Familiengeschichten

Vertiefung: **Familiengeschichte als Volksgeschichte**
Die Sippen von Abraham, Isaak und Jakob grenzen sich ab von denen Lots, Ismaels und Esaus. Verwandtschaftsbeziehungen bedeuten hier Beziehungen von Sippen und Völkern, den Nachbarvölkern Israels.

Abraham	vs.	Lot mit seinen Töchtern	Moab, Ammon (Gen 19,30–38)
Nachor		Bruder Abrahams	Aram (Gen 22,20–24)
Abraham		mit Keturah	Ostland (Gen 25,6: Araber)
Isaak	vs.	Ismael =	Ostland (Gen 25,12 ff.)
Jakob	vs.	Esau =	Edom (Gen 36,1)

Theologisch zentral ist der Gedanke der Verheißung: Die Erzeltern sind Träger der Verheißungen Gottes. Diese Verheißungen verbinden die Geschichten miteinander – über die bloßen genealogischen Zusammenhänge hinaus: In Gen 12 beginnt dieser neue Geschichtsabschnitt mit Gottes Aufforderung an Abraham, seine Heimat zu verlassen und in ein fremdes Land zu ziehen, das Gott seinen Nachkommen geben will. Diese erste Verheißung wird auch als Erwählung Abrahams (und in ihm ganz Israels) verstanden.

Verheißung als theologischer Kerngedanke der Erzelterngeschichten

Abraham	Gen 12	Berufung	Segen, Volk, Land
	Gen 15	1. Bundesschluss	Sohn, Volk
	Gen 17	2. Bundesschluss	Bund, Vater der Völker (Namenswechsel)
Isaak	Gen 26		Segen, Mitsein, Land, Volk
Jakob	Gen 28	Himmelsleitertraum	Segen, Mitsein, Land
	Gen 35	Rückkehr	Volk, Land

Die Träger der Verheißung leben als Nomaden, die Geschichte beginnt damit, dass Abraham seine Heimat verlässt, weil Gott ihn dazu auffordert. Die Existenz der Erzeltern findet so in einem Zwischenzustand statt: Sie leben in der Fremde einzig aus dem Vertrauen auf Gottes Zusagen heraus. Dies spiegelt die Situation des Judentums seit dem babylonischen Exil.

Erzähltechnisch spannen die Verheißungen einen Bogen von der Genesis bis ins Josuabuch, wo mit der Landnahme eine zentrale Verheißung erfüllt ist.

> *Vertiefung:* **Sagen und Sagenkränze**
> Anders als die mythischen Geschichten der Urgeschichte werden die Erzählungen über die Erzeltern seit Hermann Gunkel (1862–1932) als Sagen bestimmt. Eine Sage enthält eine mündlich tradierte Erinnerung, die freilich von geringer historischer Zuverlässigkeit ist. Sagen finden sich vor allem in den Büchern Genesis, Exodus, Numeri, Josua, Richter, Samuel. Das Eingreifen höherer Mächte (Engel, Gott) gehört zu den erzählerischen Möglichkeiten. Die Themen der Sage sind vielfältig:
> - Familiensagen, v. a. Gen 12–36
> - Heldensagen: Mose, Simson
> - Herrschersagen: Samuel, Saul, David, Salomo
> - Kriegssagen: Num, Jos, Ri
>
> Ein wichtiges Motiv der Sage ist die Ätiologie (griech.: *aitia* »Ursache«), eine Erzählung von der Ursache, die erzählt, wie eine bestimmte Einrichtung entstanden ist, etwa ein Nachbarvolk (ethnologische Sage, Gen 19), ein Kultort (Kultätiologie, Gen 28).

Abraham und Sara

Wie bereits erwähnt, verlassen Abraham und Sara – noch als Abram und Sarai – auf Gottes Verheißung hin ihre Heimat und ziehen nach Kanaan. Mit ihnen zieht Abrahams Neffe Lot. Als Abraham sich von ihm trennt, zieht Lot nach Sodom – das dann später wegen seiner Verfehlungen zusammen mit Gomorrha von Gott zerstört wird. Lot kann, von zwei Engeln gewarnt, entkommen.

➤ *Stichwort:* **Sodomie**
Alter Ausdruck für Homosexualität oder sexuellen Verkehr mit Tieren.

5.1 Genesis

Zweimal wird erzählt, wie Gott einen Bund mit Abraham schließt:

- Gen 15: Abraham soll so viele Nachkommen wie Sterne erhalten; Bundesschlusszeremonie: Gott geht als Feuer zwischen zerteilten Tieren hindurch.
- Gen 17: Bundesschluss mit dem Zeichen der Beschneidung (die bis heute an jedem jüdischen Knaben vollzogen wird!); Namenswechsel: Abram – Abraham; Sarai – Sara.

Gottes Bund mit Abraham

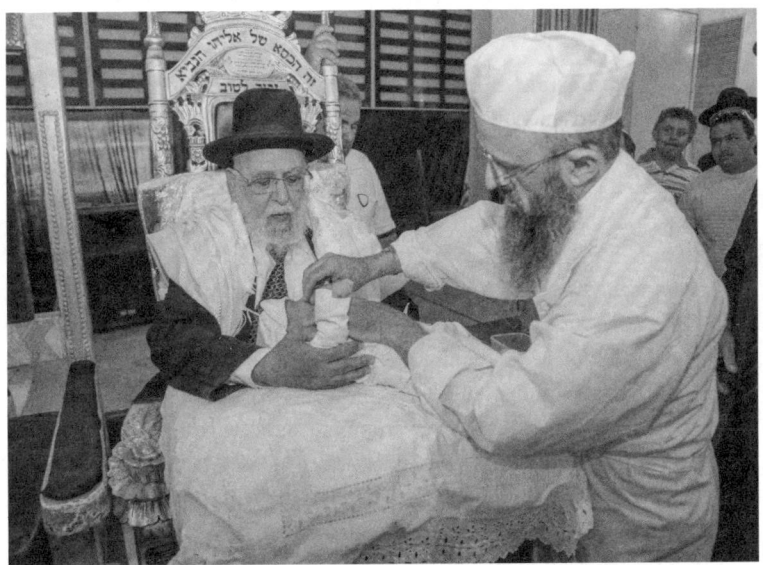

Abb. 4: **Brit Mila** (hebr. *Bund der Beschneidung*): Beschneidung eines jüdischen Jungen am achten Tag nach der Geburt. Die Beschneidung ist das wesentliche Merkmal jüdischer Identität bei Männern. Der Junge wird oft vom Großvater gehalten, vor ihm kniet der Mohel (hebr. *Beschneider*). In Deutschland wird dieser Ritus von einigen scharf als Körperverletzung kritisiert (vgl. die Diskussion im Deutschen Ethikrat: ‹https://www.ethikrat.org/sitzungen/2012/religioese-beschneidung›, 8. August 2019). Nach einem Urteil des Landgerichts Köln (2012), das die Praxis verbot, erließ der Bundestag ein Gesetz, das die Beschneidung – auch muslimischer Jungen – weiterhin ermöglicht.

5. Der Pentateuch – die Tora Israels

➤ *Stichwort:* **Opferung Isaaks oder Bindung Isaaks?**
In der jüdischen Tradition heißt der Text »Bindung Isaaks« – da Isaak ja nicht geopfert wird, sondern nur gebunden.

Opferung Isaaks Ein verstörender Text ist Gen 22, die so genannte »Opferung Isaaks«: Gott stellt Abraham auf eine Gehorsamsprobe (22,1) und dieser ist auch bereit, seinen Sohn als Opfer für Gott zu töten – doch dieser schickt einen Engel mit einem Widder, und Gott bricht die Prüfung ab:

> Lege deine Hand nicht an den Knaben und tu ihm nichts; denn nun weiß ich, dass du Gott fürchtest und hast deines einzigen Sohnes nicht verschont um meinetwillen. (Gen 22,12; Lu)

Das Gottesbild dieses Textes wirkt auf viele Menschen bedrückend oder gar grausam. In den religiösen Traditionen von Judentum, Christentum und Islam gilt diese Geschichte als wichtiger Beleg für Abrahams Gottvertrauen. So erzählt auch der Koran diese Geschichte (Sure 37,99–103). Allerdings wird hier der Name des Knaben nicht erwähnt. In der islamischen Tradition wird meist angenommen, dieser Sohn sei Ismael gewesen. Diese Geschichte ist die Festlegende für das muslimische Opferfest.

Höhle Machpela als Begräbnisort der Erzeltern: ein heute umstrittener Ort Als Grablege für seine Frau Sara erwirbt Abraham das erste Stück Land in Kanaan, die Höhle Machpela in Hebron (Gen 23). Nach einer novellistisch erzählten Brautwerbung für Isaak (Gen 24) wird Abrahams Tod berichtet und sein Begräbnis in der Höhle Machpela (Gen 25). In Hebron wird bis heute das Grab der Patriarchen verehrt, vor allem von Juden und Muslimen, weswegen zwischen Juden und Palästinensern ein erbitterter Streit in Hebron besteht.

Isaak und Rebekka

Die Geschichten zu Isaak gehören überwiegend noch zum Abrahams-Kreis oder schon zum Jakobs-Kreis. Lediglich in Gen 26 finden sich Erzählungen allein über Isaak und Rebekka, wobei alle Erzählungen Doubletten haben:
- Gefährdung der Ahnfrau: Gen 12; 20
- Hirtenstreit: Gen 13

Achtung: Der Tod Isaaks wird erst in Gen 35 erzählt.

5.1 Genesis

Jakob, Lea und Rahel

Die Jakobsgeschichte besteht aus zwei ineinander gefügten Sagenkreisen, dem Jakob-Esau-Kreis und dem Jakob-Laban-Kreis. Zudem sind die Erzählungen durch das Isaak-Kapitel 26 unterbrochen.

Das Thema des Jakob-Esau-Kreises ist Geschwisterrivalität, schon im Mutterleib beginnt diese (Gen 25,22–26); Den Tenor erhält die Jakob-Esau-Geschichte durch das Geburtsorakel an Rebekka:

Jakob-Esau-Kreis: ein Bruderzwist

> Zwei Völker sind in deinem Leibe, und zweierlei Volk wird sich scheiden aus deinem Leibe;
> und ein Volk wird dem andern überlegen sein, und der Ältere wird dem Jüngeren dienen. (Gen 25,23; Lu)

In der Folge erschleicht sich Jakob von Esau das Erstgeburtsrecht (Gen 25,29–34) und jagt ihm den väterlichen Segen ab (Gen 27). In dem Traum von der Himmelsleiter (Gen 28) erhält Jakob seine Verheißung. Sie stellt die nun folgende Jakob-Laban-Geschichte unter den Segen Gottes. Erst nach Jahren in der Fremde (bei Laban: der zweite Zyklus) kehrt Jakob zurück und versöhnt sich mit seinem Bruder (Gen 33).

Der Jakob-Laban-Kreis erzählt von der Liebe Jakobs, der Übervorteilung durch seinen Schwiegervater Laban, die Rivalität seiner zwei Frauen Lea und Rahel, der sich in einem Gebärwettstreit ausdrückt. Doch Jakob erfährt Segen: 12 Söhne und eine Tochter sowie einen reichen Anteil an der Herde seines Schwiegervaters (der mit undurchsichtigen Manipulationen zustande kommt). Schließlich gelingt es Jakob, vor Laban zu fliehen, und sie schließen einen Vertrag im Ostjordanland.

Jakob-Laban-Kreis: die Geburt seiner 13 Kinder

Nach der Aussöhnung mit dem Bruder sind noch Geschichten um die Kinder Jakobs eingefügt, die thematisch schon zur Josefsgeschichte überleiten: Dinas Vergewaltigung und die Rache ihrer Brüder (Gen 34); Geburt Benjamins und Tod Rahels (Gen 35). Wie Abraham erhält auch Jakob einen neuen Namen: im Kampf mit dem Flussdämon (Gen 32,23 ff.) wird er Israel genannt (Wiederholung in Gen 35,10).

➤ Stichwort: **Bedeutung des Namens Israel**
Die Bedeutung des Namens Israel ist in der Bibel mehrdeutig.
- Der Erzvater Jakob erhält diesen Namen mit der Deutung »Gottesstreiter«;
- in Exodus ist es das Volk, das Gott aus der Knechtschaft führt (daneben die Bezeichnung »Hebräer«);
- in den Königsbüchern: das Nordreich Israel im Gegenüber zu Juda;

5. Der Pentateuch – die Tora Israels

- nach dem Untergang des Nordreichs wandert der Name nach Juda;
- nachexilisch bezeichnet sich das Gottesvolk mit Israel;
- in den Prophetenbüchern schwankt die Bedeutung; bei Amos, Hosea und Jesaja ist durchaus das Nordreich angesprochen, bei den späteren Propheten ist das nicht der Fall.

5.1.3 Josefsnovelle

Josefsnovelle: eine Erzählung mit klarem Spannungsbogen

Im Unterschied zu den Stoffen der Ur- und den Erzelterngeschichten ist die Josefsgeschichte eine Einheit mit einem durchlaufenden Erzählfaden und einem klaren Spannungsbogen. Daher bezeichnet man sie auch als Novelle. Im Gesamtaufbau des Pentateuch verbindet sie die Erzeltern in Palästina mit der Exodusgeschichte, indem sie erklärt, wie es kam, dass sie nach Ägypten gezogen sind. Den Erzählablauf dieser Novelle muss man in ihren wesentlichen Etappen nacherzählen können. Folgende Stichworte können dabei eine Hilfe sein:

Kap.	37	Josefs Träume – Rivalität der Geschwister, Josef wird verkauft
	39–40	Josef bei Potifar (dessen Frau!) und im Gefängnis (Bäcker und Mundschenk)
	41	Josef deutet die Träume des Pharao und wird Wesir
	42–45	Hungersnot: Zwei Reisen der Brüder nach Ägypten, Josef gibt sich zu erkennen
	46	Jakob kommt nach Ägypten
	47	Josef als Verwalter in Ägypten; Jakob will in Kanaan begraben sein
	49	Stammessprüche
	50	Jakobs Tod und Begräbnis in Machpela – Aussöhnung der Brüder

Theologische Deutung der Josefsnovelle

Gott kommt als Figur der Handlung nicht vor, auch dies unterscheidet die Josephsnovelle von den Sagen der übrigen Erzelterngeschichten. Hauptsächlich im Munde der Figuren ist von ihm die Rede. So deutet Josef das Geschehen gegenüber seinen Brüdern:

> ... um eures Lebens willen hat mich Gott vor euch hergesandt ... der hat mich dem Pharao zum Vater gesetzt ... (Gen 45,5–9; Lu)

5.1 Genesis

und ebenso zum Schluss der Erzählung, als Josef seinen Brüdern verzeiht:

Fürchtet euch nicht! Bin ich denn an Gottes Statt? Ihr zwar habt Böses gegen mich geplant, Gott aber hat es zum Guten gewendet, um zu tun, was jetzt zutage liegt: ein so zahlreiches Volk am Leben zu erhalten. (Gen 50,19 f.; Zü)

Literatur
Mann, Thomas, Josef und seine Brüder (1926–1943, Romantetralogie); Text und Kommentar 2 Bde., Frankfurt a. M. 2018.

Vertiefung: **Diaspora-Novelle als eigene Gattung**
Einige Motive der Josefsgeschichte erinnern an die Daniellegenden: Ein Israelit kann durch seine Weisheit Träume deuten, an denen die einheimischen Experten scheitern. So wird er am fremden Königshof zu einem wichtigen Beraters des Pharaos, bzw. des Königs. Zusammen mit dem Buch Ester, das ebenfalls Juden in der Diaspora an einem fremden Königshof zeigt, nennt man diese Texte darum auch Diasporanovellen.

5.1.4 Übersicht Genesis

1–11	**URGESCHICHTE** Mythenstoffe, Erzählungen von Schuld, Strafe und Bewahrung		Zwei **Schöpfungsberichte**, Kain und Abel, Adam-Toledot, Engelehen, **Sintflut**, Noahbund, Völkertafel, Turmbau zu Babel
12–36	**VÄTERGESCHICHTE** Beginn der Segensgeschichte; Erwählung Israels; Sagen, Sagenkränze		
	12–25 Abraham und Sara	12	Verheißung an Abraham, Segen
		15	Erster Bund, Abrahams Glaube
		17	**Zweiter Bund, Beschneidung**
		19	Sodom und Gomorrha
		22	Opferung Isaaks
		25	Geburt Jakobs und Esaus Verkauf des Erstgeburtsrechts
	26 Isaak und Rebekka		
	27–35 Jakob und Lea & Rahel	27	Erschleichung des Erstgeburtssegens
		28	Jakobs Traum in Betel
		29–31	Jakob bei Laban, seine 13 Kinder
		32	Kampf am Jabbok
	36 Esaus Nachkommen		
37–50	**JOSEPHSNOVELLE**		Rivalität zwischen Joseph und seinen Brüdern – seine Karriere in Ägypten – Hungersnot und Reisen der Brüder – Familiennachzug

Abb. 5: **Opferung Isaaks**. Werkstatt Rembrandts (1636), Öl auf Leinwand, München: Alte Pinakothek.

➤ Stichwort: **Abraham**

Abraham ist eine der wichtigsten Figuren im AT. Auf ihn führen sich die drei großen monotheistischen Weltreligionen Judentum, Christentum und Islam zurück, die man darum auch die abrahamitischen Religionen nennt.

Im *Judentum* ist Abraham von großer Bedeutung, wie einige Schriften und Nacherzählungen der Bibel, so das Jubiläenbuch, erkennen lassen. Sein Leben wird legendarisch angefüllt: Während sein Vater noch Götzendiener ist, erkennt Abraham schon als Kind den wahren Eingottglauben und zerstört die Götzenbilder seines Vaters. Abraham gilt als Vater, also Ahnherr aller Juden.

Im *Neuen Testament* spiegelt sich diese Rolle ebenfalls: Nach Johannes streitet Jesus mit den Juden darüber, ob Abraham oder der Teufel ihr Vater sei (Joh 8,51 ff.). In der Predigt Johannes des Täufers reicht Abrahamskindschaft allein nicht aus, um vor dem endzeitlichen Gericht gerettet zu werden (Mt 3 par. Lk 3). Paulus belegt am Beispiel Abrahams (und seiner Frauen Sara und Hagar) seine These von der Rechtfertigung allein durch Glauben (Gal 3-4; Rö 4). In Hebräer 11 ist Abraham eines der alttestamentlichen Vorbilder des Glaubens.

Im *Islam* wird Abraham (arabisch: Ibrahim) ebenfalls sehr geachtet; manche jüdischen Traditionen sind übernommen, u. a. die außerbiblischen Legenden über seine Kindheit als Monotheist in polytheistischer Umgebung. Sein Ehrentitel lautet El-Khalil »der Freund (Gottes)«. Aufgrund seines Glaubens und der Prüfung, die er bestanden hat (Gen 22), ist er Vorbild für Glauben und Gottergebenheit. Der Koran bezeichnet ihn als den ersten Muslim und er soll den Kult an der Kaaba in Mekka gestiftet haben (Sure 2,124-134).

Literatur

Das Buch der Jubiläen, übers. v. *Berger, Klaus*, Jüdische Schriften aus hellenistischer und römischer Zeit, Bd. 2, Gütersloh 1981.

Böttrich, Christfried/Ego, Beate/Eißler, Friedmann, Abraham in Judentum, Christentum und Islam, Göttingen 2009.

Niehaus, Michael/Peeters, Wim, Mythos Abraham, Ditzingen 2009.

5.1.5 Fragen

1.) Nennen Sie die griech.-lat. Namen der Fünf Bücher Moses!
2.) Vergleichen Sie die beiden Schöpfungsgeschichten!
3.) Welche Bundesschlüsse werden in der Tora erzählt?
4.) Inwieweit können die Erzählungen der Urgeschichte als Erzählungen von Schuld, Strafe und Bewahrung verstanden werden?
5.) Zeichnen Sie einen Stammbaum der Erzeltern!
6.) Stellen Sie die wichtigsten Verheißungen zusammen!
7.) Aus welchen Sagenkreisen besteht die Jakobserzählung und was sind die jeweiligen Themen?
8.) Welche Rolle spielt Gott in der Josephsnovelle und wie unterscheidet sie sich jeweils von der in der Urgeschichte und den Erzelternsagen?

Vertiefung
- Was ist der Sinn der Genealogien in der Genesis?
- Schlüsseln Sie die Bedeutungen des Namens Israel auf!
- Welche Rolle spielt Abraham im Neuen Testament und im Islam?

5.2 Exodus

Gott befreit Israel aus der Sklaverei in Ägypten unter der Leitung des Mose, das Volk murrt auf der Wanderung durch die Wüste, schließt am Sinai einen Bund mit Gott und erhält die Weisungen: Dekalog, Bundesbuch. Es baut auf Gottes Weisung hin ein mobiles Heiligtum, die Stiftshütte. Dort wohnt Gottes Herrlichkeit mitten in Israel.

Mit dem Buch Exodus beginnt die Volksgeschichte Israels. Im Mittelpunkt stehen Befreiung aus Ägypten und der Bund mit Gott am Sinai; die Hauptfigur ist Mose, den Gott beauftragt, Israel zu führen. Am Sinai ist es Mose, der die Offenbarungen von Gott entgegennimmt; insgesamt lässt sich das Buch grob so gliedern:

1–15	Israeliten als Sklaven in Ägypten – Mose – Auszug
15–18	Wanderung durch die Wüste zum Sinai
19–24	Bundesschluss am Sinai – mit Dekalog und Bundesbuch

25–31　Vorschriften zum Bau der Stiftshütte
32–34　Das Goldene Kalb: Bundesbruch und Bundeserneuerung
35–40　Bau der Stiftshütte – Gottes Herrlichkeit zieht ins Heiligtum ein

Erzähltexte zum Nacherzählen
- Israel in Ägypten (Kap. 1–2)
- Berufung des Mose (der brennende Dornbusch, Kap. 3)
- Tötung der Erstgeburt/Passalegende, Rettung am Schilfmeer, Ex 12–15 (ohne die Kultvorschriften!)
- Bundesschluss am Sinai, Ex 19; 24
- Goldenes Kalb, Ex 32–34

5.2.1 Israel in Ägypten – Mose – Auszug

Israel als Sklaven in Ägypten

Die Erzählung des Exodusbuches setzt die Genesis fort. Jakob war mit seiner Familie wegen der Hungersnot nach Ägypten gekommen; dort vermehrte sie sich und wurde zu einem Volk. Aus Angst vor der Übermacht der Israeliten versklavt ein Pharao, »der von Josef nichts mehr wusste« (Ex 1,8), die Israeliten. Die zweite Maßnahme zur Eindämmung der Übermacht Israels ist, die männlichen Neugeborenen zu töten.

Geburtslegende des Mose

Vor diesem Hintergrund spielt die Geburtslegende des Mose (Ex 2): Mose wird von seiner Mutter ausgesetzt, eine ägyptische Prinzessin findet ihn und erzieht ihn am Hof des Pharao.

Mose flieht nach Midian und begegnet Gott im brennenden Dornbusch

Wegen des Totschlags an einem ägyptischen Aufseher, der einen Israeliten geschlagen hatte, muss Mose fliehen und lebt in Midian als nomadischer Hirte, heiratet eine Tochter des Midianiter Jitro (auch Reguel genannt, so Num 10,29, bzw. Hobab, Ri 4,11) und hat einen Sohn, Gerson. Dann erscheint ihm eines Tages Gott im brennenden Dornbusch und beauftragt ihn mit der Befreiung Israels aus der Sklaverei. Dabei gibt er sich mit seinem Namen Jhwh (ausgesprochen »Jahwe«) zu erkennen. Die Bedeutung des Namens wird erklärt mit »Ich bin der, der ich sein werde«.

5.2.2 Plagen – Verstockung des Pharao

Mose gehorcht dem Auftrag. Mit seinem Bruder Aaron geht er zum Pharao und bittet, sein Volk ziehen zu lassen. Mose lässt im Auftrag Gottes eine Reihe von zehn Plagen über Ägypten kommen. Ein mehrfaches Hin-

5.2 Exodus

und-Her beginnt: Immer wieder erlaubt der Pharao – durch eine Plage gedrängt – den Abzug der Israeliten und zieht dann seine Erlaubnis wieder zurück. Im Hintergrund des Geschehens wird Gott als der geschichtsmächtige Herr auch über den ägyptischen Pharao beschrieben, Ex 11,9 f.:

> Der HERR aber sprach zu Mose: Der Pharao wird nicht auf euch hören, auf dass meiner Wunder noch mehr werden in Ägyptenland. Und Mose und Aaron haben diese Wunder alle getan vor dem Pharao; aber der HERR verstockte ihm das Herz, sodass er die Israeliten nicht ziehen ließ aus seinem Lande. (Lu)

5.2.3 Passa und Mazzot

Abb. 6: Sederabend als häusliche Feier
Am Sederabend gedenken die Juden des Auszugs aus Ägypten; die Liturgie findet sich in der Haggada (Buch vorne im Bild). Verschiedene Speisen und vier Becher Wein werden symbolisch gedeutet.

Die letzte Plage ist gleichzeitig die brutalste: Gott tötet die erstgeborenen Kinder der Ägypter. Um die Israeliten vor dem gleichen Schicksal zu schützen, sollen sie ein Lamm schlachten und mit dem Blut ihre Türpfosten bestreichen. Das jüdische Passafest soll die Erinnerung an diese Nacht und an den Auszug aus der ägyptischen Sklaverei wach halten (Ex 12,24 ff.). Die Vorschriften für dieses Fest sind in die Erzählung eingewo-

<small>Tötung der Erstgeburt als Zehnte Plage</small>

ben, ebenso die Vorschriften für das sich an Passah anschließende Mazzot-Fest, das Fest der ungesäuerten Brote: Weil die Israeliten eilig aufgebrochen sind, und deswegen keine Zeit hatten, den Teig in aller Ruhe säuern zu lassen (vgl. Ex 12,39).

5.2.4 Auszug aus Ägypten

Das Wunder am Schilfmeer

Endlich lässt der Pharao die Israeliten ziehen – er bereut aber seinen Beschluss und jagt ihnen nach. Am Schilfmeer kommt es zum Showdown: Mose teilt das Meer, Israel zieht hindurch, das nachsetzende Heer des Pharao ertrinkt unter den zurückfließenden Wassermassen (so der bekannte, dramatische und verfilmte Bericht). Doch daneben lassen sich Spuren mindestens einer weiteren Fassung erkennen, in der das Geschehen weniger wunderhaft durch einen Ostwind hervorgerufen wird bzw. Gott die Räder der Wagen hemmt (vgl. Ex 14,21.25). Über dieses Ereignis ist ein altes Siegeslied überliefert, das Miriam, der Schwester Moses und Aarons in den Mund gelegt wird (sie wird hier als Prophetin bezeichnet!):

> *Lasst uns dem HERRN singen,*
> *denn er hat eine herrliche Tat getan;*
> *Ross und Mann hat er ins Meer gestürzt. (Ex 15,21)*

Eine erweiterte Fassung dieses Liedes bildet den Hauptteil von Kap. 15 und ist Mose in den Mund gelegt.

5.2.5 Wanderung durch die Wüste

In der Wüste sind die Israeliten unzufrieden: Murrgeschichten

Der Weg Israels zum Sinai wird durch eine Reihe Wunder-Geschichten illustriert, in denen das Volk murrt; man nennt diese Geschichten darum auch »Murrgeschichten«: Es fehlt (trinkbares) Wasser (Ex 15,22 ff.), etwas zu essen (Kap. 16). Gott hört das Murren und schafft durch Mose Abhilfe: Als Fleisch schickt er Wachteln und als weitere Nahrung das Manna, das die Israeliten bis zur Grenze des Landes Kanaan vierzig Jahre lang essen sollen (Beginn: Ex 16,35; Ende: Jos 5,12). In diesem Kapitel lernt Israel auch den Sabbat kennen, weil es an diesem Tag nichts sammeln soll (Ex 16,23–27). In der Geschichte vom Kampf gegen das Volk der Amalekiter taucht zum ersten Mal Josua auf (Ex 17,9). Gott begleitet das Volk in Gestalt einer Wolken- und Feuersäule, vgl. Ex 14,24 und 16,10. An der letzten Stelle ist Gott in Gestalt seiner Herrlichkeit (hebr. *kabôd*) präsent.

5.2.6 Am Sinai: Theophanie und Bundesschluss

Mit dem Aufenthalt am Sinai beginnt der längste Abschnitt des Pentateuchs. Die Sinai-Perikope reicht von Ex 19,1 bis Num 10,10. In diesem Abschnitt verbinden sich drei Elemente:
- die Offenbarung des Gesetzes
- der Bundesschluss Gottes mit Israel (Ex 24)
- die Theophanie (griech. »Erscheinung Gottes«; Ex 19,10-19)

Zusammen mit der Geschichte vom Goldenen Kalb (Ex 32-34) und dem Bericht von der Einsetzung Aarons und seiner Söhne zu Priestern sowie deren ersten Kulthandlungen (Lev 8-10) sind Theophanie und Bundesschluss die einzigen narrativen Passagen in der sehr langen Sinai-Perikope. Das Hauptgewicht machen die Gesetzestexte aus.

Gott erscheint Israel am Berg Sinai – diese Theophanie gilt als der Kern der Sinaitradition, weil Jhwh auch sonst mit diesem Berg verbunden wird (Dtn 33,2; Ri 5,4).

Beim Bundesschluss erinnert Gott daran, dass er Israel befreit hat und es sich zum besonderen Eigentum erwählt hat (Ex 19,4-6): *Bundesschluss am Sinai*

> Ihr habt gesehen, was ich mit den Ägyptern getan habe und wie ich euch getragen habe auf Adlerflügeln und euch zu mir gebracht. Werdet ihr nun meiner Stimme gehorchen und meinen Bund halten, so sollt ihr mein Eigentum sein vor allen Völkern; denn die ganze Erde ist mein. Und ihr sollt mir ein Königreich von Priestern und ein heiliges Volk sein. (Lu)

(zum Bund s. u. § 5.5.4, Stichwort: Bund; Erwählung, vgl. Dtn 7). Im Gegenzug zu Gottes Rettung soll sich Israel auf die Gebote verpflichten, wie sie im Buch des Bundes (Ex 24,7) festgehalten sind. Vor dem eigentlichen Bundesbuch (Ex 20-23) stehen in Ex 20 noch die Zehn Gebote (Dekalog; eine zweite Fassung finden wir in Dtn 5). *Das Bundesbuch als älteste israelische Gesetzessammlung*

Zehn Gebote

Die Bundesschluss-Zeremonie wird in Ex 24 erzählt: Ein Tier wird geschlachtet und sein Blut an den Altar gespritzt (»Blut des Bundes« Ex 24,8 – vgl. Einsetzungsworte beim Abendmahl, Mt 26,28). Zusammen mit den 70 Ältesten steigen Mose, Aaron, sowie dessen Söhne Nadab und Abihu auf den Sinai, sehen Gott, essen und trinken.

5.2.7 Das Goldene Kalb

Bundesbruch und Bundeserneuerung: das Goldene Kalb

Als Mose 40 Tage auf dem Berg ist, um Gottes Anweisungen zu empfangen, machen Aaron und die Israeliten sich ein goldenes Kalb als Gottesbild, das sie anbeten, und feiern ein Opferfest. Mose kehrt zurück und zerschmettert die Tafeln, auf die Gott seine Gebote geschrieben hatte. Die Leviten töten 3000 der Abtrünnigen, Mose legt Fürbitte für Israel ein (Ex 32) und Gott erneuert den Bund. Es gibt auch neue Tafeln (Ex 34). In diesem Zusammenhang wird eine Formel zitiert, die mehrfach im AT benutzt wird, die sogenannte Gnadenformel (s. u. § 10.8.2, Stichwort: Zorn und Barmherzigkeit Gottes):

> HERR, HERR, Gott, barmherzig und gnädig und geduldig und von großer Gnade und Treue, der da Tausenden Gnade bewahrt und vergibt Missetat, Übertretung und Sünde, aber ungestraft lässt er niemand, sondern sucht die Missetat der Väter heim an Kindern und Kindeskindern bis ins dritte und vierte Glied! (Ex 34,6f.; Lu, vgl. Ps 86,15; 103,8; 145,8; Joel 2,13; Jona 4,2 u.ö.)

Die Stiftshütte als Ort der göttlichen Gegenwart beim Volk Israel – Vorbild des Tempels

Vertiefung: Die Stiftshütte

Die Texte, die den Bau der Stiftshütte behandeln, gehören alle zur Priesterschrift (s. u.). Die Textblöcke in Ex 25–31 und 35–39 entsprechen sich textlich sehr: Der erste Block enthält die Beauftragung, der zweite die Durchführung. Vorbild ist ein himmlisches Urbild, das Gott Mose zeigt (Ex 25,9). Als die Stiftshütte gebaut ist, nimmt Gottes Herrlichkeit (hebr. *kabôd*) dort Wohnung; sie ist damit der Ort der göttlichen Gegenwart bei seinem Volk.

Der Sabbat als wesentliches Merkmal jüdischer Identität

In die Darstellung der Stiftshütte eingefügt sind zwei Vorschriften zum Sabbat: ein strafbewehrtes Arbeitsverbot (Ex 31) und das Verbot, Feuer anzuzünden (Ex 35). Diese beiden Vorschriften prägen jüdisches Leben bis heute. Als Konsequenz ist z. B. Autofahren verboten, und so ruht in Israel bis auf den heutigen Tag der öffentliche Nahverkehr am Sabbat komplett.

Vertiefung: Mose und der Monotheismus – Exodus als Befreiungsgeschichte

Auf die Gesetzesgabe am Sinai wird im AT kaum Bezug genommen. Auf Knechtschaft und Auszug wird oft verwiesen, so in vielen Gebotsbegründungen in Dtn (z. B. 10,19), bei Hos in seinen Geschichtsrückblicken und bei DtJes.

Abb. 7: **Stiftshütte** (Graphik von Ephraim Moses Lilien, 1922)

Im Neuen Testament ist es genau anderes: Der Exodus wird dort nicht erwähnt – das Gesetz ist aber immer wieder Thema, besonders bei Paulus in Gal und Röm.

Mose gilt als der »Erfinder« des Monotheismus und hat als solcher noch im 20. Jahrhundert einiges Interesse erfahren, so in Sigmund Freuds letzter großer und fantasievoller Studie *Der Mann Mose*, und bei Jan Assmann, der den Begriff der »mosaischen Unterscheidung« geprägt hat: Mit Mose und dem Monotheismus sei in religiösen Fragen eine Unterscheidung von wahr und falsch zentral geworden, wie sie im älteren Polytheismus noch nicht existiert habe. Daher enthielten monotheistische Religionen einen Absolutheitsanspruch, der in sich ein Gewaltpotenzial berge.

Die Befreiung aus der Sklaverei ist ein theologisches Motiv, das die unterdrückten Schwarzen in Amerika für sich aufgegriffen haben, vgl. das bekannte Spiritual: »Go down Moses«. Der deutsche Philosoph Ernst Bloch (1885–1977) deutet in seinem Buch *Atheismus im Christentum* (1968) den Exodus als zentrales Symbol der jüdisch-christlichen Religion und deckt Traditionen der menschlichen Befreiung im Alten und Neuen Testament auf. Im Anschluss an die Erklärung des Gottesnamens in Ex 3 (»Ich bin, der ich sein werde«) versteht Bloch Gott auch als den, der mit seinem Volk in die Zukunft unterwegs ist. In der Befreiungstheologie spielt das Exodusmotiv als Befreiungserfahrung eine wichtige Rolle. »So wie einstmals Israel, das erste Volk, die rettende Gegenwart Gottes erfuhr, als er es aus der Unterdrückung Ägyptens befreite ... so können auch wir, das neue Volk Gottes, nicht umhin seinen rettenden Schritt zu spüren«, so formulierte die Zweite Generalkonferenz des Lateinamerikanischen Episkopats 1968 in Medellín (vgl. Greinacher, 1985, 27). Diese Theologie entstand in den 60er-Jahren in Lateinamerika und wurde v. a. in anderen postkolonialen Ländern in Afrika und Asien rezipiert, fand aber auch in Europa und Nordamerika Zuspruch, allerdings eher im akademischen Milieu.

Literatur

Assmann, Jan, Moses der Ägypter: Entzifferung einer Gedächtnisspur, München/Wien 1998.

Assmann, Jan, Die Mosaische Unterscheidung oder der Preis des Monotheismus, München 2003.

Bloch, Ernst, Atheismus im Christentum. Zur Religion des Exodus und des Reiches, Frankfurt a. M. 1968.

Freud, Sigmund, Der Mann Moses und die monotheistische Religion (1939), in: Ders.: Kulturtheoretische Schriften (= Studienausgabe, ed. A. Mitscherlich u. a., Bd. 9), Frankfurt a. M. 1986, 455–581.

Ellacuría, Ignacio u. a. (Hg.), Mysterium Liberationis. Grundbegriffe der Theologie der Befreiung. 2 Bde., Luzern 1995/1996.

Fornet-Betancourt, Raúl F., Kritischer Rückblick und Perspektiven für die Zukunft. 3 Bde., Mainz 1997.

Greinacher, Norbert (Hg.), Der Konflikt um die Theologie der Befreiung: Dokumentation und Diskussion, Zürich u. a. 1985.

Filmklassiker

»The Ten Commandments« (USA 1956), Regie: Cecil B. DeMille.

5.2.8 Übersicht Exodus

1–15	**AUSZUG AUS ÄGYPTEN**	3	**Berufung des Mose**, vgl. Kap. 6
		12–13	Tötung der Erstgeburt; Passa und Mazzot
		14	Durchzug durchs Schilfmeer
		15	Siegeslied des Mose
16–18	Weg zum Sinai		**Murrgeschichten**
19–24	**Bundesschluss** am Sinai		mit **Dekalog**, Bundesbuch
25–31	Auftrag zum Bau der Stiftshütte		ausführliche Beschreibung
32–34	**Das Goldene Kalb**		Bundesbruch und -erneuerung
35–40	Bau der **Stiftshütte**		≈ Kap. 25–31
40	Einzug Gottes ins Heiligtum		**kabod** »Herrlichkeit«

5.2.9 Themen

Vertiefung: **Der Gottesname Jhwh**
In der Bibel wird Gott auf ganz verschiedene Weisen bezeichnet. Im Alten Testament hat er einen Namen, der mit den vier hebräischen Buchstaben JHWH geschrieben wird – deswegen auch *Tetragramm*, griech. »Vierbuchstaben(-Wort)«. Die Aussprache des Namens lässt sich aus griechischen Wiedergaben erschließen; sie hat mit ziemlicher Sicherheit *Jahwe* gelautet. In Exodus 3,14 wird die Bedeutung des Namens erklärt: »Ich bin, der ich bin«, übersetzt Luther. Nach der Bedeutung der hebräischen Verbformen ist auch eine andere Übersetzung möglich »Ich werde sein, der ich sein werde« (in diesem Sinne z. B. die Zü). Dabei muss man beachten, dass das hebräische Wort für »sein« soviel heißt wie »wirkend da sein«.

In der jüdischen Tradition wurde schon in der Antike der Gottesname nicht mehr ausgesprochen, um im Anschluss an die Bestimmung des dritten Dekalog-Gebotes (Ex 20,7/Dtn 5,11) seinen Missbrauch, z. B. zu magischen Zwecken, zu verhindern. Stattdessen werden eine ganze Reihe von Umschreibungen gebraucht: *ha-qadósch* »der Heilige«, *ha-schammayím* »der Himmel« (daher der Ausdruck »Königreich der Himmel«/»Himmelreich statt »Reich Gottes« bei Matthäus). Am verbreitetsten war wohl *adônay* »Herr«.

Als der hebräische Text nachträglich mit Vokalen versehen wurde, ließen die Masoreten das Tetragramm stehen, deuteten aber durch die Vokale /e-o-a/ an, dass *adônay* zu lesen sei. Dies ergibt im Schriftbild »Jehova«. In der christlichen Tradition wurde diese Aussprache irrigerweise übernommen. Erst im Laufe des 19. Jahrhunderts wurde sie durch die wissenschaftlich erschlossene Aussprache »Jahwe« ersetzt.

Im Neuen Testament wird »Herr« nicht nur für Gott, sondern auch für Jesus gebraucht.

Die Gottesbezeichnung »Herr« hat von feministisch-theologischer Seite Kritik erfahren, da sie das Gottesbild einseitig männlich festlege und zudem in einer Kategorie von Herrschaft und Knechtschaft befangen sei. Die *Bibel in gerechter Sprache*, die in dieser Tradition steht, vermeidet darum konsequent diese Bezeichnung.

➤ *Stichwort:* **HERR**
Die christlichen LXX-Handschriften verwenden die griech. Übersetzung *kyrios* für den Gottesnamen – und so ist es als »Herr« in die christlichen Bibeln eingegangen. Dabei werden die vier Buchstaben in Anlehnung an das hebräische Tetragramm meist großgeschrieben, auch um Stellen kenntlich zu machen, an denen auf Hebräisch *adônay* steht; dann ist »Herr« normal geschrieben. In modernen jüdischen Übersetzungen heißt es stattdessen oft: »der Ewige«.
Im Alten Testament kommen noch weitere Gottesnamen vor, z. B.:
- **El:** Einerseits der Eigenname des höchsten Gottes des kanaanäischen Pantheons. Im biblischen Hebräisch auch Appelativum »Gott« (Sg.); es kommt in Ortsnamen wie Bet-El (Haus Els) vor oder in Zusammensetzungen wie El Eljon (der höchste Gott).
- **(El) Schaddai:** Die genaue Bedeutung des Namens ist in der Forschung umstritten, Luther übersetzte »der Allmächtige«. Er folgt damit der Tradition der LXX, die *pantokrator* »All-Herrscher« übersetzt.
- **Jhwh Zebaoth:** »Herr der Heerscharen« – gemeint ist das Himmelsheer (Sterne/Engel).

➤ *Stichwort:* **Offenbarung**
Offenbarung ist ein zentraler Begriff in der christlichen, aber auch in der jüdischen und islamischen Theologie. In ihm wird die Grundstruktur des biblischen Gottesglaubens angesprochen: Gott offenbart sich, d. h. er gibt sich den Menschen

zu erkennen – und er tut es von sich aus. Beispielhaft kann die Berufung Abrahams das Gemeinte deutlich machen (Gen 12,1-4). Gott spricht zu Abraham, und dieser verlässt seine Heimat. Diese Geschichte bildet den biblischen Auftakt der besonderen Heilsgeschichte Gottes mit den Menschen, die nach jüdischem Verständnis mit der Offenbarung des Gesetzes am Sinai durch Mose seinen Höhepunkt erreicht (Ex-Num). Nach christlichem Verständnis ist der Höhepunkt der Offenbarung mit Jesus erreicht; vor allem im Joh-Ev. ist Jesus derjenige, der Gottes Offenbarung den Menschen exklusiv mitteilt (s. u. § 19).

Doch obwohl Offenbarung für die Theologie ein so zentrales Konzept ist, gibt es weder im Alten noch im Neuen Testament eine einheitliche Begrifflichkeit für diesen Gedanken. Er stellt vielmehr eine begriffliche Zusammenfassung vieler verschiedener biblischer Themenkomplexe dar, u. a.:

- Berufungsgeschichten
- Prophetie
- »Wort Gottes« (v. a. AT, z. B. Jes 55,11), aber auch Jesus als Wort Gottes in Joh 1
- Deutung des Auftretens Jesu im NT
- Inspiration (nur NT; vgl. § 20 zur Hermeneutik)

Der Offenbarungsbegriff hat nach dem Ersten Weltkrieg in der Theologie an Bedeutung gewonnen, »um gegen die Auflösung der Theologie in Anthropologie das Prae [d. h. den Vorrang; A. M.] Gottes zur Geltung zu bringen und zugleich entgegen der Einebnung des Christentums in die Welt der Religionen von der Ausschließlichkeit des Handelns Gottes in Jesus Christus auszugehen.« (Ebeling, 1987, 246) In der Systematischen Theologie wird seitdem gern anhand des Offenbarungsbegriffes über die Frage nachgedacht, wie wir als Menschen etwas von Gott wissen können.

Der Islam hat ein anderes Offenbarungsverständnis: Mohammed hat den Koran wörtlich vom Erzengel Gabriel empfangen – die jüdischen und christlichen Offenbarungsschriften sind demgegenüber durch die Überlieferung verfälscht: Sure 7,162; 5,41; speziell zu den Christen: 5,77.

Literatur

Bongardt, Michael, Einführung in die Theologie der Offenbarung, Darmstadt ²2009.
Bultmann, Rudolf, Offenbarung im Neuen Testament, in: Ders.: Glauben und Verstehen, Bd. 3, Tübingen 1960, 1-34.
Ebeling, Gerhard, Dogmatik des christlichen Glaubens, Bd. 1, Tübingen ³1987.

➤ *Stichwort:* **Gesetzessammlungen**
Die unterschiedlichen Gesetzessammlungen sollte man namentlich kennen und verorten können:

Exodus Dekalog (Ex 20), Bundesbuch (Ex 20–23), kultischer Dekalog (Ex 34)
Levitikus Opfergesetze, Speise- und Reinheitsgesetze, Heiligkeitsgesetz
Numeri Gesetzesnachträge
Deuteronomium Dekalog (Dtn 5), Deuteronomisches Gesetz (Dtn 12–28)

Bundesbuch, Heiligkeitsgesetz, Deuteronomisches Gesetz regeln verschiedene Bereiche des Lebens: Ehe, Sklaverei, Körperverletzung; der kultische Dekalog enthält, wie der Name schon sagt kultische Vorschriften, v. a. zu Festen; Opfergesetze beschreiben die verschiedenen Opferarten; Reinheitsvorschriften enthalten Speisevorschriften (reine und unreine Tiere) sowie Regelungen im Bereich von Hautkrankheiten, Sexualtabus u. a. Das Heiligkeitsgesetz und das dtn. Gesetz sind jünger als das Bundesbuch und interpretieren seine Vorschriften jeweils neu und geben ihnen eine je eigene theologische Deutung.

Auffallend ist, wie die verschiedenen Gesetze in den Erzählverlauf des Pentateuch eingebunden sind: Nur den Dekalog verkündet Gott direkt dem Volk. Danach hat es Angst und bittet Mose, er solle als Mittler die Gesetze entgegennehmen. Im Folgenden spricht Gott dann auch nur mit Mose, ohne dass berichtet würde, wie Mose die Gesetze verkündet. Erst im Dtn erfährt das Volk, was Gott gesagt hat.

Gesetze im Alten Orient waren nicht wie heute positives Recht, das die Rechtsprechung bindet, sondern eher politisches Programm oder gesammelte Präzedenzfälle, die Orientierung über Rechtsgewohnheiten zu bieten vermögen. In dieser Weise wird man auch die alttestamentlichen Gesetzessammlungen verstehen müssen; viele ihrer Vorschriften wie etwa die zum Sabbatjahr (Lev 25; Dtn 15) oder zum Kriegsdienst (Dtn 20) sind vermutlich nie umgesetzt worden. Erst die rabbinische Auslegung der Spätantike, wie sie in Mischna und Talmud überliefert ist, entwickelt aus der Tora heraus eine konkrete Lebensordnung für die jüdischen Gemeinschaften.

Literatur
Altorientalische Gesetzessammlungen finden sich in
Texte aus der Umwelt des Alten Testaments (TUAT) 1, hg. von *Kaiser, Otto/Janowski, Bernd*, Gütersloh 1982–1985, 17–130.

➤ *Stichwort:* **Dekalog (Die zehn Gebote)**
Eine der wirkmächtigsten Passagen im AT ist sicherlich der Dekalog (griech. »Zehn Worte«). Er formuliert knapp die wesentlichsten ethischen Vorschriften in Bezug auf die Gottesverehrung (sogenannte erste Tafel) und das menschliche Zusammenleben (zweite Tafel). Die Zählungen im Judentum und in den verschiedenen christlichen Konfessionen sind unterschiedlich. Gehört für Judentum und Reformierte das Bilderverbot dazu, wird es in der katholischen Tradition – und dieser folgend Luther! – ausgelassen. Als Ausgleich wird das letzte Gebot, das das Begehren verbietet, geteilt. In der Unterweisung der Kirche hat der Dekalog immer eine herausragende Rolle gespielt, nicht zuletzt weil Martin Luther ihn in seinen beiden Katechismen, dem Großen und dem Kleinen, erklärt hat.

Literatur
Deuser, Hermann, Die Zehn Gebote. Kleine Einführung in die theologische Ethik, Stuttgart 2002.
Köckert, Matthias, Die Zehn Gebote, München 2007.

5.3 Levitikus

In den Gesetzen des Buches Levitikus ist die Lebensordnung des Gottesvolkes festgelegt mit ihren Opfern zur Sühne, Reinheitsvorschriften, dem Versöhnungstag und dem Heiligkeitsgesetz. Vieles davon prägt jüdisches Leben bis heute.

Im Buch Levitikus geht der Erzählverlauf kaum weiter; einzig die Einsetzung Aarons und seiner Söhne wird erzählt, sowie deren erster Opferdienst. Im Mittelpunkt dieses Buches stehen mehrere Abschnitte mit Gesetzen; sie bestimmen auch die grobe Gliederung des Buches:

1–7	Opfervorschriften
8–10	Einsetzung Aarons als Hohepriester und erste Opfer
11–15	Reinheitsgesetze
16	Versöhnungstag (Jom Kippur)
17–26	Heiligkeitsgesetz
27	Anhänge (weitere Gesetze)

Die Beschreibung des Opferwesens ist ebenso wie das Konzept der Reinheit von großem religionswissenschaftlichen Interesse. Die gesetzlichen

Bestimmungen zu Sexualtabus und Sabbat- und Jobel-Jahr im Heiligkeitsgesetz (Lev 18 und Lev 25) geben – zusammen mit den anderen gesetzlichen Bestimmungen – einen Einblick in die sozialen Verhältnisse des alten Israel. Auch Israels Feste werden in Lev beschrieben (Jom Kippur Lev 16 und Festkalender in Lev 23, s. u. § 8.4, Vertiefung: Jüdische Feste).

Vertiefung: **Opfer**

Eine uns heute fremde religiöse Praxis im Verkehr des Menschen mit der Gottheit hatte im Altertum (und in vielen Kulturen auch heute noch) eine zentrale Bedeutung. In Levitikus findet sich in den Kap. 1–7 eine zusammenfassende Darstellung der Opferarten des alten Israel:

- **Brandopfer** (*'ôlâ*): das Opfertier wird ganz verbrannt.
- **Speiseopfer** (*minchâ*): die Grundnahrungsmittel Mehl oder Brot und Öl werden vor Jhwh aufgetischt.
- **Heilsopfer** (*zebach schelâmîm*) (EÜ, Zü), Dankopfer (Lu), auch: Gemeinschafts-Schlachtopfer, Mahlopfer: nur geringe Anteile des Opfertieres werden verbrannt, das Fleisch wird in einem gemeinschaftlichen Mahl verzehrt.
- **Sündopfer** (*chatât*): bei unbeabsichtigten Gebotsübertretungen in Verbindung mit bestimmten Blutriten.
- **Schuldopfer** (*'âschâm*), ähnlich wie das Sündopfer, aber bei kultischen Vergehen.
- **Dank- oder Lobopfer** (*tôdâ*) (Lev 7,12): ein Mahlopfer als Dank für eine Rettung durch die Gottheit (s. u. § 8.2.3, Danklied).

Nach der Theologie der Priesterschrift (s. u. § 5.6) – zu deren Ergänzungen diese Gesetzesmaterialien gehören – dienen alle diese Opfer zur Sühne, mithin zur Wiederherstellung eines gestörten Gottesverhältnisses. Im Neuen Testament ist die Vorstellung vom Opfer dann eines der Deutungsmuster für den Tod Jesu; vor allem der Hebräerbrief greift die alttestamentlichen Opfertexte auf. Mit der Zerstörung des Zweiten Tempels in Jerusalem durch die Römer im Jahr 71 n. Chr. endet der jüdische Opferkult am Tempel.

➤ *Stichwort:* **Holocaust**

Von der griech. Bezeichnung des Brandopfers, *holokaustos*, ist die Bezeichnung Holocaust für den Völkermord des nationalsozialistischen Deutschland an den Juden abgeleitet. Heute spricht man aber oft nach dem hebräischen Begriff von der »Shoah« (»Katastrophe, Untergang«).

Vertiefung: **Speisegebote** (Lev 11, vgl. Dtn 14)
Anders als die Opfer prägen die Speisegebote jüdisches Leben bis heute. Auch Juden, die nicht besonders religiös sind, befolgen in der Regel diese Vorschriften. Erlaubt (und damit koscher) sind paarhufige Wiederkäuer (Rind, Schaf und Ziege) und einiges Jagdwild. Schwein und Hase (er gilt fälschlich als Wiederkäuer, vgl. Lev 11,6) sind verboten. Erlaubt sind Fische mit Schuppen und Flossen, also keine Krebse, Shrimps u. Ä. Bei den Vögeln ist eine Reihe von verbotenen Tieren aufgezählt, aber die hebräischen Wörter können vielfach nicht mit hinreichender Sicherheit bestimmten Arten zugewiesen werden.

Das Fleisch der Tiere darf nur gegessen werden, wenn es ohne Blut ist (Lev 17,10). Die rituell korrekte Form der Schlachtung ist die Schächtung, bei ihr blutet das Tier aus (vgl. Dtn 12,20–25). *Schächtung*

Wichtig für die jüdischen Speisegebote, die man in Anlehnung an das Adjektiv koscher auch »Kaschrut« nennt, ist noch ein weiteres Gebot: »Du sollst das Böcklein nicht in der Milch seiner Mutter kochen« (Ex 23,9; Dtn 14,21). Diese Vorschrift wird in der jüdischen Tradition sehr weit ausgelegt: Es sollen überhaupt keine Milch- und Fleischprodukte zusammen gegessen werden. Zwischen dem Verzehr der beiden Nahrungsmittel muss ein Abstand von mehreren Stunden liegen. *Trennung von Milch und Fleisch*

Speisegebote und andere Tabus sind Ausdruck eines kulturellen Selbstverständnisses, das eine Gemeinschaft konstituiert. Solche Regeln bieten Einheit nach innen und Abgrenzung nach außen. Daher sind diese Speisegebote auch so wichtig und haben jüdische Identität (zusammen mit anderen Aspekten der jüdischen Religion) über Jahrtausende bewahrt. Im Neuen Testament werden dann Fragen von Speisegeboten und Reinheit eine wichtige Rolle bei der Bildung einer christlichen Identität spielen, die sich von der Mutterreligion, dem Judentum, absetzt. Gerade in den Briefen des Apostels Paulus lassen sich die Konflikte gut erkennen (v. a. 1Kor 8–10). *Speisetabus definieren eine Gemeinschaft*

Literatur
Roden, Claudia, Das Buch der jüdischen Küche. Eine Odyssee von Samarkand nach New York, Wien 2012.

Vertiefung: **Reinheitsgesetze**
Reinheit ist ein zentrales Konzept in vielen Religionen. Sie ist Voraussetzung dafür, dass Menschen mit einer Gottheit in Kontakt treten dürfen. Israel muss sich heiligen, d. h. bestimmte Reinheitsanforderungen erfüllen, bevor

es am Sinai Jhwh begegnen kann (vgl. Ex 19,3-9). Aber auch ganz normale Kulthandlungen erfordern solche Vorbereitungen (vgl. 1Sam 16,5). Das Besondere am priesterschriftlichen Reinheitskonzept, wie es im Buch Lev vorgestellt wird, ist, dass das ganze Leben – auch im Alltag – in der gleichen Reinheit gelebt werden soll, wie sie für eine Gottesbegegnung notwendig ist.

➤ Stichwort: **Aussatz**
In den Übersetzungen ist dabei in der Regel von »Aussatz« die Rede. Aber dieser Begriff assoziiert die in der Antike unheilbare Lepra-Krankheit. Die kann aber nicht gemeint sein, da die Hautveränderungen als vorübergehend angesehen werden.

Reinheit ist dabei weder auf hygienische Rücksichten oder Gefühle wie Ekel zu reduzieren, sondern stellt eine eigene Kategorie dar, die von ihrem Gegenpol, der Unreinheit, her definiert ist. Hier sind verschiedene Phänomene zusammengefasst. Unrein wird ein Mensch:
- im Umgang mit Toten;
- eine Frau während ihrer Menstruation und nach der Geburt;
- ein Mann durch einen Samenerguss;
- bei bestimmten Hautveränderungen.

Literatur
Douglas, Mary, Reinheit und Gefährdung. Eine Studie zu Vorstellungen von Verunreinigung und Tabu, Berlin 1985.

5.3.1 Versöhnungstag

Am Versöhnungstag wird der Sündenbock in die Wüste geschickt

Der Versöhnungstag (hebr. *Jom Kippur*) ist bis heute einer der höchsten jüdischen Feiertage; die in Lev vorgesehenen Opfer werden nicht mehr dargebracht. Auch der Ritus mit dem sprichwörtlich gewordenen Sündenbock, der, mit den Sünden Israels beladen, in die Wüste geschickt wird, wird nicht mehr praktiziert. Geblieben ist ein Fasttag, den gläubige Juden in der Synagoge verbringen und wo sie Versöhnung mit Gott und den Mitmenschen suchen.

5.3.2 Heiligkeitsgesetz

Heiligkeitsgesetz wird ein Block von Gesetzen genannt, die unter dem Leitgedanken der Heiligkeit Israels stehen, wie es in Lev 19,2 programmatisch in einer Gottesrede formuliert ist:

> »Ihr sollt heilig sein, denn ich, der HERR, euer Gott, bin heilig« (Zü).

Insoweit schließen sich diese Gesetze theologisch an den Gedanken von Sühne und Reinheit Israels auch im Alltag an: auch die Heiligkeit umfasst alle Lebensvollzüge. Zentraler Ausdruck dieser Heiligung ist im Verhalten zu sehen, konkret in der Nächstenliebe:

> Du sollst deinen Nächsten lieben wie dich selbst; ich bin der HERR. (Lev 19,18; Lu)

Dieses Gebot wird von Jesus als eines der beiden höchsten Gebote zitiert (Mk 12,31). In Lev 19 wird es in V. 34 auch auf die Fremden ausgeweitet:

> Er soll bei euch wohnen wie ein Einheimischer unter euch, und du sollst ihn lieben wie dich selbst (Lu)!

Unter den vielfältigen Regelungen sind zwei hervorzuheben: der Festkalender in Lev 23, der die jüdischen Feste zusammenstellt (vgl. Ex 23,14–17; Dtn 16) und die Vorschriften für Erlassjahr (auch Jubeljahr/Jobeljahr, vgl. Dtn 15). Alle 50 Jahre sollen die ursprünglichen Besitzverhältnisse wieder hergestellt werden und alle hebräischen Sklaven (nicht die fremden) freigelassen werden, (vgl. Lev 25,54 – anders im Bundesbuch und im Dtn: dort soll der hebräische Sklave schon nach sechs Jahren freigelassen werden Ex 21,2; Dtn 15,12). Bei der Sklavenfreilassung handelt es sich um eine sozialpolitische Vorschrift, ähnlich den gelegentlich überlieferten Schuldenerlassen (vgl. Neh 5). Eine internationale und ökumenische Kampagne von Papst Johannes Paul II. und dem Ökumenischen Rat der Kirchen hat unter dem Titel »Jubilee 2000«, dt. »Erlassjahr 2000«, diesen alttestamentlichen Gedanken aufgegriffen. Unter dem Titel »Erlassjahr. Entwicklung braucht Entschuldung« führen Kirchen, Weltladengruppen und Organisationen aus der Entwicklungszusammenarbeit in internationaler Kooperation diese Initiative fort und treten für eine Neuorganisation des internationalen Schuldenmanagements ein (www.erlassjahr.de, 22. Januar 2017).

5.3.3 Übersicht Leviticus

1-7	**OPFERGESETZE**	
8-10	Priesterweihe und erster Kult	Aaron und seine Söhne
11-15	**REINHEITSGESETZE**	Speisevorschriften, Mikwe
16	**JOM KIPPUR**	(Versöhnungstag) Sündenbock
17-26	**HEILIGKEITSGESETZ**	c. 19	**Nächstenliebe – Feindesliebe**
27	Anhänge	

5.4 Numeri

Im Buch Numeri wird die Lagerordnung des Gottesvolkes festgelegt, der Aufbruch vom Sinai beschrieben sowie 40 Wüstenjahre als Strafe für den Ungehorsam Israels in der Kundschaftererzählung; erzählt wird also der Übergang von der rebellierenden Generation des Auszugs zur neuen Generation der Landnahme. Den Abschluss bildet die Eroberung des Ostjordanlandes mit der Episode des Sehers Bileam.

Das vierte Buch Mose, Numeri, ist weniger klar gegliedert als die übrigen Bücher des Pentateuch. Zwar wird der Erzählfaden fortgesetzt und die Wanderung Israels durch die Wüste bis zur Grenze des Landes Kanaan erzählt, aber der Erzählfluss ist immer wieder unterbrochen durch einzelne Gesetzesnachträge. Wir werden uns beim Lernen auf die narrativen Passagen konzentrieren. Numeri hat folgende Grobgliederung:

1-10	Lagerordnung mit Volkszählung und Aufbruch vom Sinai
11-21	40 Jahre Wüstenwanderung (die rebellierende Generation)
22-26	Eroberung des Ostjordanlandes (die neue Generation)
27-36	Anhänge (haupts. Gesetzesnachträge)

5.4.1 Lagerordnung mit Volkszählung und Aufbruch vom Sinai

Numeri führt die Erzählung der Mosebücher fort; seit Ex 19 ist Israel am Sinai und erhält Gebote von Gott. Es beginnt mit einer Volkszählung (daher der Name) und der Festlegung der Lagerordnung der zwölf Stämme. In diesem Abschnitt findet sich als wichtiger Einzeltext der Aaronitische Segen, der vor allem in evangelischen Gottesdiensten ja noch heute verwendet wird:

Aaronitischer Segen

> Der HERR segne dich und behüte dich; der HERR lasse sein Angesicht leuchten über dir und sei dir gnädig; der HERR hebe sein Angesicht über dich und gebe dir Frieden. (Num 6,22–27; Lu)

Dies ist ein sehr alter Segenstext, wie Silberamulette vom Ende des 7. Jh. v. Chr. belegen, die bei archäologischen Ausgrabungen in Israel gefunden worden sind.

5.4.2 Wüstenwanderung: Die rebellierende Generation

Die Wüstenerzählung ist zweigeteilt: Nach dem Aufbruch vom Sinai zieht Israel an die südliche Grenze Kanaans, zur Oase Kadesch Barnea. Von dort schickt es Kundschafter ins Land.

Als sie zurückkommen, berichten sie von der Fruchtbarkeit des Landes, in dem »Milch und Honig fließen« (Num 13,27), aber auch Riesen wohnen. Daraufhin verlässt das Volk der Mut, sie trauen sich nicht, das Land zu erobern. Zur Strafe darf die Generation, die an Gott zweifelt, nicht ins Land. Erst ihre Kinder werden das Land erobern. Das gilt auch für Mose. Nur die beiden Kundschafter Josua und Kaleb, die zur Eroberung im Vertrauen auf Gott plädieren, werden von dieser Strafe ausgenommen (Kundschaftererzählung Num 13–14). Dieser Generationenwechsel von der Auszugsgeneration zur folgenden ist der erzählerische Kern von Numeri.

Von der rebellierenden Generation zu derjenigen der Landnahme

Im Anschluss an die Kundschaftererzählung werden die 40 Jahre Israels in der Wüste erzählt. Dabei ist die Zahl symbolisch: 40 Jahre sind eine Generation. Ausgestaltet wird diese Epoche durch die Wiederaufnahme von Motiven aus Ex. Die Murrgeschichten werden neu erzählt: Nun bestraft Gott die ungehorsamen Israeliten. Neu dazu kommen Geschichten von der Auflehnung gegen die Führung des Mose: seine eigenen Geschwister Aaron und Miriam werfen Mose vor, eine ausländische Frau zu haben, Datan und Abiram sowie die Rotte Korach rebellieren. Am Ende dieses Abschnitts stehen der Tod Miriams und Aarons (Num 20), exemplarisch für das Ende der rebellierenden Exodusgeneration, das mit der zweiten Volkszählung ausdrücklich festgestellt wird (Num 26,64 f.).

40 Jahre Wüstenwanderung

5.4.3 Eroberung des Ostjordanlandes durch die neue Generation

Mit der neuen Generation beginnt die Eroberung des verheißenen Landes im Gebiet östlich des Jordan. Die zentrale Geschichte ist das Auftreten des Sehers Bileam, der Israel verfluchen soll, aber nur Segensworte sprechen kann. Die Figur des Sehers Bileam ist seit 1967 auch aus einem Text bekannt, der im ostjordanischen Deir Alla ausgegraben wurde (TUAT 2, 138-147).

Der Seher Bileam soll Israel verfluchen

5.4.4 Übersicht Numeri

1–11	**Volkszählung** u. a.	6,22 f.	**Aaronitischer Segen**
		9	Erstes Passa (Datierung)
10,11	Aufbruch vom Sinai		
10–21	Israel in der **WÜSTE**		u. a. Parallelüberlieferungen zu Ex 16–18 (s. u. Der Pentateuch!)
		13–14	**Kundschaftererzählung** (Josua)
		15–20	»**40 Jahre**«
22–26	**EROBERUNG** des Ostjordanlandes	22–24	Seher Bileam
27–36	Anhänge		haupts. Gesetzesnachträge

5.5 Deuteronomium

In einer großen Abschiedsrede an der Grenze zum gelobten Land blickt Mose vor seinem Tod auf Auszug und Wüstenzeit zurück, spricht von Gottes Erwählung Israels, erinnert an die Verheißungen, wiederholt das Gesetz als Lebensordnung und schärft Israel ein, es zu befolgen, vor allem sich nicht an andere Götter zu hängen, die im gelobten Land verehrt werden. In einem erneuten Bundesschluss im Lande Moab verpflichtet sich die neue Generation der Israeliten auf die Tora, die Weisungen Gottes.

Das Deuteronomium ist als große Abschiedsrede des Mose gestaltet: An der Schwelle zum Heiligen Land, nach der Wüstenwanderung und vor der Eroberung des gelobten Landes erinnert Mose an die vergangenen Heilstaten Gottes. Auf der Erzählebene erfährt Israel jetzt erst den Inhalt der Gesetze, während für die Leserinnen und Leser der Inhalt wiederholt und neu interpretiert wird. Zuletzt setzt Mose Josua als seinen Nachfolger ein und stirbt.

> *Stichwort:* **Gelobtes Land, Heiliges Land**
> Die Bezeichnung Israels als »Gelobtes Land« hat nichts mit der lobenden Beschreibung als »Land in dem Milch und Honig fließen« durch die Kundschafter in Num 13,27 zu tun. »Gelobt« leitet sich nämlich nicht von »loben« her, sondern von »geloben« , d. h. »schwören«: Im Pentateuch, v. a. in der deuteronomistischen Darstellung (s. u. § 6.1) verpflichtet sich Gott durch einen Schwur, das Land dem Volk Israel zu geben (z. B. Dtn 1,8). Diese Vorstellung wurde gerade im Exil wichtig, als Israel sein Land verloren hatte – und bewegte und bewegt die Sehnsucht vieler Juden seitdem, auch nach der Gründung des modernen Staates Israel am 14. Mai 1948.
> Die Bezeichnung »Heiliges Land« bezieht sich auf die biblische Heilsgeschichte, die dort stattgefunden hat. Vor allem seit dem Ende der Christenverfolgungen durch Kaiser Konstantin ab 312 entwickelt sich eine christliche Wallfahrt nach Israel, die von Konstantin und seiner Mutter Helena durch repräsentative Kirchenbauten, wie z. B. die Grabeskirche in Jerusalem, gefördert wird.
> Der Tempelberg in Jerusalem ist heilige Stätte für Juden und Muslime, ebenso die Gräber der Erzeltern in Hebron. An diesen Orten entzünden sich in der Gegenwart immer wieder religiöse Konflikte.

Literatur

Ebner, Martin (Hg.), Jahrbuch für Biblische Theologie (JBTh), Bd. 23: Heiliges Land, Neukirchen 2008.

Vieweger, Dieter, Streit um das Heilige Land. Was jeder vom israelisch-palästinensischen Konflikt wissen sollte, Gütersloh ⁵2015.

Mit seinem erzählerischen Rahmen setzt das Buch den Erzählfaden des Pentateuchs fort. Gleichzeitig ist das Deuteronomium die theologische Eröffnungsrede zum Deuteronomistischen Geschichtswerk, das bis 2Kön die Geschichte Israels bis zum Exil unter theologisch wertenden Vorzeichen erzählt (s. u.). Das Deuteronomium ist die theologische Grundlegung dieses großen Erzählwerkes. Es hat folgende Grobgliederung:

1–11	Zwei Einleitungsreden
12–26	Deuteronomisches Gesetz
27–28	Segen und Fluch
29–34	Abschluss der Erzählung des Pentateuchs: Tod des Mose

Diese Struktur ist angelehnt an den typischen Aufbau altorientalischer Gesetzessammlungen, wie z. B. der Codex Hammurabi (ca. 1700 v. Chr., TUAT 1, 39-80). Er beginnt mit einem Prolog, dem entsprechen in Dtn die Einleitungsreden, dann folgen die Gesetze, die mit Segen und Fluch abgeschlossen werden. Doch der Stil, in dem dieses Formschema umgesetzt wird, nimmt Elemente der Predigt auf, vor allem in den Einleitungsreden. Mose spricht das Volk mit »Du« oder »Ihr« an; oft heißt es »heute« – und damit ist nicht die ferne Vergangenheit der erzählten Zeit gemeint, sondern das Hier und Heute dessen, der den Text hört oder liest. Solche predigtartigen, »paränetischen« (*Paränese* griech.: »Ermahnung«) Erweiterungen finden sich auch in den Gesetzen; immer wieder werden paränetische Begründungen eingefügt. Inhaltlich interpretiert das deuteronomische Gesetzeskorpus das ältere Bundesbuch neu.

5.5.1 Einleitungsreden

Mose blickt auf die Wüstenwanderung zurück

Die erste Einleitungsrede blickt zurück auf die Ereignisse seit dem Aufbruch vom Sinai, der hier Horeb heißt. Es werden mit kleinen Veränderungen die Ereignisse des Buches Numeri erzählt. Zwischen die beiden Einleitungsreden ist in Dtn 4 ein predigtartiger Abschnitt gestellt, in dessen Zentrum das Bilderverbot steht. Es wird damit begründet, dass Israel am Horeb keine Gestalt gesehen habe.

5.5 Deuteronomium

Die zweite Einleitungsrede beginnt mit einer Erinnerung an die Gotteserscheinung am Horeb und die Zehn Gebote (Dtn 5). In Dtn 6,4 f. wird der zentrale theologische Gedanke des Deuteronomiums formuliert: Gott ist einer und Israel soll ihn von ganzem Herzen lieben. Dieser Satz ist zum Bekenntnis Israels geworden. Konkret heißt das, Israel soll die Gebote Gottes befolgen; sinnfällig wird diese Bindung an die Gebote durch die Anweisung, die Worte an sich zu tragen, als Zeichen auf Stirn und Hand – und sie an seine Kinder weiterzugeben. Dieses Interesse an Glaubensvermittlung und Weitergabe findet sich mehrfach und hat das Judentum als eine Religion des Lernens nachhaltig geprägt.

Mahnung, die Gebote zu halten, und deren Kurzfassung als Zehn Gebote

Abb. 8: **Juden mit Gebetsriemen** (hebr. Tefillim) bei einer Bar Mizwa an der Klagemauer – vgl. Dtn 6,4 ff. Bei der Bar Mizwa verpflichtet sich ein jüdischer Junge im Alter von 12/13 Jahren der Einhaltung der Gebote. Damit ist er ein vollwertiges Mitglied der jüdischen Gemeinschaft. Das kommt darin zum Ausdruck, dass er in einem Gottesdienst aus der Tora vorliest.

Die Gottesliebe ist als Reaktion auf Gottes Erwählung Israels erwartet, wie in Dtn 7 entfaltet wird: Es sind nicht die Verdienste Israels, die Gott haben dieses Volk erwählen lassen, sondern allein sein Wille, oder – theologisch gesprochen – seine Gnade. Glaube ist als Reaktion darauf verstanden. Da berührt sich die Theologie des Deuteronomiums mit der (protestantischen) Rechtfertigungslehre. Der damit verbundene Gegensatz

Israel als Gottes erwähltes Volk antwortet mit Gottesliebe, die sich im Gehorsam gegen die Gebote realisiert

von Gesetz und Evangelium lässt sich deswegen auch nicht einfach auf »AT als Gesetz« und »NT als Evangelium« verteilen, sondern Evangelium findet sich bereits in der Tora, dem jüdischen Gesetz. Konsequenterweise wird in Dtn 8 die versprochene Gabe des Landes auch als Geschenk verstanden – nach der Wüstenzeit, die als Zeit der Prüfung und Erziehung Israels durch Gott gilt. In der zweiten Hälfte der Rede wird an die Geschichte vom Goldenen Kalb erinnert und vor Fremdgötterei gewarnt.

> *Vertiefung:* **Deuteronomische Gesetze – mit Segen und Fluch**
> Die Sammlung der Gesetze ist dreigeteilt mit einem Anhang. Den ersten Abschnitt nennt man das Privilegrecht Jhwhs, das meint die Zusammenfassung aller Vorschriften, die den Umgang Israels mit Gott regeln. Im zweiten Abschnitt stehen vornehmlich Vorschriften zu den Ämtern Israels, im dritten überwiegen die Gesetze zu sozialen Fragen.
>
> Das Privilegrecht Jhwhs beginnt gleich mit der wichtigsten Forderung des Deuteronomiums, der Kultzentralisation. Ist Jhwh der eine Gott Israels und Israel das eine erwählte Volk Jhwhs, so entspricht dem ein einziger legitimer Kultort. Gemeint ist Jerusalem, auch wenn dieser Name nicht fällt, sondern der Ort umschrieben wird als der, an dem Gott »seinen Namen wohnen lassen will«. Nur hier darf Jhwh verehrt werden. In der Konsequenz zu nur einem Kultort wird die profane Schlachtung freigegeben, sofern sie bestimmten rituellen Mindestanforderungen genügt (Schächten), denn nun konnte nicht mehr in der Nähe jeden Ortes rituell-kultisch geschlachtet werden.
>
> Dtn 16–18 wird gerne als der Verfassungsentwurf des Dtn bezeichnet; in ihm werden die Ämter des Königs, Propheten und Richter beschrieben. Beim König fällt seine Bindung an die Tora auf (Dtn 17,18 f.). Damit steht der König nicht über dem Gesetz, sondern ist an dieses gebunden.
>
> Was im letzten Abschnitt mit Schwerpunkt Sozialgesetzgebung konzentriert zu lesen ist, durchzieht die ganze Sammlung: Israel soll sich mit den Schwachen in der Gesellschaft solidarisch zeigen, sie an seinen Festen teilhaben lassen, ihnen Lebensunterhalt zukommen lassen; die Bestimmungen für Sabbatjahr und Jubeljahr (s. o. Lev) werden aufgegriffen. Zur Begründung dient ganz oft der Hinweis darauf, dass Israel selbst Sklave in Ägypten gewesen sei und darum Solidarität üben solle.
>
> Im Anhang finden sich knappe Segensankündigungen für die, die Gebote befolgen – und eine lange Liste mit Flüchen, wenn Israel die Weisungen nicht befolgt; dabei werden die Ereignisse des Exils angekündigt, auf die das deuteronomistische Geschichtswerk zuläuft.

Kultzentralisation als wichtigste Forderung

Solidarität mit den sozial Schwachen als Kerngedanke der Sozialgesetzgebung

Das Gesetz wird durch Segen und Fluch abgeschlossen

5.5 Deuteronomium

Abb. 9: **Mose mit Hörnern**: Grund für diese merkwürdige Darstellung ist ein Übersetzungsfehler der Vulgata: »facies cornuta« (»gehörnte Stirn«) für hebr. »strahlendes Gesicht« (Ex 34,29). Mose von Michelangelo in St. Pietro in Vincoli, Rom

5.5.2 Bundesschluss im Lande Moab – Josua als Nachfolger des Mose – Tod des Mose

Die Korrespondenz von Erwählung Israels durch Gott und Israels Gottesliebe wird von den Theologen, die das Deuteronomium geschrieben haben, im »Bundesschluss« formalisiert. Dabei greifen sie ein altorientalisches Rechtsinstitut auf (s. u. Stichwort: Bund, S. 79), um diese Korrespondenz in einer für die damalige Zeit verständlichen Sprache auszusagen: Ein Bundesschluss zwischen Israel und Gott im Lande Moab setzt die Erzählung fort (Dtn 29); in Verbindung damit wird das Halten der Gebote eingefordert (Dtn 30).

Den Abschluss bilden die letzten Handlungen des Mose: Er setzt Josua als seinen Nachfolger ein (31,7 f.), dann singt er (Moselied Dtn 32), segnet die Stämme Israels (Stammessprüche Dtn 33, vgl. Gen 49) und stirbt. Niemand kennt sein Grab, weil Gott selbst ihn begräbt (Dtn 34).

5.5.3 Übersicht Deuteronomium

1–4	1. Einleitungsrede: Geschichtsrückblick	4	**Bilderverbot, Monotheismus**
5–11	2. Einleitungsrede: Theologie	5	**Dekalog**
		6	**Schema' Jisrael** (jüd. Glaubensbekenntnis: Monotheismus und Gottesliebe)
		7	Erwählung Israels
12–25	Deuteronomische Gesetze	12	**Kultzentralisation** und Privilegrecht Jhwhs
		16–18	Ämter: König und Propheten
		19–25	Sozialgesetze
26–28	Anhänge zum Gesetz	26	Kleines geschichtliches Credo
		28	Segen und Fluch
		29	**Moabbund** (Bundestheologie)
29–34	Letzte Verfügungen des Mose		Josua als Nachfolger des Mose Mose singt, segnet und stirbt!

5.5.4 THEMEN

➤ Stichwort: **Bund**

Mit dem Begriff »Bund« (hebräisch *bĕrît*) ist ein wesentliches Motiv alttestamentlicher Theologie benannt: Gott schließt einen Bund mit seinem Volk, das so zum Bundesvolk Gottes wird. Diese exklusive gegenseitige Zugehörigkeit des jüdischen Volkes wird mit dem Begriff beschrieben. Die Bundesformel in Dtn 26,17 f. beschreibt ausdrücklich, was gemeint ist:

> Du hast dir heute vom HERRN sagen lassen, **dass er dein Gott sein wolle** und dass du sollest in allen seinen Wegen wandeln und halten seine Gesetze, Gebote und Rechte und seiner Stimme gehorchen. Und der HERR hat dich heute sagen lassen, **dass du sein eigenes Volk sein wollest**, wie er dir zugesagt hat, und alle seine Gebote halten wollest. (Lu)

Ein Bund (*bĕrît*) bezeichnet im Alten Orient verschiedene Arten eidlicher Verpflichtungen, je nach dem Rangverhältnis der bundesschließenden Parteien:
- gleichrangige Partner schließen einen Vertrag;
- ein Höherrangiger bzw. Mächtigerer verpflichtet sich selbst;
- ein weniger Mächtiger kann zum Eid verpflichtet werden.

Diese letzte Variante dürfte den Anknüpfungspunkt für die theologische Verwendung der Bundesvorstellung im Deuteronomium (s. o. § 5.5, Deuteronomium) bilden: Viele der Formulierungen aus Dtn 13,2-20 und Dtn 28 entsprechen Verträgen, wie sie der assyrische König Asarhaddon (680-669 v. Chr.) als eidliche Verpflichtung von seinen Vasallen verlangt hat, um die Loyalität für seinen Sohn Assurbanipal als Thronfolger zu sichern. Die Bundestheologie des Deuteronomiums geht also auf altorientalisches Vertragsrecht zurück. In der Priesterschrift (s. u. S.) wird der Bund dann umgedeutet. Er ist kein Loyalitätseid mehr, sondern eine Selbstverpflichtung Gottes, in christlicher Sichtweise ein Gnadenbund, so Gen 17.

Trotz des prominenten Ortes, den der Bundesbegriff in den Einsetzungsworten zum Abendmahl hat, spielt die Konzeption im NT eine eher untergeordnete Rolle; nur der Hebräerbrief entwickelt seine Christologie mit dem Konzept des Bundesmittlers.

Bund	Gen 9	Noahbund: Regenbogen
	Gen 15	m. Abraham, Glaube
	Gen 17	m. Abraham: Beschneidung

	Ex 24	Sinai: Urkunde & Blut
	Ex 34	Bundeserneuerung
	Dtn 29	Bund im Lande Moab
	2Kön 23	Bund-Erneuerung unter Josia
	Gal 4	Zwei Bundesschlüsse
	Hebr 8	Christus als Bund-Mittler
Neuer Bund	Jer 31,31	Neuer Bund
	Mk 14 parr.	Einsetzungsworte
	2Kor 3,6.14	Alter vs. Neuer Bund, vgl. Hebr 8; 10

➤ *Stichwort:* **Mose**

Mose ist eine der wichtigsten Gestalten des AT; seine Biografie sollte man in wesentlichen Zügen nacherzählen können. Geburt und Hauptereignisse aus dem Leben des Mose bilden das Gerüst des Buches Exodus; die letzten 40 Jahre werden in Numeri berichtet, die Abschiedsreden des Mose an sein Volk Israel finden sich in Dtn, Mose hält sie vor dem Einzug in das gelobte Land, das er selbst nicht betreten darf. Dtn endet mit Nachrichten über Moses Tod.

In den Erzählungen über Mose ist er in einer Vielzahl verschiedener Rollen dargestellt:

Anführer des Volkes	etwa in den Plagengeschichten bei den Verhandlungen mit dem Pharao
Bundesmittler	Ex 24,2; Dtn 5,5.23 ff.
Prophet	Dtn 18,18 (vgl. Dtn 34)
Fürbitter	Ex 32,32 f.; 33; Num 14,13 ff.
Richter	Ex 18,13 ff., vgl. auch Num 11
»Freund« Gottes	Ex 33,11
	»wie ein Mann mit seinem Freund redet« (Lu; EÜ) – allerdings ist das eine falsche Übersetzung, die auf die LXX zurückgeht; korrekt übersetzt Zü »wie ein Mensch mit einem anderen redet«.
Gesetzgeber	(unbiblisch, da Gott die Gesetze gibt)

Besonders Moses Verhältnis zu Gott ist hervorzuheben, er ist der Ansprechpartner Gottes, der das Gotteswort an die israelitische Gemeinde und sogar an die Priester (Aaron) weitergibt. Die Nähe der Gottesbegegnung ist in verschiedenen Facetten beschrieben, die sich teilweise widersprechen:

- Ex 33,11: Mose begegnet Gott von Angesicht zu Angesicht
- Ex 33,20: Mose darf nur die Rückseite Gottes sehen
- Ex 34: Decke auf dem Angesicht des Mose wegen des Leuchtens nach der Begegnung mit Gott (vgl. 2Kor 3)
- Num 12: Gott redet von Mund zu Mund mit ihm, er sieht den Herrn in seiner Gestalt; Knecht

Das besondere Verhältnis Gottes zu Mose kommt auch darin zum Ausdruck, dass Mose der einzige Mensch ist, von dem berichtet wird, Gott habe ihn selbst begraben (Dtn 34).

Mose ist im Koran die am häufigsten erwähnte Person. Vor allem in den Suren 20 und 28 wird ausführlich seine Geschichte nacherzählt. Alle wesentlichen Episoden sind aufgegriffen: Seine Geburt, seine Flucht nach Midian, seine Berufung, sein Zusammentreffen mit dem Pharao, der Auszug aus Ägypten, das Goldene Kalb. Wichtig ist im Koran, dass er von Gott das Gesetz erhalten hat (Sure 32,23; 6,154 u. ö.).

Literatur

Böttrich, Christfried/Ego, Beate/Eißler, Friedmann, Mose in Judentum, Christentum und Islam, Göttingen 2010.

Otto, Eckart (Hg.), Mose, SBS 189, Stuttgart 2000.

Der Koran. Erschlossen und kommentiert von *Adel Th. Khoury*, Düsseldorf 2005, 142–153.

5.6 Struktur und Entstehung des Pentateuchs

Nach unserem Durchgang können wir nun den gesamten Pentateuch überblicken. Seine Struktur ist konzentrisch: Um die Mitte im Buch Levitikus und die Sinai-Perikope herum sind zwei Episoden Wüstenwanderung gelegt.

Genesis	Exodus	Levitikus	Numeri	Deuteronomium
Schöpfung **Erwählung** Abrahams (Gen 12) Verheißung des **Landes**	Durch die **WÜSTE:** Murrgeschichten • Passa (Ex 12–13) • Wachteln und Manna (Ex 16) • Wasser aus dem Felsen (Ex 17) • Amtseinsetzung (Ex 18) • Götzendienst • (Ex 32)	im Zentrum des Buches der Jom Kippur (**Versöhnungstag**), an dem die Menschen mit Gott versöhnt werden	Durch die **WÜSTE:** Murrgeschichten • Passa (Num 9) • Wachteln und Manna (Num 11) • Wasser aus dem Felsen (Num 20) • Amtseinsetzung (Num 11) • Götzendienst • (Num 25) • + **Rebellion**!	Erinnerung an Gottes Heilshandeln; **Erwählung** Israels (Dtn 7) Weisungen für das Leben im **Land**
		S I N A I		
	bauliche Voraussetzungen: Bau des Heiligtums (Ex 25–31.35–40)	Lebensordnung: • Kult • Reinheit • Heiligkeit	organisatorische Voraussetzungen: Lagerordnung (Num 1–8)	

Struktur nach E. Zenger u. a., Einleitung.

Die Entstehung des Pentateuch ist sehr kompliziert, das wird beim genauen Lesen an einigen Stellen deutlich. Manche Unausgeglichenheit im Detail und sogar offensichtliche Widersprüche lassen erkennen, dass hier nicht das planvolle Werk eines Autors vorliegt, sondern ein über lange

Zeiträume hin entstandener Text, an dem viele verschiedene Menschen immer wieder weitergeschrieben haben – über Jahrhunderte hinweg. Wie der Prozess im Einzelnen abgelaufen ist, ist nicht leicht zu rekonstruieren. Seit dem 19. Jh. erklärte man die Entstehung mit der sogenannten Urkundenhypothese (von der es mehrere Varianten gibt – aber das ist Gegenstand der Einleitungswissenschaft und geht über eine erste, bibelkundliche Orientierung hinaus). Diese Hypothese geht davon aus, dass der Pentateuch auf vier Quellen, »Urkunden«, zurückgeht. Man nannte sie nach den verwendeten Gottesbezeichnungen Jahwist oder Elohist; daneben gibt es die Priesterschrift und das Deuteronomium. Diese Quellen seien dann schrittweise miteinander verbunden worden.

Dieses Modell wird heute nur noch von wenigen vertreten. Einzig die Existenz einer Priesterschrift kann noch als Konsens gelten. Bei den nichtpriesterschriftlichen Passagen des Pentateuch (mit Ausnahme des Dtn) nimmt man heute überwiegend ein blockweises Wachstum an, bei dem die einzelnen Erzählkreise nacheinander zusammengewachsen sind; dabei werden unterschiedliche Varianten des Modells diskutiert (vgl. Römer/Macchi/Nihan 2013, 120–164; Zenger u. a., 2016, 87–151).

5.7 Weiterführung der Erzählung des Pentateuch

So wie die Bibel heute aufgebaut ist, finden die Erzählungen des Pentateuch mit dem Tod des Mose in Dtn 34 keinen Abschluss; Gott hat seine Landverheißungen an die Erzeltern noch nicht eingelöst – dies geschieht erst in Jos. Jetzt wird auch Josef begraben, wie er es sich gewünscht hat (Gen 50,25; Ex 13,19; Jos 24,32). Sieht man den Abschluss des Erzählbogens der Mosebücher erst im Josua-Buch, so spricht man vom Hexateuch (*hexa*, griech.: »sechs«). Doch findet das Josuabuch als Teil des Deuteronomistischen Geschichtswerkes seine Fortsetzung in den folgenden Büchern Samuel und Könige, so dass ein Heils-Unheilsgeschichtliches Großgeschichtswerk (Otto Kaiser) vorliegt, das Gen bis 2Kön umgreifend ist. Dieses Konvolut wird auch Enneateuch (*ennea*, griech.: »neun«) genannt (dabei ist Rut nicht mitgezählt und Samuel sowie Könige gelten als jeweils ein Buch). Grenzt man hingegen das Deuteronomistische Geschichtswerk von den Mosebüchern ab, so bleiben nur vier Bücher übrig, die als Tetrateuch (*tetra*, griech.: »vier«) bezeichnet werden.

Pentateuch, Hexateuch, Enneateuch, Tetrateuch

5.8 Fragen zu Exodus bis Leviticus

1.) Stellen Sie die wichtigsten Stationen des Lebens von Mose zusammen und nennen Sie die Rollen, in denen sein Kontakt zu Gott beschrieben wird!
2.) An welche Ereignisse erinnern Passa und Mazzot?
3.) Stellen Sie die Murrgeschichten zusammen!
4.) Gegen welches Gebot verstößt Israel mit dem Goldenen Kalb? Nennen Sie die Belegstellen für die entsprechende Vorschrift!
5.) Zählen Sie die alttestamentlichen Gesetzessammlungen auf!
6.) Welche biblischen Motive fasst das theologische Konzept der Offenbarung zusammen?
7.) Wer ist Aaron?
8.) Welches ist der erzählerische Kern des Numeribuches?
9.) Welcher Prophet spielt in Numeri eine Rolle?
10.) Wie ist das Dtn stilisiert und was sind die theologischen Grundgedanken der Kapitel 1–11?
11.) Welche Rolle spielt das Konzept des Bundes in der Bibel?
12.) Beschreiben Sie den konzeptionellen Aufbau des Pentateuch!

Vertiefung
- Was ist die Stiftshütte?
- Was hat es mit dem Gottesnamen Jhwh auf sich und welche anderen Bezeichnungen werden noch verwendet?
- Welche Funktionen haben Opfer im AT?
- Welches sind die wichtigsten Vorschriften im dtn. Gesetz?
- Welche Rolle spielen Reinheits- und Speisevorschriften sowie die Regelungen zum Sabbat im heutigen Judentum und Christentum?
- Nennen Sie zentrale Gedanken des Heiligkeitsgesetzes!

6.

VORDERE PROPHETEN (NEBIIM HARISCHONIM)

Da die meisten mit dem christlichen Kanon vertraut sein dürften, folgt die Bibelkunde dem jüdischen Kanon, um auch mit diesem vertraut zu werden. Im Blick auf die biblischen Bücher selbst ist das insoweit gerechtfertigt, als mit Jos 1 und Mal 3 eine auf die Tora bezogene literarische Klammer um diesen Teil der Bibel gelegt ist (s. o. § 4.1, Stichwort: Kanon). Inhaltlich ist der im Judentum übliche Begriff »Propheten«, *nebi'im*, für die Bücher des Deuteronomistischen Geschichtswerkes (DtrG) durchaus nachvollziehbar: Propheten spielen eine tragende, den Geschichtsverlauf begleitende Rolle (s. u. zum DtrG, Kap. 4.2).

Jos 1 und Mal 3 als literarische Klammer um die Propheten des jüdischen Kanons

> *Vertiefung:* **Geschichtsschreibung und Heilsgeschichte**
> Im Vorderen Alten Orient gab es eine reiche Tradition an historischer Literatur: die ägyptischen Pharaonen ließen ihre Taten aufzeichnen, ebenso die mesopotamischen Herrscher. Königsinschriften auf Bauten künden von ihren Taten, in Annalen wird wichtiges Jahr für Jahr notiert. Die Verwaltung führt Königslisten, um die Datierung von Dokumenten, die im Alten Orient nach den Regierungsjahren der jeweiligen Herrscher erfolgt, nachvollziehen zu können. Verträge und Rechtssammlungen erhalten Prologe, die ebenfalls historische Informationen enthalten. Sogar aus der näheren Umwelt Israels sind einige wenige Inschriften mit historischer Information erhalten.
> Alle diese Texte wertet man natürlich aus, um eine Geschichte des Alten Orients zu schreiben. Man kann diese Texte aber auch im Blick auf die Geschichtsauffassung lesen, die sich in ihnen zeigt. So erkennen wir in den ägyptischen Texten ein eher zyklisches Bild von Geschichte: Jeder Pharao soll die uranfängliche Weltordnung wieder herstellen. In Mesopotamien ist die Geschichte aufgefasst als eine Kette von Ursache und Wirkung – durchaus verknüpft mit dem Handeln der Götter.
> Die alttestamentliche Geschichtsschreibung unterscheidet sich von beiden. Für sie ist Geschichte stets Heilsgeschichte: Gott handelt an seinem Volk Israel und schafft immer neue Anfänge, obwohl das Volk dem Anspruch Gottes nicht gerecht geworden ist. Von diesem geschichtstheologischen Ge-

danken sind nicht nur die Geschichtsbücher geprägt, die die vergangene Geschichte in Epochen teilen, sondern auch die Bücher der (hinteren) Propheten. Bei ihnen ist dieses Geschichtsbild in die Zukunft hinein verlängert, als Eschatologie (griech.: *Lehre von den letzten Dingen*): Die Propheten erwarten, dass Gott endgültig Heil für Israel schafft (s. u. § 7.1.2; § 7.5.3, Stichwort: Eschatologie; § 8.5 Stichwort: Apokalyptik).

Das Neue Testament greift diese Sichtweise auf und erzählt vom neuen Handeln Gottes in Jesus Christus. In Anlehnung an die jüdische Bibel entstehen neue Geschichtsbücher, die Evangelien (s. u. Evangelien, § 11) und die Apostelgeschichte. Gerade Lukas schreibt sein Evangelium und die Apostelgeschichte bewusst in den Traditionen der griechisch-römischen Geschichtsschreibung, greift gleichzeitig aber auf die alttestamentliche Geschichtsdarstellung in der Bibel zurück.

Literatur
Michel, Diethelm, Geschichte und Zukunft im Alten Testament, in: Ders.: Studien zur Überlieferungsgeschichte alttestamentlicher Texte, ThB 93, Gütersloh 1997, 35-52.

6.1 Das Deuteronomistische Geschichtswerk

Das Deuteronomistische Geschichtswerk (DtrG) erzählt die Geschichte Israels von der Landnahme bis zum babylonischen Exil. Es will erklären, warum Israel und Juda untergegangen sind: weil Israel und Juda nicht den Vorschriften des Deuteronomiums gefolgt sind (daher der Name des Werkes). Vor allem die Verehrung anderer Götter und die Einrichtung anderer Kultorte außer Jerusalem gelten als Hauptvergehen.

Deuteronomistisches Geschichtswerk: ein Begriff der Forschung

Das Deuteronomistische Geschichtswerk ist ein Begriff, der sich in der alttestamentlichen Forschung durch Martin Noth (1902-1968) eingebürgert hat. Er bezeichnet die Bücher Dtn bis 2Kön nach der Ordnung des jüdischen Kanons, also ohne das Buch Rut; der Begriff deckt sich im Umfang mit dem, was nach jüdischer Tradition die Vorderen Propheten heißt; im christlichen Kanon ist es ein Teil der Geschichtsbücher.

Noch eine Anmerkung zur Terminologie: Das Deuteronomistische Geschichtswerk trägt diesen Namen, weil es sich theologisch vom Deuteronomium herleitet. Das Deuteronomium ist damit ein Teil des

6.1 Das Deuteronomistische Geschichtswerk

Deuteronomistischen Geschichtswerkes. Die Gesetze im Deuteronomium heißen deuteronomische Gesetze. Das ist nicht zu verwechseln mit dem ähnlichen Adjektiv deuteronomistisch. Die Menschen, die das Geschichtswerk geschrieben und die, die es dann noch überarbeitet haben, heißen Deuteronomisten; ihre Texte nennt man »deuteronomistisch«; und da es solche Bearbeitungen auch im Deuteronomium gibt, gibt es dort auch deuteronomistische Passagen.

Dtn	Abschiedsreden des Mose vor seinem Tod
Jos	Eroberung und Verteilung des Landes
Ri	Bedrohung durch Unglaube und Feinde, Gott rettet durch Richter
1Sam	Samuel als letzter Richter und Saul als erster König
2Sam	König David
1Kön	Salomo und getrennte Reiche
2Kön	Untergang erst des Nordreiches Israel, dann des Südreiches Juda

Das deuteronomistische Geschichtswerk (DtrG) blickt (in der jetzigen Fassung) aus nachexilischer Zeit auf die Geschichte Israels zurück und versucht zu verstehen, warum das von Gott erwählte Volk ins Exil musste. Die Erklärung finden die Autoren im fortgesetzten Ungehorsam des Volkes und vor allem seinen Königen, obwohl die Propheten immer wieder gewarnt haben. Im Einzelnen werden Verstöße geltend gemacht gegen Jhwhs Anspruch, Israels einziger Gott zu sein und nur ihn kultisch zu verehren (1. und 2. Gebot); daneben steht der Verstoß gegen die im Dtn (Kap. 12) angeordnete Kultzentralisation. Es soll nur einen Kultort für Jhwh geben – und das ist Jerusalem. Diese Theologie wird vor allem in den sogenannten Deutetexten des Deuteronomistischen Geschichtswerks vorgetragen, teilweise mit der Stimme des Autors, teilweise als Rede im Munde von Protagonisten. Diese Deutetexte bilden das theologische Rückgrat der Darstellung, weswegen man die Texte gründlich lesen sollte.

Das deuteronomistische Geschichtswerk begründet das Exil mit dem Ungehorsam Israels

Dtn	**Abschiedsreden des Mose**	Prolog des Werkes mit Geschichtsrückblick und Weisung für das Leben im Land mit deuteronomischem Gesetz
Jos 1	**Beauftragung Josuas**	Eroberung des Landes mit Gottes Beistand; Erinnerung an das Gesetz des Mose

Jos 23	**Abschiedsrede Josuas**	Einschärfen des Gesetzesgehorsams, speziell keine Vermischung mit den Völkern des Landes
Jos 24	**»Landtag zu Sichem«**	Geschichtsrückblick, Abkehr von den alten Göttern
Ri 2	**Richterschema**	Zyklus von Abfall und Rettung als Grundmodell der Richterzeit
1Sam 8	**Königsrecht**	kritische Sicht auf das Königtum
1Sam 12	**Abschiedsrede Samuels**	Rückblick auf Auszug und Landnahme; Hinwendung zu Jhwh
2Sam 7	**Nathansweissagung**	Davids ewige Dynastie
1Kön 8	**Tempelweihgebet Salomos**	Ankündigung des Exils bei fehlendem Gesetzes-Gehorsam
2Kön 17	**Reflexion auf den Untergang des Nordreiches**	Grund: Sünde Jerobeams (I.), vgl. 1Kön 12

Hoffnung auf Umkehr

Als Hoffnungsperspektive für die ursprünglichen Adressaten des Werkes, das unter dem Exil leidende Volk Israel, wird immer wieder auf die Möglichkeit der Umkehr hingewiesen, die darin besteht, wieder die Weisung Gottes zu befolgen.

Propheten als Mahner

Eine Besonderheit des DtrG ist, dass Propheten als Mahner Israel an die Gebote erinnern sollen, wie Gott es in Dtn 18,18 ankündigt. In der großen Reflexion auf den Untergang des Nordreichs wird dieser Gedanke aufgegriffen, 2Kön 17,13.18:

> Und doch hatte der HERR Israel und Juda gewarnt durch alle Propheten und alle Seher und ihnen sagen lassen: Kehrt um von euren bösen Wegen und haltet meine Gebote und Rechte nach dem ganzen Gesetz, das ich euren Vätern geboten habe und das ich zu euch gesandt habe durch meine Knechte, die Propheten. Aber sie gehorchten nicht, ... Da wurde der HERR sehr zornig über Israel und tat es von seinem Angesicht weg, sodass nichts übrig blieb als der Stamm Juda allein. (Lu)

Propheten begleiten also die Geschichte Israels und Judas:

Samuel	1Sam
Nathan	2Sam
namenloser Gottesmann in Betel	1Kön 13
Elia	1Kön 17 – 2Kön 2

Elisa	2Kön 2–8.13
Micha ben Jimla (≠ M. aus Moreschet Mi 1,1)	1Kön 22
Jona ben Amittai (vgl. Jona-Buch)	2Kön 14,25
Jesaja	2Kön 19–20
Hulda (Prophetin)	2Kön 22,14–20
Jeremia	wird nicht erwähnt!

Die Entstehung des Werkes wird in der Forschung lebhaft diskutiert: Möglicherweise gab es unter Josia eine erste Fassung, die dann im Exil und danach überarbeitet wurde. Nicht ganz einig ist man sich, ob schon von Anfang an das Werk den Umfang von Dtn bis 2Kön hatte, oder das Werk blockweise gewachsen ist, da sich die Darstellung in den Könige-Büchern von der in den Samuel-Büchern unterscheidet. Auch wie viele Überarbeitungsschichten anzunehmen sind, ist nicht ganz eindeutig.

Literatur
Kaiser, Otto, Der Gott des Alten Testaments. Theologie des AT Teil 1. Grundlegung, Göttingen 1993, 186–201.
Römer, Thomas, The So-Called Deuteronomistic History: A Sociological, Historical and Literary Introduction, London 2005.

6.2 Josuabuch

Die Israeliten erobern das Land Kanaan unter Josua, dem Nachfolger des Mose, mit Gottes Beistand, Josua. Er verteilt das Land an die Stämme und erneuert in einem weiteren Bundesschluss in Sichem die Verpflichtung auf Gottes Gebote. Tod des Josua.

Josua ist der Nachfolger des Mose und der Anführer Israels bei der Eroberung Kanaans. Nach ihm als Hauptfigur ist das Buch benannt. Das Buch hat zwei Teile, die von Prolog und Epilog gerahmt sind:

1	Prolog: Gott erteilt Josua den Auftrag zur Eroberung des Landes
2–12	Erzählungen von der Eroberung (Landnahme) und
13–22	Verteilung des Landes an die Zwölf Stämme
23–24	Epilog : Josuas Abschiedsrede und sog. Landtag zu Sichem; Josuas Tod und Bestattung

6. Vordere Propheten (Nebiim harischonim)

Vertiefung: **Abschluss von Erzählbögen aus der Genesis**
Mit den Ereignissen dieses Buches kommt der Erzählbogen der Genesis zu einem Abschluss: die Landverheißungen (z. B. Gen 13,15-17, erneuert in Ex 3,17) werden durch die Eroberung und Verteilung des Landes eingelöst. Das ist in Jos 21,43 ausdrücklich festgestellt:

So gab der Herr Israel das ganze Land, das er ihren Vätern mit Eid zugesichert hatte. Sie nahmen es in Besitz und wohnten darin. (EÜ)

Auch ein zweiter Spannungsbogen wird abgeschlossen: Josef möchte in Kanaan begraben werden (Gen 50,25 f.); die Erfüllung dieses Wunsches wird in Jos 24,32 erzählt. Auch das Manna, das Israel seit Ex 16 ernährt hat, verbindet das Josua-Buch mit dem Pentateuch: Es hört in Jos 5 auf, als Israel das versprochene Land betritt.

Geschichten aus dem Gebiet des Stammes Benjamin

Die Erzählungen zur Landnahme konzentrieren sich auf den Bereich des Stammes Benjamin: Jericho, Ai (hebr. *Schutthügel*) und Gibeon gehören in dieses Gebiet (Jos 6,1-10,15). Erst im Anschluss wird in zwei knappen Berichten von der Eroberung des Südens und Nordens berichtet und die Eroberung des ganzen Landes abschließend festgehalten (10,16-11,23). Als eine Art Anhang zu dieser Notiz folgt noch eine Liste der besiegten Könige (Jos 12). Man nimmt an, dass dem Buch eine Sammlung benjaminitischer Sagen zugrunde liegt, die nach dem Vorbild neu-assyrischer Königsinschriften und Feldzugsberichten stilisiert sind. Daher wird ihre Entstehung in der Zeit nach dem Untergang des Nordreichs, also nach 722 v. Chr. vermutet. Die dtr. Redaktoren haben diese Sammlung aufgegriffen und in ihr Geschichtswerk integriert, um die Geschichte des machtvollen Sieges Gottes zu schreiben: Mit seiner Hilfe erobert Israel das versprochene Land.

Die Posaunen von Jericho

Die wohl bekannteste Geschichte aus dem Josuabuch ist die Eroberung Jerichos. Die Kundschafter Israels werden von der Hure Rahab gerettet und darum werden sie und ihre Sippe bei der Eroberung verschont. Zwischen den beiden Episoden der Eroberung steht der als kultische Handlung geschilderte Jordandurchzug, der an den Weg durchs Schilfmeer erinnert. Auch hier steht das Wasser als Wall (Jos 4,23, vgl. Ex 14). Kultisch – oder allein von Gott gewirkt – ist auch die Eroberung Jerichos: Die Mauern werden durch Posaunenblasen (so Luther, original *Schofar*, hebr. Widderhorn) gestürzt. Die Erzählung von der Eroberung Ais erzählt vom Verstoß gegen das Banngebot (s. u.) und der Bestrafung des Übeltäters (Achans Diebstahl Jos 7). Die Männer aus Gibeon wenden eine List an, um der Eroberung ihrer Stadt und ihrer Vernichtung zu entgehen (Jos 9).

Nach der Verteilung des Landes hält Josua zwei Abschiedsreden als Epilog. Sie haben je unterschiedliche Schwerpunkte: Die erste (Jos 23) mahnt zum Gesetzesgehorsam, vor allem verbietet er die Vermischung mit den Völkern des Landes (vgl. Dtn 7,2) und kündigt den Verlust des Landes und das Exil für den Fall des Ungehorsams Israels an. Die zweite erzählt vom Landtag in Sichem, bei der Josua an die Ereignisse seit dem Auszug aus Ägypten erinnert und Israel auffordert, die fremden Götter, die es noch bei sich hat, abzuschaffen (Jos 24,23). Dem folgen die Israeliten und sie schließen einen Bund mit Gott.

Josuas Abschiedsreden

➤ Stichwort: **Sonne stehe still ...**
Eine bemerkenswerte Nachgeschichte hat Jos 10,12 in der Geschichte der Astronomie gehabt: »Sonne, steh still zu Gibeon, und Mond, im Tal Ajjalon!« Dieser Vers wurde von päpstlicher Seite Galileo Galilei entgegengehalten. Galilei verteidigte die kopernikanische Lehre, dass sich die Erde um die Sonne drehe – und dieser Vers sollte belegen, dass er sich damit von der göttlichen Wahrheit entferne, wie sie in der Bibel niedergelegt sei. Bertolt Brecht nimmt diese historische Reminiszenz in seinem Stück »Das Leben des Galilei« auf (Szene 6).

➤ Stichwort: **Josua**
Josua ist Angehöriger des Stammes Efraim (Jos 24,30, vgl. Num 13,8). Sein Name ist Programm: »Gott ist Rettung/Hilfe«, die griechische Namensform ist Iêsus. In Ex 17 taucht er recht unvermittelt als Anführer der Kriegerschar gegen Amalek auf und danach ist er mehrfach als »Diener« des Mose erwähnt. Josua begleitet Mose auf den Berg (24,13; 32,17) und betreut das Offenbarungszelt (Ex 33,11). Als einer der Kundschafter ist er neben Kaleb der Einzige, der sich für die Eroberung des Landes ausspricht und darum nicht zur Strafe tot umfällt (Num 14); deswegen darf er auch (mit Kaleb) als einziger der Wüstengeneration ins gelobte Land (vgl. Dtn 1,38). Als Nachfolger des Mose wird er zweimal ausdrücklich eingesetzt: Num 27,15-23 vor allem Volk, Dtn 31,23 mit Mose im Offenbarungszelt.

Vertiefung: **Der »Bann« und die Gewalt im Alten Testament**
Die Erzählungen des Josua-Buches berichten von der Ausrottung der bisherigen Bewohner des Landes, das Gott seinem Volk Israel versprochen hat (z. B. Jos 6,17). Dies geschieht auf den ausdrücklichen Befehl Gottes hin,

wie er in Dtn 20,16–18 zu finden ist. Diese Praxis heißt »Bann« oder »Untergangs-/Vernichtungs-Weihe«.

Üblicherweise versuchen Exegeten die Erzählungen vom Bann durch Hinweis auf ihre zeitgeschichtliche Eingebundenheit und ihre historische Aussageabsicht zu entschärfen. Sie weisen darauf hin, dass der Bann neuassyrische Kriegspraktiken spiegelt. Solche Ideologie sei von Israel aufgegriffen und mit seinem Gott Jhwh verbunden worden. Es ist jetzt nicht mehr der Gott Assur, der den Auftrag zum Krieg gibt und für den Sieg sorgt, sondern Jhwh (vgl. z. B. die Eroberung Jerichos, Kap. 6 oder der Sieg in Gibeon, Kap. 10). Ist das die theologische Aussage, die dahintersteht, so enthalten die Landnahme-Erzählungen des Josua-Buches eine anti-assyrische Botschaft. So mag sich einigen Auslegern auch der Bann erklären: Hat Jhwh den Sieg bewirkt, steht ihm auch die gesamte Beute zu.

Doch bleibt auch bei solchen Erklärungen ein bitterer Nachgeschmack zurück, weil Gott Gewalt sanktioniert, ausübt und fordert. Da mag es einen nur wenig trösten, dass die Texte nicht die historische Realität der Landnahmezeit beschreiben, sondern eher Wunschträume einer späteren Zeit. Immerhin konterkarieren die Geschichte von Rahab und die List der Gibeoniter die Gewalt.

Literatur
Baumann, Gerlinde, Gottesbilder der Gewalt im Alten Testament verstehen, Darmstadt 2006.
Dietrich, Walter/Mayordomo-Marín, Moisés, Gewalt und Gewaltüberwindung in der Bibel, Zürich 2005.
Dietrich, Walter /Link, Christian, Die dunklen Seiten Gottes, 2 Bde., Neukirchen ⁵2009/³2009.
Römer, Thomas, Dieu obscur: Cruauté, sexe et violance dans L'Ancien Testament, Genf ³2009.

6.3 Richterbuch

Das Richterbuch erzählt, wie Israel wiederholt zu fremden Göttern abfällt und deswegen von äußeren Feinden bedrängt wird, wie es dann zu seinem Gott zurückkehrt und dieser es rettet durch die Richter (Deborah, Gideon, Simson u. a.). Zwei Anhänge beschreiben das Chaos im Lande, dem ein König fehlt.

»Richter« sind charismatische Rettergestalten aus der sagenhaften Frühzeit der Geschichte Israels

Richter heißen die charismatischen Rettergestalten, die Israel vor der Bedrohung durch äußere Feinde schützen. Das Buch setzt die Darstellung des Josua-Buches fort, indem es die erste Epoche der Geschichte Israels im gelobten Land schildert. Die Anknüpfung ist dadurch explizit gemacht, dass zu Anfang der Tod Josuas noch einmal erzählt wird, den schon das Josua-Buch berichtet hatte. Die Epoche der Richter bildet den Übergang zur Königszeit, besonders in den sogenannten Anhängen (Kap. 17-21) wird die Anarchie im Lande geschildert und mit dem Satz kommentiert: »Damals gab es keinen König in Israel« (17,6; 18,1; 19,1; 21,25).

1-3   Einleitung: Landnahme und Richterschema
3-16 Richtererzählungen
17-21 Anhang: Anarchie der königslosen Zeit

Obwohl das Richterbuch vom äußeren Ablauf her die Fortsetzung der Erzählung aus dem Josuabuch ist, unterscheidet sich die Darstellung der Verhältnisse im Land gründlich von der im Josuabuch. Dieses beschreibt eine vollständige Eroberung des Landes, während das Richterbuch eine unvollständige Landnahme voraussetzt; im ersten Kapitel werden die Ortschaften genannt, die Israel nicht erobert hat; man nennt dieses darum auch das »negative Besitzverzeichnis«.

Josuabuch und Richterbuch bieten ein unterschiedliches Bild von der Landnahme

Auch das Richterbuch gehört zum Deuteronomistischen Geschichtswerk. Vor allem in der Einleitung ist das gut zu erkennen: In Ri 2,11-3,6 wird im sogenannten Richterschema das theologische Modell der Richterzeit vorgetragen.

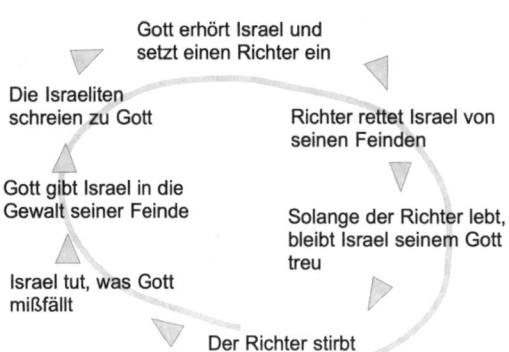

Abb. 10: **Deuteronomistischer Richterzyklus**

6. Vordere Propheten (Nebiim harischonim)

➤ *Stichwort:* **Die wichtigsten Richter**
- Debora
- Gideon
- Jiftach
- Simson

6.3.1 Die einzelnen Richter

Debora als einzige weibliche Richterin

Dieser Ablauf wiederholt sich bei den verschiedenen Richtern. Die Richterin Debora führt Israel zusammen mit dem Feldherrn Barak in die Schlacht gegen das Heer des Königs von Hazor, einer Stadt in Galiläa. Über diesen Sieg gibt es ein Siegeslied, in dem die Schlacht besungen wird. Es gilt als der älteste Text im Alten Testament; möglicherweise stammt er aus der Zeit kurz nach der Schlacht, also aus dem 11. Jh. v. Chr. Dieses Lied ist auch religionsgeschichtlich interessant, weil in ihm die Herkunft Jhwhs von außerhalb Israels ausgesagt wird: Er komme von Seïr, aus Edom:

> HERR, *als du auszogest von Seir,*
> *als du einherschrittest von Edoms Gefilde,*
> *da bebte die Erde, troffen auch die Himmel,*
> *auch die Wolken troffen von Wasser.*
> Die Berge wankten vor dem Herrn
> – dem vom Sinai –
> *vor dem* HERRN, *dem Gott Israels* (Ri 5,4 f.; Zü)

Gideon lehnt die Königswürde nach seinem Sieg ab

In der Erzählung um den Richter Gideon wird das Wunderhafte des Sieges herausgestellt: Er reduziert auf Gottes Befehl hin seine Kampftruppe. Die Königswürde, die ihm nach dem Sieg angetragen wird, lehnt er ab. Damit ist hier erstmals das Thema angeschlagen, ob Israel einen König braucht. Die Antworten schwanken zwischen Ja und Nein – erst mit der

Herrschaftskritische Jothamfabel vom unnützen und gefährlichen König

Nathansverheißung (2Sam 7) wird diese Frage positiv entschieden. Ein Nachspiel hat die Königsfrage, wenn Gideons Sohn Abimelech König der mittelpalästinischen Stadt Sichem wird – und in die Geschichte seiner brutalen Herrschaft die königskritische Jothamfabel eingeschlossen ist (Ri 9,8–15).

➤ *Stichwort:* **Fabeln im AT**

Im AT gibt es zwei Fabeln: hier die Jothamfabel (Ri 9) und eine zweite von einer Distel, die die Tochter der Zeder heiraten will (2Kön 14,9).

Die Erzählung von Jiftach (auch Jephthah, Ri 11) aus Gilead ist interessant, weil sie eine Parallele in der griechischen Mythologie hat: Agamemnon und seine Tochter Iphigenie. Jiftach legt ein Gelübde ab: das Erste zu opfern, was nach einem Sieg über die Ammoniter zuhause ihm entgegenkommt – es ist seine Tochter, die ihr Schicksal, wie Iphigenie, annimmt. Im Anschluss an den Sieg über Ammon kommt es zu innerisraelitischen Auseinandersetzungen mit den Efraimiten. Als diese fliehen, werden sie an einer Furt aufgrund ihres Dialektes erkannt – sie sagen *Sibbolet* statt *Schibboleth* (Ri 12). Weitere Varianten dieses Motivs: Reinhardt, Udo, Mythen – Sagen – Märchen, Freiburg u. a. 2012, 471–474.

Jiftach muss seine Tochter opfern

➤ Stichwort: **Schibbolet**
»Schibboleth«: im Deutschen »Erkennungszeichen«, »Merkmal«, »Losungswort«.

Neben diesen Rettergestalten, die man auch die großen Richter nennt, gibt es noch eine Reihe von »kleinen Richtern«, ihre Namen sind im Wesentlichen in einer Liste überliefert, die in die Erzählungen eingebettet ist (Ri 3,31; 10,1–5; 12,8–15).

Der letzte der großen Richter ist Simson. Allerdings unterscheiden sich die Erzählungen über ihn deutlich von allen anderen Richter-Geschichten. Zwar kämpft er auch gegen die Philister, aber es sind keine Rettungen vor feindlichen Angriffen, eher private Racheakte. So wird Simson nicht als Heerführer geschildert, sondern als einzelgängerischer Kraftprotz mit diversen Frauengeschichten (darin dem griechischen Halbgott Herakles vergleichbar); und eine Frau ist auch die Ursache für seinen Untergang: Delilah entlockt ihm, dass das Geheimnis seiner Kraft in seinen langen Haaren liegt. Sie schneidet sie ihm im Schlaf ab, und so können die Philister Simson gefangen nehmen. Den Abschluss der Geschichte bildet sein Tod: Er soll als Gefangener der Philister bei einem Fest als Spaßmacher auftreten, doch da seine Haare wieder gewachsen sind und er deswegen seine alten Kräfte wiedergewonnen hat, bringt er das Haus über der Festgesellschaft zum Einsturz und reißt die Philister mit in den Tod. Bei Simson spielen als Gegner schon die Philister eine Rolle, die dann die Hauptfeinde Sauls werden sollen (s. o. § 3.2.1 zur Geschichte).

Simson: ein Womanizer und Rabauke, der sich mit Philistern prügelt

In zwei Anhängen wird die Anarchie der königslosen Zeit geschildert: Der Stamm Dan verlässt seine ursprünglichen Wohngebiete und zieht ganz in den Norden Israels. Auf dem Weg nehmen sie einen Leviten mit, der ein Nachkomme des Mose ist, und stehlen ein Götterbild. In der zweiten Geschichte werden Motive aus der Geschichte von Sodom und

Die Anarchie der königslosen Zeit bereitet den Übergang zum Königtum Sauls vor

Gomorrha aufgegriffen: Die Einwohner von Gibea verletzen das Gastrecht, indem sie die Frau eines Durchreisenden kollektiv vergewaltigen. Eine Strafaktion der übrigen elf Stämme Israels rottet den Stamm Benjamin fast aus, doch dürfen die sich neue Frauen rauben. Die Erzählung veranschaulicht die Einheit Israels als Volk aus zwölf Stämmen.

6.3.2 Übersicht Richterbuch

1	Negatives Besitzverzeichnis		Resümee der Landnahme
2–3	Einleitung: Richterschema		
3–16	Richtererzählungen		
		4–5	Debora und Barak
		6–8	Gideon
		9	Jothamfabel (Königskritik)
		11–12	Jiftach, **Schibbolet**
		13–16	Simson
17–21	Zwei Anhänge: Anarchie der königslosen Zeit	17–18	Umzug der Daniten
		19–21	Schandtat der Männer von Gibea

➤ *Stichwort:* **Debora und die anderen Frauen im Alten Testament**
Insgesamt fallen im Richterbuch die Frauen auf: Jaël, Debora, Jiftachs Tochter, Simsons Mutter (zwar ohne Namen, aber die einzige Frau, der im AT ein Engel erscheint), Delila, die Mutter des Micha, die von ihrem Geld ein Götterbild anfertigen lässt.

Deborah ist im Judentum eine von den sieben biblischen Prophetinnen, neben Sara (Gen 12-23), Miriam (Ex 2; 15,20; Num 12; 20,1; Mi 6,4), Hanna (1Sam 1-2), Abigail (1Sam 25), Hulda (2Kön 22,14) und Ester.

Literatur
Jost, Renate, Frauenmacht und Männerliebe. Egalitäre Utopien aus der Frühzeit Israels, Stuttgart u. a. 2006.

6.4 Samuelbücher

Samuel als letzter Richter salbt Saul als ersten König. Weil er aber von Gott verworfen wird, wird David an seiner Stelle König (Aufstiegsgeschichte Davids). Die Querelen um die Thronnachfolge im Absalomaufstand (Thronnachfolgegeschichte) zeigen David als menschlichen König mit Fehlern.

Die Samuelbücher erzählen von der Entstehung des Königtums in Israel. Samuel, der den Büchern seinen Namen gegeben hat, spielt nur im ersten Buch eine Rolle. Er ist der letzte Richter Israels. Die Samuelbücher sind Teil des DtrG, enthalten aber wenig deuteronomistische Passagen. Zur Sprache kommen vornehmlich verschiedene ältere Erzählungen, die wohl schon zu übergreifenden Erzählwerken verbunden waren:

- Ladeerzählung
- Aufstiegsgeschichte Davids
- Thronfolgeerzählung

Die Gliederung kann nach den Hauptfiguren und den mit ihnen verbundenen Konflikten vorgenommen werden:

Die Samuelbücher bestehen aus mehreren Erzählzyklen

1. Samuel

1–8	Samuel und die Lade
9–15	Sauls Königtum
16–31	David und Saul konkurrieren (Aufstiegsgeschichte Davids bis 2Sam 8)

2. Samuel

1–8	David als König
9–20	Thronfolgegeschichte: Kampf um die Nachfolge Davids (bis 1Kön 2)
21–24	Anhänge

Erzähltexte zum Nacherzählen

- Samuels Kindheit, 1Sam 1–3
- Salbung Davids, 1Sam 16
- David und Goliath, 1Sam 17
- David und Batseba, 2Sam 11–12

6.4.1 Samuel und die Lade

Samuels Mutter Hanna
Das Buch beginnt mit Samuels wunderhafter Geburt und dem Danklied seiner Mutter Hanna, das Vorbild für das Magnifikat (Lk 1,45-55) geworden ist. Der Knabe wird in den Dienst Jhwhs am Tempel in Schilo gegeben, wo er dem Priester Eli dient. Dort wird Samuel in einer nächtlichen Offenbarung berufen; in dieser Darstellung erscheint er als Prophet.

➤ *Stichwort:* **Lade**
Die Lade gehört in Ex zu den Ausstattungsgegenständen des Zeltheiligtums. In einigen Texten nimmt sie die Gebotstafeln auf (Dtn 31,24-27; 1Kön 8,9). Bei der Durchquerung des Jordan in Jos 3-4 hält sie die Fluten des Jordan auf. In Sam ist sie ein transportables Kriegsheiligtum. Die Ladeerzählung von 1Sam 3-6 wird in 2Sam 6 fortgesetzt: David holt sie nach Jerusalem. Sie wird später in den Tempel Salomos überführt (1Kön 8,1-9) und fungiert als eine Art Thron für den unsichtbaren Gott. Danach fehlen weitere Nachrichten. Film: Indiana Jones.

Die Lade richtet bei den Philistern Unheil an
In der folgenden Ladeerzählung ist Samuel Heerführer Israels. Im Kampf gegen die Philister geht die Lade verloren. Die Philister bringen sie als Beute heim; im Tempel ihres Gottes Dagon fällt dessen Statue vor der Lade nieder – und in welche Stadt die Lade auch gebracht wird, immer löst sie Unheil und Krankheit aus, so dass die Philister beschließen, sie zurückzubringen. In 1Sam 7 erscheint Samuel als Richter – und wie im Richterbuch wendet sich Israel von den fremden Göttern ab, und in der Folge gelingt es ihm, seine Feinde, die Philister, zu besiegen.

6.4.2 Königtum Sauls

Mehrere Versionen der Geschichte, wie Saul König wird
In mehreren Varianten wird erzählt, wie Saul König wurde. In diesen Erzählungen wird das Königtum teils positiv, teils negativ bewertet (8-12). Doch kaum ist Saul König, scheitert er. Zweimal wird erzählt, wie Gott ihn wieder verwirft, obwohl er militärisch erfolgreich ist: Weil Saul ein Brandopfer zu früh dargebracht hat und weil er Banngut geschont hat (1Sam 13-15).

Vertiefung: **Sauls Königtum**
In drei unterschiedlichen Varianten wird erzählt, wie Saul der erste König Israels wird:
- Als eine Art Märchen von einem, der auszog, die Eselinnen seines Vaters zu suchen und ein Königtum fand (1Sam 9–10).
- Als Loswahl bei einer Volksversammlung in Mizpa (1Sam 10).
- Als Reaktion des Volkes darauf, dass Saul die Israeliten erfolgreich im Kampf gegen das Nachbarvolk der Ammoniter geführt hat (1Sam 11).

In diesen Kapiteln und der Abschiedsrede Samuels (1Sam 12) schwankt die Wertung des Königtums:

Kap. 8	negativ (Der König beutet das Volk aus)
Kap. 9	positiv (Gott gibt den Auftrag, Saul zum König zu salben, 9,16)
Kap. 10	negativ (Israel hat Gott verworfen, indem sie einen König fordern, 10,19)
Kap. 11	positiv (Israel siegt mit Gottes Hilfe, der sich dafür Sauls bedient)
Kap. 12	negativ (Gott und kein Mensch ist König über Israel, 12,12)

Literatur
Krauss, Heinrich/Küchler, Max, Saul – der tragische König, Stuttgart u. a. 2010.

➤ *Stichwort:* **Selbstmord**
Der Selbstmord wird in der Bibel nicht ausdrücklich verurteilt; er wird berichtet von Saul in ausweglose militärischer Lage (1Sam 31) und von Judas, nachdem er Jesus verraten hat (Mt 27,5; s. u. zu Judas). Auch Simsons Tod ist ein Selbstmord (Ri 16,30) im Rahmen eines Racheaktes – eine Art Selbstmordattentat.

> Stichwort: **Königtum und Staat in der Bibel**

Königtum	Ps 2; 45; 72; 110	Königspsalmen
	Dtn 17	Königsgesetz: König muss der Tora folgen
	Ri 9	Jothamfabel (Kritik)
	Ri 17–21	Anarchie ohne König
	1Sam 9	Salbung Sauls
	Hos	Königskritik
Staat	Jer 29	Brief an die Verbannten: »Suchet der Stadt Bestes!«
	Mk 12	Steuerfrage
	Apg 5	Gott mehr gehorchen als Menschen
	Röm 13	Seid untertan der Obrigkeit!
	Apk 13	Röm. Reich als Gegenbild zu Christus, vgl. Dan 7
	Apk 17 f.	Dämonisierung des Römischen Reiches als Hure Babylon

6.4.3 Davids Aufstieg

David als Kriegsheld in Sauls Diensten

Wieder erhält Samuel den Auftrag, den neuen König zu salben; diesmal ist es David. Auch hier wird das gleiche Ereignis (wie bei Sauls Königserhebung und seiner Verwerfung) mehrfach erzählt; zwei Varianten, wie David zu Saul kommt, werden dargeboten:
- als Harfenspieler gegen Sauls Schwermut (gleichsam als Musiktherapeut);
- als Sieger über den Philister Goliath.

David etabliert sich am Hofe König Sauls: Er schließt Freundschaft mit dessen Sohn Jonathan, heiratet Sauls Tochter Michal und wird ein erfolgreicher Heerführer. Dies weckt aber die Eifersucht Sauls, vor der David mit Hilfe von Jonathan und Michal fliehen kann.

Saul gegen David; David lebt als Banditenführer und Söldnerhauptmann im Dienst der Philister

David führt von nun an ein unstetes Leben, bei dem er eine Gruppe von mehreren hundert Outlaws anführt (22,2). Saul verfolgt David, doch dieser verzichtet mehrfach darauf, sich an Saul zu vergreifen, obwohl es ihm möglich gewesen wäre (1Sam 24.26). So wird David in bestem moralischen Licht gezeichnet. Schließlich verdingt David sich als Söldnerführer für den Philisterfürsten in Gat (1Sam 27) und benutzt diese Position, um sich in Juda eine angesehene Position zu erarbeiten, indem er umherstreifende Amalekiter-Nomaden abwehrt.

Als Saul und Jonathan in einer Schlacht gegen die Philister fallen (1Sam 31), trauert David demonstrativ (2Sam 1) und nutzt die Chance, König zu werden – allerdings erst über Juda, während im Nordreich Israel der Saul-Sohn Ischbaal (Verballhornung »Ischboschet« Mann der Schande statt Mann Baals) die Nachfolge seines Vaters antritt. In den folgenden Kämpfen zwischen David und Ischbaal kommt es zu verschiedenen Intrigen, die Ischbaal das Leben kosten. So kann David König von Juda und Israel werden. Jerusalem erobert er sich als Hauptstadt (2Sam 5), wohin er die Bundeslade holt. Mit der Nathansweissagung (2Sam 7) verspricht Jhwh David und seiner Dynastie dauerhafte Herrschaft. Die Zeit der Entstehung des Königtums ist zum Abschluss gekommen. In den Augen der dtr. Autoren hat sich die legitime Dynastie nun etabliert.

Der Tod Sauls gibt David die Chance, selbst König zu werden – zuerst nur in Juda

6.4.4 Thronnachfolge Davids

Mit 2Sam 9 beginnt die Erzählung von der Thronnachfolge Davids. In ihr sind viele Erzählstränge zu einem einzigen Zusammenhang verwoben. Entworfen wird ein großes Sittengemälde vom Hofe König Davids. Es wird beschrieben, wie seine Söhne miteinander konkurrieren – ihre erotischen Leidenschaften spielen dabei ebenso eine Rolle wie ihre persönlichen Eitelkeiten. David handelt nicht, er reagiert – oft genug von Nachsicht gegenüber seinen Kindern getrieben. Gleichzeitig betrügt David seinen Offizier Uria mit dessen Frau Batseba; als der Ehebruch durch eine Schwangerschaft der Frau unübersehbar wird, will er das vertuschen. Weil dies nicht gelingt, schickt er Uria auf ein Himmelfahrtskommando, wodurch Batseba Witwe wird. Doch das Kind von David und Batseba stirbt, und als David bereut, bringt Batseba als zweites Kind Salomo zur Welt. Dramatischer Höhepunkt der Erzählung ist der Aufstand von Davids Sohn Absalom (der dritte Sohn Davids, seine Mutter war Maacha, die Tochter des Königs von Gesur), der seinen Vater aus Jerusalem vertreibt und dessen Harem öffentlich in Besitz nimmt. Doch David kann militärisch die Oberhand behalten, sein Sohn stirbt in der Entscheidungsschlacht. Am Anfang der Könige-Bücher wird die Nachfolge dann geregelt: Salomo setzt sich gegen seinen Halbbruder und Konkurrenten Adonija (der vierte Sohn Davids, seine Mutter war Haggith) durch.

David und Batseba – ihr Sohn Salomo

Absalom nimmt seinem Vater David das Königtum mit Gewalt und kommt beim Aufstand um

Salomo wird Davids Nachfolger

An der Nahtstelle zwischen Sam und Kön sind einige Anhänge eingestellt. Sie enthalten Beamtenlisten, den Kauf der Tenne des Arauna, auf der später der Tempel stehen wird, und einen Psalm, der eine Parallele im Psalter hat (2Sam 22 = Ps 18).

6.4.5 Übersicht Samuelbücher

1. *Samuel*

1–3	**Samuels** Kindheit		
4–6	Lade-Erzählung		→ Fortsetzung in 2Sam 6
7–8	Samuel als Richter	8	Das Volk fordert einen König, Samuel: Königsrecht
9–15	**Sauls** Königtum	9–11	Saul wird König: positive und negative Wertung
		12	Samuels Abschiedsrede
		13–15	Sauls Kriege und Verwerfung
16–31	Saul und **David** 1Sam 16 bis 2Sam 8 Aufstiegsgeschichte Davids	16–18	David bei Saul
		19–31	Saul gegen David
		31	Tod Sauls und Jonathans

2. *Samuel*

1–8	**David als König** von Juda und Israel	7	**Nathansweissagung**: Ewige Dynastie
9–20	Thronnachfolgegeschichte		→ Fortsetzung: 1Kön 1–2
		10–12	Ammoniterkrieg, Uria und Batseba, Salomo
		13–18	Absalomaufstand
		20	Aufstand des Scheba (Israel)
21–24	Anhänge	22	Dankgebet = Ps 18
		24	Volkszählung (Tenne des Arauna)

➤ Stichwort: **David**

Nach der biblischen Darstellung war David der ideale König Judas bzw. Israels, der Begründer der Dynastie. Ein Nachkomme Davids wurde als endzeitlicher Heilskönig (Messias) erwartet. Doch trotz dieser Idealisierung ist David ein König mit realistisch gezeichneten Schattenseiten. Einerseits zeigt sich David großmütig gegen Saul, der ihn verfolgt (1Sam 24.26) und singt ein ergreifendes Trauerlied über den Tod seines Freundes Jonathan und dessen Vater Saul (2Sam 1). Andererseits lässt er Uria auf einem Himmelfahrtskommando sterben, um seinen Ehebruch mit dessen Frau Batseba zu vertuschen (2Sam 11).

Inneralttestamentlich spielt David in zwei Bereichen eine Rolle: Ausgehend von seiner Darstellung als Harfenspieler und »Musiktherapeut« Sauls (1Sam 16,14 ff.) wird David in der Chronik zum Gründer der Musik am Jerusalemer Tempel (1Chr 25). So ist er die Person, der die meisten Psalmen, nämlich 74, zugeschrieben werden. Später wird der ganze Psalter als Davidsschrift verstanden und steht vor den auf Salomo zurückgeführten Weisheitsschriften.

In der jüdischen Überlieferung findet sich dazu eine Anekdote: Als David die Psalmen vollendet hatte, habe er sich damit gerühmt, dass keine Kreatur Gott mehr gepriesen habe als er. Da schickte Gott ihm einen Frosch, der sagte, er selbst quake viel ausdauernder und lobe Gott ununterbrochen von morgens bis abends (Yalqut Schimoni II, 889).

Der zweite Bereich, für den David wichtig wurde, ist die Heilserwartung der Endzeit (s. u. § 7.5.3, Stichwort: Eschatologie; § 7.3.5, Stichwort: Messias). Israel hoffte auf einen idealen König, der die Feinde besiegen und die politische Unabhängigkeit Israels wiederherstellen würde. So sind viele der messianischen Weissagungen mit einem Davidsohn, d.h. einem Nachkommen Davids verbunden. Diese Messiaserwartung nimmt Motive der alttestamentlichen Königsideologie auf, die sich in der Nathansweissagung (2Sam 7) und den Königspsalmen (s. u. § 8.2.4, Thematische Psalmengruppen) findet, und projiziert sie in eine ideale Zukunft. Diese Messiaserwartung wird in den Qumrantexten konkret und prägt im NT die Darstellung Jesu.

Die alttestamentliche Königsideologie wurde im europäischen Mittelalter aufgegriffen und für die Legitimation der Könige verwendet; so ließ sich z. B. Karl der Große (747–814) gerne David nennen. In der europäischen Kunstgeschichte wird David vor allem als schöner Jüngling dargestellt, der Goliath besiegt hat (1Sam 17), oder er ist (oft auch als alter Mann) mit der Harfe abgebildet.

Im Judentum spielt David eine große Rolle, doch die messianischen Aspekte werden eher distanziert betrachtet; den Rabbinen ist die Reue Davids wichtig, die er nach seinem Ehebruch mit Batseba gezeigt hat. Im Talmud gibt es sogar eine Stelle, nach der David sündlos gestorben ist.

Im Islam gilt David als Prophet und der Psalter als seine Offenbarungsschrift. In der islamischen Theologie wird seine Sündhaftigkeit (Ehebruch und Mord) als Problem diskutiert, da nach islamischer Auffassung ein Prophet sündlos sein muss.

Literatur
Dietrich, Walter, David, Biblische Gestalten Bd. 14, Leipzig 2006.
Finkelstein, Israel/Silberman, Neil A., David und Salomo. Archäologen entschlüsseln einen Mythos, München 2006.

Lesetipp
Heym, Stefan, Der König David Bericht, Frankfurt a. M. 1972 (Roman).

6.5 KÖNIGSBÜCHER

In der Glanzzeit unter dem weisen König Salomo wird der Jerusalemer Tempel gebaut; nach seinem Tod zerfällt das Reich in das Nordreich Israel und das Südreich Juda. Propheten begleiten die Geschichte, vor allem Elia, Elisa und Jesaja. Das Nordreich wird von den Assyrern zerstört, Josia versucht im Südreich eine am Deuteronomium ausgerichtete Reform, doch auch Juda wird erobert – von den Babyloniern. Das babylonische Exil beginnt.

Die Königsbücher setzen den Erzählfaden des DtrG fort. Der Erzählstil ändert sich jedoch: Während in den Samuelbüchern ausführliche Erzählungen zu den Protagonisten Samuel, Saul und David vorliegen, finden wir in den Königsbüchern bis auf einige Ausnahmen eher knappe Bemerkungen zu den einzelnen Königen.

Die Königsbücher schildern die Zeit von Salomo bis zum babylonischen Exil und der Zerstörung Jerusalems. Das letzte berichtete Ereignis ist die Begnadigung des judäischen Königs Jojachin im Exil – ein leiser Hoffnungsschimmer. Die Gliederung der Bücher deckt sich nicht mit der Bucheinteilung (1. Könige = I; 2. Könige = II):

I 1–2	Ende der Thronnachfolgegeschichte: Salomo wird König
I 3–11	König Salomo
I 12–II 17	Zeit der getrennten Reiche Juda und Israel
II 18–25	Königreich Juda von Hiskia bis zum Exil

Erzähltexte zum Nacherzählen
- Salomos Urteil, 1Kön 3
- Elias Opferwettstreit auf dem Karmel, 1Kön 18
- Elia am Horeb, 1Kön 19
- Elias Himmelfahrt, 2Kön 2
- Wunder Elisas, 2Kön 4

Da man sich die Vielzahl der Details in den Kön-Büchern nicht im ersten Anlauf merken kann, sollen hier einige wesentliche Personen und Ereignisse herausgestellt werden. Einprägen sollte man sich zuerst folgende sechs Personen und ein paar Stichworte dazu, was sie getan haben:
- Salomo
- Ahab
- Elia
- Elisa
- Hiskia
- Josia

6.5.1 SALOMO

In den ersten beiden Kapiteln endet die Thronnachfolgegeschichte Davids. Durch Hofintrigen kommt Salomo an die Nachfolge Davids und dieser stirbt.

Der Hauptteil der Texte zu Salomo befasst sich mit dem Bau des Tempels in Jerusalem (s. u. § 7.2.4, Stichwort: Tempel – Jerusalem – Zion) und seiner Einweihung, bei der Salomo ein langes Weihgebet in den Mund gelegt wird. In ihm wird in dtr. Theologie auf die Geschichte Israels vorausgeblickt.

Salomo baut den ersten Tempel in Jerusalem und ist für seine Weisheit berühmt

Berühmt sind vor allem zwei Geschichten: das salomonische Urteil und der Besuch der Königin von Saba, die mit vielen Geschenken von weither kommt, um Salomos Weisheit zu bewundern. Denn Salomo gilt als der weise König *par excellence*; ihm werden darum auch die Weisheitsbücher Proverbien und Qohelet zugeschrieben – sowie die apokryphe Weisheit Salomos.

In der dtr. Beurteilung ist Salomo ein guter König – allerdings werden ihm im Alter seine vielen Frauen zum Verhängnis, die ihn zum Götzendienst verleiten (1Kön 11).

6.5.2 Die getrennten Reiche – König Ahab von Israel

Nach Salomos Tod trennt sich Israel (die Nordstämme) von Juda: Zwei getrennte Reiche entstehen

In der dtr. Darstellung ist dieser Verstoß gegen das Erste Gebot der Grund, warum Salomo – bzw. sein Sohn Rehabeam – die Herrschaft über ganz Israel verlieren soll (vgl. 1Kön 11,9–13). In 1Kön 12 gelingt es diesem dann nicht, die Stämme des Nordreichs für sich zu gewinnen. Sie verweigern sich seiner Ankündigung, härter über sie zu herrschen als sein Vater Salomo und wählen Jerobeam I. als ihren König, einen ehemaligen Beamten Salomos, der schon zu dessen Lebzeiten einen Aufstand versucht hatte, aber fliehen musste.

Betel und Dan als Reichsheiligtümer im Nordreich Israel

Jerobeam I. gründet nun nach dtr. Darstellung zwei Heiligtümer: eines in Betel und eines in Dan und stellt dort Stierbilder auf. Zur politischen kommt die religiöse Spaltung. Doch entgegen der Darstellung der Deuteronomisten handelt es sich bei Dan und Betel um zwei alte Heiligtümer.

➤ *Stichwort:* **Betel**
In der Genesis wird die Gründung von Betel auf Jakob zurückgeführt (Gen 28). Über das Heiligtum in Dan haben wir im Richterbuch erste Nachrichten (Ri 18,30–31), hier wird die Priesterschaft sogar auf Moses Sohn Gerschom zurückgeführt.

Als Kultbilder stellt Jerobeam dort goldene Kälber auf. Nicht nur die Darstellung erinnert an Israels ersten Abfall am Sinai, auch die Weiheformel nimmt Ex 32,4 auf:

> Siehe, da ist dein Gott, Israel, der dich aus Ägyptenland geführt hat. (1Kön 12,28)

In diesem Abfall von Jerusalem (vgl. 1Kön 12,28) sehen die Deuteronomisten die hauptsächliche Verfehlung des Nordreichs, und so wird es bei den Königen Israels regelmäßig vermerkt (vgl. 1Kön 15,30; 16,3.31; u. ö.).

Im Südreich herrscht die Dynastie Davids

Im Nordreich wechseln die Dynastien bis zum Untergang durch die Assyrer 722

Im Südreich bleibt die Dynastie, die David gegründet hat, bis zum Ende Judas 586 an der Macht – ja sogar noch nach dem Exil stellt sie mit Serubbabel als persischem Statthalter einen letzten Regenten. Diese Tradition mündet in die messianische Hoffnung von einem neuen davidischen Herrscher, die auch im NT greifbar ist (s. u., ➤ *Stichwort:* Messias). Demgegenüber kann sich im Nordreich keine Dynastie dauerhaft etablieren, es kommt zu häufigen Putschen (vgl. Hos 8,4). Die bedeutendsten Könige sind Ahab, der Gegenspieler Elias, Jehu, der nach der dtr. Darstellung von Elisa zum König gesalbt wird und die Baalspropheten ausrottet. Das Nordreich wird 722 v. Chr. von den Assyrern erobert und die Bevölkerung deportiert. Da sie verstreut angesiedelt wird, verliert sich die Spur dieser Menschen im Dunkel der Geschichte.

6.5.3 Die Elia- und Elisa-Erzählungen

Immer wieder treten im DtrG Propheten auf, v. a. in den Königsbüchern (s. o. § 6.1). Die wichtigsten sind Elia und sein Nachfolger Elisa. Elia erscheint als der Gegenspieler des Königs Ahab von Israel und seiner Frau Isebel, einer Prinzessin aus Tyros. Im Verlauf einer Dürreperiode spitzt sich der Konflikt zwischen Elia als Jhwh-Propheten und den Propheten Baals zu, die von Isebel unterstützt werden. Auf dem Karmel kommt es zum Opferwettstreit, den Elia gewinnt (1Kön 18). Er tötet die Baalspropheten und flieht zum Horeb (dtr. Sprachgebrauch für den Sinai, vgl. Dtn). Dort begegnet ihm Gott in einem »leisen Wehen« – eine Theophanie, die im Kontrast zur spektakulären Sinai-Theophanie in Exodus steht (1Kön 19). Einer der Aufträge, die Elia von Gott erhält, betrifft die Berufung des Elisa als seinen Nachfolger (1Kön 19,19 ff.); eine Beziehung, die durch Elias Himmelfahrt, deren Zeuge Elisa wird, noch einmal bestätigt wird (2Kön 2).

Elia kämpft gegen die Baalspropheten im Nordreich Israel

Elia ist ein großer Einzelgänger, ein militanter Streiter für Jhwh als den einzigen Gott Israels; sein Name ist Programm, hebr. *Elijahu* bedeutet »Mein Gott ist Jhwh«.

Ganz anders erscheint Elisa: Als Oberhaupt einer Prophetenschule (2Kön 4,38 ff.; 6,1 ff.) wirkt er verschiedene Wunder, wie das Wiederfinden einer Axt, oder dass eine Speise wieder genießbar wird. Andere Wunder werden jeweils Elia und Elisa zugeschrieben (Öl-Vermehrung 2Kön 4,1 ff., vergleichbar auch 1Kön 17,8 ff.; Totenerweckung 2Kön 4,32 ff., ebenso 1Kön 17,17 ff.). Während Elia in Opposition zum König gezeichnet wird, steht Elisa offenbar in regem Kontakt mit der politischen Führungsschicht in Israel: in 2Kön 6-7 hilft er dem König von Israel im Krieg gegen die Aramäer und trägt den Ehrentitel »(Streit-)Wagen Israels und sein Lenker« (2Kön 13,14). Auch von ausländischen Machthabern wird er um Hilfe gebeten: Der aramäische Feldherr Naaman sucht ihn auf, um von Aussatz geheilt zu werden (2Kön 5) und König Ben Hadad von Damaskus bittet ihn um ein Orakel (2Kön 8). Durch einen Schüler lässt er den israe-

Elisa ist ein Wundertäter und hilft dem König des Nordreichs Israel im Krieg

6.5.4 Von Hiskia bis Josia und das Ende Judas

litischen Feldherrn Jehu zum König salben, der sich daraufhin blutig an die Macht putscht, die Dynastie Ahabs ausrottet und gegen den Baalskult im Nordreich vorgeht (2Kön 9-10).

Assyrische Belagerung Jerusalems unter Hiskia

Aus der Geschichte des Südreichs Juda ragen drei Könige hervor, zwei positiv und einer negativ. Zusammen mit dem Propheten Jesaja besteht König Hiskia eine Belagerung Jerusalems durch die Assyrer. Die Geschichten um Hiskia und Jesaja stehen nicht nur in 2Kön, sondern finden sich auch in Jes 36-39.

Wegen einiger kultischer Reformen wird Hiskia relativ positiv beurteilt. Anders sein Sohn Manasse, dessen lange Herrschaft von den Deuteronomisten extrem negativ bewertet wird. Seine Verfehlungen sind letztlich der Grund, warum Juda schließlich von den Babyloniern erobert wird – obwohl Josia durch seine Reformen der beste König nach David wird.

Die Kultreformen des Königs Josia werden durch das Urdeuteronomium angestoßen

Diese Reformen Josias werden durchgeführt, weil bei Renovierungsarbeiten im Jerusalemer Tempel ein Gesetzbuch gefunden worden ist (2Kön 22). Ziel der Reformen ist die Wiederherstellung des reinen Jhwh-Kults am Jerusalemer Tempel – und nur dort (Kultzentralisation). Andere Heiligtümer, die Höhenheiligtümer und sogar das alte Heiligtum in Betel werden zerstört. Da diese Maßnahmen den Vorschriften im Dtn ähneln, sieht die alttestamentliche Forschung das Dtn, bzw. eine Urfassung desselben (»Urdeuteronomium«, nach einer Theorie W. L. de Wettes [1780-1849]), als das Buch, das im Tempel gefunden wurde – oder wurde es vielleicht zum Zweck der Legitimation eigens verfasst? In der dtr. Beurteilung kommt Josia sehr gut weg, ja er erfüllt die Anforderung aus Dtn 6,5, »mit ganzem Herzen, mit ganzer Seele und mit ganzer Kraft« Gott zu lieben und seinem Gebot zu folgen (2Kön 23,25).

6.5.5 Übersicht Königsbücher

I.1-11	Salomo		Weisheit, Tempelbau m. Weihgebet (c. 8)
I.12	Reichsteilung		Jerobeam I., **goldene Kälber** in Dan und Betel
I.13-II.17	**Getrennte Reiche**	I.13	Gottesmann in Betel
			Aramäerkriege
		I.17-II.2	**Elia** (vs. Ahab)
		II.2-8	**Elisa**
		II.9-17	von Jehu bis zur assyrischen Eroberung (722 v. Chr.)
II.18-25	Geschichte des Südreichs **Juda** bis zum Exil	18-20	Hiskia und Jesaja, Belagerung Jerusalems durch die Assyrer = Jes 36-39 (701 v. Chr.)
		22-23	**Josia und seine Reform**, Urdeuteronomium
		24-25	**Eroberung Judas durch die Babylonier** (586 v. Chr.)
		25	Begnadigung Jojachins

6.6 Fragen Vordere Propheten

1.) Was ist das Deuteronomistische Geschichtswerk (DtrG) und welche Rolle spielen in ihm die Deutetexte?
2.) Welche Propheten kommen im DtrG vor und was erfahren wir über sie?
3.) Wie unterscheidet sich die Darstellung der Landnahme im Josuabuch von der im Richterbuch?
4.) Wo gibt es im AT Sagen?
5.) Erzählen Sie von Josua und beziehen dabei die Informationen über ihn im Pentateuch ein!
6.) Stellen Sie das Richterschema dar!
7.) Aus welchen Erzählzyklen bestehen die Samuelbücher? Machen Sie kurze Inhaltsangaben!
8.) Was können Sie über die wichtigsten Könige erzählen: Saul, David, Salomo, Ahab, Hiskia, Josia?

Vertiefung:

- Welche Erzählbögen aus der Genesis finden in den Vorderen Propheten ihren Abschluss?
- Berichten Sie die Taten der wichtigsten Richter und erklären Sie, inwieweit Simson sich von den anderen unterscheidet!
- Stellen Sie positive und negative Charakterzüge Davids zusammen!
- Nehmen Sie Stellung zum »Bann« im Alten Testament!
- Stellen Sie Texte zu Königtum und Staat in der Bibel zusammen und vermerken jeweils, welche Haltung die Texte zu diesen gesellschaftlichen Institutionen einnehmen!

7.

HINTERE PROPHETEN
(NEBIIM HAACHERONIM)

Die hinteren Propheten des jüdischen Kanons sind die Prophetenbücher der christlichen Tradition – allerdings mit einem Unterschied: Gehört in der christlichen Tradition das Danielbuch zu den Propheten, steht es im jüdischen Kanon bei den Schriften. Man teilt die Propheten ein in die großen Propheten, das sind: Jes, Jer und Ez (sowie im christlichen Kanon noch Dan) und die kleinen Propheten, die im Zwölfprophetenbuch (griech. Dodekapropheton, Abkürzung XII) gesammelt sind.

Lernhinweis: Bei den Prophetenbüchern sind die Gliederungen nur bedingt aufschlussreich. Wichtiger ist es daher, sich die theologischen Schwerpunkte gut einzuprägen und dazu einschlägige Textpassagen zu kennen.

Literatur

Gunkel, Hermann, Einleitungen, in: Schmidt, Hans, Die großen Propheten. Die Schriften des Alten Testaments, Göttingen 1915.

Kaiser, Otto (Hg.), Texte aus der Umwelt des Alten Testaments, Bd. 2: Orakel, Ritual. Bau- und Votivinschriften. Lieder und Gebete, Gütersloh 1986–91, 17–157.

Kratz, Reinhard G., Die Propheten Israels, München 2003.

Maul, Stefan M., Die Wahrsagekunst im Alten Orient, München 2013.

Nissinen, Martti (Hg.), Prophets and Prophecy in the Ancient Near East, Writings from the Ancient World 12, Atlanta 2003. (Quellensammlung)

7.1 EINFÜHRUNG IN DIE PROPHETIE

Propheten gibt es in vielen Religionen, sie sind die Verkündiger des göttlichen Willens, umgangssprachlich spricht man von Prophezeiungen als von Ankündigungen künftiger Ereignisse. Somit gehört die Prophetie in den Bereich der Mantik, also der Kunst, Künftiges vorherzusagen.

7.1.1 Mantiker und Propheten

Im Alten Orient waren mantische Praktiken weit verbreitet, besonders in Mesopotamien sind sie zu einer Orakelwissenschaft entwickelt worden.

Leberschau Berühmt ist die Leberschau, bei der die Leber eines Opfertieres untersucht und aus ihrer Beschaffenheit Schlüsse auf die Zukunft gezogen wurden.

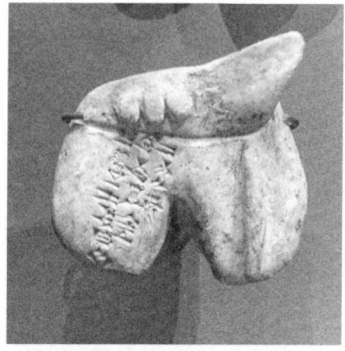
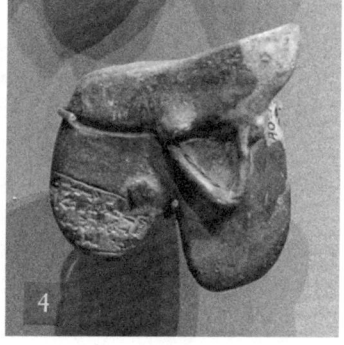

Abb. 11: **Tonmodelle von Lebern** (18. Jh. v. Chr. aus Mari; Louvre, Paris), beschriftet mit Erläuterungen, zum Lernen von Zukunftsdeutungen anhand der Beschaffenheit des Organs eines Opfertieres

Astrologie Auch die Astrologie hat sich in Mesopotamien entwickelt.

In Israel waren all diese Praktiken nicht fremd, teilweise als Kenntnisse der fremden Babylonier:

> Ez 21,26 Denn der König von Babel wird an der Wegscheide stehen, am Anfang der beiden Wege, um sich wahrsagen zu lassen: er wirft mit den Pfeilen das Los, befragt seinen Götzen und beschaut die Leber.

7.1 Einführung in die Prophetie

Aber auch in Jerusalem gab es wohl die verschiedensten Arten von Mantikern; mit solchen Leuten setzt sich Jeremia auseinander, Jer 27,9:

Vielfalt mantischer Praktiken in Jerusalem

> *So hört doch nicht auf eure Propheten, Wahrsager, Traumdeuter, Zeichendeuter und Zauberer.*

Die Bedeutung der einzelnen hebräischen Begriffe ist nicht ganz klar: Die »Propheten« haben Offenbarungen, die »Wahrsager« bedienen sich wohl technischer Mittel für ihre Orakel, ohne dass wir wissen, welche. »Traumdeuter« sind auch Josef (Gen 40 f.) und Daniel (Dan 4). Die »Totenbeschwörer« konnten wie die Hexe von Endor (1Sam 28) Kontakt mit Verstorbenen aufnehmen. »Zeichendeuter« ist ein unklarer Begriff, während die »Zauberer« offenbar magische Praktiken vollziehen, die aber im AT nicht genau beschrieben sind.

Darüber hinaus kennt das AT noch das Losorakel: Es wird immer wieder in Entscheidungssituationen eingesetzt, etwa um einen Schuldigen zu finden (Jos 7,14; 1Sam 14,41) oder ein Amt zu besetzen (König: 1Sam 10,17 ff.; auch NT: Apostel Apg 1,26).

Im Hebräischen gibt es mehrere Begriffe für Propheten: einmal *nabi*, was man wohl mit »Berufener« übersetzen kann, *roæh* »Seher« (vgl. 1Sam 9,9) und *chosæh* »Schauer« (vgl. 1Chr 29,29); die Begriffe deuten auf die Art des Offenbarungsempfangs hin, er geschieht durch Sehen (Visionen) oder Hören (Audition → »Berufener«). Wir finden die Propheten (und andere Mantiker) am Tempel (Jer 27; Jes 6) und am Königshof, wo sie die Könige beraten: Samuel und Saul, Nathan und David, um nur zwei Beispiele zu nennen. Dort helfen sie, die Dynastie zu legitimieren (Nathansverheißung, 2Sam 7) oder geben Entscheidungshilfe auf Kriegszügen, indem sie das Ergebnis vorhersagen (Micha ben Jimla, 1Kön 22) bzw. sogar mithilfe magischer Praktiken den Sieg herbeirufen (Bileam durch Fluch, Num 22–24 und Elisa mit einem Pfeilorakel, 2Kön 13). Auch in persönlichen Angelegenheiten konsultiert man Propheten, wie etwa beim Verlust eines wertvollen Gutes (1Sam 9) oder bei Krankheit (2Kön 1).

Begriffe für Propheten

Im Deuteronomium wird die Prophetie auf die Jhwh-Prophetie beschränkt – und andere mantische Praktiken und Zauberei verboten, Dtn 18,9–11:

Jhwh-Prophetie als einzig legitime

> *Wenn du in das Land kommst, das dir der HERR, dein Gott, geben wird, so sollst du nicht lernen, die Greuel dieser Völker zu tun, dass nicht jemand unter dir gefunden*

werde, der seinen Sohn oder seine Tochter durchs Feuer gehen lässt oder Wahrsagerei, Hellseherei, geheime Künste oder Zauberei treibt oder Bannungen oder Geisterbeschwörungen oder Zeichendeuterei vornimmt oder die Toten befragt.

Hier deutet sich der Gegensatz von wahrer und falscher Prophetie an, der v. a. im Jeremia-Buch ausgetragen wird.

> Vertiefung: **Gattungen prophetischer Texte**
> Die Prophetenbücher enthalten nur wenige Erzählungen; der Hauptteil des Textes besteht aus Prophetensprüchen.
>
> **Spruchgattungen**
> Als die typischen Gattungen der prophetischen Bücher werden seit H. Gunkel (1862–1932) Scheltwort und Drohwort angesehen; gelegentlich werden auch andere Begriffe verwendet. So heißt das Drohwort auch Gerichtswort oder Unheilsankündigung, das Scheltwort auch Anklage oder Unheilsbegründung. Das Drohwort kommt auch einzeln vor, gerne aber auch mit dem Scheltwort zusammen, wie im Beispiel Am 4,1-3:

Scheltwort und Drohwort

Scheltwort	Höret dies Wort, ihr fetten Kühe, die ihr auf dem Berge Samarias seid und den Geringen Gewalt antut und schindet die Armen und sprecht zu euren Herren: Bringt her, lasst uns saufen! (Am 4,1; Lu)
Drohwort	Gott der HERR hat geschworen bei seiner Heiligkeit: Siehe, es kommt die Zeit über euch, dass man euch herausziehen wird mit Angeln und, was von euch übrigbleibt, mit Fischhaken. Und ihr werdet zu den Mauerlücken hinaus müssen, eine jede vor sich hin, und zum Hermon weggeschleppt werden, spricht der HERR. (Am 4,2-3; Lu)

Heilsworte

> Daneben stehen die Heilsworte, die kein Unheil, sondern Heil ankündigen (z. B. Jes 43,1-3). Seltener sind die Mahnworte, die allerdings keine Gattung sind, die sich nur bei den Propheten fände, sondern auch weisheitlich geläufig ist. Ein Beispiel für ein Mahnwort ist Am 5,4:

Mahnworte

> *Denn so spricht der HERR zum Hause Israel: Suchet mich, so werdet ihr leben. (Lu)*
>
> **Prophetische Formeln**
> Wie die Beispiele überdies zeigen, verwenden die Prophetenbücher auch bestimmte Formeln, die häufigsten sind:
> - Ko amar Jhwh »So spricht Jhwh« – Botenformel: Im Alten Orient war es üblich, seine Botschaften nicht brieflich, sondern mündlich durch einen

Boten ausrichten zu lassen; mit diesem Brauch war diese Formel verbunden, die den Boten legitimierte
- Laken, ko amar Jhwh »Darum, so spricht Jhwh ...«
- Ne'um Jhwh »Spruch/Raunung Jhwhs«
- Wortereignisformel »Es geschah das Wort des Herrn an ...« (Jer, Haggai)
- Hinneh jamim ba'im »Siehe, es werden Tage kommen ...«
- Bajjom hahhu »An jenem Tage ...«

Erzählende Gattungen
Als grundlegende Gattung kann man die Berufungsberichte ansprechen. *Berufungsberichte*
Hier gibt es zwei Varianten:
- Zwiegespräch mit Gott, der Prophet hat Einwände: Jer 1 (vgl. Ex 3; Ri 6)
- Himmlischer Thronrat: Jes 6; 40; Ez 1 (vgl. 1Kön 22,19-22)

Die neutestamentlichen Berufungsgeschichten sind anders gestaltet. Die Jüngerberufungen wie beispielsweise in Mk 1 erinnern an die Berufung Elisas durch Elia (1Kön 19,19 ff.). Im Johannesevangelium sind die Berufungen nach einem eigenen Muster gestaltet. Als letztes Beispiel wäre noch die Berufung des Paulus in Apg 9 durch eine Christusvision zu nennen.

Die Berufungen im himmlischen Thronrat bilden auch eine bestimmte Art von Visionsschilderung, deren es noch weitere gibt:

Visionen

Visionen	Am 7-8	Untergang Israels
	Jer 1	Berufung
	Jer 24	Zwei Feigenkörbe
	Jes 6	Berufung im Thronrat
	Ez 1-3	Berufung: Gottes Thronwagen
	Ez 8-11	Nach Jerusalem entrückt
	Ez 37	Totenfeldvision
	Sach 1-6	Nachtgesichte
	Dan 8-12	Apokalyptische Visionen
	Acta 9	Berufung des Paulus
	Acta 10	Petrus: Körbe
	Apk 4-22	Apokalyptische Visionen

Nicht sehr umfangreich sind die Berichte über das Auftreten der Propheten, von vielen Propheten fehlen sie ganz, etwa Hosea, Micha; in Am 7 und Jes 7 finden wir knappe Hinweise; am ausführlichsten sind die erzählenden Partien im Jeremia-Buch. Eine besondere Art des prophetischen Auftretens *Berichte über das Auftreten*

Zeichen-
handlungen

stellen die Zeichenhandlungen dar, die sich bei Jesaja, Jeremia und Ezechiel finden. In ihnen wird die Prophetie symbolisch vorgetragen, als eine Art »prophetisches Straßentheater« (B. Lang).

Entlehnte Gattungen
Bei den Mahnsprüchen wurde ja bereits erwähnt, dass sie auch in der Weisheit oft vorkommen; vielleicht kann man hier von einer Gattung sprechen, die die Prophetie aus der Weisheit entlehnt hat. Auch andere Gattungen haben die Prophetenbücher entlehnt:
- Botenformel (s. o.)
- Weheruf, aus der Totenklage, z. B. Jes 5,8 ff.
- Leichenlied, z. B. Am 5,2
- Kultische Gattungen
  - Priesterlicher Kultbescheid, z. B. Jes 1,10–17
- Gerichtsrede, z. B. Jer 2,4–9
- Weisheitliche Gattungen:
  - Disputationsworte, z. B. Am 3,3–8
  - Mahnwort
- Liebesgedicht, z. B. Jes 5,1–7

Vom mündlichen Prophetenwort zur aufgeschriebenen Botschaft

Vertiefung: **Von der mündlichen Botschaft zum Buch**
In den Prophetenbüchern überwiegen die Spruchgattungen, ja die Bücher sind überwiegend aus solchen kleinen Einheiten aufgebaut. Die Verkündigung der Propheten ist also so gedacht, dass der Prophet in erster Linie seine Worte spricht; so etwa die Auftrittsberichte in Am 7 oder Jes 7. Daher darf man annehmen, dass die Worte eines Propheten nicht immer aufgeschrieben worden sind, sondern nur unter bestimmten Bedingungen; im Jesajabuch etwa erhält der Prophet von Gott den Befehl, seine Worte aufzuschreiben, Jes 8,1 f.:

> Und der HERR sprach zu mir: Nimm dir eine große Tafel und schreib darauf mit deutlicher Schrift: Raubebald-Eilebeute! Und ich nahm mir zwei treue Zeugen, den Priester Uria und Secharja, den Sohn Jeberechjas.

Die Weitergabe der Texte erfolgte offenbar über Schüler bzw. Jünger, zumindest für die Jesajatradition wird solches vorausgesetzt, Jes 8,16 f.:

7.1 Einführung in die Prophetie

Ich soll verschließen die Offenbarung, versiegeln die Weisung in meinen Jüngern und will hoffen auf den HERRN, der sein Antlitz verborgen hat vor dem Hause Jakob, und will auf ihn harren.

In den Erzählungen des Jeremiabuches wird ausführlich das Entstehen eines Prophetenbuches beschrieben; hier diktiert Jeremia seine Worte dem Schreiber Baruch, der sie verliest – und als der König diese Ur-Rolle verbrennt, diktiert Jeremia eine zweite, erweiterte Auflage seiner Worte (Jer 36). Da die Sprucheinheiten in der Regel kurz sind, haben die Prophetenbücher eine komplexe Struktur, die sich kaum beim ersten oder zweiten Lesen erschließt. Als grundlegendes Kompositionsmodell kann man in den Prophetenbüchern die Abfolge Unheil – Heil erkennen: so etwa das Ezechielbuch, aber auch Amos. Diese Abfolge findet sich aber auch in der Struktur kleinerer Einheiten, so dass sie in manchen Büchern mehrfach wiederkehrt, so etwa Hosea oder Micha. *Grundstruktur der Prophetenbücher: Vom Unheil zum Heil*

Die komplexen Buchstrukturen sind ein erster Hinweis auf eine längere Entstehungsgeschichte dieser Bücher; dazu kommt, dass v. a. die längeren Bücher keine inhaltlich-theologische Geschlossenheit aufweisen. Dafür gibt es zwei unterschiedliche Erklärungsmodelle, das biografische und das redaktionsgeschichtliche. *Komplexe Buchstrukturen deuten auf eine längere Entstehungsgeschichte hin*

Das heute weithin aufgegebene biografische Erklärungsmodell geht von einer textlichen Beobachtung aus: Da die Überschriften der Prophetenbücher für das Wirken der Propheten oft einen längeren Zeitraum, mehrere Jahre bis teilweise sogar Jahrzehnte (z. B. Hosea, Jeremia) angeben, nimmt man an, im Laufe der Zeit habe sich der Prophet geistig und theologisch weiterentwickelt, er reagiere auf geschichtliche Ereignisse und verändere seine Botschaft. Das finde seinen Niederschlag im Buch darin, dass Texte aus verschiedenen Zeiten zusammengestellt seien und erkläre den komplizierten Textbefund. *Biografische Erklärung für die komplexe Buchstruktur*

Das redaktionsgeschichtliche Modell ist das heute vorherrschende. Es geht davon aus, dass die Prophetenbücher über Jahrhunderte hin gewachsen sind. Immer wieder wurden die Prophetenbücher abgeschrieben und aktualisiert, bis sie dann in der frühen hellenistischen Zeit mehr oder weniger abgeschlossen wurden. Wie sich die Forschung das Wachstum der Bücher im Einzelnen vorstellt, dafür muss auf die einschlägigen Einleitungen verwiesen werden (z. B. Römer/Macchi/Nihan, 2013, 289–530; Dietrich/Mathys/Römer/Smend, 2014, 283–480). *Redaktionsgeschichtliche Modelle für die Buchentstehung*

7.1.2 Eigenart der hebräischen Schriftpropheten

Prophetenbücher als theologische Bewältigung des Exilsgeschicks Israels

Während im ganzen Alten Orient nur wenige Quellen prophetische Äußerungen überliefern, ist in Israel eine ganz eigene Gattung des Prophetenbuches entstanden. Im Unterschied zu den Propheten, von denen in den Geschichtsbüchern erzählt wird, nennt man diese Propheten die Schriftpropheten. Diese Gattung komplexer, theologisch hoch reflektierter Prophetenbücher ist im Alten Orient singulär. Gedanklich kreisen die meisten dieser Bücher um das Exil: Sie erklären es als Strafe Gottes für Israels Untreue gegenüber Gott und das Versagen der sozialen Gerechtigkeit. Daneben entfalten sie die Hoffnung auf eine bessere, heilvolle Zukunft. Dabei bedienen sie sich des Gedankens, dass Gott in der Weltgeschichte planvoll handelt und sich der fremden Völker und ihrer Herrscher als seiner Werkzeuge bedient (vgl. § 6, Vertiefung: Geschichtsschreibung und Heilsgeschichte; § 7.5.3, Stichwort: Eschatologie).

Eschatologie: Hoffnung auf Gottes Eingreifen für eine bessere Zukunft

7.1.3 Fragen Einführung in die Prophetie

1.) Welche mantischen Praktiken kennt die Umwelt und welche kommen im AT vor?

> *Vertiefung*
> - Welche Gattungen sind für Prophetenbücher typisch? Welche spielen auch im NT eine Rolle?
> - Was ist die Eigenart der biblischen Schriftprophetie?

7.2 Die kleinen Propheten (Zwölfprophetenbuch)

Kleine Propheten sind ein Buch

Wir beginnen anders als die hebräische Tradition und heutige christliche Bibeln, aber wie die LXX mit den Kleinen Propheten, weil das die Chronologie nahelegt: Amos und Hosea sind die beiden ältesten Propheten und können auf diese Weise am Anfang stehen.

In modernen Bibelausgaben werden die Kleinen Propheten einzeln aufgeführt, in der Tradition gelten sie jedoch als ein Buch, etwa vom Umfang des Jesajabuches, so bei Jesus Sirach (49,12) und ihm folgend die

7.2 Die kleinen Propheten (Zwölfprophetenbuch)

jüdische Tradition. Auch die LXX haben sie als ein Buch, das Dodekapropheton (griech. *dôdeka* »zwölf«, Abkürzung XII) aufgefasst und Hieronymus nennt sie die *prophetae minores*, was zu der deutschen Bezeichnung »Kleine Propheten« geführt hat.

Erzähltexte im Dodekapropheton
- Hoseas Ehe, Hos 1-3
- Amos in Betel, Am 7
- Jona, Jona 1-4
- Sacharjas Vision von den zwei Gesalbten, Sach 4,1-10

➤ Stichwort: **Bedeutung der Zwölfzahl**
Die Zwölfzahl der Bücher entspricht der Zahl der Söhne Jakobs, so wie die drei großen Propheten in Analogie zu den drei Erzvätern stehen. Und so scheint es, dass die Zahl erreicht wurde, indem man den Propheten Maleachi erfunden hat, der keinen richtigen Namen trägt, sondern »mein Bote« heißt, und eine Fortschreibung des Sacharjabuches darstellt.

Vertiefung: **Aufbau des Dodekaprophetons**
Zusammengehalten sind die Bücher durch die Überschriften, die einander ähneln, aber zwei Typen von Prophetie herausstellen: Wortempfang und Schauung, Audition (z. B. Hos 1,1) und Vision (z. B. Obd 1).

Einige der Bücher des Dodekaprophetons sind in ihrer Überschrift durch die Erwähnung von Königen auch datiert, dadurch wird in der Reihenfolge eine chronologische Ordnung erkennbar (in der Überschrift datierte Bücher sind fett):

Einheitliches Überschriftensystem

8. Jh.	**Hosea**
	Joel
	Amos
	Obadja
	Jona (implizite Datierung: Ninive, sein Bestimmungsort, wurde 612 v. Chr. zerstört)
	Micha
7. Jh.	Nahum (implizite Datierung: gegen Ninive)
	Habakuk
	Zefanja

Exil 586-535 v. Chr.
6. Jh. **Haggai**
Sacharja
Maleachi

Hosea und Maleachi als Rahmen

Die Sammlung ist gerahmt durch die Bücher Hosea und Maleachi. Mit Hosea steht das am meisten geschichtstheologisch geprägte Buch am Anfang, das in seinen Kap. 11-13 eine Rekapitulation der Heilsgeschichte bietet und damit den theologischen Horizont für das XII aufspannt; dabei wird die Liebe Gottes zu seinem Volk herausgestellt. In seinem letzten Vers, der in weisheitlicher Sprache gehalten ist, wird das Endgericht mit der Scheidung von Gerechten und Übertretern angekündigt (Hos 14,10):

> Wer ist weise, dass er dies versteht, und klug, dass er dies einsieht?
> Denn die Wege des HERRN sind richtig, und die Gerechten wandeln darauf;
> aber die Übertreter kommen auf ihnen zu Fall. (Lu)

Im Maleachi-Buch wird dieser Gedanke aufgegriffen, zusammen mit dem Hinweis auf Gottes Liebe zu Israel (»Jakob«), und mit dem Gericht über »Esau« (= Edom, das im Dodekapropheton eine herausgehobene Rolle spielt) verknüpft, das in Joel 4,19; Am 1,11 und v. a. in Obadja eine Rolle spielt (vgl. Jes 34).

> Ich habe euch lieb, spricht der HERR. Ihr aber sprecht:
> »Woran sehen wir, dass du uns liebhast?«
> Ist nicht Esau Jakobs Bruder? spricht der HERR;
> und doch hab ich Jakob lieb und hasse Esau
> und habe sein Gebirge öde gemacht und sein Erbe den Schakalen zur Wüste. (Mal 1,2 f.; Lu)

Tag Jahwes als wiederkehrendes Thema

Zudem bietet Mal 3 nicht nur den Abschluss des XII, sondern auch des ganzen Prophetenkanons (s. o. S. 31). Dieser eschatologische Horizont, den das Zwölfprophetenbuch aufweist, zeigt sich auch in wiederkehrenden Themen, die sich durch das ganze Buch ziehen, so etwa prägnant der Tag Jhwhs (Joel 2,1-11; 4,1-3.9-17; Am 5,18-20; Obd; Zef 1; Sach 14; Mal 3,13-24).

7.2.1 Hosea

Hosea ist der einzige Prophet aus dem Nordreich. Seine Ehe mit einer untreuen Frau wird als Zeichenhandlung dargestellt, sie stellt Israels Untreue zu seinem Gott dar. In den Sprüchen gegen Israel steht die Kultkritik im Mittelpunkt. Daneben steht scharfe Kritik an den Königen und ihren außenpolitischen Bündnissen. In Geschichtsrückblicken idealisiert er die Wüstenepoche und sieht den Erzvater Jakob kritisch als Betrüger. Doch nach allem Gericht hofft Hosea auf Heil für Israel.

Üblicherweise gliedert man das Hoseabuch in drei Teile. Der erste enthält die Erzählungen über Hoseas Ehe, die beiden letzten Teile enthalten die prophetischen Worte Hoseas. Die Dreiteilung rechtfertigt sich dadurch, dass jeder Teil zu Beginn das Motiv des Rechtsstreites Gottes mit seinem Volk aufgreift und in eine Heilsschilderung mündet.

Grob-Gliederung:		Rechtsstreit	Wiederherstellung Israels
1–3	Hoseas Ehe	2,4	2,16 ff. Wüste als Heilszeit 3 Umkehr und Gott suchen
4–11	Worte gegen Israel (**Nordreich**)	4,1 ff.	11 Zorn nicht vollstrecken, Rückkehr aus dem Exil
12–14	Vernichtung und Heil	12,3 ff.	14,2 ff. Umkehr und Fruchtbarkeit des Landes

Das zentrale Thema des Buches ist die Auseinandersetzung mit dem Baalskult. Die Hauptfrage dabei ist: Wem hat Israel die Fruchtbarkeit des Landes zu verdanken, Baal oder Jhwh (Hos 2,10)?

Auseinandersetzung mit dem Baalskult

> ➤ Stichwort: **Der altorientalische Gott Baal**
> Das hebr. Wort baʻal bedeutet »Herr« und ist der Titel des Wettergottes Hadad, der als Regengott für die Fruchtbarkeit zuständig war. Aus Ugarit, einer Handelsstadt an der syrischen Mittelmeerküste, sind aus der Zeit vor 1200 v. Chr. eine Reihe von mythischen Texten bekannt, die vom Gott Baal handeln. Baal war eine der wichtigsten Gottheiten im syrisch-palästinischen Raum, die auch im alten Israel verehrt wurde, wie die Namen einiger Söhne Sauls zeigen (1Chr 9,39 f.). Im DtrG wird die Auseinandersetzung mit dem Baalskult dargestellt, v. a. in den Erzählungen von Elia.

7. Hintere Propheten (Nebiim haacheronim)

Abb. 12: **Der Gott Baal** – Stele aus Ugarit (heute Louvre, Paris)

Ehe des Propheten als symbolische Handlung

Dieser Konflikt wird im ersten Teil des Buches symbolisch durch Zeichenhandlungen des Propheten dargestellt: Er heiratet ein »Hurenweib« (Hos 1,2; Lu) und eine »ehebrecherische Frau« (Hos 3,1). Zweimal wird von einer Ehe des Propheten berichtet, einmal in der dritten Person (Kap. 1–2) und einmal als Ich-Erzählung (Kap. 3). Unklar bleibt, ob es sich um zwei verschiedene Ehen handelt oder um eine, über die zwei verschiedene Berichte vorliegen. Die Treulosigkeit der Frau soll die Treulosigkeit Israels

7.2 Die kleinen Propheten (Zwölfprophetenbuch) 123

gegenüber Gott darstellen. Dieses Bild wird von Jeremia (Jer 2-3) und Ezechiel (Ez 16) aufgegriffen.

Im zweiten Teil des Buches, in den Sprüchen, werden die Vorwürfe ergänzt um weitere Themen. Die politischen Verhältnisse im Nordreich werden kritisiert: Israel macht Könige gegen Gottes Willen (Hos 8,4) und seine Bündnispolitik (Hos 7,11). Auch das Staatsheiligtum des Nordreichs in Betel (vgl. 1Kön 12; Am 7) mit seinem Stierbild wird kritisiert (Hos 10,5; 13,2 und vermutlich auch 8,5).

Kritik am König und am Kult

Obwohl der zweite Teil erst in Hos 11 damit endet, dass Gott Israel Heil ankündigt, weil er sein geliebtes Volk (Hos 11,1) nicht preisgeben kann (11,8), beginnt ab Hos 9,10 eine Reihe von Texten, die geschichtliche Rückblicke enthalten, vor allem auf die Wüstenzeit. Sie wird als eine ideale Heilszeit dargestellt, während die Untreue erst im gelobten Land begonnen habe (9,10 ff.; 11,2 ff.; vgl. 2,16). Damit ist die Darstellung anders als in Ex und Num: Dort ist mit den Murrgeschichten, dem Goldenen Kalb und den Geschichten von der Auflehnung gegen Mose ein weniger positives Bild gezeichnet. Gleiches gilt für Hos 12: Jakob habe schon im Mutterleib seinen Bruder betrogen (Hos 12,4), was in der Genesis mit mehr Zustimmung erzählt wird.

Geschichtsrückblicke: Wüstenzeit, Jakob

Das Hosea-Buch endet mit einer Aufforderung zu Umkehr (Lu: »bekehre dich!«). In Bildern von Erntesegen wird die Heilszeit beschrieben, die Gott im Falle der Umkehr zu ihm verspricht. Die gleichen Motive klingen schon in der Heilsschilderung (Kap. 2) an, wo auch Frieden mit Tieren und das Ende der Kriege versprochen wird (2,20 ff.). Den Grund, warum Gott von seinem Zorn Israel gegenüber ablässt, sieht das Hosea-Buch in Gottes Liebe zu Israel. Zuerst zu Israel als seiner Frau, wie der Alttestamentler Jörg Jeremias schreibt: »Gott ist für Hosea ein hoffnungslos Verliebter, der von der geliebten Frau nicht lassen kann, auch wenn sie mit »Liebhabern« davonlief« (Jeremias, J., Der Prophet Hosea, ATD 24,1, Göttingen 1983, 47).

Aufforderung zur Umkehr

Heilszeit: Bilder von Fruchtbarkeit

Gottes Liebe zu Israel

➢ Stichwort: **Gott als Mutter**
In Hos 11,1 ist es elterliche Liebe, die Gott Israel gegenüber empfindet. Es wird erzählt, wie Gott Israel Laufen lehrt und ihm zu essen gibt. Das sind mütterliche Tätigkeiten. Darum hat Hos 11 die Diskussion um weibliche Bilder für Gott innerhalb der feministischen Theologie angeregt.

7.2.2 Amos

Amos ist der älteste Prophet. Er kommt aus dem Südreich Juda nach Betel, dem Staatsheiligtum des Nordreiches Israel. Das Buch beginnt mit Fremdvölkersprüchen, deren Pointe ist, dass sie aufs eigene Volk zielen. In den Sprüchen stehen Kultkritik und Sozialkritik im Mittelpunkt. Im abschließenden Visionszyklus wird Amos' Botschaft vom Ende deutlich; eingefügt ist ein Bericht über sein Auftreten in Betel. Ein abschließendes Heilswort erwartet das Wiederaufrichten der zerfallenen Hütte Davids.

Das Amosbuch lässt sich in drei Teile und einen Anhang gliedern:

1–2	Fremdvölkersprüche
3–6	Sprüche gegen Israel (Nordreich)
7–9	Visionszyklus mit Auftritt in Betel
9	Heilsanhang (Juda und Jerusalem)

Überschrift: doppelte Datierung

Die Überschrift des Amosbuches enthält zwei Datierungsweisen; einmal die übliche nach Königen, zu deren Zeit er aufgetreten ist, als einen längeren Zeitraum; eine zweite Datierung ist »zwei Jahre vor dem Erdbeben« (Am 1,1), also eine punktuelle Datierung. Dieser Bezug auf das Erdbeben findet sich auch in den Texten des Buches, vgl. Am 2,13; 8,8; 9,1.

Fremdvölkersprüche eröffnen das Buch

Die Fremdvölkersprüche des Amos sind als Strophengedicht aufgebaut; sie enthalten einen Kehrvers. Ihre Besonderheit liegt darin, dass normalerweise Unheil für die fremden Völker Heil für das eigene Volk bedeutet. Hier ist das anders: Am Schluss einer Kette der Völker, die Gott für ihre Vergehen bestraft, stehen Juda und Israel.

Gegen Nordreich Israel

Die Sprüche gegen Israel sind durch Hörauffoderungen an Israel (Am 3,1; 5,1) in zwei Teile untergliedert. Im ersten Teil finden sich Gottesworte, im zweiten Teil Prophetenworte und Zitate von Gottesworten. Dieser zweite Teil beginnt mit einer Leichenklage des Propheten über Israel, so als wäre es schon tot, das Unheil schon eingetroffen. In den Sprüchen wird nun deutlich, aufgrund welcher Vergehen Gott den Untergang Israels herbeiführen wird: Im Mittelpunkt der Vorwürfe stehen das Luxusleben der Oberschicht (Am 4,1; 6,4.7), das sich aus Korruption und Rechtsbeugung (Am 5,7.12) sowie Ausbeutung (Am 5,11) speist. Verbunden wird diese Sozialkritik mit der Kultkritik, da »jeder Gottesdienst angesichts der sozialen Korruption der Gesellschaft wertlos ist« (K. *Schmid*, in: *Gertz*, 2006, 379). Die Kritik des Buches bezieht sich auf die Kultorte Betel und Gilgal; daneben bestreitet Amos die Erwählungssicherheit Israels (Am 3,2 – zur Erwählung vgl. z. B. Dtn 7), wie sie unter anderem in der Vorstellung vom Tag Jhwhs enthalten ist, einer Vorstellung, dass Jhwh für sein Volk eintritt und es rettet (Am 5,18).

Sozialkritik und Kultkritik

Erwählungsgewissheit trügt!

> Stichwort: **Kultkritik**

Jes 1	Gute Taten statt Opfern
Jer 7	Tempelrede
Hos 6,6	»Denn ich habe Lust an der Liebe und nicht am Opfer, an der Erkenntnis Gottes und nicht am Brandopfer.«
Am 4–5	soziales Unrecht macht den Kult blasphemisch
Ps 40	Gehorsam nicht Opfer, zit. in Hebr 10
Ps 50	Gott der Schöpfer braucht keine Opfergaben, um seinen Hunger zu stillen
Mk 11 parr.	Tempelreinigung, vgl. Joh 2
Hebr 10	Einmaliges Opfer Jesu löst die wiederholten Opfer ab

Im Visionenzyklus zeigt Gott Amos das kommende Unheil; in den ersten beiden Visionen kann Amos das Unheil für Jakob-Israel noch abwenden, dann nicht mehr:

Visionen vom Ende Israels

> Gekommen ist das Ende für mein Volk Israel. (Am 8,2)

Dieser Visionenzyklus umrahmt eine kurze Szene, in der Amos' Auftritt am Staatsheiligtum des Nordreiches in Betel geschildert wird: Der dortige Priester weist ihn auf Befehl des Königs aus. Dabei erklärt Amos, kein Prophet zu sein, sondern Rinderzüchter und Maulbeerfeigenritzer. Mit dieser Selbstbeschreibung macht er deutlich, dass er durch keine Institution und kein Amt gedeckt, sondern von Gott selbst beauftragt ist – diese Legitimation des Propheten eröffnet schon die Sprüche (Am 3,3-8):

Amos in Betel

> Der Löwe brüllt, wer sollte sich nicht fürchten? Gott der HERR redet, wer sollte nicht Prophet werden? (Am 3,8; Lu)

Die Heilserwartung des Anhanges bezieht sich nicht wie die Mehrheit der Sprüche auf Israel, sondern auf Jerusalem und Juda und hofft auf die Wiederherstellung der Davidsdynastie (»Wiederaufrichtung der verfalle-

Heilserwartung für Juda

nen Hütte Davids«, Am 9,11). Für Israel klingt nur eine vorsichtige Heilserwartung an (3,12; 5,4).

7.2.3 JONA

Jona ist die einzige Erzählung im XII; er will nicht nach Ninive, sondern flieht nach Tarschisch; auf seinem Weg über das Meer gerät sein Schiff in einen Sturm. Jona wird von einem Fisch verschluckt und später wieder an Land gesetzt; er geht nach Ninive und predigt dort den Untergang; die Niniviten (Heiden, Ungläubige!) tun Buße und Gott nimmt das Gericht zurück: Jona ist wütend, aber Gott belehrt ihn über seine Gnade und Güte!

Im Buch Jona geht es zwar um Jona und seine Botschaft an Ninive, aber die Geschichte spielt mit dem Motiv des Propheten, um etwas über Gott zu erzählen.

Jonas Auftrag: Geh nach Ninive!

Jona erhält von Gott den Auftrag, nach Ninive zu gehen, die Hauptstadt des assyrischen Reiches, das im 8. und 7. Jh. v. Chr. im vorderen Alten Orient Angst und Schrecken verbreitet hat (s. o. § 3.2.2, Geschichte). Jona will dort aber nicht den Untergang der Stadt verkündigen und flieht an Bord eines Schiffes ans andere Ende der Welt. Als dieses in einen Sturm gerät, ist keine Rettung in Sicht. Erst als Jona seine Flucht gesteht, wird klar, warum die Gebete aller an Bord nichts fruchten. Jona bittet die Matrosen, ihn über Bord zu werfen, damit sie selbst sich retten können.

Ninive tut Buße ...

Die Rettung gelingt und Jona wird von einem großen Fisch (im Text ist es kein Wal!) verschlungen. Dort betet er einen Psalm. Der Fisch spuckt Jona nach drei Tagen an Land. Nun geht der Prophet nach Ninive und kündigt im Namen Gottes den Untergang der Stadt an. Der assyrische König befiehlt daraufhin ein Bußfasten, an das sich alle Bewohner Ninives halten, und so wenden sie das Unheil von sich ab.

... und Jona ärgert sich

Diese Geschichte dürfte den Erwartungen der Hörer bzw. Leser widersprochen haben, gibt es doch in den anderen Prophetenbüchern genügend Drohworte gegen die Assyrer (v. a. Nahum und Jesaja). Sie sind die Feinde, und gerade die tun Buße und verhalten sich so, wie sich Israel nicht verhalten hat, weshalb es die Strafe des Exils tragen musste. Doch dieser Teil der Geschichte ist nur der Aufhänger für einen Dialog zwischen Jona und Gott. Das ist der Höhepunkt des Buches: Jona ist böse auf Gott, weil dieser Ninive verschont hat. Daraufhin lässt Gott eine Staude wachsen, die dem Propheten Schatten spendet und ihm gut gefällt. Über

7.2 Die kleinen Propheten (Zwölfprophetenbuch)

Nacht lässt Gott diese Staude verdorren und der Prophet sitzt wieder ungeschützt in der heißen Sonne und will sterben. Anhand dieses Beispiels belehrt Gott Jona über seine Gnade und Barmherzigkeit (Jona 4,9 f.):

> Da sprach Gott zu Jona: Meinst du, dass du mit Recht zürnst um der Staude willen? Und er sprach: Mit Recht zürne ich bis an den Tod. Und der HERR sprach: Dich jammert die Staude, um die du dich nicht gemüht hast, hast sie auch nicht aufgezogen, die in einer Nacht ward und in einer Nacht verdarb, und mich sollte nicht jammern Ninive, eine so große Stadt, in der mehr als hundertundzwanzigtausend Menschen sind, die nicht wissen, was rechts oder links ist, dazu auch viele Tiere? (Lu)

Vertiefung: **Wirkungsgeschichte des Jonabuches**
In der jüdischen Liturgie wird das Buch zu Jom Kippur gelesen; an diesem Tag der Buße und des Fastens erzählt es, wie Buße und Fasten dazu beitragen können, dass Gott sein Zorn reut und er von ihm ablässt.

Im Neuen Testament ist Jona im Fisch dann ein Symbol für Christus. Christlich wurde Jona später als unbußfertiger Prophet verstanden – er repräsentierte das Judentum, das sich weigerte, sich zu Christus zu bekehren, während die Heiden, in christlicher Deutung die Kirche, sich zu Christus bekennen. Dies ist eine antijudaistische Deutung.

Im Buch zeigen sich Tendenzen, Gottes Liebe universal zu verstehen: Nicht nur die Feinde Israels sind in sie einbezogen, wenn sie sich bekehren – auch die Tiere werden von Gott so geliebt, dass er sie verschont. So formuliert der Alttestamentler Erich Zenger (1939-2010): Das Buch will zeigen, »dass der Gott Israels als der Schöpfergott ein Gott der Gnade ist, der als Gott des Rechts zur Umkehr bewegt und sich darin als Gott der Vergebung und des Strafverzichts erweist – weil er ein Gott der grenzenlosen Liebe zu allem Lebendigen ist. Von dieser Liebe allein lebt auch der Prophet.« (Zenger u. a., 2016, 670)

Gottes universale Liebe als zentrales Thema des Buches

Vertiefung: **Joel, Obadja, Micha, Habakuk, Nahum und Zefanja**
Von den kleinen Propheten kann man sich erst einmal nur die wichtigsten merken; dennoch sollen die übrigen kleinen Propheten nicht ganz übergangen werden, denn zu einer gründlichen Kenntnis des AT gehört natürlich auch, in Umrissen zu wissen, was dort steht.

Joel

Das Buch Joël ist zeitlich schwer zu verorten, weil es keine konkreten Hinweise zur Datierung enthält. Da es zwischen den beiden ältesten Propheten

Amos und Hosea eingeordnet ist, könnte man Joël für einen Zeitgenossen halten; doch das Buch weist so viele Querbeziehungen zu seinen beiden Nachbarn auf, dass manche es für eine redaktionelle Bildung halten.

Tag Jhwhs

Im Zentrum seiner Prophezeiungen steht der Tag Jhwhs (»Tag des Herrn«: Joel 1,15; 2,1.11; 3,4; 4,14). Das erwartete Geschehen schwankt zwischen Vernichtung (Joel 1,15, vgl. Am 5,20) und Heil für Juda (3,4 f.; 4,14 ff.). Zu den Heilsgaben für Juda gehört auch der Geist (Joel 3,1):

Heiliger Geist

> Und nach diesem will ich meinen Geist ausgießen über alles Fleisch, und eure Söhne und Töchter sollen weissagen, eure Alten sollen Träume haben, und eure Jünglinge sollen Gesichte sehen. (Lu)

Diesen Text zitiert Petrus in seiner Pfingstpredigt (Apg 2,17 ff.).

Obadja

Das Buch Obadja ist das kürzeste Buch des AT; es enthält eine Reihe von Gerichtsworten gegen Edom. Die Judäer haben nach der Zerstörung Jerusalems 586 einen großen Hass gegen dieses Nachbarvolk entwickelt: Die Edomiter haben die militärische Niederlage Judas ausgenutzt, um sich dessen südliche Gebiete anzueignen. Das Obadjabuch setzt vermutlich diese Ereignisse voraus.

Gegen Edom

Micha

Scharfe Sozialkritik

Der Prophet Micha war ein Zeitgenosse Jesajas – das belegt die Datierung der Überschrift. Über die Person des Propheten erfahren wir, dass er aus Moreschet stammt, einem Dorf in Juda. Vermutlich gehörte er zu den Notabeln seines Dorfes – und er kommt in die Hauptstadt Jerusalem und liest der dortigen Oberschicht die Leviten. Er kritisiert vor allem das soziale Unrecht: die Akkumulation von Grundbesitz, der antiken Quelle des Reichtums (vgl. Mi 2,2), und die Rechtsbeugungen (Mi 3,1.9). Seine Kritik trifft auch die Propheten, die dieses Unrecht legitimieren (Mi 3,5–7). Micha kündigt Unheil an: Jerusalem werde als Feld umgepflügt und auf dem Tempelberg Wald wachsen (3,12).

➤ Stichwort: **Ankündigung der Tempelzerstörung als ein prophetischer Präzedenzfall**

Das Auftreten Michas ist 100 Jahre später zum Präzedenzfall geworden. Die Ältesten des Landes führen ihn an, um Jeremia vor einem Todesurteil zu bewahren, das ihm wegen ähnlicher Weissagungen droht (Jer 26,16 ff.), denn auch Micha sei damals nicht verurteilt worden.

7.2 Die kleinen Propheten (Zwölfprophetenbuch)

Abb. 13: **Schwerter zu Pflugscharen** – diese Formulierung aus Micha 4,3 hat sich in den 8oer-Jahren des vergangenen Jahrhunderts die Friedensbewegung in ihrer Kampagne vor allem gegen Atomwaffen zueigen gemacht. Vorlage war eine Plastik des sowjetischen Künstlers Evgeniy Vuchetich (1908–1974). 1959 hatte die UdSSR das Werk den UN geschenkt. Es steht heute vor dem UN-Hauptgebäude in New York.

Die Heilsvorstellung einer Völkerwallfahrt zum Zion findet sich nicht nur Mi 4, sondern auch textgleich in Jes 2. Die Vorstellung, dass der Messias aus Bethlehem komme, ist in der Weihnachtsgeschichte des Matthäus aufgegriffen.

Völkerwallfahrt zum Zion

Nahum

Untergang Ninives

Das Buch Nahum kündigt den Untergang Ninives an. Diese Stadt war die Hauptstadt des assyrischen Großreiches, das im 8. und 7. Jh. v. Chr. die vorherrschende Macht im Vorderen Orient war. Auch Juda war Vasallenstaat dieses Großreiches. Nahum sieht also im Untergang der Hegemonialmacht die Befreiung Judas kommen. Da Ninive 612 v. Chr. von den Babyloniern zerstört wurde, war die Prophezeiung nach diesem Zeitpunkt gegenstandslos. Deshalb datiert man das Büchlein in die Zeit davor, ins 7. Jh.

Habakuk

Über die Person Habakuks erfahren wir nichts. Eine zeitliche Einordnung des Buches lässt sich aus der Erwähnung der Chaldäer ableiten. Diese babylonische Dynastie hat zwischen 612 und 586 v. Chr. die Geschicke Judas bestimmt. Habakuk dürfte also ein Zeitgenosse Jeremias sein.

Das Buch besteht aus drei Teilen:

1. Klagender Dialog Habakuks mit Gott: Auf den Vorwurf, er helfe nicht – antwortet Gott mit einer Zusicherung: »Der Gerechte wird durch seine Treue am Leben bleiben.« (Zü) »Treue«, hebräisch *ämunah* wird in der LXX mit *pistis* »Vertrauen«, »Glauben« übersetzt. Diese Übersetzung ist für Paulus leitend geworden, vgl. Gal 3,11 und Rö 1,17, wo er Hab zitiert (»der Gerechte wird aus Glauben leben«). In Qumran wurde eine Auslegung des Buches Habakuk gefunden, der *Pescher Habakuks*; dort wird »der Treue« als der »Täter der Tora« verstanden (QpHab VIII,1).
2. Weherufe gegen soziales Unrecht
3. »Gebet Habakuks«, ein Psalm. Er beschreibt das kriegerische Erscheinen Jhwhs zur Rettung seines Volkes von Teman (»Südland«, Hab 3,3) her.

Literatur

Pescher Habakuk, Text bei: Lohse, Eduard (Hg.), Die Texte aus Qumran. Hebräisch und Deutsch, Darmstadt ⁴1986.

Zefanja

Durch die Überschrift (Zeph 1,1) ist das Buch in die Regierungszeit des Königs Josia (639–609 v. Chr.) datiert. Wegen der Kritik Zefanjas an der Baalsverehrung und anderen fremden Kulten (1,4 f.), wird Zefanja vor der josianischen Reform (622 v. Chr.) aufgetreten sein. Üblicherweise teilt man das Buch in drei Abschnitte ein:

1. Radikale Gerichtsansage für Juda: Der Tag Jhwhs ist ein Tag des Zorns. Das ist die biblische Vorlage für das *dies irae* aus dem lateinischen

Requiem. Doch die Vernichtung wird nur der Oberschicht angedroht, die Armen werden »vielleicht« (!) das Gericht überleben (Zef 2,1–3).
2. Unheil für die Völker.
3. Weherufe gegen Jerusalem – Ankündigung einer Heilszeit. In 3,14 findet sich die Vorlage für das beliebte Weihnachtslied »Tochter Zion freue dich!« (EG 13).

7.2.4 Haggai, Sacharja und Maleachi

Haggai – nachexilisch: fordert zum Wiederaufbau des Tempels auf
Sacharja – nachexilisch; dreigeteilt (wie Jes!); Nachtgesichte (Visionen) zur Heilsbedeutung des Tempelbaus; Friedenskönig/Messias; Völkersturm gegen den Zion; Tag Jhwhs (Endgericht, Eschatologie, protoapokalyptisch)
Maleachi – nachexilisch: behandelt Missstände am Zweiten Tempel. Das Ende des Buches bildet mit Jos 1 einen Rahmen um den jüdischen Kanonteil »Propheten« (Nebiim).

Haggai, Sacharja und Maleachi sind die drei nachexilischen Propheten. Haggai und Sacharja traten im Zusammenhang mit dem Wiederaufbau des Tempels auf. Maleachi setzt (wie die tritojesajanischen Texte) den wiederaufgebauten Tempel voraus.

Haggai

Das Haggai-Buch ist durch Datumsangaben zeitlich genau verortet. Es datiert ins zweite Regierungsjahr des persischen Königs Darius (I.), d. h. 520 v. Chr. Damit ist der historische Hintergrund für das Buch deutlich: Die Perser haben die Babylonier als führende Macht im Vorderen Orient abgelöst, Juda ist persische Provinz. Der Perserkönig Kyros hatte den Juden die Rückkehr aus dem Exil und den Wiederaufbau Jerusalems mitsamt dem Tempel zugesagt (535 v. Chr., vgl. 2Chr 36; Esr 1). Zwar waren schon zahlreiche Exulanten heimgekehrt, der Tempel aber noch nicht wieder aufgebaut. Haggai gelingt es nun, die Widerstände in der Bevölkerung (zitiert: Hag 1,2) zu überwinden und den persischen Statthalter Serubbabel (vgl. Esra 1–5), einen Enkel des früheren judäischen Königs Jojachin, sowie den Hohepriester Jeschua (Hag 1,12) zum Tempelbau zu bewegen. In diesem Zusammenhang ist Haggai (zusammen mit Sacharja) auch bei Esra erwähnt (Esr 5,1; 6,14).

Wiederaufbau des Tempels in Jerusalem nach dem Exil

Das Buch enthält vier verschiedene Jhwh-Worte. Sie sind durch Datierungen und die Wortereignisformel (s. o. § 7.1, Gattungen prophetischer Texte) auf bestimmte Tage fixiert.

Hag 1   1. Dürre und Missernte, weil der **Tempel** noch nicht gebaut ist; Statthalter Serubbabel und Hohepriester Jeschua sollen den **Bau beginnen**.

Hag 2   2. Obwohl der Wiederaufbau weniger prachtvoll als der salomonische Tempel wird, soll eine nie gekannte **Segenszeit** für Israel anbrechen.

3. Orakel zur **Grundsteinlegung**; Jhwh spricht: »Von nun an segne ich!«

4. **Messianische** Hoffnungen: Serubbabel als Knecht Jhwhs (Titel Davids) und Siegelring Jhwhs

Vertiefung: **Rolle des Tempels – Rolle Serubbabels**

Tempel als Garant des Segens

Haggai »bewegt sich in konservativ-nationalen Vorstellungen« (Rainer Albertz): Er überhöht den Wiederaufbau des Tempels und füllt ihn mit hohen Erwartungen einer beginnenden Heilszeit. Der Tempel wird zum Garanten des Segens, ja zum Zentrum der Welt, zu dem die Völker ihren Reichtum bringen (2. Wort, Hag 2,7). Die Weltreiche fallen und Jhwh wird durch seinen Bevollmächtigten Serubbabel die Herrschaft über die Welt ausüben. Serubbabel war als Enkel des judäischen Königs Jojachin eine Nachkomme Davids (Davidide) und so hat Haggai seine Hoffnungen in ihn projiziert. Welche Wirkung diese Prophezeiung hatte, erfahren wir nicht. Im Esra-Buch werden diese Ereignisse auch berichtet – aber Serubbabel verschwindet sang- und klanglos zwischen Esr 5 und 6 aus dem Geschehen, etwa dann, wenn Haggais messianische Weissagung ergangen sein müsste. Das lädt zu Spekulationen ein: Ob der Persische Satrap Tattenai Serubbabel wegen messianischer Umtriebe abgesetzt hat? Keineswegs unwahrscheinlich – aber wir wissen es nicht.

Serubbabel als Messias

Sacharja

Das Sacharjabuch ist dreigeteilt. Der erste Teil ist inhaltlich durch Visionen bestimmt und durch das gleiche Überschriftensystem wie Haggai gegliedert. Die beiden folgenden Teile tragen die Überschrift »Ausspruch« (Sach 9,1; 12,1). Die drei Teile nennt man in Analogie zum

7.2 Die kleinen Propheten (Zwölfprophetenbuch)

Jesajabuch: Proto-, Deutero- und Trito-Sacharja (griech. für *erster, zweiter, dritter Sacharja*):

1–8   Protosacharja
9–11 Deuterosacharja
12–14 Tritosacharja

Protosacharja

Protosacharja enthält als biografische Angaben nur eine Reihe von Datierungen, die die gleichen Formeln benutzen wie das Haggaibuch. Diese Datierungen lassen erkennen, dass Sacharja wenige Monate nach Haggai mit seiner Verkündigung begonnen und insgesamt zwei Jahre gewirkt hat. Das Thema der Verkündigung ist das gleiche wie bei Haggai: der Neubau des Tempels. Doch während Haggai die politisch Verantwortlichen zum Handeln drängt, entwirft Sacharja in seinen Visionen oder »Nachtgesichten« eine Heilserwartung, die sich an den Tempelbau knüpft. Formal erscheint die Formel, die die Visionen einleitend datiert, achtmal, doch nur siebenmal folgt eine echte Vision, beim achten Mal wird eine Symbolhandlung eingeleitet, nämlich die Krönung des Priesters (6,9–15). Da in der vierten Vision Serubbabel als König angesprochen wird und also ein Widerspruch vorliegt, sieht man in der achten »Vision« eine Ergänzung der ursprünglich sieben Nachtgesichte.

Neubau des Tempels in Jerusalem = Haggai

Nachtgesicht (Visionen)

Vertiefung: **Die einzelnen Visionen**

Der Aufbau der Nachtgesichte ist gleich: Gott lässt Sacharja, der im Ich-Stil selbst berichtet, etwas sehen, und ein Deuteengel – oft auch lateinisch *angelus interpres* genannt – gibt die Bedeutung der geschauten Szene an. Insgesamt sind die sieben Nachtgesichte konzentrisch angeordnet, die vierte Vision bildet das Zentrum:

Vision	Text	Bild	Deutung
1	1,7–17	Reiter auf Pferden, Ruhe	Heil für Israel Gericht für die Völker
2	2,1–4	vier Hörner	Reiche, die Israel ins Exil geführt haben; sie werden vernichtet
3	2,5–17	Mann mit Messschnur	Mauerbau nicht nötig, weil Jhwh selbst die Stadt beschützt

4	4,1–10	**ZENTRUM:** goldener Leuchter und zwei Ölbäume	die zwei Gesalbten: Serubbabel als davidischer König (= Messias *der Gesalbte*) und der Hohepriester
5	5,1–4	fliegende Schriftrolle	Fluch für die Meineidigen – Israel wird von Gesetzlosen gereinigt
6	5,5–11	Frau im Efa (Getreidemaß)	Schuld Israels wird weggebracht; evtl. ist die Frau ein Bild für die Himmelskönigin und dann ist die Schuld die Abgötterei Israels
7	6,1–8	vier Wagen mit Pferden	legen Jhwhs Geist im Norden nieder, d. h. bei den Israeliten im Exil

Doch obwohl die großen Linien für die Deutung der Visionen klar sind, sind viele Einzelheiten rätselhaft und bleiben unklar.

Deuterosacharja und Tritosacharja

Während der erste Teil des Buches auf den Propheten Sacharja zurückgeht, handelt es sich bei den beiden folgenden Buchteilen nicht um ehemals selbstständige Prophetenschriften, sondern um sukzessive Fortschreibungen, die bis in hellenistische Zeit angefügt worden sind. Inhaltlich malen sie die Heilsschilderung Protosacharjas weiter aus.

Messias als Friedenskönig

In Sach wird der Messias als Friedenskönig beschrieben, der den Kriegen ein Ende macht (Sach 9,10). Doch daneben stehen Texte, die von der Vernichtung der Feinde sprechen. In Sach 12 wird die endzeitliche

Harmaggadon

Schlacht in der Ebene bei Megiddo geschlagen (daher Harmaggedon als Ort des endzeitlichen Kampfes, Apk 16,16). In Sach 14 wird der Mythos vom unbesiegbaren Zion aufgegriffen (s. u. § 7.2.4, Stichwort: Tempel – Jerusalem – Zion): Ein letztes Mal stürmen die Völker gegen Zion, aber Gott selbst besiegt sie (14,3) und die Übriggebliebenen der Völker werden Jhwh verehren als den König in Jerusalem (14,16).

➤ *Stichwort:* **Das Ende der Prophetie**
In Sach 13,2 kündigt Jhwh das Ende der Prophetie an; aus diesem Vers entnimmt das traditionelle Judentum die Vorstellung vom Ende der Prophetie mit Maleachi zur Zeit Esras.

7.2 Die kleinen Propheten (Zwölfprophetenbuch)

Vertiefung: **Rezeption im Neuen Testament**
Auch Deutero- und Tritosacharja enthalten einige rätselhafte Passagen, die aber im NT ihren Nachhall gefunden haben:

Sach	Motiv	neutestamentlicher Nachhall
9,9 f.	Messias auf dem Esel	Mt 21,1–5: Jesu Einzug in Jerusalem
11,4–17	Hirtenrede V. 12: dreißig Silberlinge	Hirtenrede im Johannesevangelium, auch wenn dort viele andere Stellen auch mit hinein spielen Mt 26,15 Verrat des Judas (sein Lohn)
12,10	der Durchbohrte	Joh 19,37 zur Beschreibung der Kreuzigung Jesu
12,11	Feld Megiddos	Apk 16,16 Harmaggedon als Ort der letzten Schlacht

Maleachi

Maleachi ist zwar als eigenes Buch von Sacharja abgetrennt, es handelt sich aber wahrscheinlich nicht um eine ehemals selbstständige Schrift eines Propheten, sondern um weitere Fortschreibungen des Sacharja-Buches. Darauf deutet auch die Überschrift »Ausspruch« und »Wort des Herrn ...«, die in Sach 9,1 und 12,1 ebenfalls vorkommt. Den Abschluss des Buches bildet ein Epilog, der weniger auf das Buch (weder Maleachi noch Zwölf-Propheten-Buch), sondern auf den gesamten Kanonteil »Propheten« (Nebiim) verweist, indem er sich auf Jos 1 zurückbezieht (s. o. S. 31).

Abschluss des Prophetenkanons

Vertiefung: **Diskussionsworte bei Maleachi**
Das Buch besteht aus sechs Einheiten, sogenannten Diskussionsworten. In ihnen werden Einwände der Hörer wörtlich zitiert und widerlegt. Diese Form findet sich nur bei Maleachi. Inhaltlich beschäftigen sich die Diskussionsworte mit Missständen am Zweiten Tempel. Konkret sind das: Nachlässigkeit im Opferwesen, Heirat ausländischer Frauen und Verstoßen der einheimischen, Ausbeutung der Armen, Konflikte um den Zehnten, den die Bevölkerung den Leviten schuldete. Ähnlich wie Tritojesaja sieht Maleachi in den sozialen Missständen den Grund dafür, dass das Heil Gottes auf sich warten lässt. Das sechste Diskussionswort kündigt den Tag Jhwhs an, an dem die Gerechten gerettet und die Frevler vernichtet werden. Hier steht nicht Israel den Völkern gegenüber, sondern es findet eine Trennung innerhalb Israels selbst statt.

Sechs Diskussionsworte über Missstände am Zweiten Tempel

> *Stichwort:* **Die theologischen Schwerpunkte der wichtigsten Propheten des XII**

Hosea: Auseinandersetzung mit Baalsanhängern (vgl. Elia!), d. h. Kultkritik im Blick auf das Erste Gebot (und Königskritik); Heilshoffnung: Fruchtbarkeit.

Joel: Heilshoffnung: Geistausgießung (Pfingsten!)

Amos: Kult- und Sozialkritik; Infragestellung der Erwählungsgewissheit; Tag Jhwhs ist Dunkelheit; Heilshoffnung: Wiedererstehen der Davidsdynastie.

Jona: (Erzählung) Unwilliger Prophet – Gnade und Erbarmen Gottes

Micha: Sozialkritik; Heilshoffnung: Völkerwallfahrt zum Zion; Tag Jhwhs

Haggai: Aufruf zum Wiederaufbau des Tempels.

Sacharja: Proto: Nachtgesichte anlässlich der Wiedererrichtung des Tempels; Deutero: Friedenskönig; Trito: Tag des Herrn

Maleachi: Missstände am Zweiten Tempel – Abschluss der Vorderen Propheten: Erinnerung an Tora, Hoffnung auf die Wiederkunft des Elia.

Vertiefung: **Heiligtümer im AT**

In den Geschichtserzählungen des Alten Testaments begegnet uns eine ganze Reihe von Heiligtümern:

Betel	Gen 28	Jakobs Traum von der Himmelsleiter
	1Kön 12	Staatsheiligtum des Nordreichs
	Am 7	Auftritt des Amos in Betel
Gibeon	1Kön 3	Salomo opfert dort und hat eine Offenbarung
Dan	Ri 18	polemische Geschichte zur Entstehung des Heiligtums
Sichem	Gen 33	Jakobs Altar
	Ri 9	Tempel des Baal Berit (Herrn des Bundes)

> *Stichwort:* **Tempel – Jerusalem – Zion**

Salomo baut den Ersten Tempel (salomonischer Tempel)

Das wichtigste Heiligtum ist Jerusalem. Schon Gen 14 begegnet Abraham dem Priester Melchisedek von Salem (= Jerusalem) und verspricht ihm den Zehnten. Als David Jerusalem erobert (2Sam 6), baut er keinen Tempel (2Sam 7,13), weil er so viele Kriege geführt hat (1Kön 5,17). Erst sein Sohn und Nachfolger Salomo baut den Tempel (1Kön 6–8).

Der Kult an diesem Tempel wird durch Hiskia (2Kön 18) und Josia (2Kön 22–23) reformiert: Fremde Kulte und Kultbilder werden entfernt. Bei der Eroberung und Zerstörung Jerusalems durch die Babylonier 586 v. Chr. wird auch der Erste Tempel zerstört.

Als nach dem Exil die Judäer heimkehren, drängen die Propheten Haggai und Sacharja den persischen Statthalter Serubbabel zum Tempelneubau (Esr 1-6, vgl. Hag und Sach). Dieser Tempel blieb offenbar hinter der Erinnerung an den salomonischen Tempel zurück (Hag 2,3). Erst in römischer Zeit hat König Herodes den Tempel vergrößert. Dazu legte der die Plattform an, die heute noch auf dem Jerusalemer Tempelberg zu sehen ist.

Nach dem Exil: der Zweite Tempel

Einen wichtigen Einschnitt in der Geschichte des Tempels stellt seine Entweihung durch den seleukidischen König Antiochus IV. Epiphanes (175-164 v. Chr.) dar (1Makk 1). Diese Entweihung löste den jüdischen Makkabäeraufstand aus, in dessen Gefolge Judäa unter den Hasmonäern unabhängig wurde. Als der Tempel wieder eingeweiht werden sollte, fehlte heiliges Öl, doch wie ein Wunder brannte der Leuchter im Tempel sieben Tage lang, bis neues Öl geweiht war. Diese Geschichte wird erst im Talmud erzählt und ist die Festlegende zum jüdischen Chanukkafest, das in der zeitlichen Nähe zu Weihnachten begangen wird.

Jüdisches Chanukka-Fest

Dieser Zweite Tempel Israels wird im Ersten Jüdischen Krieg von den Römern zerstört. Seitdem ist das Judentum eine Religion ohne Tempel und Opferdienst. Stattdessen wird in den Synagogen ein Wortgottesdienst gehalten, ergänzt durch eine Reihe häuslicher Feiern, wie den Sabbatbeginn und am Sederabend vor Passa.

Synagoge: Wortgottesdienst statt blutigem Opfer

Im NT spielt der Tempel eine Rolle im Zusammenhang mit dem Tod Jesu. Allem Anschein nach prophezeite er das Ende des Tempels und den Bau eines neuen (Mk 13,2; 14,57 f.; Mt 26,60 f.; Apg 6,13 f.; Joh 2,19.21). Dazu kommt die sogenannte Tempelreinigung (Mk 11 parr. u. a.). Dies dürfte der Grund für seine Verhaftung durch die jüdischen Tempelbehörden gewesen sein. Nach dem Zeugnis der Apostelgeschichte hält sich die Jerusalemer Urgemeinde im Tempel auf (Apg 2,46).

Der Jerusalemer Tempel im Neuen Testament

Auch in den biblischen Heilsvorstellungen spielt der Tempel eine große Rolle; Ezechiel schildert einen neuen Tempel in Jerusalem – demgegenüber stellt sich die Apokalypse des Johannes Jerusalem ohne Tempel vor, stattdessen ist Gott selbst gegenwärtig.

Heilsvorstellungen vom neuen Tempel

7.2.5 Fragen zu den Kleinen Propheten

1.) Machen Sie sich die zeitliche Einordnung und die Adressaten (Nordreich/Südreich) der Prophetenbücher klar!
2.) Was erfahren wir über Hoseas Ehe und wer ist der Konkurrent? Welche Sicht auf die Geschichte Israels wird damit transportiert?

3.) Welche Funktion haben die Fremdvölkersprüche bei Amos? Welche Vergehen wirft er Israel vor? Worauf beziehen sich die Heilshoffnungen im Amosbuch – und wie passt das zu den Adressaten der Gerichtsverkündigung?
4.) Erzählen Sie das Jonabuch nach und achten Sie dabei auf die theologische Pointe am Schluss!
5.) Was ist das zentrale Ereignis, um das Haggai und Sacharja kreisen?

Vertiefung
- Beschreiben Sie den Aufbau des Dodekaprophetons und erklären Sie die Bedeutung der Zwölfzahl der Bücher!
- Nennen Sie zentrale Gedanken aus den Büchern Joel, Obd, Micha, Hab, Nah und Zef!
- Stellen Sie die im AT erwähnten Heiligtümer zusammen!

7.3 Jesaja

Das Jesajabuch ist das umfangreichste und wirkmächtigste der Prophetenbücher. Es ist in Jahrhunderte langer Arbeit durch immer neue Texte angewachsen – und hat daher eine sehr komplexe Gestalt. Das Buch wird seit B. Duhm (1847–1928) in drei Teile untergliedert, die jeweils verschiedenen Epochen der Geschichte Israels zugeordnet werden. Gründe sind im Aufbau des umfangreichsten Prophetenbuches zu finden sowie in der jeweils vorausgesetzten Situation. Die Prophezeiungen, die sich auf die Situation des ausgehenden 8. Jh.s v. Chr. beziehen lassen, finden sich in den Kapiteln 1–35; an diesen Teil sind die Jesajalegenden angehängt. Damit ist deutlich ein Einschnitt erkennbar, während mit Jes 40 ein neuer Teil beginnt, der sich stilistisch vom vorigen klar unterscheidet. Ab Jes 40 wird in die Exilszeit hinein gesprochen und ihr baldiges Ende verheißen. Hoffnungen richten sich auf den Perserkönig Kyros. Während dieser Teil mit Kap. 55 zu einem gewissen Abschluss kommt, beginnt ab Jes 56 eine Reihe von Texten, die sich mit der Neuordnung der nachexilischen Gemeinde widmen. Für diese drei Teile haben sich in der alttestamentlichen Wissenschaft die Begriffe Proto-, Deutero- und Tritojesaja eingebürgert, abgekürzt als Jes, DtJes und TtJes. Seit den Arbeiten von Odil Hannes Steck (1935–2001) und anderen sieht man allerdings stärker die Elemente, die das Buch zu einer Einheit zusammenschließen: v. a. in Kap. 35 werden spätere Motive vorweggenommen, außerdem wird zwischen den Partien in Deutero- und Trito-Jesaja eine große Kontinuität wahrgenommen. So kommt man zu einer Zweiteilung des Buches in einen Ersten und einen Zweiten Jesaja (IJes und IIJes), wobei IIJes in Jes 40 beginnt.

Literatur
Berges, Ulrich, Jesaja, Biblische Gestalten 22, Leipzig 2010.

7.3.1 PROTOJESAJA

Der vorexilische Prophet Jesaja ist um 700 v. Chr. und früher in Jerusalem und Juda aufgetreten. In der »Denkschrift« berichtet er von seiner Berufung, seinem Auftreten vor König Ahas und dem Immanuelzeichen. Hauptthemen seiner Unheilsbegründungen sind Kultkritik und Sozialkritik, die er u. a. im berühmten Weinberglied vorträgt. Im Assyrischen Zirkel kündigt er Unheil wegen verfehlter Bündnispolitik an. In seinen Heilsvorstellungen erwartet er den Messias als Reis aus dem Stamme Isais oder als Friedefürst; daneben steht die Vorstellung einer Völkerwallfahrt zum Zion. Das Buch schließt mit Legenden um Jesaja und König Hiskia (parallel dazu 2Kön).

Erzähltexte aus Proto-Jesaja
- Berufung Jesajas, Jes 6
- Immanuelzeichen, Jes 7

In der Überschrift ist die Wirksamkeit des Jesaja auf die Zeit des ausgehenden 8. Jh.s datiert. Sein Wirkungsort ist Jerusalem, die Hauptstadt des Südreichs Juda. Über ihn als Person erfahren wir, dass er mit einer Prophetin verheiratet war (Jes 8,3) mit der er mindestens ein Kind hat; dazu kommt ein weiteres Kind, ohne dass die Mutter genannt wäre. Beide Kinder tragen symbolische Namen und sind Teil seiner Verkündigung: »Ein-Rest-wird-umkehren« (Jes 7,3) und »Eilebeute-Raubebald« (Jes 8,3). Jesaja hatte Schüler, die seine Botschaft wohl überliefert haben (Jes 8,16). Aufgenommen in das Buch sind Erzählungen, die Jesaja am Hofe des judäischen Königs Hiskia wirken sehen und die sich auch in 2Kön 18–20 finden (Dublette, nur das Gebet Jes 38,9–20 findet sich nicht in 2Kön).

Jesaja trat im ausgehenden 8. Jh. v. Chr. auf

7. Hintere Propheten (Nebiim haacheronim)

Das Protojesajabuch besteht aus mehreren Teilsammlungen, die teilweise an ihren eigenen Überschriften kenntlich sind (2,1; 13,1). Die einzelnen Teilsammlungen sind durch Heilsworte abgeschlossen.

1–2	Prolog: Zusammenfassung der Botschaft des Jesajabuches mit Heil: Völkerwallfahrt zum Zion
2–12	Gericht über Jerusalem und Juda (mit Denkschrift); Heil: messianische Weissagungen und eschatologisches Danklied
13–23	Worte gegen fremde Völker
24–27	Jesaja-Apokalypse
28–32	Assyrischer Zirkel: Gericht über Jerusalem und Juda
33–35	Heilsworte
36–39	Jesajalegenden, par. 2Kön 18–20

Heil und Unheil Das Jesajabuch enthält Heilsbotschaften und Unheilsbotschaften; in der Denkschrift sagt Jesaja die Rettung Jerusalems voraus (Jes 7), ebenso im Gegenüber zu König Hiskia (Jes 38,6). Doch schon in der Berufungsvision (Jes 6) kommt mit dem Verstockungsauftrag das Unheil in den *Sozialkritik* Blick. Und so beginnt das Buch mit Unheilsansagen. Als Grund benennt Jesaja die vielfältige Schuld der Judäer (Jes 1,4): Sie tun Unrecht, darum gelingt es auch nicht, Gott mit Gebeten und Opfern gnädig zu stimmen (Jes 1,10 ff.). Im Weinberglied (Jes 5,1–7) parodiert Jesaja ein Liebeslied (vgl. Cant 2,15; 4,12–5,1; 8,11). Nach einem idyllischen Beginn schlägt das Lied in eine scharfe Anklage um:

> Der Weinberg des HERRN der Heerscharen ist das Haus Israel,
> und die Männer aus Juda sind, was er aus Leidenschaft gepflanzt hat.
> Und er hoffte auf Rechtsspruch, doch seht: Rechtsbruch!
> Und auf Gerechtigkeit, doch seht: Schlechtigkeit! (Jes 5,7; Zü)

Kritik an der Auch falsche außenpolitische Bündnisse wirft Jesaja der Führungs-
Außenpolitik schicht vor. In der Denkschrift, die in die Zeit des Syrisch-ephraimitischen Krieges fällt, lehnt Jesaja es ab, die Assyrer um Hilfe zu rufen. Allein das Vertrauen in Gott schaffe Hilfe (Jes 7). Ähnlich argumentiert er auch im Assyrischen Zirkel, hier aber gegen den Versuch, sich mithilfe der Ägypter von Assyrien zu lösen (Jes 30,1–5; 31,1–3).
Denkschrift Der wichtigste Text innerhalb des ersten Teils des Jesajabuches ist die sogenannte Denkschrift Jes 6–8 (ob Jes 9 noch dazugehört, ist umstritten). In ihr berichtet Jesaja von seiner Berufung, von seinem Auftreten

vor König Ahas, dem Immanuel-Zeichen, seinen Jüngern und evtl. noch
vom kommenden Friedefürst.

Die Berufung Jesajas spielt im Tempel. Dort sieht Jesaja den thronen- *Berufung Jesajas*
den Jhwh, bzw. – da dieser so groß ist – seinen Gewandsaum. Um Gott
schweben vier Serafen (eine Art Engel in Gestalt von geflügelten Schlangen). Sie singen »heilig, heilig, heilig«. Dieses Trishagion (so griech., *dreimal heilig*) wird in Apk 4,8 zitiert und ist in die Abendmahlsliturgie aufgenommen worden. Nachdem ein Seraf Jesaja mit Kohle entsühnt hat, sendet Gott den Propheten zu seinem Volk mit dem Auftrag, es zu verstocken: Es soll nicht zu Gott umkehren, obwohl Jesaja ihm die Folgen seines Handelns vor Augen führt. Mit diesem Verstockungsauftrag hat die junge christliche Gemeinde dann erklärt, warum Israel sich nicht Jesus angeschlossen hat (vgl. Mk 4,12 parr.; Joh 12,40; Apg 28,26 f.; Röm 11,8).

➢ Stichwort: **Der Syrisch-efraimitische-Krieg**
Als Mitte des 8. Jh.s die Assyrer in den syrisch-palästinischen Raum expandieren, versuchen sich Israel und die benachbarten Staaten durch ein Bündnis zu schützen. Da Juda nicht mitmachen möchte, versuchen Israel und sein Verbündeter Aram-Damaskus es durch militärische Gewalt dazu zu zwingen. Gegen diesen Vorstoß ruft Juda die Assyrer zu Hilfe und wird freiwillig deren Vasall.

Zu den Heilsankündigungen zählt man üblicherweise auch die messia- *Messianische*
nischen Weissagungen: In Jes 9 wird ein Friedefürst beschrieben, der den *Weissagungen*
Thron Davids einnehmen soll; in Jes 11 wird ein Reis (Zweig) aus dem
Stamme Isais angekündigt; Isai ist der Vater Davids, also auch hier die
Erwartung eines kommenden Königs aus der Dynastie Davids, während
die jüdische Tradition diese Stelle zeitgeschichtlich deutet und auf die
Geburt Hiskias bezieht, wird in der christlichen Tradition die Stelle messianisch verstanden (und traditionell auf Jesus bezogen; der Abschnitt
ist die alttestamentliche Lesung für die Christvesper an Heiligabend).
Wesentlich weniger klar ist Jes 7; hier kündigt der Prophet ein Kind an,
das den Namen Immanuel tragen soll. Dieser hebräische Name bedeutet
»Gott mit uns«. Mutter soll eine junge Frau sein. Ursprünglich wohl eine
Art prophetischer Zeichenhandlung, wurde diese Stelle schon im Matthäusevangelium auf Jesus gedeutet (Mt 1,23). Daher gilt sie in der christlichen Tradition auch als messianische Weissagung. Da die LXX das hebräische Wort *alma* »junge Frau« mit *parthenos* »Jungfrau« wiedergegeben hat, versteht die christliche Tradition diese Stelle auch als Ankündigung

der Jungfrauengeburt, ein zwischen Christen und Juden in der Deutung stark umstrittener Text, wie etwa Martin Luthers Auseinandersetzung mit zwei jüdischen Besuchern zeigt (vgl. Kaufmann, Th., Luthers Juden, Stuttgart, ²2015, 34 f.). In Jes 7 soll der Name »Gott-mit-uns« zum Glauben ermuntern; Jes 7 ist einer der wenigen Texte im AT, wo es ausdrücklich um den Glauben an Gott geht.

Zionstheologie Ein wichtiges Heilsmotiv bei Jesaja ist auch der Zion. Er wird als Ziel einer Völkerwallfahrt beschrieben, und als Ort, wo die Völker Recht finden (Jes 2,1-4):

> Es wird zur letzten Zeit der Berg, da des HERRN Haus ist, fest stehen, höher als alle Berge und über alle Hügel erhaben,
> und alle Heiden werden herzulaufen, und viele Völker werden hingehen und sagen: Kommt, lasst uns auf den Berg des HERRN gehen, zum Hause des Gottes Jakobs, dass er uns lehre seine Wege und wir wandeln auf seinen Steigen! (V. 2-3a)

Die ganze Passage findet sich so auch wörtlich im Michabuch (Mi 4,1-5; s. o. §). Das Zion-Motiv findet sich auch in den Jesajalegenden, in denen von der Bedrohung Jerusalems durch die Assyrer und der wunderbaren Rettung der Stadt berichtet wird. Auch die Heilsschilderungen in Jes 32–35 greifen dieses Motiv auf (33,20; 35,10), das auch im Bereich von Deutero- und Trito-Jesaja wichtig ist.

Totenauferstehung in der Jesaja-Apokalypse In der Jesaja-Apokalypse finden sich Passagen, die an eine Totenauferstehung denken lassen (Jes 25,8; 26,19), doch sind das die spätesten Texte in diesem Buchbereich.

Vertiefung: **Fremdvölkersprüche**

Die Fremdvölkersprüche kündigen den Untergang für die feindlichen Völker an (Jes 13-21) und damit indirekt Heil für Juda. Neben Assyrien, Israel, Aram, Moab und den Philistern gibt es eine Reihe von Sprüchen gegen Babylon. Dieses hat zu Lebzeiten Jesajas aber keine politische Rolle gespielt, erst einhundert Jahre später betritt Babylon die weltpolitische Bühne des alten Vorderen Orients. Religionsgeschichtlich interessant ist einer der Texte, das Spottlied über den König von Babel (Jes 14). Es beschreibt den Sturz des Königs, der den Himmel erstürmen wollte, aber im Totenreich endet. In Jes 14,12 wird der König als Morgenstern angeredet, lateinisch »Lucifer« (*Lichtbringer*) – dieser Vers war später der biblische Anlasshalt, um von dem Teufel (Luzifer) als einem gefallenen Engel zu sprechen (s. u. § 18.4, Stichwort: Engel und Teufel).

7.3.2 Übersicht Proto-Jesaja

1–12	GERICHTSWORTE an Juda & Jerusalem	2	Völkerwallfahrt zum Zion (= Mi 4)
		5	**Weinberglied**
		6–9	**Denkschrift**
		6	**Berufung:** Thronratsvision
		7	**Immanuel** (Syrischefraimitischer Krieg)
		9	**Friedefürst**
		11	Reis aus dem Stamme Isais
13–23	FREMDVÖLKERSPRÜCHE	14	Spottlied auf den König von Babel
24–27	JESAJA-APOKALYPSE		25,8; 26,19 Auferstehung
28–31	ASSYRISCHER ZIRKEL		Kritik an der Bündnispolitik
32–35	HEIL FÜR ISRAEL		
36–39	JESAJAERZÄHLUNGEN		= 2Kön 18–20

7.3.3 Deuterojesaja

Deuterojesaja richtet seine Botschaft an die Judäer im Exil. Ihre Schuld ist vergeben, sie dürfen auf Heimkehr hoffen. Anlass für diese Hoffnung sind die militärischen Erfolge des Perserkönigs Kyros, den DtJes als Messias Jhwhs feiert. DtJes entwickelt einen expliziten Monotheismus: Gott als der Schöpfer der Welt lenkt die Geschichte. Die komplexe Figur des Gottesknechts enthält verschiedene Elemente: Recht bringen und die Schuld Anderer tragen. Im Christentum hat man Jesus mit dem Gottesknecht identifiziert.

Das zentrale Thema des Deuterojesajabuches ist: Gott holt sein Volk aus dem Exil und hat ihm seine Schuld vergeben (von der im ersten Teil des Buches die Rede war). Die Heimkehr wird als neuer Exodus beschrieben. Der konkrete Anlass für die Hoffnung ist der Perserkönig Kyros, der seine Herrschaft ab 547 v. Chr. nach Kleinasien bis zu den griechischen Städten der dortigen Westküste ausdehnte. Er wird namentlich im Buch erwähnt

Deuterojesaja: exilische Heilsprophetie

7. Hintere Propheten (Nebiim haacheronim)

und trägt den Titel Messias (Jes 45,1). Von ihm erwartet DtJes die Rückkehr und den Wiederaufbau Jerusalems (was dann ja eingetroffen ist, vgl. 2Chr 36,22 f.; Esr 1,1-4).

Das Buch ist nicht leicht zu gliedern. Am besten zu merken scheint mir folgende Einteilung zu sein, die sich nach den vorherrschenden Themen richtet:

40	Prolog
40–44	Jhwhs Geschichtsmächtigkeit
45–48	Kyros als Messias Gottes
49–53	Heimkehr zum Zion
54–55	Der neue Bund
55	Epilog

> *Vertiefung:* **Spezielle Gattungen bei Deuterojesaja**
> Im Bereich Deuterojesajas gibt es eine Reihe von eigentümlichen Gattungen, die sonst so nicht vorkommen. Heilsorakel nennt man einen Text, der mit »Fürchte dich nicht« eingeleitet ist (z. B. 43,1-17). In Disputationsworten stellt Gott Fragen, so dass eine fiktive Gesprächssituation entsteht (z. B. 40,12-31). Gerichtsreden gibt es auch bei Hosea (z. B. 2,4; 4,1; s. o. § 7.2.1). In DtJes treten sie wieder auf (z. B. 41,1-5).

Monotheismus — Das Deuterojesajabuch ist für die Theologiegeschichte Israels ganz wichtig. Hier findet sich zuerst ein ausdrücklicher Monotheismus (43,10 f.):

> *Vor mir ist kein Gott gebildet worden,*
> *und nach mir wird keiner sein.*
> *Ich, ich bin der HERR,*
> *und keinen Retter gibt es außer mir.* (Zü)

Und Jes 44,6-8 (vgl. auch Jes 45,5.21):

> *Ich bin der Erste, ich bin der Letzte,*
> *es gibt keinen Gott außer mir.* (Zü)

Von dieser monotheistischen Grundhaltung her finden sich bitterböse Polemiken gegen Kultbilder; sie werden als Werk von Menschenhand dargestellt und in ihrer Machtlosigkeit karikiert; so wird aus dem gleichen Baum Feuerholz gemacht, an dessen Flamme man sich wärmt und auf der man kocht:

Und was davon übrig ist, hat er zu seinem Gott gemacht, zu seinem Bild,
vor ihm verbeugt er sich und wirft sich nieder,
und zu ihm betet er
und spricht: Rette mich,
denn du bist mein Gott! (Jes 44,17; Zü)

Demgegenüber ist Gott der Schöpfer der Welt (40,12-14; 45,12) und er allein wirkt in der Geschichte. Daher kann auch ein fremder Herrscher wie der Perserkönig Kyros nur als Werkzeug von Jhwh, Israels Gott verstanden werden, was in der Bezeichnung desselben als Messias gipfelt.

Die Heilshoffnungen gestaltet DtJes, indem sie als Heilstraditionen Israels aufgegriffen und neu gedeutet werden: so versteht er die Heimkehr aus dem Exil als neuer Exodus (Jes 43,16 ff.). Neben dem Exodus sind die Erzeltern wichtig, die sonst außerhalb von Gen kaum vorkommen (Jes 41,8 f.; 51,1 f.).

Der Schöpfer als Herr der Geschichte

Ankündigung des Neuen Exodus

Erzeltern als Vorbild

> Stichwort: **Gottesknechtslieder**
Eine Reihe von Texten stellt eine Figur vor, die man in der Forschung Gottesknecht nennt (nach Jes 42,1; 49,6; 52,13). In ihr mischen sich individuelle und kollektive Züge. Daher ist die Deutung der Figur zwischen Juden und Christen umstritten. Die jüdische Deutung orientiert sich an der Gleichsetzung des Knechts mit Israel, die z. B. in Jes 49,3 ausgesprochen wird. In der christlichen Tradition wurde der Gottesknecht vor allem wegen Jes 52,3-5 auf Jesus bezogen:

Verachtet war er und von Menschen verlassen, ein Mann der Schmerzen und mit Krankheit vertraut und wie einer, vor dem man das Gesicht verhüllt, ein Verachteter, und wir haben ihn nicht geachtet. Doch unsere Krankheiten, er hat sie getragen, und unsere Schmerzen hat er auf sich genommen. Wir aber hielten ihn für einen Gezeichneten, für einen von Gott Geschlagenen und Gedemütigten. Durchbohrt aber wurde er unseres Vergehens wegen, unserer Verschuldungen wegen wurde er zerschlagen, auf ihm lag die Strafe, die unserem Frieden diente, und durch seine Wunden haben wir Heilung erfahren. (Zü)

Übersicht über die Gottesknechtslieder

42,1-4   Gottesknecht bringt Recht,
49,1-6   sammelt Israel und bringt Licht zu den Völkern,
50,4-9   wird angefeindet,
52,13-53,12   trägt als Schmerzensmann die Krankheit und die Schuld anderer

7.3.4 Übersicht Deuterojesaja

40	Prolog		»Tröstet, tröstet mein Volk ...«
40–44	Jhwh der **SCHÖPFERGOTT** ist einzig und wirkt in der **GESCHICHTE**	42	Disputationsworte, Gerichtsreden, Heilsankündigungen **MONOTHEISMUS!** erstes Gottesknechtslied
44–48	Kyros als der **Messias** Gottes		ausdrücklich gesagt 45,1
49–53	Der **neue Exodus**		Heimkehr nach Jerusalem/Zion
		49; 50; 52 f.	Gottesknechtslieder
54–55	Der neue Bund		»Freue dich du Unfruchtbare ...«
			54,10: Friedensbund; 55,3 Ewiger Bund mit David
55	Epilog		»Das Wort Gottes kehrt nicht leer zurück ...«

7.3.5 Tritojesaja

Im dritten Teil des Jesajabuches sind Texte versammelt, die die nachexilischen Konflikte um den Kult am wiedererrichteten Tempel und die nationale Einheit erkennen lassen. TtJes entwickelt eine universale Heilsbotschaft, die auch die Völker einbezieht (Völkerwallfahrt zum Zion), ja sogar die ganze Welt in der Hoffnung auf einen Neuen Himmel und eine Neue Erde.

Das Tritojesajabuch besteht aus drei Teilen, die beiden ersten sind jeweils von einer Volksklage abgeschlossen:

56–59   Probleme in der nachexilischen Tempelgemeinde
60–62   Künftige Herrlichkeit des Zion und Klage
65–66   Neuer Himmel und Neue Erde

Konflikte aus nachexilischer Zeit prägen den Schlussteil des Jesajabuches

Die Tritojesaja genannten Buchteile spiegeln die nachexilische Zeit. Es ist vorausgesetzt, dass in Jerusalem wieder ein Kult stattfindet, um dessen genaue Ausgestaltung es geht. Dabei wird jenseits nationaler Enge Ausländern und Kastraten (Lu: Verschnittene, Zü: Eunuchen) erlaubt, am Kult teilzunehmen (entgegen Dtn 23,2-4 und den Bestimmungen zu den Mischehen in Esra und Nehemia, die eine nationale Abschließung deutlich werden lassen), Jes 56,7:

> Mein Haus wird ein Bethaus heißen für alle Völker. (Lu)

Dieses Zitat benutzt Jesus bei der Tempelreinigung (Mk 11,17). Darüber hinaus geht es um das richtige Fasten, das die Armen nicht vergessen soll, Jes 58,7:

> Brich dem Hungrigen dein Brot, und die im Elend ohne Obdach sind, führe ins Haus! Wenn du einen nackt siehst, so kleide ihn, und entzieh dich nicht deinem Fleisch und Blut. (Lu)

Im zweiten Teil ist das Motiv einer Völkerwallfahrt zum Zion (vgl. Jes 2) wieder aufgenommen und breit ausgestaltet. Insgesamt werden die Völker hier in das Heil Gottes mit hineingenommen. Das Buch mündet ein in eine universale Heilshoffnung von kosmischen Dimensionen, es wird einen Neuen Himmel und eine Neue Erde geben, auf der Leben ohne Beeinträchtigungen gelingt (Jes 65,17-25). Diese Hoffnung auf einen Neuen Himmel und eine Neue Erde wird dann in der Offenbarung des Johannes erneuert (Apk 21).

Heilshoffnungen: Völkerwallfahrt zum Zion ...

... und Neuer Himmel und Neue Erde

> Stichwort: **Messias**

Gen 49	Judaspruch: Szepter von Juda
2Sam 7	Nathansverheißung
Jes 7	Immanuel
Jes 9	Friedefürst
Jes 11	Reis aus dem Stamme Isais
Jes 61	Elenden die Botschaft bringen
DtJes	Gottesknechtslieder
Jer 23,5	gerechter Davidsspross, vgl. 33,15
Ez 34	David/Hirte
Mi 5	»Und du Bethlehem Efrata ...«, vgl. Mt 2,6 f.
Sach 4	Zwei Messias-Gestalten: Priester & König, vgl. Hag 2,20 ff.; Sach 6,9 ff.
Sach 9,9	auf einem Esel, vgl. Mt 21,5
Ps 2	Inthronisation, vgl. Mk 1,11

Das Wort *Messias* ist die griech. Wiedergabe des hebr. *maschiach* und heißt »der Gesalbte«. Im NT dient der Begriff dann zur Kennzeichnung Jesu als endzeitlichem Heilsbringer. Die Salbung war ein Ritus bei der Inthronisation des judäischen Königs (1Sam 10,1; 16; 1Kön 38–40). Als es nach dem Exil keinen König mehr gab, wurde der Hohepriester gesalbt (Lev 8,12). Die Texte, die im AT ausdrücklich vom »Gesalbten« sprechen, meinen nie einen endzeitlichen Herrscher. Gleiches gilt auch für Texte, die diesen Titel nicht verwenden; auch sie sind nicht eschatologisch. Vielmehr enthalten die entsprechenden Texte unterschiedliche Vorstellungen davon, wie die nationale, politische Erneuerung der Davidsdynastie aussehen könnte. Diese Hoffnung ist auch in den Psalter eingeschrieben (vgl. § 8.2.2). Das, was wir unter Messiashoffnung verstehen, entstand erst in hellenistischer Zeit.

Das Judentum geht mit dem Titel sehr sparsam um, womit es sich vom Christentum abgrenzt. Zudem hat es in der jüdischen Geschichte immer wieder Messiasprätendenten gegeben: Während des Zweiten Jüdischen Krieges galt der Anführer Bar Kochba als Messias und im 17. Jh. trat Sabbatai Zwi in Osteuropa als Messias auf (dazu knapp: *Barnavi, E.*, Universalgeschichte der Juden, München 2004, 148 f.).

Im NT wurde die Bezeichnung in ihrer griech. Übersetzung *christos* auf Jesus übertragen, das Wort wird sozusagen ein Beiname Jesu. Er wird mit diesem Titel als königlicher Herrscher bezeichnet. So wird, zusammen mit den anderen christologischen Hoheitstiteln (vgl. § 19.1, Vertiefung: Christologische Hoheitstitel) ein neuer Bedeutungskomplex geschaffen. Besonders Leiden und Sterben haben zu dieser Neudeutung Anlass gegeben, vgl. Mk 8, wo das Messiasbekenntnis des Petrus mit der ersten Leidensankündigung verbunden ist.

Literatur

Baldermann, Ingo u. a., Jahrbuch Biblische Theologie (JBTh) 8: Der Messias, Neukirchen-Vluyn 1993.

Fabry, Heinz-Josef/Scholtissek, Klaus, Der Messias. Neue Echter Bibel, Themen, Bd. 5, Würzburg 2002.

➤ *Stichwort:* **Monotheismus und Götzenpolemik**

In der Bibel finden wir an verschiedenen Stellen deutliche Hinweise darauf, dass Israel nicht von Anfang an nur Jhwh alleine als seinen Gott verehrt hat: In Jos 24 fordert Josua die Israeliten auf, die Götter von jenseits des Stromes abzulegen, da mit dem Dekalog im zweiten Gebot die Verehrung fremder Götter ausdrücklich untersagt worden ist (Ex 20; Dtn 5). Bei diesem Verbot wird die Existenz anderer Götter nicht bestritten. Allein die kultische Verehrung wird Israel untersagt.

Diese exklusive Beziehung zu nur einem Gott nennt man in der Religionswissenschaft Monolatrie (griech. *latreuein* »verehren«) in Unterscheidung zum Monotheismus, bei dem auch die Existenz anderer Götter bestritten wird. Dieser findet sich erst bei Deuterojesaja (vgl. § 7.3.3).

Die historischen Berichte in den Königsbüchern, besonders die Elia-Geschichten, berichten von der Verehrung anderer Götter, vor allem Baals (1Kön 18; Hos 1–3), aber auch der weiblichen Gottheit Aschera (1Kön 15,13; 2Kön 23,4). König Josija hat dann in seiner Reform (2Kön 23) die Vielzahl der Kulte im Jerusalemer Tempel auf Jahwe allein reduziert. Doch auch noch im Exil hat Israel eine weibliche Gottheit, die Himmelskönigin, verehrt (Jer 44,17).

Im Neuen Testament ist dann der Monotheismus des Judentums prägend geworden, und für Heiden, die zum Christentum konvertieren, ist das eine wichtige Veränderung, wie Paulus hervorhebt, 1 Thess 1,9:

Überall nämlich wird berichtet, was für eine Aufnahme wir bei euch gefunden haben und wie ihr euch, von den nichtigen Göttern weg, Gott zugewandt habt, um dem lebendigen und wahren Gott zu dienen. (Zü)

Literatur
Bauks, Michaela, Art. Monotheismus (AT), ‹http://www.bibelwissenschaft.de/stichwort/27997› (22. Januar 2017).

Übersicht Götzenpolemik

Ex 32	Goldenes Kalb
1Kön 12	Stierbilder in Dan und Betel
Jes 44	Polemik: Anfertigung eines Götzenbildes
Dan 3	Drei Jünglinge im Feuerofen (Weigerung, Götzenbild anzubeten)
1Kor 8 + 10	Götzenopferfleisch, Götter sind Dämonen, 1Kor 10,19 f.

7.3.6 Fragen zu Jesaja

1.) Auf welche unterschiedlichen Situationen beziehen sich die einzelnen Teile im Jesajabuch?
2.) Welche zentralen Texte kennen Sie aus Protojesaja? Geben Sie jeweils eine kurze Inhaltsangabe.
3.) Auf welche neue Weise spricht Deuterojesaja von Gott?
4.) Was sind die Gottesknechtslieder?
5.) Welche Heilshoffnungen finden sich in den unterschiedlichen Teilen des Buches?

7.4 Jeremia

Der Prophet Jeremia ist kurz vor dem Exil und in der ersten Zeit des Exils in Jerusalem aufgetreten. Zentrales Thema Jeremias ist die Aufforderung, sich dem König von Babel zu unterwerfen. Jeremia wird wegen seiner Verkündigung angefeindet, das lässt schon die Berufungsszene erahnen, und in den Konfessionen wird sein Leiden unter den Anfeindungen beschrieben. Seine Heilshoffnung entwickelt das Buch mit dem Begriff vom Neuen Bund, der im NT aufgegriffen wird. Eine Besonderheit sind die ausführlichen Erzählungen seines Auftretens, der Zeichenhandlungen und des Konflikts mit dem judäischen König um die Urrolle mit den Prophezeiungen des Jeremia. Nach der Eroberung Jerusalems wird Jeremia von fliehenden Judäern nach Ägypten verschleppt. Dort verliert sich seine Spur.

Jeremia wirkte zur Zeit der babylonischen Vorherrschaft

In einer ausführlichen Überschrift (Jer 1,1–3) werden die Worte Jeremias datiert: vom dreizehnten Jahr Josias (639–609 v. Chr.) bis zum fünften Monat des Exils, also von 626 bis 586. Folgt man diesen Angaben, begänne sein Auftreten vor der josianischen Reform (s. o. § 6.5.4), die 622 durchgeführt wurde. Jeremias Botschaft reflektiert vor allem aber die Zeit der babylonischen Eroberungen im Vorderen Orient ab 605 (»Feind aus dem Norden«, Jer 6). Zweimal hat der babylonische König Juda besiegt und zweimal Teile der Oberschicht deportiert. Zum ersten Mal 596, als König Jojachin ins Exil geführt und sein Onkel Mattanja von Nebukadnezar zum König gemacht wurde, dann 586, als Jerusalem zerstört und ein Statthalter in Mizpa eingesetzt wurde.

Ausführliche Prophetenerzählungen

Eine Besonderheit des Buches sind die ausführlichen Erzählungen, die nicht nur über sein Auftreten, sondern auch über die Buchentstehung berichten (Kap. 36). Ähnlich wie im Jesajabuch gibt es einen Auszug aus den Könige-Büchern, der allerdings – anders als die Jesajalegenden – keine Nachrichten über Jeremia enthält.

Literatur

Brueggemann, Walter, The Theology of the Book of Jeremiah. Old Testament Theology, Cambridge u. a. 2007.

1–25   Worte gegen Jerusalem und Juda
26–45 Erzählungen über Jeremia, darin mehrfach: Sprüche und
       Reden und abschließend Trostwort an Baruch
46–51 Fremdvölkersprüche
52   Historischer Anhang: Untergang Jerusalems (= 2Kön 24 f.)

Diese Gliederung von Jeremia folgt (wie alle deutschen Übersetzungen) dem masoretischen Text. Daneben existiert eine zweite Textfassung, die von der LXX überliefert ist und deren hebräische Vorlagen in Qumran fragmentarisch nachgewiesen werden konnten. Hier stehen die Fremdvölkersprüche vor den Heilsworten; die Prophetenerzählungen bilden den Abschluss:

Das Buch ist in der hebräischen und griechischen Tradition anders aufgebaut

LXX   1–25   Gericht über das eigene Volk
      25–32   Gericht über die Fremdvölker
      33–51   Heil- und Prophetenerzählungen
      52   Anhang: Untergang Jerusalems

Erzähltexte Jeremia
- Jeremias Berufungsvision, Jer 1
- Jeremia und die Buchrolle, Jer 36

Literatur
Finsterbuch, Karin/Jacobi, Norbert, MT-Jeremia und LXX-Jeremia, 2 Bde. (WMANT 145 und 146), Neukirchen-Vluyn 2016 und Göttingen 2017 (Synopse des hebräischen und griechischen Textes in deutscher Übersetzung)

7.4.1 Berufungsvision und Worte gegen Jerusalem und Juda

Das Buch wird mit einer Berufungsvision (s. o. S. 115) eröffnet; Jeremia ist von Mutterleib an von Gott zu seiner Aufgabe erwählt – so wird im AT sonst nicht vom prophetischen Auftrag gesprochen, lediglich der Gottesknecht in Jes 49,5 wird ähnlich beschrieben. Jeremia erhält von Gott seinen Auftrag, den er wie Mose zuerst ablehnt (vgl. Jer 1,6 mit Ex 3,11 und 6,30); so wird Jer als der vom Dtn angekündigte »Prophet wie Mose« (Dtn 18,18) erkennbar. Jeremias Auftrag ist jedoch universal:

Berufungsvision: Auserwählung vom Mutterleib an

Jeremias universaler Auftrag

7. Hintere Propheten (Nebiim haacheronim)

> *Sieh, ich lege meine Worte in deinen Mund. Sieh am heutigen Tag setze ich dich über Nationen und über die Königreiche, um auszureißen und niederzureißen, um zu zerstören und zu vernichten, um zu bauen und zu pflanzen.* (Jer 1,9 f.; Zü)

Unheil und Heil, nicht nur für Juda, sondern für die ganze Welt, das ist der theologische Horizont des Buches. Gleichzeitig wird die Rolle des Propheten reflektiert: Er wird gegen Anfeindungen von Gott geschützt, wie sie in den sog. Konfessionen des Jeremia thematisiert werden. Im Anschluss an die eigentliche Berufungsszene wird in einer Vision der Inhalt der Botschaft noch näher beschrieben: Das Unheil gegen Juda nähert sich von Norden – zu denken ist an die Babylonier.

Botschaft: Gegen Götzendienst und falsche Heilspropheten

In den Kap. 2 bis 6 wird diese Vision näher entfaltet: Juda wird sein Götzendienst vorgeworfen (Kap. 2–3), dabei greift Jer die von Hos bekannte Metapher der Hurerei auf. In Kap. 4–6 wird dann der »Feind aus dem Norden« angekündigt; mit dieser Chiffre sind wahrscheinlich die Babylonier gemeint, die ab 605 v. Chr. den Vorderen Orient erobert haben.

Unterwerfung unter den babylonischen König!

Jeremia fordert dazu auf, sich dem König von Babylon zu unterwerfen (Zeichenhandlung: Tragen des Jochs, Jer 27). Dabei muss sich Jeremia mit dem (falschen Heils-)Propheten Hananja auseinandersetzen. Dieser dreht Jeremias Zeichenhandlung um und zerbricht das Joch, mit dem Jeremia aufgetreten ist, woraufhin dieser andertags mit einem eisernen Joch erscheint.

➤ Stichwort: **Zeichenhandlungen**

Zeichenhandlungen sind ein wiederkehrendes Element im Jeremiabuch:

Kap. 13   **Gürtel** soll am Euphrat verborgen werden und dort verrotten – Bild für Juda, das dorthin ins Exil muss.

Kap. 16   Jeremia soll **ehelos** bleiben und in kein **Trauerhaus** gehen und Beileid wünschen – Gott hat kein Erbarmen mehr mit Juda, und sie werden unbetrauert sterben.

Kap. 18 f.   **Töpfergleichnis** – Töpfer macht ein anderes Gefäß aus einem missratenen Krug.

Kap. 27 f.   **Joch** (s. o.)

Kap. 32   **Feldkauf in Anatot**: Heilszusage, während der Belagerung Jerusalems kauft Jeremia einen Acker.

Jeremia kündigt die Zerstörung des Tempels in Jerusalem an

In zwei dtr. bearbeiteten Texten, den sog. Tempelreden (Jer 7 und 26), kündigt Jeremia die Zerstörung des Jerusalemer Tempels an, entgegen der Meinung von Heilspropheten, die es für unmöglich halten, dass der Ort von Jhwhs Präsenz erobert werden könnte (s. o. § 7.2.4, Stichwort: Tempel – Jerusalem – Zion). Doch Jeremia spricht von Schuld und fordert zur Umkehr auf (Kap. 7). Den Vorwurf, das Haus zu einer Räuberhöhle gemacht zu haben, greift Jesus bei seiner Tempelreinigung auf (vgl. Mk 11,17 par.). In Kap. 26 wird Jeremia wegen seiner Ankündigung der Tempelzerstörung angefeindet und mit Todesstrafe bedroht, doch durch den Hinweis auf den Präzedenzfall des Propheten Micha, der nicht verurteilt wurde (Zitat von Micha: Jer 26,18), entgeht auch Jeremia dem Todesurteil.

Dieses Thema der Anfeindung des Propheten Jeremia ist ja schon in der Berufungsszene angeklungen; in den sog. Konfessionen wird es breit entfaltet; von der Gattung her handelt es sich um Klagelieder des Einzelnen (s. u. § 8.2.3). Wie in Hiob verflucht er den Tag seiner Geburt (Jer 20,14; Hi 3,3).

Konfessionen Jeremias: der leidende Prophet

➤ Stichwort: **Jeremiade**
Im Deutschen Ausdruck für eine »wortreiche, bewegte Klage«.

7.4.2 JEREMIA-LEGENDEN

Auch die Jeremia-Legenden (sog. Baruch-Biografie, Jer 36–45) erzählen von Jeremia und den Anfeindungen, denen er ausgesetzt ist: Jeremia diktiert seine Prophezeiungen Baruch, dem Schreiber; der verliest sie im Tempel, und hohe Hofbeamte bringen die Schriftrolle (in der alttestamentlichen Forschung auch »Urrolle« genannt) zum König Jojakim (608–598 v. Chr.) und lesen sie ihm vor. Der König verbrennt die Rolle. Daraufhin fertigt Jeremia mit Baruchs Hilfe eine zweite Rolle an, umfangreicher als die erste. So wird deutlich: Keine weltliche Autorität kann Gottes Wort außer Kraft setzen (Jer 36).

Entstehung des Jeremiabuches: die Urrolle

Die folgenden Kapitel 37 bis 44 bilden einen Erzählzusammenhang über Jeremias Schicksal während der Belagerung Jerusalems durch Nebukadnezar, der ersten Monate des Exils und seiner Verschleppung nach Ägypten. Während der Belagerung Jerusalems wird Jeremia verhaftet, weil er dazu aufruft, sich dem König von Babylon zu ergeben, um Jerusalem vor der Zerstörung zu retten. Da König Zidkija heimlich Rat bei Jeremia einholt, erwirkt dieser für sich eine Hafterleichterung. Diese Geschichte wird in zwei Varianten erzählt (Jer 37 und 38). Als die Babylonier Jerusalem erobern, lassen sie Jeremia frei. Jerusalem wird zerstört,

Jeremias Schicksal während der Belagerung Jerusalems und zu Beginn des Exils

die Familie des Königs Zidkija ermordet und dieser anschließend geblendet. Jeremia geht nach Mizpa, wo der babylonische Statthalter Gedalja amtiert. Eine Gruppe Judäer ermordet Gedalja und flieht nach Ägypten; Jeremia nehmen sie mit (Jer 40-43). Von Jeremias Aufenthalt in Ägypten werden zwei Episoden mitgeteilt. Eine Prophezeiung kündigt an, dass Babylon Ägypten erobern wird (568/67 v. Chr. fand ein solcher Feldzug statt). In Kap. 44 kritisiert Jeremia den Kult der Himmelskönigin, dem die Judäer in Ägypten anhängen. Zum Abschluss kehren die Jeremia-Legenden wieder in die Zeit Jojakims zurück: Ein Heilswort Jeremias an Baruch lässt die Sammlung von Geschichten mit einem hoffnungsvollen Wort ausklingen.

7.4.3 Zukunftshoffnungen Jeremias

Ankündigung von 70 Jahren Exil

Jeremia sagt ein 70 Jahre währendes Exil voraus (ausgelegt in Dan 9,2), und rät dazu, sich in der neuen Lage des Exils einzurichten, so fordert er die Exilierten der ersten *Gola* (hebr. Exil) in einem Brief (Jer 29) auf. Gleichzeitig verbindet er diese Aufforderung mit einer Aussicht, nach den 70 Jahren wieder zurückzukehren, als eine Zusage der Hoffnung:

> Denn ich, ich kenne die Gedanken, die ich über euch denke, Spruch des HERRN, Gedanken des Friedens und nicht zum Unheil, um euch eine Zukunft zu geben und Hoffnung.« (Jer 29,11; Zü)

Weitere Heilserwartungen beziehen sich auf den Messias aus dem Haus Davids; vor allem aber das sog. Trostbüchlein für Efraim (Jer 30-31) enthält Heilsworte, die sich auch auf das Gebiet des Nordreiches (Efraim) beziehen, daher der Name. Hier findet sich die Vorstellung vom Neuen Bund, die im NT wieder aufgegriffen worden ist:

Der Neue Bund

> Sieh, es kommen Tage, Spruch des HERRN, da schließe ich einen Bund mit dem Haus Israel und mit dem Haus Juda, nicht wie den Bund, den ich mit ihren Vorfahren geschlossen habe an dem Tag, da ich sie bei der Hand nahm, um sie herauszuführen aus dem Land Ägypten; ... Meine Weisung habe ich in ihre Mitte gegeben und in ihr Herz werde ich sie ihnen schreiben. Und ich werde ihnen Gott sein, sie werden mir Volk sein. (Jer 31,31-33; Zü)

7.4.4 Fragen Jeremia

1.) Welche historische Situation spiegelt sich im Jeremiabuch?
2.) Was erfahren wir über die Biografie des Propheten?
3.) Stellen Sie die Zeichenhandlungen des Jeremia und der anderen biblischen Bücher zusammen!
4.) Welche Zukunftshoffnungen finden sich im Jeremiabuch?

Vertiefung
- Beschreiben Sie den Konflikt, der sich um die Tempelrede abzeichnet!

7.4.5 Übersicht Jeremia-Buch

1–25	**WORTE** gegen das eigene Volk	1	**Berufung**
		2–4	Anklage Israels wegen Fremdkulten
		4–6	Feind aus dem Norden
		7	**Tempelrede**
		11–20	Zeichenhandlungen und **Konfessionen**
		21–24	Worte über Könige und Propheten
25	Gericht über Juda und Jerusalem und Gericht (»Zornesbecher«) über die Völker		
26–45	**ERZÄHLUNGEN** über Wirken und Leiden des Propheten u. a.	26–29	Tempelrede und falsche Propheten
		30–31	Trostbüchlein für Efraim – **Neuer Bund**
		36	**Baruch und die Schriftrolle**
		37–44	Leiden des Propheten vor und nach der Eroberung Jerusalems, seine Verschleppung nach Ägypten
		45	Heilswort an Baruch
46–51	**FREMDVÖLKERSPRÜCHE**		
52	Anhang: Untergang Jerusalems		= 2Kön 24 f.

7.5 Ezechiel

Ezechiel gehört zur ersten Gola und prophezeit den Untergang Jerusalems in Zeichenhandlungen und Bildworten. Visionen bilden einen wichtigen Teil des Buches: Bei seiner Berufung schaut er den himmlischen Thronwagen, Gott zeigt ihm das verderbte Jerusalem und wie es seine Herrlichkeit verlässt, aber auch wie dort ein neuer Tempel entsteht und die Herrlichkeit Gottes dorthin wieder zurückkehrt. In der Totenfeldvision schaut er, wie Israel wieder belebt wird, als Bild für die Rückkehr aus dem Exil – ein Text, der später auf die endzeitliche Totenauferstehung gedeutet worden ist.

Besonderheiten des Ezechielbuches

Das Ezechiel-Buch unterscheidet sich in mehrerlei Hinsicht von den übrigen Prophetenbüchern. Das Buch durchzieht ein Raster von Datierungen, in das die einzelnen Prophezeiungen eingestellt sind. Bei diesen handelt es sich nicht um überwiegend kurze Worte, sondern um längere Reden, auch nicht poetisch, sondern überwiegend Prosatexte. Insgesamt ist das Buch in der ersten Person geschrieben (bis auf zwei Verse 1,3 und 24,24). Gern wird das Buch in drei Teile gegliedert: 1.) Gericht über Jerusalem – 2.) Gericht über die Völker – 3.) Heil für Israel. Dieses dreigliedrige eschatologische Schema findet sich noch in Jesaja 1–39, Jeremia nach den LXX und bei Zefanja. Da man im ersten und letzten Teil jeweils zwei Blöcke unterscheiden kann, ist es sinnvoll, sich folgende fünf Einheiten einzuprägen:

1–3	Berufungsvision vom Thronwagen Gottes
4–24	Gerichtsworte gegen Jerusalem und Juda
25–32	Gerichtsworte gegen die Völker
33–39	Heil für Israel
40–48	Vision vom neuen Tempel in Jerusalem

Das Buch ist durch einen Spannungsbogen zusammengehalten: In 11,22 ff. verlässt die Herrlichkeit Jhwhs den Tempel – in 43,4 kehrt sie in den neuen Tempel zurück.

Ezechiel gehört zur Ersten Gola

Die Datierungen des Ezechielbuches reichen von 593 v. Chr., dem Jahr seiner Berufung (1,2) bis 573 v. Chr., als er die große Schlussvision hat (40,1). Ezechiel gehört zur ersten Gruppe der Exilierten unter König Jojachin, die Nebukadnezar 597 in die Verbannung geführt hat (vgl.

2Kön 24,8-17); diese Gruppe wird auch als die »Erste Gola« bezeichnet (hebr. *gôlâ* »Exil«). Dort, in Tel Aviv, öffnet sich der Himmel und er sieht den großen Thronwagen Gottes und erhält den Auftrag, Wächter für Israel zu sein – gleichzeitig verstummt er; nur noch die Worte, die Gott ihm in den Mund legt, kann er sagen (Ez 1-3).

➤ Stichwort: **Tel Aviv**
Die israelische Stadt Tel Aviv, gegründet 1909, ist nach dem Verbannungsort der Judäer aus dem Ez-Buch benannt.

➤ Stichwort: **Menschensohn**
Gott redet Ezechiel mit »Menschensohn« an, eine Bezeichnung, die dann im NT von Jesus und für ihn gebraucht wird (s. u. § 19.2, Vertiefung: Christologische Hoheitstitel).

7.5.1 ZEICHENHANDLUNGEN (KAP. 4-5)

- Lehmziegel als Stadtmodell (Belagerung)
- Liegen auf der Seite (Exil)
- Kleine Rationen Brot und Wasser (Mangel)
- Backen mit Kot (Unreinheit)
- Haare abschneiden (Trauerritus)

In Zeichenhandlungen stellt Ezechiel die Belagerung Jerusalems dar (Ez 4-5; 21; 24), und in einer Vision versetzt Jhwh ihn von Tel Aviv in Mesopotamien nach Jerusalem, wo Gott ihm die Gräuel im Tempel zeigt (Ez 8-11). Daher ist es nur konsequent, wenn die Herrlichkeit (hebr. *kabôd*) Gottes den Tempel verlässt. So verliert er seine Heiligkeit und der von Gott entblößte Tempel ist den Feinden schutzlos ausgeliefert. Das Motiv von der Herrlichkeit Gottes im Heiligtum kennen wir bereits aus Ex 40; dort zieht sie in das Zeltheiligtum am Sinai.

> *Vertiefung:* **Fremdvölkersprüche bei Ezechiel**
> Der Block der Fremdvölkersprüche bezeugt Jhwhs Macht über diese, da sie seinem Gericht unterworfen sind. Religionsgeschichtlich interessant ist das Lied über den König von Tyros als Urmensch: Er wurde hochmütig und Gott verstieß ihn von seinem heiligen Berg (Ez 28,11-18). In ihm sind viele Motive aus Gen 2-3, der Geschichte von Adam und Eva und ihrer Vertreibung aus dem Paradies enthalten.

7.5.2 Heilsvorstellungen bei Ezechiel

Totenfeldvision: ursprünglich Rückkehr aus dem Exil

Im Heilsteil spielen Visionen ebenfalls eine tragende Rolle. In der Totenfeldvision (Ez 37) kündigt Gott dem Propheten im symbolischen Bild an, dass er das »tote« Israel wieder sammeln und beleben, d. h. es aus dem Exil zurück ins Land führen werde. In der Vision vom neuen Tempel (Ez 40–48) zeigt Gott ihm die Herrlichkeit des Neuen Jerusalem, von dem die Paradiesströme ausgehen (Ez 47,1–12). Israel wird mit einem neuen Herzen und einem neuen Geist ausgestattet werden (Ez 36), und ein neuer David wird den gebrochenen Bund erneuern (Ez 34).

Vision vom neuen Tempel

Vorboten der Apokalyptik

Vorboten der Apokalyptik sind die Schilderungen des Sieges über den letzten Feind, Gog aus Magog, den Gott auf den Bergen Israels vernichten wird (Ez 38 f.).

Vertiefung: **Bildreden, Geschichtsrückblicke, Auseinandersetzung mit der Vorstellung einer kollektiven Schuld**

Bildreden als symbolische Darstellungen von Ezechiels Botschaft

Typisch für das Buch Ezechiel sind die Bildreden (Kap. 15; 16; 17; 19; 21,1–10; 22; 23; 31; 32; u. a.). Sie stellen die Botschaft symbolisch dar. Unter diesen Bildreden sind die zwei Geschichtsrückblicke in Kap. 16 und Kap. 23 hervorzuheben. Wieder begegnet uns das Motiv, dass Israel bzw. Jerusalem als Frau dargestellt wird, die Jhwh, ihrem Mann untreu ist (vgl. Hosea und Jeremia, § 7.2.1 und § 7.4). In Kap. 16 erscheint Jerusalem als kanaanäisches Findelkind, dem Jhwh das Leben gerettet hat, das aber undankbar ist und Hurerei treibt (16,15). In Kap. 23 sind es die Schwestern Ohola und Oholiba, die für Samaria und Jerusalem stehen, deren Götzendienst im Bild der Hurerei vorgestellt wird. Die Sprache beider Passagen ist drastisch und streift (zumindest für biblische Verhältnisse) die Pornografie (das wird v. a. in der Zü deutlich).

Geschichtsrückblicke

Kollektive oder individuelle Schuld?

Ezechiel setzt sich auch mit der Frage nach der Schuld des Exils auseinander und fragt, ob es eine kollektive Schuld gibt, für die auch die Kinder geradestehen müssen. In mehreren Kapiteln wird dieses Thema verhandelt. In Kap. 18 greift Ezechiel die Redensart auf: Die Väter haben saure Trauben gegessen und den Söhnen sind die Zähne stumpf geworden. Dagegen setzt Gott das Prinzip der individuellen Vergeltung, jeder ist für sein eigenes Tun verantwortlich:

Darum werde ich jeden von euch nach seinen Wegen richten, Haus Israel!
(Ez 18,30; Zü)

Doch wenn es so aussieht, als ob Gott nicht strafend einschritte, so wartet er auf die Umkehr des Schuldigen, denn, so wird Gott zitiert:

> Ich habe kein Gefallen am Tod dessen, der sterben muss! Spruch Gottes des HERRN. Kehrt um und bleibt am Leben! (Ez 18,32; Zü)

Dieser Gedanke wird in Kap. 33 noch einmal aufgegriffen (Ez 33,11).

➤ Stichwort: **Wirkungsgeschichte Ezechiels**
Im NT ist das Buch nicht viel zitiert, allein die Apokalypse greift viele Motive aus Ezechiel auf, u. a. Gog und Magog als Namen für den endzeitlichen Feind (Apk 20,8). Für die christliche Kunst sind vier Wesen wichtig geworden, die Ez am Thron Jhwhs beschreibt (Ez 1,10). Sie werden den vier Evangelisten zugeordnet als ihre Symbole:

Mt Engel (Mensch bei Ez)
Mk Löwe
Lk Stier
Joh Adler

Die Rabbinen haben dem Buch mit einer gewissen Distanz gegenübergestanden, allerdings hat sich die jüdische Mystik sehr mit der Thronwagenvision beschäftigt.

Literatur
Pohlmann, Karl-Friedrich, Ezechiel. Der Stand der theologischen Diskussion, Darmstadt 2008.

7.5.3 Übersicht Ezechiel

1–24	**GERICHTSWORTE** an Juda und Jerusalem	1–3	Berufung: **Thronwagenvision**, Wächteramt des Propheten; Anrede »Menschensohn«
		4–5	**Zeichenhandlungen zur Belagerung Jerusalems** – insgesamt zwölf Zeichenhandlungen bis Kap. 24, eine 13. in Kap. 37.
		6–7	Strafgericht über Juda
		8–11	Fünf Visionen, u. a:
		10	**Auszug** Jhwhs aus dem Tempel
		12–24	Gerichtsworte

		16	Jerusalem die treulose Frau (Geschichtsrückblick)
		18	Individuelle Vergeltung: »Die Väter haben saure Trauben gegessen und den Söhnen sind die Zähne stumpf geworden.«, vgl. Kap. 33
		23	Ohola und Oholiba (allegorischer Geschichtsrückblick)
25-32	FREMDVÖLKER-SPRÜCHE	28	König von Tyros im Garten Eden
33-48	HEILSWORTE	33	Individuelle Schuld: Nicht Tod, sondern Umkehr
		34	Guter Hirt (Messias)
		36	Neues Herz und neuer Geist
		37	Totenfeldvision; neuer David (Messias)
		38 f.	Gog aus Magog, vgl. Apk
	VISION VOM NEUEN TEMPEL	40-48	Vision vom neuen Tempel, vgl. Apk
		43	Einzug Gottes in den Tempel

➤ Stichwort: **Eschatologie**

In seiner Geschichtstheologie (s. o. § 6, Vertiefung: Geschichtsschreibung und Heilsgeschichte) hat Israel die Vorstellung entwickelt, dass Gott in der Geschichte gehandelt hat, als er Juda und Jerusalem seinen Feinden auslieferte. Dieser Gedanke von Gottes Geschichtsmächtigkeit wird in den prophetischen Büchern nun in die Zukunft hinein verlängert: In der Zukunft wird dieses Handeln weiterhin erwartet; er wird sein Volk aus der politischen und wirtschaftlichen Abhängigkeit von den jeweiligen Großmächten befreien und ein gottgefälliges, gelingendes Leben garantieren.

Das griechische Wort *Eschatologie* bezeichnet nun die »Lehre von den letzten Dingen«, gemeint sind die zeitlich letzten Ereignisse. Die Apokalyptik ist eine besondere Zuspitzung dieser Gedanken, wie wir sie im Danielbuch und in der Johannes-Apokalypse finden (Näheres dazu s. u. § 8.5, Stichwort: Apokalyptik).

In der Bibel finden sich mehrere Motivfelder zur Beschreibung der Endzeit, sie alle bilden keine geschlossene Lehre, sondern eher poetische Beschreibungen:

Gegenwart Jhwhs bei seinem Volk	Ez 43,7.9; Jes 60,1-2
Neuer Bund	Jer 31,31
Neuer Exodus	v. a. DtJes als Heimkehr aus dem Exil
Neues Jerusalem	Jes 65
Neuer Tempel	Ez 40-48, Hag, Sach
Neues Herz, neuer Geist	Ez 36,26
Messias	(s. o. § 7.3.5)
Friedensreich	(§ 8.7, Stichwort: Krieg und Frieden)
Versklavung der Völker	TtJes (60,1-14; 61,5-6; Hag 2,6-7)
Vernichtung der Völker	Ez 38 f. (Gog aus Magog); Dan
Einbeziehung der Völker ins Heil	TtJes (Jes 66,18-22)
Pilgerzug der Völker zum Zion	Jes 2,2-5 = Mi 4
Frieden mit den Tieren	Jes 11,6-9
Erneuerung des Volkes: ohne Sünde	Jes 40,2
Auferstehung der Toten	Jes 25,8; Dan 12,2

Mit diesen Vorstellungen von einer Zukunft, die die Gegenwart überbietet, wird in der Bibel eine besondere Zeitauffassung entwickelt: Die biblische Zeitvorstellung ist linear (nicht zyklisch wie im Mythos), sie beginnt mit der Schöpfung und erwartet das Ende der Zeit, bzw. der Geschichte. In der säkularisierten Philosophie nach der Aufklärung wurde dieses jüdisch-christliche Geschichtsbild auf die innerweltlichen Heilshoffnungen übertragen: Die Menschheit befindet sich in einem Prozess fortschreitender Vervollkommnung. Hegel denkt das durchaus noch mit religiösem Nebenton als Selbstentfaltung des Weltgeistes, einer Metapher für Gott. Karl Marx ersetzt das Reich Gottes durch den Kommunismus und entkleidet die Eschatologie ihrer religiösen Metaphorik.

Literatur
Löwith, Karl, Weltgeschichte und Heilsgeschehen. Die theologischen Voraussetzungen der Geschichtsphilosophie, Stuttgart u. a. 2004 (engl. 1949 Meaning in History).

7.5.4 FRAGEN EZECHIEL

1.) Welche historische Einordnung lässt das Ezechielbuch erkennen?
2.) Erläutern Sie die Besonderheit der Berufungsvision des Ezechiel!
3.) Welche Heilsvorstellungen entwickelt das Buch?
4.) Erklären Sie den Begriff »Eschatologie« und stellen Sie die entsprechenden biblischen Vorstellungen zusammen!

Vertiefung
- Welche Funktion haben die Bildreden bei Ezechiel und welche Inhalte transportieren sie?

8.

Schriften (Ketubim)

Die Schriften (Ketubim) sind der Kanonteil, in dem sich jüdischer Tenach und christliches Altes Testament am stärksten unterscheiden. Sie sind am spätesten kanonisiert worden. Hier sind Werke ganz unterschiedlicher Art versammelt, und der sehr allgemeine Titel deutet das an. Kristallisationskeim dieses Kanonteils mag der Psalter gewesen sein, eine Sammlung von Gebetstexten. Daneben stehen weisheitliche Texte wie Hiob, Sprüche, Qohelet (Prediger Salomo). Letzterer zählt zu den fünf Festrollen (Megillot), kleinen Büchern, die zu den jüdischen Hauptfesten im Gottesdienst gelesen werden. Neben dem Prediger sind dies: Ester, die Festlegende zu Purim, das Hohelied, eine Sammlung von Liebesliedern, das Buch Rut, eine Novelle und die Klagelieder über die Zerstörung Jerusalems. Den Abschluss der Ketubim bilden in modernen Bibelausgaben das Buch Daniel sowie die Geschichtswerke Esra-Nehemia und Chronik. Außer Psalmen und den Megillot werden die Ketubim im jüdischen Gottesdienst nicht gelesen.

8.1 Merkmale hebräischer Poesie

Während die Geschichtsbücher des Alten Testaments als erzählende Texte weitgehend in Prosa abgefasst sind, finden wir in den Prophetenbüchern lange Partien in Poesie, ebenso in den weisheitlichen Büchern und den Psalmen sowie im Hohenlied und den Klageliedern. Das Hauptmerkmal poetischer Texte ist der *Parallelismus membrorum* (lat., Parallelismus der Versglieder); er ist auch in der Übersetzung gut zu erkennen. Ein hebräischer Vers besteht üblicherweise aus zwei (oder gelegentlich drei, ganz selten auch mal vier) Versgliedern, *Kola* (pl. von *Kolon*) genannt. Beide Kola drücken den gleichen Gedanken in variierenden Worten aus; man spricht daher auch vom Gedankenreim. Die Versglieder stehen in unterschiedlichen logischen Verhältnissen zueinander:

Parallelismus membrorum

1. Synonymer Parallelismus
Beide Vershälften drücken den Gedanken in analogen Formulierungen aus:

> Ps 51,7 *Siehe, ich bin in Schuld geboren, und meine Mutter hat mich in Sünden empfangen.*

2. Antithetischer Parallelismus
Beide Vershälften drücken den gleichen Gedanken durch einen Gegensatz aus:

> Prov 11,3 *Ihre Unschuld wird die Aufrechten leiten; | aber ihre Falschheit wird die Verächter verderben.*

3. Synthetischer Parallelismus
Hier vollendet die zweite Vershälfte die erste, beide zusammen erst bilden einen vollständigen Satz:

> Prov 26,11 *Wie ein Hund wieder frisst, was er gespien hat, | so ist der Tor, der seine Torheit immer wieder treibt.*

Literatur
Berlin, Adele, The Dynamics of Biblical Parallelism, Grand Rapids/MI/Cambridge (UK) 2008.

Seybold Klaus, Poetik der Psalmen. Poetologische Studien zum Alten Testament, Bd. 1, Stuttgart 2003.

Wagner, Andreas, Der Parallelismus membrorum zwischen poetischer Form und Denkfigur, in: Ders., Parallelismus membrorum, OBO 224, Fribourg/Göttingen 2007, 1–26.

Watson, Wilfred G. E., Classical Hebrew Poetry. A Guide to its Techniques. Journal for the Study of the Old Testament Supplement Series 26, Sheffield 1984/1986.

8.2 Die Psalmen

Die Psalmen spiegeln eine große Bandbreite menschlicher Erfahrungen im Gespräch mit Gott – sei es als Klage und Dank, sei es als Lob im Hymnus, der Gottes Schöpfungs- oder Geschichtshandeln preist. Sie sehen das menschliche Leben unter der Tora und sehen es im hoffnungsvollen Licht der messianischen Erwartung (Prolog). Ziel ist das universelle Lob der ganzen Schöpfung (Epilog).

Die Psalmen stehen in deutschen Bibeln hinter dem Buch Hiob, das mit seinem erzählenden Rahmen den Übergang von den historischen Büchern moderiert. Der Begriff »Psalmen« kommt aus dem Griechischen: *psalmós* »Saitenlied«; Psalter geht auf griechisch *psaltêrion* »Saiteninstrument« zurück; diese Begriffe deuten also den musikalischen Vortrag der Lieder an. Im Hebräischen heißen sie *tᵉhillîm* »Preislieder«.

8.2.1 Aufbau aus Sammlungen

Die Entstehung dieser Sammlung von Gebetstexten erstreckt sich über einen langen mehrstufigen Prozess: Am Anfang standen sicher einzelne Texte, Gebete zu verschiedenen Anlässen und aus unterschiedlichen Kontexten. Allerdings dürften nur wenige Psalmen in vorexilische Zeit zurückreichen. Überwiegend liegen diese alten Stücke in Bearbeitungen vor. Die einzelnen Psalmen aus vor- und vor allem aus nachexilischer Zeit wurden gesammelt, mit Überschriften versehen. Aus einer ganzen Reihe von Sammlungen ist dann der Psalter entstanden. Diese Sammlungen lassen sich anhand von zwei Sachverhalten belegen: Es gibt einige Dubletten, Textstücke, die zweimal überliefert sind (Ps 14 = Ps 53; 40,14–18 = 70; 108 = 57,8–12 + 60,7–14). Dazu kommen Blöcke mit Psalmen, die in der Überschrift die gleiche Verfasserangabe tragen, während die Bücher durch abschließende *Doxologien* (griech., Lobpreis [Gottes]) voneinander getrennt sind. Die üblichen Bibelausgaben vermerken die Buchgliederung auch durch Zwischenüberschriften; so entsteht eine Analogie zu den fünf Büchern Mose:

Entstehung als langer, mehrstufiger Prozess

Existenz von Sammlungen durch Dubletten belegt

Zusammenhang durch gleiche Überschriften

Buch 1 Ps 1–41	1–2	ohne Überschrift	
	Ps 3–41	David	
Buch 2 Ps 42–72	Ps 42–49	Korach	elohistischer Psalter
	Ps 50	Asaf	
	Ps 51–65; 67–70	David	
	Ps 72	Salomo	
Buch 3 Ps 73–89	Ps 73–83	Asaf	
	Ps 84–85	Korach	
	Ps 86	David	
	Ps 87–88	Korach	
	Ps 89	Etan	
Buch 4 Ps 90–106	Ps 90	Mose	
	Ps 92	Sabbat-Psalm	
	Ps 100	Toda-Psalm (Dank-Psalm)	
	Ps 101; 103	David	
Buch 5 Ps 107–150	Ps 108–110	David	
	Ps 120–134	Wallfahrtslieder	
	Ps 138–145	David	
	Ps 146–150	Schluss-Halleluja	

Dabei ist deutlich, dass Sammlungen, die durch Überschriften als zusammenhängend gekennzeichnet sind, eher im ersten Teil des Psalters zu finden sind. Dabei sind die Überschriften ganz unterschiedlicher Art. Die meisten beziehen sich auf David. Dabei dürfte die Überschrift dieser Psalmen, die üblicherweise mit »ein Psalm Davids« übersetzt wird (hebräisch mizmôr ledawîd), ursprünglich nicht den Autor, sondern die Zugehörigkeit zur königlichen Sammlung von Gebeten bezeichnet haben; also: »für David«.

David als »Urheber« der meisten Psalmen

➤ Stichwort: **David als idealtypischer Sänger**
In die Rolle als idealtypischer Sänger ist David quasi posthum hineingewachsen aufgrund der Stellen, die ihn als Harfenspieler an Sauls Hofs zeichnen (1Sam 16,16 ff.; 18,10; 19,9) und ihn als Sänger von Totenklagen vorstellen (2Sam 1,17 ff.; 3,31 ff.). Diese besondere Liebe zur Musik wird in der Chronik breit dargestellt (vgl. 1Chr 16).

Vertiefung: **Sängerfamilien und elohistischer Psalter**
Asaf, Korach und Etan sind Namen von Tempelsängerfamilien (vgl. 1Chr 16).
Dabei weisen die einzelnen Sammlungen auch bestimmte inhaltliche Charakteristika auf:
- Davidpsalmen: v. a. individuelle Klage- und Dankpsalmen
- Asafpsalmen: Geschichtstheologie
- Korachpsalmen: Zionstheologie

Außer diesen an den Überschriften kenntlichen Sammlungen gibt es noch den sog. »Elohistischen Psalter«, Ps 42–83; er wird so genannt, weil in ihm der Gottesname Jhwh nachträglich durch *ælohîm* »Gott« ersetzt wurde. Dann bilden die titellosen Jhwh-Königspsalmen einen Komplex in Ps 93–100, ebenso wie die Hallel-Psalmen in 113–118, die auch als Pessach- oder Ägyptisches Hallel bezeichnet werden.

8.2.2 Theologischer Rahmen

Während lange Zeit der Psalter als lose Sammlung von Einzeltexten galt, ist in der neueren Forschung v. a. durch Erich Zenger und Frank-Lothar Hossfeld herausgestellt worden, dass es sich bei dem Buch um eine planvolle Komposition handelt. Am deutlichsten ist das am Anfang und am Ende. Der Psalter beginnt mit einer deutlichen Reminiszenz an die Tora und an den Beginn der vorderen Propheten in Ps 1:

Jos 1,8	Ps 1,2
Und lass das Buch dieses **Gesetzes** (Tora) nicht von deinem Munde kommen, sondern betrachte es **Tag und Nacht**,	sondern hat Lust am Gesetz des HERRN und sinnt über seinem **Gesetz** (Tora) **Tag und Nacht!**

Mit dem Verweis auf die Tora ist ein wichtiges Leitmotiv für den Psalter vorgegeben: Es wird in den Tora-Psalmen 19 und 119 wieder aufgegriffen; da Ps 119 der längste Psalm ist, bekommt dieses Thema großes Gewicht.

Das zweite Rahmenmotiv gibt Psalm 2 an; er ist ein Königspsalm (s. u. § 8.2.4), bei dem das Motiv der Inthronisation des Königs auf den endzeitlichen Herrscher, den Messias zu beziehen ist:

> »Ich aber habe meinen König eingesetzt
> auf meinem heiligen Berg Zion.«

Eröffnung des Psalters mit den Themen Tora und Messias

> Kundtun will ich den Ratschluss des HERRN. Er hat zu mir gesagt:
> »Du bist mein Sohn, heute habe ich dich gezeugt.« (Ps 2,6–7)

Die Hoffnung auf den König der Heilszeit ist ein Motiv, das in den prophetischen Büchern prominent vertreten ist; somit ist mit den beiden ersten Psalmen eine klare Anknüpfung an die Tora und die Prophetenbücher geleistet. Gleichzeitig wird der interpretatorische Rahmen für die folgenden Psalmen vorgegeben.

Abschluss des Psalters in anhaltendem Gotteslob

Den Abschluss des Psalters bildet ein mehrfaches Hallel (von hebr. halleluja »lobt Jhwh«). Es umfasst die Ps 145–150. Es nimmt in Ps 149 eschatologische Gerichtsmotive auf und endet mit Ps 150 in einem Psalm, der alle denkbaren Instrumente zum Gotteslob einsetzt. Durch viele Wiederholungen bildet dieser Psalm eine musikalische Coda für den Psalter; er endet im universellen Gotteslob:

> Alles, was Odem hat, lobe den HERRN! Halleluja! (Ps 150,6)

8.2.3 Psalmengattungen

Schwierig ist es, sich die einzelnen Psalmen zu erschließen. Es handelt sich vielfach um Texte von hoher poetischer Kraft, die uns heute noch unmittelbar ansprechen – was sicher auch daran liegen mag, dass diese Texte schon zu ihrer Entstehungszeit dafür gemacht waren, dass viele Menschen in unterschiedlichen Situationen sich in diesen Worten wiederfinden sollten. Diese typischen Gebetssituationen bestimmen auch die Formen vieler Psalmen.

Seit Hermann Gunkel unterscheidet man bei den Psalmen verschiedene Gattungen, die durch formale und inhaltliche Motive voneinander unterschieden sind. Zu jeder Gattung gehört ein besonderer Verwendungskontext, den Gunkel »Sitz im Leben« genannt hatte.

➤ Stichwort: **Halleluja – Sela**

In den meisten Psalmenübersetzungen bleiben zwei hebräische Wörter unübersetzt, *Halleluja* und *Sela*.

Halleluja könnte man leicht übersetzen: »Lobt Jhwh!«, doch da sich diese Lobaufforderung auch in der christlichen Liturgie (und in der Alltagssprache) eingebürgert hat, bleibt dieser Ausdruck auch in der Übersetzung stehen.

Anders ist es bei dem Wort *Sela*. Dessen genaue Bedeutung ist nicht bekannt. Man vermutet, dass es sich dabei um eine musikalische Anweisung handelt, möglicherweise ein Zwischenspiel oder eine Vortragspause.

Die Klage ist wesentlich ein Bittgebet; der Beter befindet sich in einer Not (Krankheit, Anfeindung/soziale Ausgrenzung, drohender Prozess). In dieser Situation wendet er sich an Gott und bittet um Hilfe; gleichzeitig verspricht er Gott eine Gegenleistung, das Lobgelübde. Bei den Klageliedern Einzelner handelt es sich um die häufigste Gattung im AT. *Klage*

Element		Psalm 142
Anrede	V. 2–3	Ich schreie zum HERRN mit meiner Stimme, ich flehe zum HERRN mit meiner Stimme. ...
Klage	V. 4–5	Wenn mein Geist in Ängsten ist, so nimmst du dich meiner an. Sie legen mir Schlingen auf dem Wege, den ich gehe. ...
Vertrauens-bekenntnis	V. 6	HERR, zu dir schreie ich und sage: Du bist meine Zuversicht, mein Teil im Lande der Lebendigen.
Bitte	V. 7–8a	Höre auf meine Klage, denn ich werde sehr geplagt. Errette mich von meinen Verfolgern, denn sie sind mir zu mächtig. ...
Begründung		(mit der Bitte verbunden)
Versprechen	V. 8b	dass ich preise deinen Namen. Die Gerechten werden sich zu mir sammeln, wenn du mir wohltust.
Abschluss	-	(fehlt hier)

Neben den Klageliedern Einzelner finden sich auch kollektive Gebete, die man Klagelieder des Volkes nennt.
- Klagelied des Einzelnen: Ps 6, 13, 26, 102, 142 u. a.
- Klagelied des Volkes: Ps 74, 79, 80, 89

Das Motiv der Rettungsgewissheit kann so großes Gewicht in einem Psalm erhalten, dass es zum einzigen Thema wird; dann spricht man von einem Vertrauenspsalm. Bekanntestes Beispiel ist Ps 23 (Der gute Hirte).

Das Danklied ist das Gegenstück zum Klagelied. In ihm dankt der Beter Gott für die erfüllte Bitte. Gleichzeitig berichtet er anderen von Gottes *Danklied*

Hilfe. Daher hat das Danklied eine zweifache Rederichtung: Abwechselnd sind Gott und die übrigen Zuhörer angeredet. Der konkrete Rahmen für ein solches Danklied war eine Opferfeier, bei der der Gerettete Gott ein Dankopfer dargebracht hat und dieses nun mit Freunden und Verwandten verzehrt. Bei dieser Feier wird auch fleißig getrunken – es ist von einem »Kelch des Heils« die Rede (weitere Beispiele sind: Ps 18; 34; 40,1–12; 107; Jona 2,3–10).

Element		Psalm 116
Einleitung	1–2	Ich liebe den HERRN, denn er hört die Stimme meines Flehens. Er neigte sein Ohr zu mir; darum will ich mein Leben lang ihn anrufen.
Bericht über die vergangene Klage	3	Stricke des Todes hatten mich umfangen, / des Totenreichs Schrecken hatten mich getroffen; ich kam in Jammer und Not.
Bericht über die Rettung	4–11	Aber ich rief an den Namen des HERRN: Ach, HERR, errette mich! ... Sei nun wieder zufrieden, meine Seele; denn der HERR tut dir Gutes. Denn du hast meine Seele vom Tode errettet, mein Auge von den Tränen, meinen Fuß vom Gleiten. ...
Abschluss	12–19	Wie soll ich dem HERRN vergelten all seine Wohltat, die er an mir tut? Ich will den Kelch des Heils nehmen und des HERRN Namen anrufen. ... Dir will ich Dank opfern und des HERRN Namen anrufen. Ich will meine Gelübde dem Herrn erfüllen vor all seinem Volk in den Vorhöfen am Hause des HERRN, in dir, Jerusalem. Halleluja!

Hymnus Hymnen sind Lieder, in denen Gott gepriesen wird. Sie berichten oder erzählen von Gottes wunderbaren Taten. Solche Texte wurden vermutlich im Rahmen des Festkultes am Heiligtum verwendet. Ein Hymnus hat in der Regel zwei Elemente: Zu Beginn werden die Anwesenden aufgefordert, Gott zu loben. Im Weiteren schließt sich die Ausführung des Lobes an (weitere Beispiele: Ps 100; 117; 145):

Element		Psalm 113
Lobaufforderung	1–3	Halleluja! Lobet, ihr Knechte des HERRN, lobet den Namen des HERRN! ...
Durchführung des Lobes – Gottes Eigenschaften – Gottes Taten	4–9a	Der HERR ist hoch über alle Völker; seine Herrlichkeit reicht, so weit der Himmel ist. Wer ist wie der HERR, unser Gott, im Himmel und auf Erden? Der oben thront in der Höhe, der herniederschaut in die Tiefe, der den Geringen aufrichtet aus dem Staube und erhöht den Armen aus dem Schmutz, ...
Abschluss	9b	Halleluja!

Vertiefung: **Thematische Untergattungen des Hymnus**
Man kann beim Hymnus mehrere thematische Untergattungen unterscheiden:

- Jhwh-Königs-Psalmen: Ps 47; 96
- Zionspsalmen: Ps 46; 48; 76
- Geschichtspsalmen: Ps 78; 105; 106
- Siegeslied: Ex 15,21, vgl. Ri 5
- Schöpfungspsalmen: Ps 8; 104

8.2.4 Thematische Psalmengruppen

Es gibt außer den Untergattungen des Hymnus (siehe *Vertiefung:* Thematische Untergattungen des Hymnus) noch weitere Gruppen von Psalmen, die mehr durch ein gemeinsames Thema und weniger durch gemeinsame formale Elemente verbunden sind. Diese Psalmen kann man zu thematischen Gruppen zusammenordnen.

Die Königspsalmen bilden eine solche Gruppe; sie enthält Texte mit erkennbar unterschiedlichen Sitzen im Leben: Ps 2 und Ps 110 sind Thronbesteigungspsalmen, Ps 45 ist das Hochzeitslied eines Königs, Ps 18 ist das Danklied eines Königs (ähnlich Ps 89), Ps 72 ist ein Gebet für den König, das motivlich altorientalischen Königsinschriften verwandt ist.

Die Weisheitspsalmen greifen weisheitliche Gedanken und sprachliche Wendungen auf, thematisch kreisen sie meist um die Frage nach dem Glück der Frevler (Theodizee-Frage); gelegentlich fasst man sie auch

Königspsalmen

Weisheits- und Torapsalmen

als gemeinsame Gattung »Lehrgedicht« auf. Es sind dies Ps 1; 32; 37; 49; 73. Gelegentlich rechnet man die Tora-Psalmen auch zu den Weisheitspsalmen, dort sind es Ps 1; 19; 119. Doch wegen ihrer motivlichen Eigenständigkeit sollte man sie als eigene Gruppe wahrnehmen.

> *Vertiefung:* **Psalmen außerhalb des Psalters auch im NT**
> Lieder und Gebete, wie sie der Psalter enthält, finden sich auch in anderen Büchern der Bibel. Zwei Texte sind sogar Doubletten zu Psalmen:
> - 2Sam 22 Doublette zu Ps 18
> - 1Chr 16 Doublette zu Ps 105 + Ps 96 + Ps 106
>
> Bei den Beispielen für die Gattungen sind schon Jona 2 als Danklied und Ex 15,21 sowie Ri 5 als Siegeslieder vorgekommen. Weitere Danklieder sind:
> - 1Sam 2 Danklied der Hanna
> - Jes 38 Danklied Hiskias
>
> Dazu kommen einige Klagelieder:
> - Klagelieder/Threni
> - Jer 11; 15; 17; 18; 20 (Konfessionen Jeremias)
>
> Die Texte im Hiobbuch enthalten gerade in den Reden Hiobs viele Elemente der Klage, z. B. Hi 3.
>
> Auch im Neuen Testament findet sich eine Reihe von Liedern. Das Lukasevangelium enthält mehrere, die deutlich an alttestamentliche Vorbilder anknüpfen, vor allem das Magnifikat der Maria (Lk 1,46 ff.). Daneben finden sich Lieder, die das Heilshandeln Gottes in Jesus besingen, so der Hymnus im Philipperbrief (Phil 2,5 ff.) und im Kolosserbrief (1,15 ff.). Das Johannesevangelium beginnt mit einem Hymnus (Joh 1,1 ff.).

> *Vertiefung:* **Wirkungsgeschichte der Psalmen**
> In der jüdischen Liturgie spielen Psalmen in verschiedenen Zusammenhängen eine Rolle. Das volle Hallel (in christlichen Texten oft auch »großes Hallel« genannt) sind die Psalmen 113 bis 118. Sie werden an allen Pessach- und allen Pilgerfesten (s. u. zu den Festen Israels § 8.4) rezitiert. Ps 136 wird *Hallel ha-gadol* genannt und gehört in die Liturgie am Sederabend, dem Vorabend des Passafestes, sowie am Sabbat und an Feiertagen. Zum Sabbat gehören im Winter die Wallfahrtspsalmen (Ps 120-134), im Sommer der Schöpfungspsalm 104. Im Gottesdienst finden die letzten Psalmen (Ps 145-150) Verwendung.
>
> Im Christentum liest man die Psalmen traditionell als Weissagungen auf Christus – das beginnt schon im Neuen Testament und betrifft nicht

nur die messianischen Weissagungen wie Ps 2, der in der Erzählung von der Taufe Jesu zitiert wird (Mk 1), sondern auch die Klagepsalmen. Vor allem die Passionsgeschichte benutzt die Klagelieder Ps 22 und Ps 69. Seit dem 19. Jahrhundert ist diese traditionelle Sicht aber aufgegeben worden. Wir lesen die Psalmen heute als Gebetsliteratur der Menschen im alten Israel.

In Anlehnung an den jüdischen Brauch haben die Psalmen auch in die christliche Gebets- und Gottesdienstpraxis Eingang gefunden. Das Mönchtum betet den Psalter in seinem Stundengebet. Nach der Regel des Benedikt von Nursia (ca. 470–550) sollen innerhalb einer Woche alle Psalmen gebetet werden. Aus den gottesdienstlichen Verwendungen sind dann auch viele Vertonungen von Psalmen entstanden.

8.2.5 Übersicht über den Psalter

1–2	Prolog	1	Tora
		2	Messias
3–42	Davidpsalmen und Ps 51–71		
42–83	Elohistischer Psalter		
84–88	Korachpsalmen		
93–99	Jhwh-König-Psalmen		
111–118	Lobpsalmen (Hallel)		
119	Tora-Psalm		längster Psalm
120–134	Wallfahrtspsalmen		
145–150	Lobpsalmen		Hymnischer Abschluss des Psalters
		150	musikalische Coda

8.2.6 Fragen zum Psalter

1.) Was versteht man unter dem Parallelismus membrorum?
2.) Nach welchen unterschiedlichen Kriterien lassen sich die Psalmen gliedern?
3.) Beschreiben Sie die theologische Rahmung des Psalters!

Vertiefung:
• Welchen Gebrauch machen Judentum und Christentum vom Psalter?

Literatur
Janowski, Bernd, Konfliktgespräche mit Gott. Eine Anthropologie der Psalmen, Neukirchen ²2006.
Keel, Othmar, Die Welt der altorientalischen Bildsymbolik und das Alte Testament. Am Beispiel der Psalmen, Darmstadt ³1984.
Marti, Kurt, Die Psalmen. Annäherungen, 4 Bde., Stuttgart 1991–1993.
Seybold, Klaus, Die Psalmen. Eine Einführung, Stuttgart u. a. ²1991.
Weber, Beat, Werkbuch Psalmen, 3 Bde., Stuttgart u. a. 2001–2010.

8.3 Weisheit

Der Begriff Weisheit bezeichnet in der alttestamentlichen Wissenschaft eine Literaturgattung, die sich im ganzen Alten Orient findet. Sie enthält ethische Maximen, die zu einem erfolgreichen (gelingenden) Leben führen sollen. Man könnte die altorientalische und die alttestamentliche Weisheitsliteratur als Philosophie des common sense bezeichnen (Bernhard Lang). Entstanden ist sie im Zusammenhang mit der Ausbildung von Schreibern, also höheren Hofbeamten, an den Königshöfen des alten Vorderen Orients.

Bei der Darstellung folge ich nicht der Anordnung in den Bibelausgaben, weil das Phänomen der Weisheit am besten anhand der Proverbien darstellbar ist und die Themen der übrigen Weisheitsbücher sich von da besser erklären: Hiob problematisiert die weisheitlichen Lehren und Qohelet polemisiert gegen sie.

Literatur
Brunner Helmut, Altägyptische Weisheit, Zürich/München 1988.
Burkard, Günther/ Thissen, Heinz J., Einführung in die altägyptische Literaturgeschichte, Bd. 2, Münster, ²2009.
Lang, Bernhard, Klugheit als Ethos und Weisheit als Beruf, in: *Assmann, A.* (Hg.), Weisheit, München 1991, 177–192.
Sauer, Markus, Einführung in die alttestamentliche Weisheitsliteratur, Darmstadt 2012.

8.3.1 Sprüche Salomos

Das Buch der Sprüche Salomos enthält mehrere Sammlungen von Weisheitssprüchen und Sprichwörtern. Sie enthalten vor allem ethische Unterweisung, die auf dem »gesunden Menschenverstand« (common sense) beruht. Darüber hinaus werden die ethischen Maximen immer wieder schöpfungstheologisch grundiert. In der ersten Sammlung finden sich Einleitungsreden in das Buch und die personifizierte Weisheit als Antithese zur Torheit als Formen gegensätzlicher Lebenswege.

Der Name des Buches geht auf die Überschrift in Spr 1,1 zurück, die Salomo als Verfasser nennt. Sicher ein Reflex auf die Weisheit Salomos, die in 1Kön 5,9–14 geschildert wird, und von der in 1Kön 3 eine Kostprobe gegeben wird. Das deutsche Wort »Spruch« gibt dabei das hebräische Wort *maschal* wieder; dieses meint einen »Gleichspruch«, entweder ein Gleichnis oder ein Sprichwort. Die gelegentlich verwendete Bezeichnung Proverbia, bzw. Proverbien geht auf den lateinischen Titel des Buches in der Vulgata zurück.

Salomo als exemplarischer Weiser

Die Sprüche bestehen aus sieben Sammlungen, die an ihren jeweiligen Überschriften zu erkennen sind (Spr 1,1; 10,1; 22,17; 24,23; 25,1; 30,1; 31,1); damit entsprechen die großen Abschnitte des Buches den »Sieben Säulen der Weisheit«, von denen in 9,1 die Rede ist. Das Motto des Buches findet sich in Spr 1,7:

Sieben Sammlungen bilden die Vollzahl der Weisheit

> Die Furcht des HERRN ist der Anfang der Weisheit. (vgl. Spr 9,10; Ps 111,10)

Die Spruchsammlung behandelt eine Vielzahl von Themen; es geht um allgemeine Lebensweisheit (*common sense*), die sich hier ausspricht.

Weisheit als common sense

> Einen streifenden Hund packt bei den Ohren –
> wer sich in einen Streit mischt, der ihn nichts angeht. (Spr 26,17; Zü)

Einiges ist von solcher überzeitlicher Gültigkeit, dass es auch als »deutsches Sprichwort« dient, z. B. »Wer dem andern eine Grube gräbt, fällt selbst hinein«:

> Wer eine Grube gräbt, der wird hineinfallen;
> und wer einen Stein wälzt, auf den wird er zurückkommen. (Spr 26,27)

8. Schriften (Ketubim)

Tun-Ergehen-Zusammenhang als Grundgedanke der Weisheit

Der Tun-Ergehen-Zusammenhang kann als eine Art »Grundgesetz« der Weisheit gelten. Dabei geht es um die Verlässlichkeit der Welt, die sich in der Überzeugung ausdrückt, dass gute Taten ein gutes Ergehen zur Folge haben und böse ein schlechtes. So in Spr 11,31:

> Siehe, dem Gerechten wird vergolten auf Erden, wieviel mehr dem Frevler und Sünder!

Eine Reihe von Sprüchen fassen diese Einsicht in den Gegensatz von Gerechtem (zadîq) und Frevler (rascha‛), oder »Gottlosen«, wie die Lutherbibel theologisierend übersetzt, Spr 10,16:

> Dem Gerechten gereicht sein Erwerb zum Leben, aber dem Frevler sein Einkommen zur Sünde.

Gott garantiert den Tun-Ergehen-Zusammenhang

Dabei gilt Gott als Garant dieses Zusammenhanges, vgl. Spr 10,3:

> Der HERR lässt den Gerechten nicht Hunger leiden; aber die Gier der Frevler stößt er zurück.

oder Spr 10,29

> Das Walten des HERRN ist des Untadeligen (Luther: Frommen) Zuflucht; aber für den Übeltäter ist es Verderben.

Gottes Handeln bleibt unverfügbar

Einzelne Sprüche jedoch stellen angesichts gegenteiliger Erfahrungen (vgl. Ps 49; 73; Hiob) die Unverfügbarkeit des Handelns Gottes heraus, z. B. Spr 16,9

> Des Menschen Herz erdenkt sich seinen Weg; aber der HERR allein lenkt seinen Schritt.

➤ Stichwort: **Anthropologische Begriffe im Hebräischen**

Bei den anthropologischen Begriffen im AT muss man aufpassen; ihre Bedeutung ist nicht deckungsgleich mit unseren Vorstellungen, sondern bezeichnet jeweils bestimmte Aspekte des Menschseins; sehr vereinfacht kann man sagen:
- **Herz:** der vernünftige (denkende, planende, entscheidende) Mensch
- **Kehle:** oft falsch mit »Seele« übersetzt (hebr. *nefesch*), der bedürftige Mensch
- **Fleisch:** der hinfällige Mensch
- **Geist** (hebr. *ruach*): der ermächtigte Mensch

Literatur

Janowski, Bernd, Anthropologie des Alten Testaments, Tübingen 2019.
van Oorschot, Jürgen/Wagner, Andreas, Anthropologie(n) des Alten Testaments. Veröffentlichungen der wissenschaftlichen Gesellschaft für Theologie 42, Leipzig 2015.
Staubli, Thomas/Schroer, Silvia, Menschenbilder der Bibel, Ostfildern 2014.

Die einzelnen Sammlungen des Buches haben ihre je eigenen Schwerpunkte.

Die theologische Grundlegung des Buches findet sich in der ersten Sammlung (Kap. 1-9). Sie enthält durchweg längere Einheiten, so genannte Lehrreden. In ihnen mahnt der Vater den Sohn, sein Leben an den Lehren der Weisheit auszurichten, um ein erfülltes Leben zu führen. Die Weisheit ergreift sogar als personifizierte Gestalt »Frau Weisheit« (hebr. *chokma*, griech. *Sôphia*) zweimal selbst das Wort (Kap. 1.8) und schildert ihre Rolle im Leben der Menschen – dabei betont sie in Spr 8,22-31, dass sie sogar bei Gottes Schöpfung anwesend sei (sog. Präexistenz), sie also ein gottähnliches (-gleiches?) Wissen über die Ordnung der Welt besitze. In ähnlicher Weise übernimmt der Logos im Johannesevangelium diese Rolle, der in Jesus Fleisch geworden ist (Joh 1). Die Gegenspielerin der Weisheit ist die Fremde Frau, eine sexuell verführerische Person (Kap. 5-7), die in Kap. 9 zur »Frau Torheit« allegorisch aufgewertet wird.

Theologische Grundlegung in der ersten Lehrrede

Die personifizierte Frau Weisheit im Gegensatz zur Frau Torheit

> **Vertiefung: Die weiteren Sammlungen**
>
> In der zweiten Sammlung (Kap. 10-22) kann man zwei Teile unterscheiden. Beide sind von antithetischen Sprüchen geprägt, eine ausdrückliche Grenze durch eine Überschrift findet sich nicht, aber unterschiedliche thematische Schwerpunkte machen die Teilung deutlich: Der erste Teil geht bis Spr 15,32 und enthält sehr viele Sprüche zu den Gegensätzen von Gerechtem und Frevlern sowie Weisen und Toren; daneben ist Erziehung ein wichtiges Motiv. Im zweiten Teil werden Handel und Handwerk sowie Gerechtigkeit und Königtum thematisiert. Zwischen beiden Teilsammlungen steht der Block Spr 15,33-16,25 mit einer Art theologischem Traktat.
>
> Die dritte Sammlung geht auf ein ägyptisches Vorbild zurück, die Lehre des Amenemope (bei *Brunner*, 1988, 234-256; dazu *Burkard/Thissen*, 2009, 108-123). Wie diese ist sie in dreißig Einheiten strukturiert und greift eine Reihe von Motiven auf, ist aber insgesamt sehr viel kürzer als das ägyptische Vorbild.

Die Hiskianische Sammlung (Spr 25,1-29,27) enthält wieder zwei Teilsammlungen; hier finden sich thematisch geordnete Spruchreihen zu verschiedenen Themen; die Gegensatzsprüche über Weise und Toren, Gerechte und Frevler fehlen weitgehend.

Die übrigen Sammlungen sind sehr viel kürzer und bilden Anhänge an den Hauptteil des Buches; die Worte Agurs sind vom Deuteronomium abhängig und bieten eine Theologie des Wortes Gottes, die folgenden Mahnworte sind an den sozialen Geboten der Tora orientiert. Dann folgt eine Reihe von Zahlensprüchen und anschließend die Lehre für Lemuel, einen arabischen König – hier ist die Mutter ausdrücklich als diejenige genannt, auf die die Lehre zurückgeht (vgl. Spr 1,8). Das abschließende Gedicht des Proverbienbuches widmet sich dem Lob der tüchtigen Hausfrau; motivlich ist es mit dem Eingangsteil verbunden, und die tüchtige Hausfrau bildet das Pendant zur Frau Weisheit, besonders in der Schilderung von Kap. 9.

Die Themen in den Sammlungen decken neben dem privaten Lebensbereich vor allem auch das Leben eines Hofbeamten ab:
- Mann und Frau (z. B. 12,4; 21,9)
- Eltern und Kinder (vgl. 10,1)
- Alkoholgenuss (z. B. 23,29-35)
- Landwirtschaft (v. a. 27,23-27)
- Faulheit (z. B. 20,13; 26,13-15)
- Arm und Reich (z. B. 22,2)
- Weiser und Tor (vgl. 15,2)
- Hören und Reden (vgl. 10,18; 13,3)
- König (z. B. 25,2; 29,12)
- Rechtswesen (z. B. 17,15)

8.3.2 Hiob

Das Hiobbuch problematisiert den weisheitlichen Tun-Ergehen-Zusammenhang: An Hiob, der seinen Besitz und seine Kinder verliert, wird gezeigt, dass auch der Gerechte leiden muss. Die Rahmenhandlung stellt das Leiden als Wette zwischen Gott und Satan dar; Hiob besteht die Prüfung und erhält alles siebenfach zurück. Im Dialogteil beteuert Hiob seine Unschuld, während die Freunde ihn von seiner Schuld (einer unbewussten oder generellen Schuld eines jeden Menschen) überzeugen wollen. In den Gottesreden stellt Gott seine Überlegenheit als Schöpfer heraus und Hiob erkennt seine Unterlegenheit an.

Das Buch Hiob ist nach seinem Protagonisten benannt; außerhalb des Hiobbuches wird sein Protogonist nur noch einmal ganz kurz, zusammen mit Noah und Daniel in Ez 14,14 erwähnt. Der Name wird v. a. katholisch auch Ijob wiedergegeben (engl./frz. Job). Im Hiobbuch, diesem großen und theologisch wie literarisch gewichtigen Werk, wird die Gültigkeit der weisheitlichen Lehre vom Tun-Ergehen-Zusammenhang problematisiert: Was ist, wenn ein Mensch gerecht ist und trotzdem leidet?

Das Thema des Hiobbuches ist die Gültigkeit des Tun-Ergehen-Zusammenhanges

Das Werk besteht aus zwei Teilen, der Rahmenerzählung in Prosa und den Reden Hiobs mit seinen Freunden und Gott in Poesie:

1–2	Rahmenerzählung in Prosa
3–42	Dialoge in Versen (genau: Hi 3,1–42,6)
42	Ende der Rahmenerzählung

Die Rahmenerzählung (Hi 1,1–2,10) berichtet von Hiob, dem untadeligen und frommen reichen Mann im Lande Uz (in Arabien?). An einem Tage verliert er seinen Reichtum und seine Kinder, doch auch da reagiert er vorbildlich fromm (Hi 1,21):

Rahmenerzählung vom reichen Hiob, der ins Unglück gerät

> Nackt kam ich hervor aus dem Schoß meiner Mutter,
> nackt kehre ich dahin zurück.
> Der Herr hat's gegeben, der Herr hat's genommen
> gelobt sei der Name des Herrn. (EÜ)

Auch als Hiob erkrankt und seine Frau ihn auffordert, Gott zu lästern, weigert er sich, das zu tun:

> Nehmen wir das Gute an von Gott,
> sollen wir dann nicht auch das Böse annehmen? (Hi 2,10; EÜ)

Deutung des Unglücks durch Diskussion im himmlischen Hofstaat

In diese Erzählung eingelegt sind die Szenen im himmlischen Hofstaat, in denen Satan (d. h. »Ankläger«) als ein Gottessohn auftritt. Er stellt die Frömmigkeit Hiobs in Frage; es sei kein Wunder, dass er fromm sei, da Gott sein Leben beschütze und ihn mit Reichtum gesegnet habe. Daraufhin erlaubt Gott Satan, all das anzutasten, um zu sehen, wie Hiob darauf reagiere – die Erzählung macht deutlich:

> Bei all dem sündigte Hiob nicht, und er sagte nichts Törichtes gegen Gott. (Hi 1,22; Zü)

Am Ende wendet sich Hiobs Schicksal zum Guten

Im zweiten Teil der Rahmenerzählung (Kap. 42,7-17) wendet Gott das Schicksal Hiobs. Seine Verwandten kommen und zeigen ihr Mitleid; dann segnet Gott Hiob mit größerem Reichtum als früher und neuen Kindern – bis er alt und lebenssatt stirbt.

Gliederung des Dialogteils

Der Dialogteil des Buches kann in mehrere Unterabschnitte gegliedert werden:

3-27(28)	Freundesreden (Elifas, Bildad, Zofar)
29-31	Herausforderungsreden Hiobs
32-37	Elihureden
38-42	Gottesreden

Die Freundesreden (Kap. 3-27/28) beginnen mit einer Klage Hiobs (Kap. 3) und sind in drei Redegänge aufgeteilt, in denen jeweils die drei Freunde Hiobs zu Wort kommen und Hiob antwortet; lediglich im letzten, dem dritten Redegang (Kap. 22-27/28) fehlt die letzte Freundesrede. Der Zusammenhang zwischen den Herausforderungsreden Hiobs (Kap. 29-31) und den antwortenden Gottesreden (Kap. 38-42) ist durch die Elihureden (Kap. 32-37) unterbrochen: In seiner ersten Rede begründet Elihu, warum er so lange geschwiegen hat; da zudem vorher von ihm nicht die Rede war, ist der Block mit seinen Reden sicherlich eine spätere Erweiterung.

In seiner einleitenden Klage (Kap. 3) verflucht Hiob den Tag seiner Geburt und wünscht sich, er wäre bei der Geburt gestorben. Diese Auflehnung gegen sein Schicksal gleicht so gar nicht der Stilisierung als frommer Dulder, wie sie die Rahmenerzählung bietet. In den Dialogen wehrt sich Hiob verzweifelt gegen sein Schicksal und lehnt sich gegen Gott auf.

Die Freunde vertreten in den Dialogen die klassische weisheitliche Lehre vom Tun-Ergehen-Zusammenhang. In seiner ersten Rede spricht Elifas diesen Zusammenhang an: *Hiobs Freunde verteidigen den Tun-Ergehen-Zusammenhang*

> Bedenk doch: Wer geht ohne Schuld zugrunde?
> Wo werden Redliche im Stich gelassen? (Hi 4,7; EÜ)

Das bedeutet für Elifas, dass das Leiden Hiobs einen Grund in seiner eigenen Schuld haben muss; und so führt er eine Traum-Offenbarung an, die ihm genau dieses mitgeteilt hat (Hi 4,12–21):

> Ist wohl ein Mensch vor Gott gerecht,
> ein Mann vor seinem Schöpfer rein? (Hi 4,17; EÜ – vgl. Prov 16,2)

Darum soll sich Hiob Gott wieder zuwenden, das rät Elifas ihm in seiner ersten (Hi 5,8) und in seiner letzten Rede (Hi 22,21–29). Elifas möchte Hiob dahin bringen, sein Leiden als einen Versuch Gottes zu verstehen, mit dem er ihn näher zu sich hinführen will, also als ein Erziehungsleiden Gottes (Hi 5,17 f.):

> Ja, wohl dem Mann, den Gott zurechtweist.
> Die Zucht des Allmächtigen verschmähe nicht!
> Denn er verwundet und verbindet,
> er schlägt, doch seine Hände heilen auch. (EÜ)

Demgegenüber betont Hiob seine Unschuld und wünscht sich, Gott möge ihn in Ruhe, ja sterben lassen. In dieser Konstellation bewegt sich der Dialog zwischen Hiob und seinen Freunden. Die Dialoge kulminieren im unvollständigen dritten Redegang darin, dass Elifas Hiob bestimmte Sünden unterstellt (Hi 22,5-11), Hiob aber weiterhin an seiner Unschuld festhält (Hi 27,2-6). *Hiob besteht auf seiner Unschuld und macht Gott Vorwürfe*

Die Freundesreden enden mit einem Lied auf die Weisheit (Kap. 28), das nicht einer der beteiligten Personen in den Mund gelegt ist, sondern eine Art Kommentar darstellt. In ihm fragt ein Kehrvers (Hi 28,1.12.20) nach dem Ort, an dem Weisheit zu finden ist. In kunstvoller Steigerung wird formuliert, dass allein Gott den Weg zur Weisheit kenne und er sie bei der Schöpfung gesehen habe (Hi 28,23-27) – der Mensch aber nicht an die Weisheit gewiesen wird, sondern an die Gottesfurcht (Frömmigkeit), als die dem Menschen zugängliche Weisheit (Hi 28,28). *Lied auf die Weisheit*

Hiob fordert am Ende Gott zum Rechtsstreit heraus

Immer wieder hatte Hiob im Dialog mit seinen Freunden den Gedanken bewegt, mit Gott zum Rechtsstreit zu gehen (Hi 9,32 f.; 13,3.18; 16,18–22), so kulminiert Hiobs Schlussrede in einer ausführlichen Beteuerung seiner Unschuld und in einer letzten Herausforderung Gottes, er möge ihm Antwort geben.

Elihureden bestärken die Position der Freunde

Die Elihureden (Kap. 32–37) bilden ein retardierendes Element vor der Antwort Gottes auf Hiob. In ihnen wird noch einmal die Position der Freunde bestärkt, dass Gott gerecht ist und gerecht vergilt – was Hiob ja bestritten hatte (Hi 34,10 f.):

> Fern ist es Gott, Unrecht zu tun,
> und dem Allmächtigen, Frevel zu üben.
> Nein, was der Mensch tut, das vergilt er ihm,
> nach eines jeden Verhalten lässt er es ihn treffen. (EÜ)

Dabei streicht Elihu noch stärker als Elifas heraus, dass das Leiden des Menschen zu seiner Erziehung diene, und ihn dazu bringen solle, sich Gott zuzuwenden (Hi 33,14–33).

Gottesreden stellen seine überwältigende Macht heraus

Die Reden Gottes (Kap. 38–42) geschehen aus dem Wettersturm, also in Gestalt einer dramatischen Theophanie. In ihnen führt Gott in einer langen Kette rhetorischer Fragen Hiob seine Schöpfermacht vor Augen; schon nach der ersten Rede verstummt Hiob (40,1–5). In einer zweiten Rede stellt Gott seine Macht über Behemot und Leviatan dar, zwei Ungetüme der Urzeit, mit denen Gott spielt. Nach der zweiten Rede gibt Hiob seinen Unverstand zu und widerruft.

In einem Anhang an den Dialog rügt Gott noch die Freunde Hiobs, die nicht recht von ihm geredet hätten.

> *Vertiefung:* **Ist Hiob reuig oder getröstet? (Übersetzungsprobleme)**
> Wie reagiert Hiob auf die Rede Gottes im Wettersturm? Die Übersetzung seiner Antwort in Hi 42,6 differiert in den deutschen Übersetzungen beachtlich:
>
> LUTHERÜBERSETZUNG
>
> *Darum spreche ich mich schuldig und tue Buße in Staub und Asche.*
>
> Wir erinnern uns an die erste der 95 Thesen Luthers: »... dass das ganze Leben der Glaubenden Buße sei.« (Disputatio pro declaratione virtutis indulgentiarum, zit. n. Luther, Martin, Lateinisch-Deutsche Studienausgabe, Härle, Winfried, u. a. [Hg.], Bd. 2, Leipzig 2006, 3)

ZÜRCHER

Darum gebe ich auf und tröste mich, im Staub und in der Asche.

ELBERFELDER

Darum verwerfe ich (mein Geschwätz) und bereue in Staub und Asche.

GUTE NACHRICHT

Ich schäme mich für alles, was ich sagte; in Staub und Asche nehme ich es zurück.

EINHEITSÜBERSETZUNG

Darum widerrufe ich und atme auf, in Staub und Asche.

BUBER/ROSENZWEIG

Drum verwerfe ich und es gereut mich hier in dem Staub und der Asche.

Die unterschiedlichen Übersetzungen spiegeln die Schwierigkeit, den hebräischen Text richtig zu verstehen. Dem Hebräischen am nächsten kommt noch Buber/Rosenzweig; gleichzeitig macht diese Übersetzung am Besten die Verständnisschwierigkeit deutlich: Was verwirft Hiob? Das ist nicht ausdrücklich gesagt, aber doch wohl seine vorigen Äußerungen. Dann dürfte die Elberfelder mit ihrer Ergänzung (in Klammern) im Recht sein; und atmet Hiob auch nicht auf oder tröstet sich (was das Hebräische durchaus heißen kann), sondern aufgrund des Textzusammenhangs muss man dann annehmen, dass er bereut, worauf auch Staub und Asche hindeuten.

➤ Stichwort: **Himmelsszene und Theodizee (die Wirkungsgeschichte)**
Hiobs Heilung und sein neues Glück ist in der christlichen Tradition als Bild für die Auferstehung gedeutet worden, während in der Kunstgeschichte Hiob im Staub ein verbreitetes Motiv ist. Die Himmelsszene zwischen Gott und Satan nimmt Goethe im Prolog zum Faust auf und Josef Roth nennt seinen »Roman eines einfachen Mannes« schlicht Hiob.

Wichtig ist das Hiobproblem geworden: Seit der Aufklärung wird es als Theodizeefrage immer wieder auch am Beispiel Hiobs erörtert, so z.B. von Immanuel Kant. Er beschließt seine Schrift Über das Mißlingen aller philosophischen Versuche in der Theodizee mit einer Auslegung des Hiob-Buches, in dem er sein Verständnis »allegorisch ausgedrückt« findet (Weischedel, Wilhelm [Hg.], Immanuel Kant. Gesamte Werkausgabe, Bd. 11, Frankfurt a. M. ²1978, 116).

ÜBERSICHT HIOB

1–2	Prolog im Himmel (RAHMENERZÄHLUNG Teil 1)		**Satan** im himmlischen Hofstaat: Hiobs **Unglück**; Rahmenerzählung in Prosa → Kap. 42
3–27	FREUNDESREDEN	3	Klage Hiobs
	drei Redegänge, jeweils: Elifas – Bildad – Zofar, von Antworten Hiobs unterbrochen; im letzten Redegang fehlt Zofar.		Hiob und seine Freunde diskutieren über Schuld als **Ursache und Sinn des Leidens** – ist es (1.) *Mahnung* (Elifas) oder (2.) *gerechte Vergeltung* – vielleicht für (3.) *unbewusste Sünden*? **Hiob** besteht auf seiner **Unschuld** – auch wenn bei den Freunden gelegentlich anklingt, dass (4.) *vor Gott kein Mensch gerecht sein kann* (z. B. 2. Elifas, 15,14; 3. Bildad, 25,4).
28	Exkurs: Lied der Weisheit		
29–31	Hiob fordert Gott zum Rechtsstreit	31	Hiobs Reinigungseid
32–37	Vier ELIHUREDEN (monologisch)	32 f.	Erziehungsleiden und Engel Gottes
		34 f.	Von der Gerechtigkeit Gottes
		36 f.	der gerechte Schöpfergott offenbart sich
38–42	GOTTESREDEN		Entfaltung der **göttlichen Macht** in der **Schöpfung**: Hiob erkennt seine **Unterlegenheit** an; das Leiden bleibt letztlich ungeklärt (5. *Geheimnis*)
42	EPILOG (Rahmenerzählung, Teil 2)		Hiobs **neues Glück**: er ist der Gerechte, der sich im Leid bewährt hat (*Bewährung* als 6. Antwort auf die Frage nach dem Leid)

Erzähltexte
- Hiobrahmenerzählung, Hi 1–2; 42

Literatur

Ebach, Jürgen, Streiten mit Gott – Hiob, 2 Bde., Neukirchen ⁵2009.

Kaiser, Otto, Ideologie und Glaube. Eine Gefährdung christlichen Glaubens am alttestamentlichen Beispiel aufgezeigt, Stuttgart ²1984.

Schmid, Konrad, Hiob als biblisches und antikes Buch: Historische und intellektuelle Kontexte seiner Theologie, SBS 219, Stuttgart 2010.

8.3.3 QOHELET

Im Qoheletbuch, auch Prediger Salomo genannt, werden die Lebenslehren der Weisheit einer kritischen Durchsicht unterzogen; sie halten der Kritik nicht stand. Das Motto des Buches lautet darum – in Luthers Übersetzung – »alles ist eitel«, was so viel meint wie nutzlos, oder absurd. Das Fazit des Predigers ist die Aufforderung zum Lebensgenuss: Carpe diem!

Der Name des Buches lautet auf Hebräisch Qohelet, was so viel wie »Versammlungsleiter« bedeutet. Luther hat das Wort mit »Prediger« übersetzt. Ähnlich wie das Buch der Sprichwörter wird dieses Weisheitsbuch Salomo zugeschrieben, doch fällt der Name nicht ausdrücklich; es ist in der Überschrift 1,1 nur vom »Sohn Davids, dem König in Jerusalem« die Rede. Damit ist aber natürlich auf Salomo angespielt, zumal in der so genannten Königsfiktion (Qoh 1,12–2,11) das Glück des Königs befragt wird, ob es standhält. Doch trotz dieser Hinweise auf Salomo ist das Buch sicher nicht von ihm; die philosophische Argumentationsweise lässt an griechische Philosophie denken. Darum datiert man dieses Buch allgemein in die hellenistische Epoche.

Prediger (Luther) bzw. Versammlungsleiter

Königsfiktion

Motto des Buches: »Alles ist eitel (absurd)«. Die übergreifende Disposition des Buches ist klar: Zu Anfang stellt Qohelet seine These auf, die im Blick auf viele weisheitliche Themen erörtert wird. Am Ende wird diese These als Fazit wiederholt. Die These lautet, klassisch nach Luther (Qoh 1,2):

> Es ist alles ganz eitel, sprach der Prediger, es ist alles ganz eitel.

»Eitel« ist hier der alte Ausdruck für »nichtig und flüchtig« – so übersetzt die Zürcher Bibel. Das hebräische Wort, das hier zugrunde liegt, lautet hæbæl »Windhauch«. Nichts also, was man festhalten kann. Doch danach fragt Qohelet: Was ist der bleibende Gewinn im Leben? Kann ich ihn wirklich, wie die weisheitliche Lehre verspricht, erreichen, wenn ich das mache, was mir die weisheitlichen Lehren raten? Formuliert ist diese Frage als Leitfrage in Qoh 1,3:

> Was hat der Mensch für Gewinn von all seiner Mühe, die er hat unter der Sonne?

Diskursive Struktur des Buches

Diese Frage versucht Qohelet zu beantworten anhand einer Untersuchung der weisheitlichen Lebenslehren. Dabei wendet er ein dialogisches Verfahren an: Er zitiert weisheitliche Meinungen und schließt Gegenpositionen an; bisweilen lässt er auch konträre Weisheitssprüche sich gegenseitig ad absurdum führen. Da die fremden und eigenen Positionen formal nicht klar voneinander zu unterscheiden sind, ist der Gedankengang des Buches nicht immer leicht nachzuvollziehen. Klar ist aber, dass Qohelet gegen die weisheitliche Annahme polemisiert, aufgrund des Tun-Ergehen-Zusammenhanges ließe sich ein gelingendes Leben garantieren, da er die Erkenntnis über die Handlungsmöglichkeiten bietet.

ÜBERSICHT QOHELET

1,1	Überschrift
1,2	**Rahmen I** mit These: Alles ist »Windhauch« (eitel, absurd)
1,3–3,15	skeptische Auseinandersetzung mit den weisheitlichen Lehren
3,16–12,7	Abschließende Empfehlungen für die Lebensführung: **Carpe diem!**
12,8	**Rahmen II** mit Fazit: Alles ist »Windhauch«
12,9–11	Nachträge Nachtrag I: Qohelet war ein **Weiser**
12,12–14	Nachtrag II: Fürchte Gott und halte die Gebote.

FRAGEN WEISHEIT

1.) Erklären Sie den Tun-Ergehen-Zusammenhang und erläutern Sie dessen Bedeutung für das Proverbienbuch, das Hiobbuch und Qohelet. Gehen Sie dabei darauf ein, wie unterschiedlich sich diese drei Bücher zu diesem »Grundgesetz der Weisheit« verhalten!
2.) Welche Lösungen bietet das Hiobbuch für die Frage nach dem Leiden?

Vertiefung
- Charakterisieren Sie die einzelnen Sammlungen im Proverbienbuch!
- Wo finden wir Texte zu den jüdischen Festen in der Bibel?

8.4 Die Megillot

Die Megillot (pl. von hebr. *megillah* »Rolle«) sind die Festrollen des Judentums. Sie werden anlässlich bestimmter Feste gelesen:

Hoheslied	Passa und Mazzot (ungesäuerte Brote)
Rut	Schawuot (Wochenfest)
Thr	Gedenktag der Tempelzerstörung am 9. Ab
Qohelet	Sukkot (Laubhüttenfest)
Ester	Purim (»Los«)

Das Buch Qohelet ist oben im Zusammenhang mit der Weisheit behandelt, da es sachlich dort hingehört.

> *Vertiefung:* **Jüdische Feste**
> Das Judentum kennt eine Reihe von Festen, die nicht alle biblischen Ursprungs sind. Hauptquellen für die Feste sind die sogenannten Festkalender in den Gesetzestexten der Tora:
> - Bundesbuch   Ex 23,14–19
> - Heiligkeitsgesetz   Lev 23
> - Deuteronomium   Dtn 16,1–17
> - Privilegrecht Jhwhs Ex 34,10–26
>
> Daneben wird in Ex 11–13 die Festlegende des Passafestes erzählt, verbunden mit Vorschriften zu seiner Feier. In Lev 16 findet sich der Versöhnungstag (Jom Kippur). Von der Feier eines Passa ist im AT mehrfach berichtet (Num 9, erstes Passa am Sinai; 2Kön 23,21 unter König Josia). Insgesamt finden sich im AT folgende Feste:
>
> | | |
> |---|---|
> | Frühjahr | Passa und Mazzot (ungesäuerte Brote) |
> | | Schawuot (Wochenfest) |
> | Sommer | 9. Ab (Tempelzerstörung) |
> | Herbst | Rosch Haschana (Neujahr) |
> | | Jom Kippur (Versöhnungstag) |
> | | Sukkot (Laubhüttenfest) |
> | Winter | Chanukka (Tempelweihfest) |
> | | Purim (»Los«) |

Für das Purimfest liefert Ester die Festlegende, für das Chanukka-Fest findet sich die Festlegende nicht in der jüdischen Bibel, sondern nur in den Apokryphen zur christlichen Bibel, in den Makkabäerbüchern (1Makk 4,52-59; 2Makk 10,1-8). Das Datum für den Gedenktag zur Tempelzerstörung am 9. Ab ist biblisch nicht belegt, doch nach der jüdischen Tradition sind sowohl der Erste als auch der Zweite Tempel an diesem Datum zerstört worden.

Im Neuen Testament gehören diese Feste zur selbstverständlichen Lebenswelt der Evangelien: Lukas berichtet von einer Wallfahrt Jesu mit seinen Eltern nach Jerusalem (Lk 2,41 ff.); Jesus stirbt am Passafest (Mk 14,12); Pfingsten findet am Wochenfest statt (Apg 2), ja, der Name Pfingsten ist vom griech. Namen für das Wochenfest abgeleitet, *pentekostê (hemerai)* (fünfzig [Tage nach Passa]). Bei Johannes strukturieren die jüdischen Feste das Evangelium, da Jesus mehrfach als Festpilger nach Jerusalem kommt.

Literatur
Galley, Susanne, Das jüdische Jahr: Feste, Gedenk- und Feiertage, München 2003.
Müllner, Ilse/Dschulnigg, Peter, Neue Echter Bibel, Themen Bd. 9: Jüdische und Christliche Feste, Würzburg 2002.

8.4.1 Hoheslied

In dieser Sammlung von Liebesliedern sprechen abwechselnd ein Mann, eine Frau oder ein Chor: Im Mittelpunkt stehen Sehnsucht und körperliche Liebe in exotischen Bildern. Der fehlende Bezug auf Gott wird in der Auslegungsgeschichte durch allegorische Deutung kompensiert; die traditionelle jüdische Auslegung versteht die Frau als Israel und den Geliebten als Gott. Christlich sind dann Jesus und die Seele bzw. die Kirche als Liebespartner eingetragen.

Profane Liebeslieder   Das Hohelied ist eine Sammlung von Liebesliedern. Sie beschreiben die Liebe von Mann und Frau in poetischen Metaphern. Auffällig ist der Wechsel von Liedern einer Frau, eines Mannes und eines Chores. Die Mitte des Buches enthält so etwas wie den Leitgedanken:

> *Berauscht euch an der Liebe!* (Hld 5,1)

Und der Gipfel der Aussagen über die Liebe ist gegen Ende erreicht, Hld 8,6 f.:

8.4 Die Megillot

Abb. 14: **Madonna im Garten** (Martin Schongauer, zwischen 1469 und 1491, Öl auf Holz, 30 × 21 cm, National Gallery London). Dieses Motiv entstammt der allegorischen Auslegung des Hohenliedes: Maria wird mit der Braut identifiziert, die in Hld 4,12 als Garten angeredet ist: »Ein verschlossener Garten ist meine Schwester Braut«.

Lege mich wie ein Siegel auf dein Herz,
wie ein Siegel auf deinen Arm.
Denn Liebe ist stark wie der Tod
und Leidenschaft unwiderstehlich wie das Totenreich.
Ihre Glut ist feurig
und eine Flamme des HERRN,
sodass auch viele Wasser die Liebe nicht auslöschen
und Ströme sie nicht ertränken können.

Vertiefung: **Allegorische Deutung des Hohenliedes**
Bis zum Aufkommen der historisch-kritischen Exegese wurden die Texte allegorisch gelesen; im Anschluss an Texte, die das Verhältnis Gottes zu seinem Volk in den Bildern von Mann und Frau darstellen (z.B. Jer 2), las man in jüdischer Tradition das Hohelied als Text über das Verhältnis Israels zu Gott. Diese Deutung wurde in der christlichen Theologie adaptiert, vor allem von dem alexandrinischen Theologen Origenes (185–254); er hat die Grundlage für die christliche Mystik gelegt. Dabei benutzte er verschiedene biblische Motive, unter anderem das Hohelied; hier konnte er den Liebhaber als den Bräutigam verstehen, als den sich Jesus selbst bezeichnet (Mk 2,20). Deswegen spricht man auch von Brautmystik. Insgesamt finden sich in der christlichen Auslegungstradition des Hohenliedes mehrere Deutungsvarianten:

- Christus (Liebhaber/Bräutigam) – Kirche (Geliebte)
- Die Frau ist Maria als Kirche
- Seele (Geliebte) – Gott (Liebhaber)

Motive der Brautmystik finden sich auch in Kirchenliedern, so in dem Epiphaniaslied »Wie schön leuchtet der Morgenstern« (EG 70). In der ersten Strophe wird Christus als Bräutigam angeredet und in der vierten Strophe werden die Zärtlichkeiten beschrieben:

> Von Gott kommt mir ein Freudenschein,/ wenn du mich mit den Augen dein/ gar freundlich tust anblicken./ Herr Jesu, du mein trautes Gut,/ dein Wort, dein Geist, dein Leib und Blut/ mich innerlich erquicken./ Nimm mich freundlich / in dein Arme / und erbarme dich in Gnaden;/ auf dein Wort komm ich geladen.

8.4.2 RUT

Rut ist die Großmutter Davids; mit ihrer Schwiegermutter Naomi sichern sie sich durch Ruts Heirat das Überleben als Frauen in einer Männerwelt. – Boas erweist sich als gerecht, indem er Rut heiratet.

Namen im Buch Rut sind symbolisch

Das kleine Buch Rut erzählt die Geschichte von zwei Frauen, Rut und ihre Schwiegermutter Naomi (oder: Noomi). Wie die sprechenden Namen zeigen, ist es eine fiktive Erzählung: Elimelech (der Name bedeutet: Mein-Gott-ist-König) verlässt mit seiner Frau Naomi (*die Liebliche*) und seinen zwei Söhnen Machlon (*Schwächlich*) und Kiljon (*Kränklich*) wegen einer Hungersnot seinen Heimatort Bethlehem (*Brothausen*). Sie gehen aus Juda ins Nachbarland Moab. Dort heiraten die Söhne, und alle Männer der Familie sterben. Naomi beschließt, mit ihren zwei Schwiegertöchtern nach Bethlehem zurückzukehren. Eine, Rut (*Freundin*), geht mit, die andere, Orpa (*die Hartnäckige, die sich Umwendende*), dreht auf halber Strecke um. Das ist der Prolog der Geschichte, die sich in vier Akten entwickelt:

Kap. 1	Prolog:	Das Schicksal der Familie Elimelechs
	1. Akt	Naomi bricht mit ihren beiden Schwiegertöchtern nach Bethlehem auf.
Kap. 2	2. Akt	Rut begegnet Boas auf den Feldern vor Bethlehem beim Ährenlesen.
Kap. 3	3. Akt	Rut geht nachts zu Boas auf die Tenne.
Kap. 4	4. Akt	Boas als Löser für Rut, die er heiratet, und Naomi.
	Epilog:	Stammtafel von Perez bis König David

Die Novelle erzählt nun, wie es den beiden Frauen gelingt, in Naomis alter Heimat Fuß zu fassen. Dabei bewährt sich Rut als Freundin von Naomi, indem sie Boas davon überzeugen kann, sie zu heiraten. Naomi schickt Rut zum Ährenlesen – es war das Recht der Armen, das bei der Ernte Liegengebliebene aufzulesen. Boas erweist sich als gerecht, weil er seine Arbeiterinnen und Arbeiter anweist, Rut in Ruhe zu lassen und ihr Wasser abzugeben. In der Nacht schickt Naomi Rut dann wie eine Braut geschmückt auf die Tenne, wobei der hebräische Text unklar bleibt, ob Rut mit Boas schläft oder nicht.

Frauensolidarität sichert ihr Überleben

Am andern Morgen jedenfalls nimmt sich Boas der beiden Frauen an. Dabei spielen zwei alttestamentliche Rechtsvorschriften eine tragende Rolle: zum einen der Brauch des Lösers (Lev 25; Jer 32,7 ff.) und zum andern der der Leviratsehe (»Schwagerehe«, Dtn 25; Gen 38), die im Folgenden kurz erläutert werden.

> Vertiefung: **Das Buch Rut im alttestamentlichen Diskurs**
> Der Brauch des Lösers hängt mit dem alttestamentlichen Bodenrecht zusammen: Das Land sollte im Besitz der Sippe bleiben. Wenn es einmal verkauft werden musste, bestand ein Rückkaufrecht für die Sippe und derjenige, der es auszuüben hatte, hieß der »Löser«.

Auslegung alttestamentlicher Rechtstraditionen

Unabhängig davon ist im übrigen AT die Leviratsehe: Wenn ein verheirateter Mann ohne männlichen Nachwuchs stirbt, soll sein Bruder die Witwe heiraten und der erste Sohn dieser neuen Verbindung gilt noch als Sohn des Verstorbenen. So bleibt dessen Name bestehen. Diese beiden Rechtsvorschriften sind nun im Buch Rut verbunden: Boas »löst« das Land von Elimelech aus und heiratet Rut. Boas ist damit ein Vorbild an Gerechtigkeit in Gestalt gelebter Sippensolidarität.

Gegen die Mischehenverbote von Esra und Nehemia

Neben dieser ethischen Zielrichtung besitzt das Buch auch eine politische: In der nachexilischen Zeit sorgen Esra und Nehemia dafür, dass die Judäer sich von ihren ausländischen Ehefrauen trennen (Esr 10) – und die Moabiterinnen sind ausdrücklich genannt (Esr 9,2; Neh 13,23). Dabei wird eine Vorschrift aus Dtn 23,4 ausgelegt, die Moabiter und andere aus der Gemeinde Jhwhs fernhalten will. Genau dies geschieht aber im Buch Rut nicht, das damit in Opposition zu dieser nationalreligiösen Abgrenzung steht.

8.4.3 Klagelieder

In den Klageliedern wird die Zerstörung Jerusalems durch die Babylonier betrauert.

Die Klagelieder reflektieren die Eroberung und Zerstörung Jerusalems 587 v. Chr. (vgl. 2Kön 25; 2Chr 36; Jer 52). Sie versuchen, das Geschehen zu deuten. Dazu dienen im Wesentlichen vier Motive, die auch leitmotivische Funktion haben:
1. Der Zorn Gottes ist der Grund des Leidens.
2. Die Sünden Jerusalems sind die Ursache des göttlichen Zorns.
3. Das Bekenntnis der Sünde und der Aufruf zur Buße sind die Mittel, den göttlichen Zorn zu stillen.
4. Angesichts der weiter bestehenden Gottesferne wird doch zu Gottvertrauen aufgerufen.

Schon früh wird Jeremia als Verfasser der Klagelieder angesehen, allerdings kann die kritische Exegese diese Autorschaft nicht bestätigen.

8.4.4 Ester

Ester vereitelt als jüdische Königin am persischen Hof listig eine Judenverfolgung. Das Buch erzählt die Festlegende des Purimfestes.

Die Handlung des Esterbuches beginnt damit, dass der persische König Ahasverus (Xerxes) seine Gattin Waschti verstößt. Die Pflegetochter des jüdischen Hofbeamten Mordechai, Ester, wird neue Königin, ohne dass bei Hofe bekannt ist, dass beide jüdischer Herkunft sind. Noch zur Vorgeschichte der eigentlichen Handlung gehört, dass Mordechai einen Anschlag gegen den König aufdeckt und der König ihm daher einen Gefallen verspricht.

Ein Günstling des Königs, Haman, erwirkt einen Erlass zur Vernichtung der Juden im persischen Reich. Mordechai erfährt davon und veranlasst Ester, beim König für ihr Volk einzutreten. Dazu muss sie schlau vorgehen: Sie lädt Ahasverus und Haman zu einem ersten Gastmahl. Doch zunächst triumphiert Haman; er lässt einen Galgen für Mordechai errichten.

König Ahasver entdeckt die Verdienste Mordechais und lässt ihn durch Haman ehren. Nun lädt Ester zum zweiten Gastmahl; jetzt kann Ester den König auf ihre Seite ziehen. Er missbilligt nun Hamans Pläne zur Judenvernichtung und lässt ihn selbst hinrichten. Mordechai nimmt seine Stelle ein. Da ein Gesetz des persischen Königs nicht rückgängig gemacht werden kann (»Gesetz der Meder und Perser«), erwirkt Ester einen Erlass beim König, der es den Juden erlaubt, präventiv gegen ihre Feinde vorzugehen. So kommt es, dass die Juden im persischen Reich ihre Feinde vernichten.

Vertiefung: **Textfassungen des Esterbuches**
In der LXX finden sich einige Ergänzungen zum hebräischen Text des Esterbuches; die katholische Einheitsübersetzung bietet sie im fortlaufenden Text, in der Lutherbibel sind die Passagen unter den Apokryphen zu finden.

➤ *Stichwort:* **Das jüdische Purimfest**
Der Epilog berichtet von der Einführung des jährlichen Purimfestes am 14./15. Adar. Deswegen ist das Buch in der jüdischen Tradition als Text zu diesem

Fest tief verankert. Wenn es verlesen wird, wird immer, wenn der Name Hamans vorkommt, so viel Krach gemacht, dass man ihn nicht verstehen kann. In vielen Gemeinden wird der Stoff auch als Theaterstück gezeigt. Die übrigen Bräuche, die sich mit dem Fest verbinden, erinnern an Karneval, so das Verkleiden. Das Buch wird christlicherseits fast gar nicht rezipiert; auch in der neuen Perikopenordnung, die die im Gottesdienst verwendeten Texte festlegt, kommt es nicht vor.

Abb. 15: **Purimfest im Lager für Displaced Persons – Hitler als Haman.**
hebr. Buchstaben – Deutsch: Purim Karneval in Landsberg
Diese Aufnahme wurde 1946 in einem Lager für so genannte »DPs« – Displaced Persons – in Landsberg/Lech gemacht. Frania Blum, eine Überlebende, erläutert die Hitler-Hamans folgendermaßen: »Wir wussten, dass Hitler tot war, aber wir konnten nicht sehen, wo er war. Hier sahen wir, dass er hingerichtet und begraben wurde.« (zitiert nach: *Paulus, Martin u. a.*, Ein Ort wie jeder andere. Bilder aus einer deutschen Kleinstadt. Landsberg 1923–1958, Reinbek 1995).

8.4.5 Fragen zu den Megillot

1.) Was sind die Megillot? Geben Sie kurze Inhaltsangaben zu den einzelnen Büchern.

Vertiefung:

- In welcher Weise ist das Buch Rut in die atl. Diskurse eingebunden?
- Aufgrund welcher Auslegungstradition ist das Hohelied in die Bibel gekommen und für welche theologischen Strömungen ist es in der Folge wichtig geworden?
- Warum spielt Ester in der christlichen Tradition und im christlichen Gottesdienst keine Rolle?

8.5 Das Danielbuch

Das Danielbuch besteht aus zwei Teilen. Der erste Teil enthält Legenden von Daniel, der mit seinen Freunden als glaubenstreuer Jude am Hof des fremden Herrschers lebt. Es werden die Schwierigkeiten deutlich, die Juden im Exil haben (Speisegebote, Monotheismus). Daniel ist Traumdeuter für König Nebukadnezar. Dies verweist schon auf den zweiten Teil mit apokalyptischen Visionen des Daniel, die eine Abfolge von vier Weltreichen prophezeien, deren letztes von Gott vernichtet wird. Es ist das einzige alttestamentliche Buch, das eine ausdrückliche Vorstellung von der Totenauferstehung enthält.

In christlichen Bibeln gehört das Danielbuch zu den prophetischen Büchern und ist nach Ezechiel eingeordnet. Im jüdischen Kanon findet es sich bei den Schriften, den Ketubim. Es ist das jüngste Buch des AT und bezieht sich auf die Entweihung des Jerusalemer Tempels durch Antiochus Epiphanes 168 v. Chr. (Dan 11,31). Das Buch besteht aus einer Reihe von Erzählungen und einem Abschnitt mit Visionen. Der älteste Teil des Buches dürfte in den Legenden zu finden sein, die vermutlich schon in persischer Zeit entstanden sind, also zwischen 539 und 333 v. Chr. In den Visionen in Dan 2, Dan 7 und Dan 8 spiegelt sich die Eroberung Alexanders und die Aufspaltung seiner Eroberungen unter seinen Nachfolgern (Diadochenreiche). Das Buch wird wegen seiner weltgeschichtlichen Visionen der Apokalyptik zugerechnet; mit diesen Visionen hat es auf die Johannes-Apokalypse im NT großen Einfluss ausgeübt.

Daniel enthält Texte aus hellenistischer Zeit

1–6	Daniellegenden am babylonischen Hof
7–12	Visionen von der Weltgeschichte und ihrem Ende

> *Stichwort:* **Apokalyptik**

Das Danielbuch ist eine apokalyptische Schrift. Unter **Apokalyptik** versteht man eine bestimmte geistige Strömung im antiken Judentum und im frühen Christentum. Ihre Merkmale sind:
- Name hergeleitet von der Offenbarung des Johannes »Apokalypse«
- Darstellungsmittel: Himmelsreise, Traum, (ekstatische) Vision
- enthalten geheimes Wissen über das Ende der Geschichte
- Enthüllungen über den Geschichtsverlauf oft als *vaticina ex eventu* (lat., »Vorhersage nach dem Ereignis«)
- Periodisierung der Geschichte
- Gegenüberstellung von Weltreichen und Gottes Reich
- Gott handelt durch Mittlerwesen (Engel)
- Gegenspieler: Teufel
- Leiden der Endzeit
- kriegerischer Endkampf

Kanonisch sind nur Dan und Apk apokalyptische Bücher – in den Prophetenbüchern finden sich lediglich einzelne Passagen, in denen apokalyptische Motive aufscheinen, bes. die Jesaja-Apokalypse (Jes 24–27); außerkanonisch findet sich eine reichhaltige Literatur, hier ist vor allem das äthiopisch überlieferte Henoch-Buch zu nennen, daneben aber auch 4. Esra und syrischer Baruch. Im NT gehören Mk 3, die sog. synoptische Apokalypse, und das Buch der Offenbarung des Johannes dazu. Außerhalb des Kanons neutestamentlicher Schriften stand die christliche Schrift »Hirt des Hermas« lange in hohem Ansehen, daneben gab es eine Reihe weiterer christlicher Apokalypsen.

Literatur
Tilly, Michael, Apokalyptik, Tübingen/Basel 2012.

8.5.1 Daniellegenden

Legenden vom babylonischen Hof: Probleme von Juden in der Diaspora

Speisegesetze

Die Daniellegenden spielen zur Zeit des babylonischen Exils: König Nebukadnezar (605–561 v. Chr.) holt Daniel und seine drei Freunde an seinen Hof und lässt sie dort ausbilden. Um sich nicht durch die Speisen am Königshof zu verunreinigen, essen die vier vegetarisch und sehen gesünder aus als die anderen. Nach der Ausbildung werden sie zu Ratgebern des Königs und übertreffen alle einheimischen Wahrsagepriester (Dan 1).

8.5 Das Danielbuch

In Dan 2 bewährt sich Daniel als Weiser. Nebukadnezar verlangt von seinen Wahrsagern die Deutung eines Traumes, den er ihnen aber nicht mitteilt. Allein Daniel kann mit Gottes Hilfe dem König seinen Traum und dessen Deutung nennen, denn:

Daniels Weisheit

> »Es gibt einen Gott im Himmel, der Geheimnisse enthüllt, und er hat den König Nebukadnezar wissen lassen, was am Ende der Tage sein wird.« (Dan 2,28; Zü)

Es ist Daniels Gott (Jhwh), der ihm überlegene Weisheit gibt, der aber als Herr der Geschichte diese vorher ankündigt. Im Traum hatte der König eine riesige Statue gesehen, oben aus Gold, dann aus Silber, dann Bronze – und die Füße waren aus Eisen und Ton. Dann kam ein Stein, der das Standbild zerstörte. Daniel deutet diesen Traum dem König auf das Ende der Weltreiche, das Gott herbeiführen wird, um seine eigene Herrschaft aufzurichten. Das ist die erste apokalyptische Vision des Buches.

Im dritten Kapitel geht es wieder, wie im ersten, um Probleme jüdischen Lebens in nichtjüdischer Umgebung. War es in Kap. 1 die Frage der Speisegesetze, so wird jetzt das Verbot thematisiert, andere Gottheiten außer Jhwh anzubeten. König Nebukadnezar fordert, sein Standbild anzubeten. Als Daniels drei Freunde sich diesem Ansinnen verweigern, werden sie denunziert und in einen brennenden Feuerofen geworfen. Doch Gott rettet sie, indem er einen Engel schickt und Nebukadnezar sie vor Schreck wieder aus dem Ofen holen lässt.

Götzendienst

Kap. 4 enthält einen aus der Perspektive Nebukadnezars formulierten Bericht über dessen Wahnsinn, der ihn aus der menschlichen Gemeinschaft hinaustreibt. Geheilt wird er durch sein Bekenntnis zu dem Gott des Himmels (dem Gott Israels).

In Kap. 5 wird ein Gastmahl des babylonischen Regenten Belsazar beschrieben. Er hat Gott dadurch verhöhnt, dass er seine Gäste aus heiligen Gefäßen des Jerusalemer Tempels (vgl. Dan 1,2) trinken lässt. Daraufhin erscheint eine Schrift an der Wand: Mene Mene Tekel u Parsin.

➤ Stichwort: **Menetekel**
Ausdruck für ein »ungünstiges Vorzeichen«.

Daniel kann die Schrift auf das Ende von Belsazars Herrschaft deuten und auf die neue Herrschaft der Meder und Perser. Der König ehrt Daniel und wird von seinen Knechten umgebracht. Heinrich Heine hat diese Szene in seiner Ballade »Belsazar« (1820) fesselnd beschrieben.

Unter dem persischen König Darius (521–485 v. Chr.) ist Daniel der Aufseher aller Satrapen (Statthalter) des Reiches, weigert sich aber, den König und nicht Gott anzubeten, woraufhin er in eine Grube mit hungrigen Löwen geworfen wird. Doch sie tun ihm nichts. Daraufhin veröffentlicht Darius eine Hymne auf Jhwh:

> Denn er ist der lebendige Gott,
> und er bleibt in Ewigkeit,
> und seine Königsherrschaft wird nicht untergehen
> und seine Herrschaft hat kein Ende. (Dan 6,27; Zü)

Insgesamt hat Daniel also nach der Darstellung des Buches von 586 bis vielleicht 520 v. Chr. im Dienst ausländischer Herrscher gestanden.

8.5.2 Visionen bei Daniel

Die Visionen beginnen mit einer Schau von Tieren, die nacheinander aus dem Meer steigen und die Weltreiche der Babylonier bis hin zu den hellenistischen Diadochen verkörpern. Danach wird Gottes Königsherrschaft angekündigt. Dies geschieht in einer Gerichtsszene, in der Gott als ein »Hochbetagter« mit weißem Haar beschrieben wird, von dem Feuer ausgeht (Dan 7). In Kap. 8 wird das Tiermotiv mit anderen Tieren variiert und um eine Episode fortgeführt, die auf die Entweihung des Jerusalemer Tempels unter dem seleukidischen König Antiochus IV. Epiphanes anspielt (Dan 8,11 f.). In Kap. 9 erfolgt ein großer Rückblick auf die Geschichte Israels. Aus Jeremias Ankündigung von 70 Jahren Exil (Jer 25,11 ff.) wird eine Epochenlehre gesponnen, die das Ende vorhersagen will für die Zeit des Antiochus (Dan 9,26 f.). In der großen Abschlussvision (Dan 10–12) wird die Geschichte der Perser, Alexanders des Großen und seiner Nachfolger (Diadochen) als Voraussage nacherzählt; dabei wird der Engelfürst Michael als Helfer Gottes und Israels erwähnt (Dan 10,13.21; 12,1). Im letzten Kapitel wird eine Totenauferstehung am Ende der Zeit erwartet, wobei einige gerettet werden, andere hingegen »zu Schmach und Abscheu« verdammt sind (Dan 12,2).

Apokalyptische Geschichtsschau: Abfolge der Weltreiche

Daniel soll diese Botschaft verbergen – daher der Begriff *Apokalypse* (griech., Enthüllung von etwas Verborgenem, Dan 12,4).

In einem Anhang wird das erwartete Ende noch etwas hinausgeschoben (Dan 12,5 ff.).

8.5 Das Danielbuch

Vertiefung: **Wirkungsgeschichte des Danielbuches**
Das Danielbuch wird vom Judentum nicht sonderlich geschätzt, anders ist es im Christentum. Der Menschensohntitel, der in den Evangelien für Jesus verwendet wird, lässt sich vermutlich aus Dan herleiten (Dan 10,16). In der abendländischen Malerei sind verschiedene Szenen aus Daniel beliebt: Daniel in der Löwengrube und die Geschichte mit Susanna im Bade, die sich nur in der LXX-Fassung des Buches findet.

Seit den Kirchenvätern hat die Darstellung der vier Weltreiche in Dan 7 die Geschichtswissenschaft geprägt. Das vierte Tier wird dabei mit dem Römischen Reich identifiziert. Erst in der Renaissance entstand das heute noch gebräuchliche Schema von den drei Epochen Altertum, Mittelalter und Neuzeit.

In der Theologiegeschichte hat das Danielbuch immer wieder Endzeitspekulationen befördert, auch Luther hat sich ausführlich mit Dan 7 beschäftigt. Er sah in den zehn Hörnern des vierten Tieres die europäischen Nachfolgestaaten des antiken Römerreiches und deutete das kleine Horn auf Mohammeds Herrschaft, speziell auf die Ausdehnung des türkischen Reiches, eines der zentralen außenpolitischen Probleme Deutschlands im 16. Jh. Diese Deutung geht auf den byzantinischen Theologen Johannes von Damaskus (ca. 650–754) zurück und wurde im Mittelalter von Joachim von Fiore (ca. 1135–1202) aufgegriffen.

Literatur
Bracht, Katharina/du Toit, David S. (Hg.), Die Geschichte der Daniel-Auslegung in Judentum, Christentum und Islam. Studien zur Kommentierung des Danielbuches in Literatur und Kunst, BZAW 371, Berlin/New York 2007.

8.5.3 Übersicht Danielbuch

1–6	**LEGENDEN** (3. Person) von der **Glaubensfestigkeit** des weisen Daniel am Hof des babylonischen Königs	1	Daniel und seine Freunde am babylonischen Hof
			Kap. 2–7 in aramäischer Sprache:
	Diasporanovellen:	2	Nebukadnezars Traum vom Standbild
	Gen 37–50; Dan; Est	3	Drei Freunde Daniels im Feuerofen
		4	Daniel deutet Nebukadnezars Traum und seinen Wahnsinn
		5	Belsazars Gastmahl
		6	Daniel in der Löwengrube
7–12	**VISIONEN** (1. Person) vom Gang der **Weltgeschichte** und ihrem **Ende**	7	*Vier Weltreiche und der Menschensohn*
		12	Endzeit und **Totenerweckung**

Erzähltexte
- Daniel deutet Nebukadnezars Traum, Dan 2
- Belsazars Gastmahl, Dan 5
- Vision von den vier Weltreichen, Dan 7

➤ *Stichwort:* **Leben nach dem Tod und Auferstehung der Toten**
Im AT lässt sich erkennen, dass die im Alten Orient verbreiteten Vorstellungen eines Totenreiches (hebr. *Scheol*) bekannt waren. Dort existieren die Menschen nur noch als Schatten, kraftlos und traurig. In den Psalmen wird dieser Zustand oft angesprochen, er ist jedoch immer metaphorisch zu verstehen als kraftlose, traurige Situation des Beters im Leben (v. a. Ps 88; vgl. Qoh 9,6), aus der Gott retten soll.

Tod als Gottesferne
Das Totenreich selbst ist ein Ort, der fern von Jhwh ist (Ps 6,6); erst in späteren Psalmen wird auch Jhwh im Bereich des Todes aktiv, er ist auch dort dem Beter nahe (Ps 139,8; 49; 73).
Einen Totenkult, wie in der Umwelt sehr verbreitet, finden wir im AT nicht und auch die eher spärlichen Grabbeigaben lassen einen solchen nicht erkennen. Experten können zwar Kontakt zu den Toten aufnehmen (1Sam 28: Saul bei der Hexe von Endor), aber im Pentateuch ist Totenbeschwörung verboten (Dtn 18,11), sie steht in Konkurrenz zur Jhwh-Prophetie.

8.5 DAS DANIELBUCH

Eine Auferstehungsvorstellung findet sich bei alldem im AT nur in ganz späten Texten. Von Henoch und Elia wird zwar gesagt, dass sie, ohne zu sterben, zu Gott entrückt werden (Gen 5,24; 2Kön 2,11), doch das ist die große Ausnahme. In Ez 37 wird das Bild von der Wiederbelebung der Totengebeine als Metapher für die Rückkehr Israels aus dem Exil verwendet, was die Verse 11 f. klar aussprechen. Erst in der späten Jesaja-Apokalypse und bei Dan findet sich eine ausdrückliche Auferstehungshoffnung:

Entstehung der Auferstehungshoffnung in hellenistischer Zeit

Jes 26,19: *Deine Toten aber werden leben,*
ihre Leichname stehen wieder auf.
Wacht auf, und jubelt, ihr Bewohner des Staubs!
Denn ein Tau von Lichtern ist dein Tau,
und die Erde wird die Schatten gebären. (Zü)

Dan 12,2: *Und viele von denen, die im Erdenstaub schlafen, werden erwachen, die einen zu ewigem Leben und die anderen zu Schmach, zu ewigem Abscheu.*

Doch bei Qohelet findet sich die Gegenstimme, 3,20 f.:

Alle gehen an ein und denselben Ort, aus dem Staub sind alle entstanden, und alle kehren zurück zum Staub.
Wer weiss denn, ob der Lebensgeist des Menschen nach oben steigt und der Lebensgeist der Tiere hinab in die Erde?

Noch in neutestamentlicher Zeit gab es im Judentum verschiedene Meinungen zur Auferstehung; während die Pharisäer an sie glaubten, bestritten sie die Sadduzäer (s. u. § 12.5; vgl. Apg 23,6-9, wo Paulus sich diesen Dissens zunutze macht); daher ist es folgerichtig, wenn die Sadduzäer von Jesus wissen wollen, wie er zu dieser Frage steht (Mk 12). Dessen Tod und Auferstehung an Ostern bilden ja ein zentrales Moment christlichen Glaubens; der älteste Bericht findet sich bei Paulus (1Kor 15,3-8). Die Evangelien gestalten die Osterberichte erzählerisch weiter aus.

Umstrittene Auferstehung in ntl. Zeit

Nach dem Verständnis des Paulus hat Jesus den Tod besiegt und die Christinnen und Christen haben teil an seiner Auferstehung (Röm 6: durch die Taufe). Wann die Auferstehung geschieht, dazu gibt es im NT unterschiedliche Auffassungen: Paulus selbst schildert in 1Thess 4 die Endereignisse mit der Totenauferstehung (vgl. 1Kor 15). Daneben stehen Stellen, an denen die Toten nach dem Tode sofort ins Paradies (Jesus am Kreuz, Lk 23,43), bzw. in Abrahams Schoß oder die Hölle kommen (Lk 16,22 ff.: reicher Mann und armer Lazarus); auch Paulus kennt diese Vorstellung, wenn er sterben möchte, um bei Christus zu sein (Phil 1,23).

Auferstehung Jesu als Grunddatum des Christentums

Literatur

Fischer, Alexander A., Tod und Jenseits im Alten Orient und Alten Testament, Leipzig ²2014.

Alkier, Stefan, Die Realität der Auferweckung in, nach und mit den Schriften des Neuen Testaments, NET 12, Tübingen/Basel 2009.

8.5.4 Fragen zum Danielbuch

1.) Nennen Sie die charakteristischen Merkmale der Apokalyptik!
2.) Welche Themen werden im Danielbuch verhandelt?
3.) Welche Vorstellungen hat die Bibel vom Leben nach dem Tod und der Auferstehung?

8.6 Esra und Nehemia

Die Bücher Esra und Nehemia werden oft als Fortsetzung der Chronik angesehen (chronistisches Geschichtswerk). Sie erzählen die Geschichte der nachexilischen Zeit: Serubbabel als persischer Statthalter bringt die Exilierten zurück und baut den Tempel wieder auf (vgl. Haggai und Sacharja); Esra bringt das Gesetz des Himmelsgottes und Nehemia baut die Stadtmauer wieder auf. Abgrenzung der jüdischen Gemeinde nach außen (Mischehenverbot) und Ordnung nach innen (Schuldenerlass, Sabbatheiligung).

In den üblichen deutschen Bibelausgaben folgen Esra und Nehemia den beiden Büchern der Chronik. Und in der Tat führen Esra und Nehemia die Geschichte der Chronik weiter; die alttestamentliche Forschung versteht diese vier Bücher daher oft als ursprünglichen Zusammenhang und nennt ihn das Chronistische Geschichtswerk; Kriterien für diese Zuordnung sind: Wiederholung des Kyrosediktes vom Ende der 2. Chronik am Anfang des Esra-Buches sowie ein gemeinsames Interesse am Tempel und seinem Kult. Allerdings ist die Existenz eines Chronistischen Geschichtswerkes nicht unumstritten.

Chronistisches Geschichtswerk

Zentrales Thema der beiden Bücher ist der Wiederaufbau der nachexilischen Tempelgemeinde in der Provinz Jehud im Perserreich. Dabei werden die einzelnen Maßnahmen geschildert, die aus den Rückkehrern eine heilige jüdische Gemeinde machen, v. a. das Verbot der Mischehen (Esr 9,2; vgl. Rut):

Wiederaufbau des Tempels als zentrales Thema

Esra 9,2 »heiliger Same« (Zü), »heiliges Volk« (Lu) – Neh 11,1.18 Jerusalem als »heilige Stadt«

Diese Heiligkeit wird nach innen und außen gesichert, dabei tritt der namengebende Esra erst im siebten Kapitel seines Buches auf:

Esr 1–6	Tempelbau unter dem Statthalter Serubbabel und dem Hohepriester Joschua (teilweise Aramäisch)
Esr 7–10	Mission Esra: bringt das Gesetz des Himmelsgottes nach Jehud (Ich-Bericht) – unterbrochen durch:
Neh 1–7	Wiederaufbau der Stadtmauer unter Nehemia (Nehemia-Denkschrift; Ich-Bericht) – darin Kap. 5: Schuldenerlass
Neh 8–10	Esra verpflichtet die Gemeinde auf das Gesetz
Neh 11–13	Nehemias Maßnahmen zur Reinheit der religiösen Gemeinschaft: Ausschluss von Nichtisraeliten, Auflösung von Mischehen, Heiligung des Sabbats

> *Vertiefung:* **Geschichtlicher Kontext: Wiederaufbau nach dem Exil**
> Die Darstellung des Esra-Nehemias-Buches suggeriert eine enge Verschränkung der Ereignisse. So werden Serubbabel und Nehemia parallelisiert (Neh 12,47), und an mehreren Stellen treten Esra und Nehemia gemeinsam auf (Neh 8,9; 12,26). Historisch gesehen verteilen sich Tempelbau und Mauerbau auf zwei getrennte Zeiträume:
> - **Tempelbau**: letztes Drittel des 6. Jh. v. Chr. (520–515 v. Chr.) – hier werden auch die beiden Propheten Haggai und Sacharja erwähnt (Esr 5,1), die ihrerseits die Ereignisse um den Tempelbau und Serubbabel und Josua beleuchten.
> - **Mauerbau**: Mitte 5. Jh. (445/44 v. Chr.).
>
> Der Zeitraum der Erzählung liegt damit zwischen dem Beginn der Regierung des Perserkönigs Kyros 539 v. Chr. (Kyrosedikt, vgl. Esr 1,1) und dem 32. Jahr der Regierung des Artaxerxes I. (nach 433 v. Chr., vgl. Neh 2,1; Neh 5,14) – also grob 100 Jahre.
>
> Nach der Darstellung dieses Buches hätte Esra vor Nehemia gewirkt (vgl. die Gliederung!), doch nimmt man vielfach an, dass Esra tatsächlich erst nach Nehemia tätig war. So datiert man Esra in die Regierungszeit Artaxerxes II., und zwar in das Jahr 398 v. Chr. Damit würde das Esra-Nehemia-Buch knapp 150 Jahre abdecken.

> Gott lenkt
> die Geschichte

Theologisch ist das Buch von der Überzeugung geprägt, dass Gott die Geschichte seines Volkes lenkt; auch die persischen Großkönige handeln im Auftrag Gottes (Esr 1,1-4; das erinnert besonders an DtJes, der ja auch Kyros als den Messias ansprechen konnte, vgl. Jes 45,1).

➤ Stichwort: »**Gott des Himmels**«
Eine Besonderheit ist die Gottesbezeichnung »Gott des Himmels« (z.B. Esr 7,12) – in der persischen Religion trug ihr oberster Gott Ahura Mazda diesen Titel; er wird hier auf den israelitischen Gott Jhwh übertragen.

8.6.1 Esra, der erste Schriftgelehrte

> Esra und
> die Entstehung
> der Tora

Für das Judentum ist Esra der erste Schriftgelehrte (Esr 7,6.11). Mit ihm beginnt die lange Tradition jüdischer Schriftgelehrsamkeit, die sich dem Studium der Tora widmet. Freilich ist die genaue Identifizierung des Textes, den Esra vorgelesen hat, umstritten. Er wird das »Buch der Tora/Weisung des Mose« (Neh 8,2) genannt. War es der fertige Pentateuch, oder eine Vorstufe – möglicherweise eine in diesen eingegangene, ehemals selbstständige Schrift, die Priesterschrift (zu ihr z.B. Gertz, 2006, 230-240) oder vielleicht auch das Deuteronomium? Diese Frage ist nicht zuverlässig zu klären, da der Text keine klaren Hinweise zum Inhalt gibt. In der traditionellen jüdischen Wertung der Rolle Esras steckt sicherlich insoweit Wahrheit, denn in der nachexilischen Zeit beginnt sich ein Judentum zu bilden, das sich als Religionsgemeinschaft versteht, wenn auch das Judentum rabbinischer Prägung – als das Judentum, wie wir es kennen – erst nach der Zerstörung des Zweiten Tempels Gestalt annimmt.

8.6.2 Fragen zu Esra und Nehemia

1.) Von welchen Bauvorhaben berichten Esra und Nehemia?
2.) Wer ist Serubbabel?
3.) Welche Rolle besitzt Esra in der jüdischen Tradition?

8.7 Die Chronik

Die beiden Bücher der Chronik wiederholen die Geschichte von Adam bis zum Kyrosedikt. Dabei wird die Zeit bis Saul in Form einer Genealogie dargeboten (sog. genealogische Vorhalle); ab David wird dann das dtr. Geschichtswerk ausgeschrieben. David bereitet den Tempelbau vor und ordnet schon die Tempelmusik; Salomo baut dann den Tempel. Beide werden von allen negativen Zügen gereinigt. Von der Zeit der getrennten Reiche wird nur Juda dargestellt. Kriege werden mit Gottes Hilfe gewonnen.

In den beiden Büchern der Chronik wird die Darstellung v. a. in den Samuel- und Könige-Büchern überarbeitet; dabei werden neue theologische Schwerpunkte gesetzt. Vorangestellt ist eine Genealogie, die »genealogische Vorhalle«. Sie beginnt mit Adam und führt bis Saul. Dadurch setzt die Geschichte Judas die Geschichte seit der Schöpfung fort. Danach konzentriert sich die Geschichtserzählung auf das Südreich Juda, das Nordreich ist nicht mehr interessant. Besonderes Interesse gilt dem Tempel und seinem Kult mit Gebeten, Festen, Gesängen. Dieses Interesse reflektiert die Zeit nach dem Exil, wo es nur noch darum gehen konnte, den von David gegründeten Kult ordnungsgemäß zu feiern. Für die Kontinuität sorgen die Leviten, die immer wieder vorkommen: Sie legen die Tora aus und sorgen für den richtigen Kultus. Höhepunkt der Geschichte Israels ist die Epoche Davids und Salomos; bei beiden werden negative Züge getilgt. Theologisch ist wichtig, dass der ganze Ablauf der Geschichte unter Gottes Lenkung steht. Die Könige sind sein Werkzeug, Propheten mahnen diese, auf dem richtigen Weg zu gehen. Beispielhaft für diese Sicht auf Gottes Lenkung ist 2Chr 20; dort betet König Joschafat angesichts feindlicher Bedrohung, ein Prophet tritt auf und gibt Anweisung, und am Tag der Schlacht beten und singen die Israeliten, während Gott dafür sorgt, dass die Feinde vernichtet werden. Das Ende der Darstellung ist das Kyrosedikt, das den exilierten Judäern die Heimkehr erlaubt.

➤ *Stichwort:* **Krieg und Frieden**

Krieg ist im AT ein häufiges Thema; schon Abraham führt Krieg, um seinen Neffen Lot zu retten (Gen 14); dann erobert Israel das Land Kanaan (Jos) und wehrt sich mit Gottes Hilfe gegen die Nachbarvölker (Ri). Unter den Königen kommt es immer wieder zu Kriegen (1-2Sam; 1-2Kön; Chr), was auch die Prophetenbücher spiegeln. Oft befiehlt Gott den Krieg (Jos) oder er kämpft selbst (Ex 14 am Schilfmeer; Ri 7: Gideon) oder lässt die Feinde einander umbringen (2Chr 20).

Krieg als Aufgabe des Königs
Im Alten Orient gehört der Krieg zu den wichtigsten Aufgaben des Königs, er wehrt das Chaos ab, indem er die Feinde besiegt. Vor dem Krieg geben Propheten Orakel (Micha ben Jimla, 1Kön 22). Gott wird auch als »Herr der Heerscharen« (Jhwh Zebaoth, von hebr. *zabâ* »Heer«) bezeichnet. Den Begriff eines »Heiligen Krieges« gibt es im AT allerdings nicht, diese Bezeichnung ist erst von der Exegese des 20. Jh.s geprägt worden, wie auch Religionskriege im AT keine Rolle spielen.

Prophetische Friedenshoffnungen
Neben all den Kriegstexten finden wir aber auch immer wieder v. a. prophetische Friedenshoffnungen. In Mi 4,1-5 (par. Jes 2,2-5) wird der Frieden auf die ganze Schöpfung ausgedehnt (vgl. Jes 65). Ps 46,10 f. hofft auf die Zerstörung der Waffen.

Das NT beschäftigt sich nur am Rande mit diesen Fragen. Johannes der Täufer fordert von den Soldaten keineswegs die Aufgabe ihres Berufes (Lk 3,14); Jesus hingegen preist die Gewaltlosen und Friedensstifter selig (Mt 5,5.9). Kriege gehören für das NT zur Endzeit (Mk 13,7; Apk 19,19; 20,8). Erst danach rechnen die Autoren mit Frieden (1Kor 15,24; Apk 21,4). Einen generellen Pazifismus kann man im NT nicht ausmachen, doch ist im NT die christliche Haltung nicht von gewalttätiger Kampfbereitschaft geprägt, sondern von der Bereitschaft, zu leiden und zu sterben (Mk 13,9-13; Apk 12,11).

Literatur

Otto, Eckart, Krieg und Frieden in der Hebräischen Bibel. Aspekte für eine Friedensforschung in der Moderne, Stuttgart u. a. 1999.

Schreiner, Klaus/Müller-Luckner, Elisabeth, Heilige Kriege: Religiöse Begründungen militärischer Gewaltanwendung: Judentum, Christentum und Islam im Vergleich, München 2008.

Fragen zur Chronik

1.) Welche Akzentuierungen weist die Geschichtsdarstellung der Chronik gegenüber dem DtrG auf?
2.) Stellen Sie die biblischen Friedenshoffnungen anhand der einschlägigen Texte dar!

9.

Das Neue Testament

Das Neue Testament ist die Sammlung von 27 urchristlichen Schriften, die in der Kirche verbindlich geworden ist; im NT verbinden sich Werke verschiedener Autoren aus einem Zeitraum von etwa 50 Jahren; sie gehören unterschiedlichen Gattungen an: Geschichtsschreibung und Evangelien, Briefe, Offenbarung.

Das lateinische Wort *testamentum* übersetzt das hebräische bərît, das üblicherweise mit »Bund« übersetzt wird. Dabei handelt es sich um eine zentrale theologische Kategorie, in der das Verhältnis von Gott zu seinem Volk Israel beschrieben wird (s. o. § 5.5.4, Stichwort: Bund). Als Bezeichnung der autoritativen Sammlung urchristlicher Schriften findet sich die Bezeichnung *Neues Testament* bei kirchlichen Schriftstellern des 2. Jh.s.

9.1 Der neutestamentliche Kanon

Gerne gliedert man das Neue Testament analog zum Alten in drei Blöcke: Die Evangelien erzählen die Gründungsgeschichte durch Jesus, Apostelgeschichte und Briefe berichten von der Ausbreitung des Glaubens durch die ersten Christen, v. a. den Apostel Paulus, die Apokalypse öffnet den Blick in die Zukunft:

Geschichtsschreibung	Evangelien, Apostelgeschichte
Lehrschriften	Briefe
Prophetisches Buch	Apokalypse des Johannes

In der Antike wurde die Apostelgeschichte zusammen mit den Briefen als *Apostolos* zusammengefasst, das belegen erhaltene Handschriften. In der Liturgie der Kirche bilden Apg und Briefe noch heute (zusammen mit Apk) das Reservoir für die Epistellesung (»Brief«, lat. *epistula*).

Die Anordnung der neutestamentlichen Schriften ist nicht in allen modernen Bibelausgaben einheitlich; so folgen die katholische Einheitsübersetzung und die reformierte Zürcher der traditionellen Anordnung, während Luther einige Schriften theologisch abgelehnt und in seiner Bibelausgabe ohne Zählung nach hinten geschoben hat (in der Tabelle mit *). Die Tabelle verzeichnet der Übersichtlichkeit halber nur die Änderungen:

Literatur
v. Lips, Hermann, Der neutestamentliche Kanon. Zürcher Grundrisse zur Bibel, Zürich 2004.

		EÜ/Zü	Lu
Geschichts-bücher	Evangelien	Matthäus	
		Markus	
		Lukas	
		Johannes	
	Geschichtsbuch	Apostelgeschichte	
Briefe (Lehrschriften)	Corpus Paulinum (14 Briefe = 2 x 7)	Römerbrief	
		1. u. 2. Korintherbrief	
		Galaterbrief	
		Epheserbrief	
		Philipperbrief	
		Kolosserbrief	
		1. u. 2. Thessalonicher	
		1. u. 2. Timotheus	
		Titus	
		Philemon	
		Hebräer	1. u. 2. Petrus
	Katholische Briefe (7 Briefe)	Jakobus	1. bis 3. Johannes
		1. u. 2. Petrus	*Hebräer
		1. bis 3. Johannes	*Jakobus
		Judas	*Judas
Prophetisches Buch		Offenbarung des Johannes	*Offenbarung des Johannes

Vertiefung: **Chronologie der ntl. Schriften**

Anders als im Alten Testament besteht unter den neutestamentlichen Wissenschaftlern ein leidlicher Konsens darüber, wann die einzelnen neutestamentlichen Bücher verfasst worden sind. Auch haben die einzelnen Texte keine Entstehungsgeschichte, die sich wie bei den alttestamentlichen Prophetenbüchern über Jahrhunderte hingezogen hätte. Daher kann man die neutestamentlichen Schriften einigermaßen in eine zeitliche Abfolge bringen:

50/51	1Thess
53–58	1Kor – 2Kor – Phil – Phlm – Gal – Röm
70–90	Synoptische Evangelien – Apg – Deuteropaulinen (Kol/Eph)
80–100	2Thess – Pastoralbriefe (1/2Tim; Tit) – 1Petr – Jud
ca. 95	Apk
ca. 100	Johanneische Schriften – 2Petr

Diese Bibelkunde folgt in ihrer Darstellung der Chronologie insoweit, als sie die ältesten Texte, die echten Briefe des Apostels Paulus, an den Anfang stellt und die vermutlich jüngsten Texte des johanneischen Kreises noch nach der Apokalypse am Schluss behandelt.

9.2 FRAGEN ZUM KANON

1.) Benennen Sie die Unterschiede zwischen der Lutherbibel und der Zürcherbibel sowie der Einheitsübersetzung in der Anordnung der neutestamentlichen Schriften.

10.

Echte Paulusbriefe

Wir beginnen unseren Durchgang durch die neutestamentlichen Schriften bei den ältesten schriftlichen Zeugnissen des frühen Christentums, den Paulusbriefen. Für die evangelische Theologie sind sie grundlegend, entfalten doch der Galater- und Römerbrief die Rechtfertigung allein aus Glauben – für Luther die zentrale neutestamentliche, ja biblische Lehre.

10.1 Die neutestamentlichen Briefe

Die neutestamentlichen Briefe werden in zwei Hauptgruppen unterteilt, die paulinische Sammlung und die katholischen Briefe. Die Sammlung der Paulusbriefe umfasst 14 Briefe (zweimal 7) und reicht vom Römer- bis zum Hebräerbrief. Doch neben Briefen, die auf Paulus selbst zurückgehen, gibt es in dieser Sammlung auch Schreiben, die als nachpaulinisch angesehen werden. Das sind zum einen die »Deuteropaulinen« (»zweiten Paulinen«), die vermutlich auf Schüler des Paulus zurückgehen: Kol, Eph und 2Thess. Zu ihnen gehören auch die Pastoralbriefe: 1. und 2. Timotheus und Titus; sie heißen so, weil sie an einen Gemeindeleiter (Hirten, lat. *pastor*) gerichtet sind. Der Hebräerbrief war schon in der Antike umstritten wegen seines ganz eigenen Stils, obwohl er dann doch als Paulusbrief in den Kanon aufgenommen wurde. *Echte Paulusbriefe* *Deuteropaulinen* *Pastoralbriefe*

Die paulinischen Briefe sind immer an eine bestimmte Gemeinde oder eine Person gerichtet, nicht so die katholischen Briefe (außer 2. u. 3. Joh, s. u. § 17.2): sie richten sich überwiegend an eine unbestimmte Zahl von Gemeinden, bzw. die gesamte Christenheit. *Katholische Briefe*

Achtung: Das Adjektiv »katholisch« ist in diesem Zusammenhang in seiner griechischen Grundbedeutung verwendet und heißt »allgemein« – hat also nichts mit der Konfession zu tun!

> *Vertiefung:* **Strukturelemente neutestamentlicher Briefe**
> Wer sich mit den Briefen im NT beschäftigt, begegnet in der Literatur regelmäßig einer Reihe von Fachausdrücken. Sie dienen dazu, den Aufbau

eines Briefes zu beschreiben; in der Antike sind die Briefschreiber einem bestimmten Muster gefolgt. Das Muster, das die biblischen Briefautoren verwendet haben, gibt die folgende Übersicht wieder.

Briefteil			rhetorische Termini
Briefeingang	A. Präskript	Absender	superscriptio
		Adressat	adscriptio
		Gruß	salutatio
Briefcorpus	B. Proömium	mit Dankgebet	exordium
	C. Corpus	Darstellung des Problems	narratio
		These	propositio
		Durchführung des Beweises und Widerlegung von Gegenargumenten	argumentatio mit probatio und refutatio
Briefschluss	D. Paränese	Ermahnung	exhortatio
	E. Postscript	Grüße	conclusio, peroratio
		Eschatokoll mit Gnadenwunsch	

Vertiefung: **Zur Person des Paulus**

Über Paulus wissen wir mehr als über alle anderen neutestamentlichen Autoren, da Briefe von ihm selbst überliefert sind, in denen er einiges über sich erzählt (wenn auch manches, was wir gerne wissen würden, nicht erwähnt wird). Dazu kommt die Darstellung des Lukas in der Apostelgeschichte. Besonders zwei Briefe des Paulus enthalten Stellen, die für die Rekonstruktion seiner Biografie wichtig sind: Im Philipperbrief spricht er von seinem Leben, bevor er zum christlichen Missionar berufen wurde (Phil 3). Der wichtigste Abschnitt findet sich aber im Galaterbrief. Dort erzählt er knapp von seinen ersten Jahren als Missionar und macht sogar Zeitangaben (Gal 1-2). Über sein Selbstverständnis gibt er v. a. in den beiden Korintherbriefen Auskunft.

Quellen zur Biografie des Paulus: Gal 1-2 und Phil 3

Paulus: ein Jude aus Kleinasien

Paulus stammt aus Tarsus, einer Stadt im südlichen Kleinasien, der heutigen Türkei. Er war Jude, gehörte zur Frömmigkeitsrichtung der Pharisäer und hat die Christen verfolgt; darin stimmt Lukas in der Apostelgeschichte mit Paulus überein. Eine Wende trat bei Damaskus ein, vermutlich im Jahre 33 n. Chr.: Lukas schildert diese Lebenswende dramatisch als Lichterscheinung und kurzen Dialog zwischen Jesus und Paulus (Apg 9, vgl. 22; 26).

Damaskuserlebnis

Durch die Erzählung der Himmelfahrt ist diese Berufung von den Osterereignissen abgerückt. Paulus selbst stellt dieses Ereignis jedoch in die Reihe der österlichen Begegnungen mit dem Auferstandenen (1Kor 15,8 f.). Er leitet aus ihm seine Autorität als Apostel ab, der sich zu den Heiden gesandt weiß. Paulus selbst betont seine Unabhängigkeit von den Autoritäten in Jerusalem: Nach seiner Berufung ist er nicht dorthin gegangen, sondern nach Arabien und hat dort drei Jahre lang missioniert (Gal 1,17). Lukas hingegen lässt Paulus zuerst nach Jerusalem zu den Aposteln gehen (Apg 9,26 ff.). Daran schließt sich bei Lukas die erste Missionsreise des Paulus in Zypern und in Kleinasien (u. a. Galatien) an. Über diese Zeit haben wir von Paulus selbst – außer Hinweisen in seinen Briefen – keine Nachrichten.

Ein zentrales Ereignis der frühchristlichen Geschichte ist das Apostelkonzil in Jerusalem. Während Lukas festhält, dass damals den Nichtjuden in der Kirche minimale rituelle Forderungen auferlegt worden sind (kein Götzendienst, kein ersticktes Fleisch und kein Blut essen, keine Unzucht, Apg 15,20), so betont Paulus, dass er keine Auflagen für die Heidenchristen erhalten hat, außer der Bitte um eine Kollekte in seinen Gemeinden für die Jerusalemer Urgemeinde (Gal 2,6.10). *Apostelkonzil*

Während Lukas die übrigen Missionsreisen des Paulus schildert (Apg 15–20), finden sich bei Paulus keine zusammenhängenden Darstellungen mehr; allerdings hat Paulus in dieser Zeit seine Briefe geschrieben, aus denen sich verschiedene Einzelheiten entnehmen lassen, gerade im Blick auf Besuche in Korinth. Über die letzten Jahre des Paulus wissen wir nur aus der Apostelgeschichte, dass Paulus in Jerusalem verhaftet (wo er der dortigen Gemeinde die Kollekte aus seinen Missionsgemeinden überbracht hatte) und nach Rom gebracht wurde (Apg 21–28). Hier ist er vermutlich gestorben, entweder im Zusammenhang mit seinem Prozess dort oder bei der Christenverfolgung durch Nero (64 n. Chr.). *Missionsreisen des Paulus*

Prozess des Paulus und sein Ende

Wir lesen die Briefe des Paulus in einer angedeuteten historischen Reihenfolge, beginnen mit dem frühesten Brief, dem 1. Thess, und enden mit Röm als dem vermutlich letzten Brief. Die Briefe dazwischen sind nur in eine ungefähre Abfolge zu bringen, da es überdies auch nicht sinnvoll erscheint, die Korintherbriefe zu trennen.

Literatur
Horn, Friedrich W. (Hg.), Paulus Handbuch, Tübingen 2013.
Schnelle, Udo, Paulus. Leben und Denken, Berlin/New York, ²2014.
Wischmeyer, Oda (Hg.), Paulus. Leben – Umwelt – Werk – Briefe, Tübingen/Basel 2006.
Wolter, Michael, Paulus. Ein Grundriss seiner Theologie, Neukirchen 2011.

10.2 Erster Thessalonicher-Brief

Der Apostel hat Sehnsucht nach seiner Gemeinde und ergänzt seine Anfangspredigt um die Lehre vom Jüngsten Gericht mit der Auferstehung der Toten, denn es sind die ersten Bekehrten gestorben.

Der älteste Paulusbrief – an seine ›Lieblingsgemeinde‹

Der 1. Thess ist der älteste Paulusbrief und gleichzeitig die älteste Schrift im NT überhaupt. Paulus hat Thessaloniki offenbar recht früh verlassen müssen, und nun sorgt er sich um seine Gemeinde, hat Sehnsucht nach ihr (1Thess 2,8; 3,11). Über die Abfassungssituation sind wir aus dem Brief recht gut unterrichtet: Nach seinem Weggang aus Thessaloniki war Paulus nach Athen gegangen, von wo aus er seinen Mitarbeiter Timotheus zurück nach Thessaloniki schickte, um Informationen über die Gemeinde zu erlangen. Nun ist Paulus in Korinth und trifft dort wieder mit Timotheus zusammen, der gute Nachrichten aus Thessaloniki bringt (1Thess 3,1–8). Diese Angaben zum Reiseweg decken sich mit denen in der Apg 17–18.

Das Briefcorpus enthält zwei Teile:

2–3 Paulus' Geschichte mit der Gemeinde und seine Sehnsucht nach ihr
3–5 Ethische Mahnungen (Heiligung) und Trost mit der Auferstehung der Toten

Die Erinnerungen des Paulus an seinen Aufenthalt in Thessaloniki lassen ein enges und herzliches Verhältnis zur Gemeinde erkennen (1Thess 2,7: Amme; 2,11: Vater). Es ist eine Gemeinde aus ehemaligen Heiden, das zeigt 1,9 ganz deutlich:

> ... wie ihr euch von den Götzen zu Gott bekehrt habt, um dem lebendigen und wahren Gott zu dienen (Zü).

Und so fehlen in diesem Brief auch atl. Zitate.

Darstellung des Jüngsten Gerichts

Der Anlass für den Brief stellt ein Problem dar, das die Gemeinde in Thessaloniki hat, und das ein bezeichnendes Licht auf die missionarische Predigt des Paulus wirft: Paulus hat offenbar verkündet, dass Jesus auferstanden ist und bald zum Gericht, und das heißt für die Christen zur Erlösung, wiederkommt. Dabei ist er offenbar davon ausgegangen, dass die Wiederkunft, die Parusie, ziemlich bald erfolgt, so bald, dass alle sie noch erleben; das nennt man in der neutestamentlichen Wissenschaft die »Naherwartung«. Jetzt sind aber in Thessaloniki einige Gemeindeglieder gestorben und Paulus muss die Gemeinde trösten. Dabei erklärt er ihnen die Hoffnung auf die Auferstehung der Toten beim Jüngsten Gericht (1Thess 4,16). Diese Hoffnung war zwar innerhalb des Judentums verbreitet, aber den Thessalonikern war sie unbekannt – ganz offensichtlich hatte Paulus während seines Gründungsaufenthaltes nichts davon erwähnt. In diesem Zusammenhang entwirft Paulus auch die detaillierteste Darstellung der Endereignisse, die wir von ihm haben.

Naherwartung

Bei den ethischen Mahnungen steht der Gedanke der Heiligung im Mittelpunkt; die Thessaloniker sollen sich so verhalten, weil sie den Heiligen Geist in sich tragen (4,3-8). Konkret heißt das u. a. Unzucht meiden, Bruderliebe üben (4,3.9).

Heiligung

10.3 Erster Korinther-Brief

Im 1. Kor lernen wir eine lebendige Gemeinde kennen, deren Zusammenleben nicht ohne Konflikte ist. Paulus versucht, aus der Distanz einige Fragen zu regeln: Im Vordergrund stehen rivalisierende Gruppen sowie Regelungen für Gottesdienst und Abendmahl. Zuletzt erläutert Paulus noch die Frage der Totenauferstehung. Theologisch argumentiert Paulus vom Kreuz her: Durch den Kreuzestod Jesu sind die üblichen Maßstäbe umgedreht und von hier entwirft Paulus die neue Gemeinschaft.

Korinth war eine Hafenstadt, ein wichtiger Knotenpunkt des Handels zwischen dem östlichen und westlichen Mittelmeerraum; außerdem war Korinth Hauptstadt der römischen Provinz Achaia. So finden wir in dieser Stadt ein multikulturelles Gemisch aus Römern, Griechen, Orientalen; die Juden hatten in der Stadt eine eigene Synagoge.

Paulus hat die Gemeinde auf seiner zweiten Reise gegründet und war eineinhalb Jahre dort. Nach seinem Weggang kamen andere Apostel in die Stadt, unter ihnen Apollos (vgl. Apg 18,24; 19,1). Dies führte zu Parteienbildung innerhalb der Gemeinde. Von Paulus' Ausführungen zum Abendmahl kann man auf soziale Konflikte schließen: In der Gemeinde lebten offenbar Menschen aus unterschiedlichen Schichten zusammen, so der ehemalige Synagogenvorsteher Krispus (1Kor 1,14; vgl. Apg 18,8) und der städtische Beamte Erastus (Röm 16,23; der Römerbrief ist wahrscheinlich in Korinth geschrieben, und so sind die, die grüßen lassen, dort anzusiedeln) – daneben aber auch weniger begüterte Menschen (1Kor 1,26) und Sklaven (1Kor 7,21).

Die Übersicht über die Gliederung des Briefes lässt die verschiedenen Konfliktfelder erkennen:

1–4	Parteien
5–6	Skandale: Unzucht (Ehe mit der Stiefmutter), Prozesse unter Christen, Verkehr mit Prostituierten
7	Ehe und Ehelosigkeit
8–10	Verzehr von Götzenopferfleisch
11–14	Gottesdienst: Abendmahl, Gnadengaben (Zungenreden)
15	Auferstehung
16	Korrespondenz

Gegen Parteien in der Gemeinde   Paulus wendet sich gegen Parteienbildung in der Gemeinde. Er nennt vier – drei sind nach Aposteln (Paulus, Apollos, Kefas, also Simon Petrus) benannt, eine nach Christus –, doch mag das eine polemische Zuspitzung sein, da Paulus Christus als Grundstein von den Aposteln abrückt (1Kor 3,11.21 f.). In diesem Zusammenhang entfaltet Paulus seine *Kreuzestheologie*   Kreuzestheologie (den Begriff hat Martin Luther geprägt):

> Denn das Wort vom Kreuz ist Torheit für die, die verloren gehen, für die aber, die gerettet werden, für uns, ist es Gottes Kraft. (1Kor 1,18; Zü)

In der Botschaft vom Kreuz werden alle normalen Wertungen umgestoßen, so wird Weisheit zur Torheit und umgekehrt (1Kor 1,18 ff.) und die Herrscher der Welt verlieren ihre Macht (1,27). Darum ist auch die Rolle der Apostel nicht die von ehrenvollen Schulhäuptern, sondern sie sind die Allergeringsten (4,9), Diener (3,5), durch die Gott wirkt (3,6.21). Und so gehören die Gläubigen auch nicht zu einem Apostel, sondern zu Christus:

> Darum gründe niemand seinen Ruhm auf Menschen! Denn alles ist euer, sei es Paulus, Apollos oder Kefas, sei es Welt, Leben oder Tod, sei es Gegenwärtiges oder Zukünftiges: Alles ist euer, ihr aber gehört Christus, Christus aber Gott. (1Kor 3,21–23; Zü)

10.3 Erster Korinther-Brief

Diese Teilhabe an Christus, die Heiligkeit bedeutet, spielt in den folgenden Argumentationen zu konkreten Verhaltensweisen eine wichtige Rolle.

Heiligkeit

Im Folgenden setzt Paulus sich mit einigen Skandalen auseinander, die ihm zu Ohren gekommen sind:

Skandale in der Gemeinde

Ein Mann hat seine Stiefmutter geheiratet (das ist konkret mit »Unzucht« gemeint, vgl. 1Kor 5,1). Paulus fordert dazu auf, »ihn dem Satan zu übergeben« (5,5). Vermutlich ist mit dieser Formulierung ein Gemeindeausschluss gemeint, um die Heiligkeit der Gemeinde aufrechtzuerhalten.

Einige Christen führen vor römischen Gerichten Prozesse untereinander. Damit geben die Christen ihre eschatologische Rolle auf, selber Richter über andere (sogar die Engel, 1Kor 6,3) zu sein. Darum fordert Paulus Rechtsverzicht oder christliche Schiedsrichter (6,5-7).

Auch der Besuch bei Prostituierten ist für Christen unstatthaft, da sie so ihren heiligen Leib entheiligen (6,15).

In den restlichen Kapiteln des Briefes beantwortet Paulus Fragen aus Korinth. Zuerst geht er auf die Frage nach der Ehe ein. Zwar sei die Ehelosigkeit vorzuziehen (Paulus selbst ist nicht verheiratet), aber als Schutz vor der Begierde ist es besser zu heiraten (1Kor 7,9). Im Falle von Ehen mit Nichtchristen empfiehlt Paulus, die Trennung zu vermeiden (7,10 ff.). Allgemein gilt, dass jeder in dem sozialen Status bleiben sollte, in dem er berufen wurde. Das gilt für Juden (Beschnittene), Heiden (Unbeschnittene), Sklaven und eben auch für Verheiratete und Ledige. Da Paulus die baldige Wiederkunft Jesu erwartet (7,29), soll die Sorge der Christen nicht der vergehenden Welt gelten (7,25 ff.); daher soll:

Ehe, Ehelosigkeit und Scheidung

Gleichgültigkeit der Welt gegenüber

> ... wer sich die Welt zunutze macht, {sich so verhalten} als nutze er sie nicht; denn die Gestalt dieser Welt vergeht. (1Kor 7,31; EÜ)

Zudem bespricht Paulus die Frage, welches Fleisch Christen essen dürfen, nur normal geschlachtetes, oder auch solches, das in einem heidnischen Tempel im Rahmen einer Opferzeremonie geschlachtet wurde, »Götzenopferfleisch«. In Korinth gab es offenbar zwei verschiedene Positionen, die Paulus als die Wissenden (1Kor 8,1) und Schwachen (8,7) bezeichnet. Die einen wissen, dass es keine Götzen gibt und damit hat es für sie mit dem Opferfleisch keine andere Bewandtnis als mit jedem anderen Fleisch. Die anderen haben ein schwaches Gewissen und vermeiden nicht nur selbst den Verzehr von solchem Fleisch, sondern nehmen auch

Götzenopferfleisch und christliche Freiheit

Anstoß daran, dass einige Mitchristen es tun. Paulus fordert die Wissenden auf, Rücksicht zu nehmen:

> Gebt aber acht, dass diese eure Freiheit den Schwachen nicht zum Anstoss werde! (1Kor 8,9; Zü)

Rechtsverzicht als Ausdruck christlicher Freiheit

Zu diesem Verzicht will Paulus durch sein eigenes Beispiel motivieren. Auch er verzichtet um anderer willen auf etwas, das ihm zusteht, nämlich darauf, eine Frau zu haben und seinen Unterhalt von der Gemeinde zu bekommen – wie die anderen Apostel, er nennt Kefas (d. h. Simon Petrus).

Einen großen Raum nehmen Fragen zum Gottesdienst ein. Hier werden drei verschiedene Sachverhalte besprochen, die Rolle der Frauen im Gottesdienst, das Abendmahl und die Geistesgaben, speziell das Zungenreden.

➤ Stichwort: **Frauen im Gottesdienst**
In Korinth haben Frauen offenbar aktiv am Gottesdienst mitgewirkt, dagegen hat Paulus nichts. Lediglich eine Kopfbedeckung fordert er.

Konflikte beim Abendmahl

Bei der Feier des Abendmahles traten in Korinth offenbar die sozialen Unterschiede innerhalb der Gemeinde zutage. Die Reichen kamen früher und waren satt, wenn die Armen eintrafen. Paulus fordert nun nicht auf zu teilen, sondern zu Hause zu essen, um nicht die zu beschämen, die nichts haben (1Kor 11,22). In diesem Zusammenhang erinnert Paulus auch an die Einsetzungsworte zum Abendmahl.

Zu lebendiges Gemeindeleben?

In der Gemeinde gab es verschiedene Geistesgaben (griech. *Charismen*). Mit der Metapher des einen Leibes und vielen Gliedern betont er die Einheit der Gemeindeglieder, trotz ihrer unterschiedlichen Gaben. Die Zungenrede (griech. *Glossolalie*) war besonders angesehen. Dabei handelt es sich um ein unverständliches Sprechen. Paulus verwirft es nicht einfach, versucht aber, diese besondere Gabe zu relativieren: Er ordnet sie der Liebe unter – im so genannten Hohenlied der Liebe (Kap. 13 – in Anlehnung an das Hohelied im AT, das von der erotischen Liebe singt):

> Wenn ich mit Menschen- und mit Engelszungen redete und hätte die Liebe nicht, so wäre ich ein tönendes Erz oder eine klingende Schelle. (1Kor 13,1; Lu)

Außerdem betont Paulus, dass Zungenrede nur dann sinnvoll ist, wenn sie jemand übersetzen kann (1Kor 14,28).

Zuletzt wendet sich Paulus noch gegen einige Menschen in Korinth, die die Auferstehung der Toten leugnen (15,12). Dabei erinnert er an seine Begegnung mit dem auferstandenen Christus, die er als letzter einer ganzen Reihe von Zeugen gehabt hat: Dieser Abschnitt ist der älteste Bericht im NT über die Ostererscheinungen! Auch der Brauch, sich stellvertretend für einen Toten taufen zu lassen, wie er in Korinth geübt wird, wäre sinnlos, wenn es keine Auferstehung gäbe (sog. Vikariatstaufe; wird heute noch von den Mormonen ausgeübt). Mit dem Bild vom Samenkorn versucht Paulus, die Verwandlung zu beschreiben, die die Auferstehung bedeutet:

Auferstehung der Toten

Ältester Osterbericht

Gesät wird ein natürlicher Leib, auferweckt wird ein geistlicher Leib. (1Kor 15,44; Zü)

Im letzten, dem 16. Kapitel, folgen einige Mitteilungen, man nennt das in der Exegese die »Korrespondenz«. Zuerst fordert Paulus zu einer Kollekte für die Jerusalemer Gemeinde auf und kündigt dann einen neuen Besuch an. Ausnahmsweise nennt Paulus im Text seinen Aufenthaltsort, so dass wir wissen, dass Paulus diesen Brief in Ephesus geschrieben hat.

Jerusalemer Kollekte

10.4 Zweiter Korinther-Brief

Im 2. Kor verteidigt sich Paulus gegen Infragestellungen seiner apostolischen Autorität: Die Gemeinde kritisiert sein schwaches persönliches Auftreten, das ihn gegenüber anderen Aposteln abfallen lässt. Paulus dreht das Argument um: Seine Schwachheit beweise die Stärke seiner Botschaft, bzw. die Gottes als Gegenstand seiner Botschaft.

Nachdem Paulus den ersten Brief geschrieben hatte, verschärfte sich die Lage in Korinth. Vor allem eine Gruppe von christlichen Missionaren hat Paulus die Gemeinde abspenstig gemacht, weil sie diesen durch selbstsicheres Auftreten schwächlich erscheinen ließen. Ein kurzer Besuch, »Zwischenbesuch« genannt, hat die Lage nicht entspannt, sondern eher verschärft (2Kor 2,3 f.; 7,8). Paulus verteidigt nun seine Autorität und macht deutlich, wie er seine Aufgabe als Apostel versteht.

1–2	Versöhnung (Trost) – Beginn des Reiseberichtes
2–6	1. (versöhnliche) Apologie des Apostelamtes
7	Fortsetzung des Reiseberichtes

	8–9	Zweimal die Kollekte für Jerusalem
	10–12	2. (polemische) Apologie des Apostelamtes mit Narrenrede
	13	Ankündigung eines dritten Besuchs

Verstimmungen zwischen Paulus und seiner Gemeinde

In den ersten beiden Kapiteln ist Paulus' Leitgedanke der Trost, den er von Gott und durch die Korinther empfängt. Dabei werden zwei Verstimmungen ausgeräumt: Paulus war beim Zwischenbesuch durch ein Gemeindeglied verstimmt worden (2Kor 2,5–11); die Gemeinde nimmt Paulus übel, dass er nicht wie geplant gekommen ist (1,16).

Paulus ist Apostel nicht aufgrund eigener Tüchtigkeit

In der ersten Apologie seines Apostelamtes argumentiert Paulus von seiner und der Korinther Geist-Erfahrung her, denn schließlich haben die Korinther den Geist durch Paulus erhalten (3,3), ein eindeutiges Zeichen, dass Gott durch ihn wirkt. Darauf legt Paulus im ganzen Brief immer wieder wert: Er wirkt nicht aus eigener Tüchtigkeit, sondern weil Gott durch ihn handelt (3,5 f.; 4,7; 5,20; 12,9 f.; 13,4). Dabei vergleicht er

Neuer Bund

sich als Diener des Neuen Bundes (3,6) mit Mose, dem Diener des Alten Bundes (3,14) und nimmt für sich die größere Herrlichkeit in Anspruch, da der Neue Bund im Geist besteht, der Alte aber im Buchstaben. Inhaltlich bestimmt Paulus sein Apostelamt durch das Evangelium von Jesus, das ihn zum Diener der Hörer macht (4,5) und eben nicht überlegen – wie er es seinen Gegnern unterstellt, dass sie sich über die Gemeinde erheben.

Paulus' Schwachheit macht deutlich, dass Gott in ihm wirkt

Dass es nicht um die Stärke von Paulus als Apostel geht, macht der folgende Abschnitt deutlich, in dem Paulus seine Schwächen herausstellt; er beginnt mit dem programmatischen Satz:

> *Wir haben diesen Schatz (sc. den Geist) aber in irdenen Gefässen, damit die Überfülle der Kraft Gott gehört und nicht von uns stammt.* (2Kor 4,7; Zü)

In seiner Schwachheit entspricht Paulus als Bote dem zentralen Inhalt seiner Botschaft, nämlich dem Sterben und Auferstehen Jesu Christi:

> *Allezeit tragen wir das Sterben Jesu an unserem Leib, damit auch das Leben Jesu an unserem Leib offenbar werde … So wirkt an uns der Tod, an euch aber das Leben.* (2Kor 4,10.12; Zü)

Paulus steht so in einer unverbrüchlichen Leidens- und Todesgemeinschaft (5,1–10) mit Christus und kann als »Botschafter an Christi statt« (5,20) Leben für die Gemeinden schaffen, in denen er verkündigt. Damit werden alle anderen Maßstäbe bedeutungslos, denn:

10.4 Zweiter Korinther-Brief

> Wenn also jemand in Christus ist, dann ist das neue Schöpfung; das Alte ist vergangen, siehe, Neues ist geworden. (2Kor 5,17; Zü)

In der zweiten Apologie spitzt Paulus seine Argumentation polemisch zu – doch zuerst verteidigt er sich gegen den persönlichen Vorwurf: Im persönlichen Auftreten sei er unbedeutend und nur in Briefen stark (2Kor 10,10). Offenbar haben die christlichen Missionare, die nach Korinth gekommen waren, ein sehr selbstbewusstes Gebaren an den Tag gelegt, Paulus bezeichnet sie spöttisch als »Superapostel« (»Überapostel«, 11,5). Ein weiterer Vorwurf gegen seine Person war, dass er ihnen die Ehre verweigert habe, ihr Gast zu sein, sondern lieber Geld von anderen Gemeinden genommen habe (11,7 f.).

Paulus verteidigt sich gegen Angriffe auf seine Person

Das Kernstück seiner Verteidigung nennt man die Narrenrede, da Paulus mehrmals betont, wie ein Narr zu reden (2Kor 11,16–12,13). Darin wirft er der Gemeinde vor, sich von den Superaposteln ausnutzen zu lassen (11,20). Vorzüge, mit denen seine Gegner prahlen (»sich rühmen«), habe er auch, vor allem diejenigen, die in Leiden und Schwachheit bestehen (11,30). Dann rühmt sich Paulus (freilich verklausuliert: »Ich kenne einen Menschen ...« – doch das ist er selber!), in einer Vision im Paradies gewesen zu sein (12,4). Doch diese Vision tut er mit Hinweis auf seine Krankheit ab (»Stachel im Fleisch«, 12,7) und führt dafür ein Gotteswort an ihn persönlich an:

In der Narrenrede rühmt Paulus sich ironisch seiner Schwächen und Unglücke

> Er hat mir gesagt: Du hast genug an meiner Gnade, denn die Kraft findet ihre Vollendung am Ort der Schwachheit. So rühme ich mich lieber meiner Schwachheit, damit die Kraft Christi bei mir Wohnung nehme. (2Kor 12,9; Zü)

Zuletzt erinnert er die Korinther an die Zeichen und Wunder, die er wie ein richtiger Apostel bei ihnen gewirkt hat (12,12).

Ab 12,13 kündigt Paulus einen dritten Besuch in Korinth an. Einerseits fürchtet er, wieder gedemütigt zu werden (12,21), andererseits droht er mit strengem Auftreten (13,2).

10.5 Philipper-Brief

In diesem Brief teilt Paulus sein Schicksal (Gefängnisaufenthalt) mit seiner Lieblingsgemeinde. Er erläutert christliche Existenz als Nachahmung Jesu, wie ihn der berühmte Hymnus vorstellt. In dieser Nachahmung stellt sich Paulus selbst als Vorbild hin.

Philippi war eine römisch geprägte Stadt, viele Veteranen (also ehemalige Soldaten) sind in ihr angesiedelt worden. Paulus hat die Gemeinde auf seiner zweiten Missionsreise gegründet (Apg 16). Lukas berichtet von zwei Bekehrungen: derjenigen der Purpurhändlerin Lydia, und der eines Gefängniswärters. Paulus hat zur Gemeinde ein sehr herzliches Verhältnis. Anders als von der Gemeinde in Korinth (vgl. 1Kor 9) nimmt er von dieser Gemeinde Geld.

Paulus im Gefängnis
Paulus ist bei der Abfassung des Briefes im Gefängnis; die Apg kennt zwei längere Inhaftierungen: eine in Cäsarea und eine in Rom – möglich ist aber auch eine Haft in Ephesus, von der Lukas dann in Apg nichts berichtet hätte. Vermutlich ist Phil in der letztgenannten Haft geschrieben, da die Reisepläne (vgl. Phil 1,26; 2,24) gegen Rom sprechen, da Paulus von dort nach Spanien und nicht nach Philippi wollte.

1   Paulus im Gefängnis
2   Mahnung zur Einmütigkeit: Christushymnus
3   Polemik gegen Beschneidung – Paulus als Vorbild
4   Dank für Geldspende

Freude und Todessehnsucht
Das enge Verhältnis zur Gemeinde wird deutlich an der Offenheit und Ausführlichkeit, mit der Paulus seine Lage und seine Stimmung beschreibt. Dabei ist eine große Ambivalenz zu erkennen: Zum einen drückt er seine tiefe Freude und Dankbarkeit aus für die Unterstützung, die ihm die Gemeinde im Gefängnis gewährt – sie hat einen Boten mit Geld zu ihm geschickt. Andererseits spricht Paulus offen über seine Todessehnsucht:

> *Ich habe Lust abzuscheiden und bei Christus zu sein.* (Phil 1,23; Lu)

Paulus mahnt die Gemeinde zur Einmütigkeit; diese sei durch Demut zu erreichen, für die Christus das Vorbild sei. Paulus illustriert diesen Gedanken durch ein Lied, einen Hymnus, den er zitiert: Christus verzichtet auf seinen Ort bei Gott und kommt zu den Menschen, wo er sich bis zum Tod am Kreuz erniedrigt. Der Hymnus endet mit der Erhöhung und dem Herrschaftsantritt des Christus.

Christushymnus

Von Phil 3,1 zu 3,2 wechselt abrupt der Ton des Briefes von freundlich zu polemisch. Paulus setzt sich mit Gegnern auseinander, die die Beschneidung fordern. Paulus argumentiert hier nicht theologisch wie in Gal, sondern verweist auf seine persönliche Erfahrung: Als Jude war er untadelig, doch gegenüber der Gerechtigkeit aus Glauben spielt das keine Rolle:

Abrupter Wechsel im Ton

> Aber alles, was mir Gewinn war, habe ich dann um Christi willen als Verlust betrachtet. (Phil 3,7; Zü)

Dieser Wechsel in Thema und Tonfall ist für manche Exegeten ein Grund, den Phil zu teilen und in Kap. 3 ein eigenes Schreiben zu sehen.

Im letzten Kap. 4 mahnt Paulus einige Einzelpersonen, sich zu vertragen, und dankt der Gemeinde noch einmal für die Unterstützung, die er von den Philippern bekommen hat.

10.6 Philemon-Brief

Der Phlm ist der einzige Privatbrief des Paulus: Er bittet bei Philemon für dessen Sklaven Onesimus, der sich gerade bei Paulus aufhält.

Paulus schreibt diesen Brief in erster Linie an Philemon, dann aber auch an die Gemeinde, die sich in dessen Haus versammelt. Es geht um Onesimus, den Sklaven des Philemon. Dieser ist geflohen und zu Paulus gekommen. Die genauen Hintergründe des Geschehens werden im Brief nicht erwähnt, da sie Paulus und Philemon ja bekannt waren – wir könnten daher nur raten. Paulus jedenfalls hat Onesimus im Gefängnis bekehrt und schickt ihn nun zu seinem Herrn zurück, der ihn nicht bestrafen (wozu er das Recht hätte), sondern als Bruder aufnehmen soll. In V. 13 deutet Paulus den Wunsch an, Philemon möge ihm seinen Sklaven überlassen. Der Brief illustriert die Haltung des Paulus in Sklavenfragen; auch 1Kor 7 war angesichts der baldigen Wiederkunft Christi für Paulus die Freilassung von Sklaven kein Thema. Nach Gal 3,28 allerdings waren die sozialen Unterschiede im Blick auf die Zugehörigkeit zur Gemeinde bedeutungslos.

10.7 Galater-Brief

Paulus bekämpft in diesem Brief die Auffassung, dass Christen auch Juden sein und Nichtjuden, die Christen sind oder werden wollen, sich darum beschneiden lassen müssen. Dagegen entwickelt Paulus seine Lehre von der Rechtfertigung vor Gott ohne Einhaltung des jüdischen Gesetzes (Schriftbeweise: Abraham; Sara und Hagar); dabei betont er einleitend, er sei als Apostel von Christus selbst berufen worden (Biografie mit chronologischen Angaben!). – Für die Ethik gilt das Liebesgebot (als Gesetz Christi).

Auseinandersetzung mit Judenchristen: Rechtfertigungslehre

Zusammen mit dem 2. Kor ist der Gal ein »Kampfbrief« des Paulus; er verteidigt erbittert seine Theologie gegen andere Auffassungen. So ist dieser Brief theologisch sehr wichtig.

Deutlich ist die Frontstellung, in der Paulus sich sieht: Offenbar waren judenchristliche Missionare nach Galatien gekommen. Sie haben unter Berufung auf die Jerusalemer Autoritäten das Christentum als jüdische Religion verstanden. Daher forderten sie die Einhaltung von Vorschriften der Tora, allen voran die Beschneidung als Zeichen der Zugehörigkeit zum Abrahamsbund (Gal 6,12 ff.). Daneben mögen auch Speise- und Reinheitsvorschriften eine Rolle gespielt haben (2,11–16) sowie das Begehen bestimmter Festtage (4,10). Möglicherweise haben sie auch die Legitimität von Paulus' Apostolat in Frage gestellt, jedenfalls beginnt der Brief damit, dass Paulus seine Autorität als Apostel herausstreicht (1,1).

Paulus reagiert so scharf, weil er sein Evangelium der beschneidungsfreien Heidenmission grundsätzlich infrage gestellt sieht durch ein »anderes Evangelium« (1,6), das er für falsch hält. Warum, das begründet er in dem Brief.

1–2	Biografie des Paulus belegt den göttlichen Ursprung seines Evangeliums
3–5	Gerechtigkeit aus Glauben an Christus – nicht aus Werken des Gesetzes
	Zwei Argumentationsgänge:
3–4	Glauben/Segen vs. Gesetz/Fluch (Gen 12; 15: Abraham)
4–5	Freiheit/Geist vs. Knechtschaft/Fleisch (Gen 16; 21: Sara vs. Hagar)

5–6   Paränese: Konkretion christlicher Freiheit im Gegensatzpaar Geist/Liebe vs. Fleisch/Begierde

Zuerst verteidigt Paulus sein Evangelium, indem er es direkt auf eine göttliche Offenbarung bei seiner Berufung zurückführt. Alle biografischen Angaben dienen dazu, deutlich zu machen, dass Paulus seine Legitimation von Gott selbst hat und nicht von Menschen, den Jerusalemer Autoritäten etwa. So betont er, dass er sie erst nach seinem Aufenthalt in Arabien gesehen habe und dass sie sein Evangelium auf dem Apostelkonzil nicht beanstandet hätten. Dieses besteht darin, dass es Jesus ist, der allein rettet: Das ist die zentrale These des Briefes:

Paulus von Gott berufen als Heidenmissionar

> wir wissen, dass der Mensch durch Werke des Gesetzes nicht gerecht wird, sondern durch den Glauben an Jesus Christus (Gal 2,16; Lu)

Damit ist der Rückgriff auf die Lebensordnung der Tora unnötig und stellt die Erlösung durch Christus infrage:

> denn wenn die Gerechtigkeit durch das Gesetz kommt, so ist Christus vergeblich gestorben. (Gal 2,21; Lu)

Vertiefung: **Der theologische Argumentationsgang des Galaterbriefes**
Die eigentliche Begründung seiner These führt Paulus in zwei Argumentationsgängen durch, die jeweils von einem Schriftbeweis getragen werden. Als Ausgangspunkt seiner Argumentation nimmt Paulus die Abrahamskindschaft als Ausdruck für die Zugehörigkeit zur Heilsgemeinschaft. Die These der Gegner lautet offenbar: Zu dieser Heilsgemeinschaft gehört man nur durch die Beschneidung, wie es im Judentum selbstverständlich war. Genau dies bestreitet Paulus nun, indem er in seinem Schriftbeweis die Geschichte von Abraham und seinen Nachkommen neu auslegt.

Paulus begründet die Rechtfertigungslehre durch zwei Schriftbeweise (aus dem AT)

Zuerst erinnert Paulus die Galater an ihre Erfahrung, wie sie den Geist empfangen haben: Das geschah durch die Botschaft vom Glauben und nicht durch Werke des Gesetzes. Diesen Punkt macht Paulus nun an der Abrahamsgeschichte der Genesis deutlich:

Abrahamsgeschichte

- Schon Abrahams Gerechtigkeit kommt aus dem Glauben, das sagt Gen 15,6; der Segen (Gen 12,1.3: gerade für die Völker = Nichtjuden/Heiden) kommt vor der Beschneidung (Gen 17). Umgekehrt führt das Gesetz zum Fluch (Dtn 27,26; zitiert Gal 3,10).
- Ein weiterer Gesichtspunkt ist für Paulus, dass das Gesetz erst 430 Jahre nach der Verheißung ergangen ist. Die Funktion des Gesetzes war es,

nicht zur Gerechtigkeit, sondern als »Zuchtmeister« (Lu; Zü: »Aufpasser«) auf Christus hinzuführen.
Durch die Taufe sind die Christen nun von diesem Zuchtmeister befreit; gleichzeitig sind die sozialen Unterschiede aufgehoben:

> Da ist weder Jude noch Grieche, da ist weder Sklave noch Freier, da ist nicht Mann und Frau. Denn ihr seid alle eins in Christus Jesus. (Gal 3,28; Zü)

Durch die Taufe und die Zugehörigkeit zu Christus sind die Galater Abrahams Nachkommen geworden (3,29; 4,7) und auch von der Knechtschaft unter die »Elemente der Welt« (4,3), also die heidnischen Götter (vgl. Gal 4,8 f.), befreit. Im abschließenden Appell warnt er die Galater davor, diese Freiheit wieder aufzugeben und bestärkt seinen Appell durch die Erinnerung an die Freundschaft, die die Galater Paulus gezeigt haben und die er ihnen zeigt, indem er sie dahin bringen möchte, dass Christus in ihnen Gestalt gewinnt.

Sara und Hagar: die Freiheit der Christen

Im zweiten Schriftbeweis legt Paulus die Geschichte von Hagar und Sara neu aus. Er stellt beide Frauen und ihre Söhne einander gegenüber: Nicht der Sohn der Sklavin Hagar wird Träger der Verheißung, sondern der Sohn der Freien, also Saras Sohn Isaak. Der eigentlich Erstgeborene ist dies nur nach dem »Fleisch«, also nach der biologisch-zeitlichen Reihenfolge; und so nimmt Paulus für die Christen in Anspruch, Kinder der Freien und damit als Träger der Verheißung die wahren Abrahamskinder zu sein und den Geist zu besitzen. Im abschließenden Appell fordert Paulus darum auf, die Freiheit zu verwirklichen und auf die Beschneidung zu verzichten.

Fleisch/Unfreiheit Geist/Freiheit

Freiheit zur Nächstenliebe

Die Paränese knüpft an das Motiv der Freiheit an und entkräftet den Verdacht, der Verzicht auf die Tora könne zu Amoralismus führen. Gleichzeitig arbeitet Paulus weiter an der Entfaltung der anthropologischen Kategorien Fleisch vs. Geist, die er nun durch den Gegensatz von Begierde (5,16) vs. Liebe (5,22) inhaltlich weiter bestimmt. Somit gründet Paulus die christliche Ethik auf das Liebesgebot als »Frucht« (also Folge oder Ergebnis) des Geistes; er konkretisiert es als gegenseitige Hilfe, was er als »das Gesetz Christi« versteht (Gal 6,2).

Aufgabe der Christen: das Gesetz Christi erfüllen

10.8 Römer-Brief

Der Röm enthält die Summe der Theologie des Paulus und ist das Zentrum evangelischer Theologie seit Luther. Paulus' These lautet: Gerechtigkeit vor Gott kommt für Juden und Griechen allein aus dem Glauben.

Diesen Gedanken entfaltet er in der theologische Grundlegung, indem er zuerst zeigt, dass alle (Juden und Griechen) unter der Sünde sind. Darum sind alle auf Gottes Gnade angewiesen, die sie im Glauben erhalten und dadurch neues Leben gewinnen. Dieses ist für Paulus durch mehrere Freiheiten charakterisiert: die vom Tod, von der Sünde (durch die Taufe) und vom Gesetz. Gleichzeitig ist die neue Existenz der Christen durch die Hoffnung bestimmt, dass das Heil die ganze Schöpfung einschließen wird.

Im Horizont des universellen Heils bedenkt Paulus die Rolle Israels in Gottes Heilsgeschichte; sie erstreckt sich auch auf Israel: Obwohl dieses Jesus nicht als Messias anerkennt, bleibt seine Erwählung. Darum hat Paulus Hoffnung für Heil auch für Israel.

Im Zweiten Hauptteil finden wir Ermahnungen (Paränese): Das tägliche Leben sollen die Christen als Gottesdienst verstehen. In der Gemeinde finden sich Menschen mit vielen verschiedenen Gaben als ein Leib zusammen. Das Liebesgebot ist das Zentrum der christlichen Ethik. Die Autorität des Staates wird von Paulus anerkannt. Starke und Schwache sollen gegenseitige Rücksichtnahme üben.

Zuletzt teilt Paulus noch seine Reisepläne mit, er möchte über Rom nach Spanien reisen, um dort zu missionieren und hofft auf Unterstützung der römischen Gemeinde.

Der Römerbrief ist vermutlich der letzte überlieferte Brief des Paulus; er steht am Anfang der Sammlung, weil er der längste Brief ist. Der Neutestamentler Günther Bornkamm (1905-1990) hat ihn das »Testament des Paulus« genannt. Im Röm gibt Paulus eine zusammenhängende Darstellung seiner Theologie. Warum er das tut, hängt mit einer weiteren Besonderheit des Briefes zusammen: Er ist der einzige Brief, den Paulus an eine Gemeinde richtet, die er nicht gegründet hat. Aber er will nach Rom zu kommen und erhofft sich von der Gemeinde Unterstützung bei seinem Plan, in Spanien zu missionieren. Darum legt er seine Theologie so

Paulus greift Themen aus früheren Briefen wieder auf

ausführlich dar wie nirgends sonst und greift immer wieder Themen und Argumentationen auf, die er in anderen Briefen bereits vorgetragen hatte:

- Zorn Gottes: 1Thess
- Rechtfertigung: Gal
- Leib/Glieder: 1Kor
- Starke/Schwache: 1Kor
- Israel: Phil
- Nächstenliebe: Gal

Die Argumentation des Briefes entwickelt sich in großen Linien:

1–11	Theologische Grundlegung		
1–8	Gottes Gerechtigkeit und der Glaube an Jesus Christus	1–3	Griechen und Juden sind alle gleichermaßen unter dem Zorn Gottes, da sie alle unter der Sünde sind
		3–4	Verwirklichung der Glaubensgerechtigkeit durch Jesus Christus: »**gerecht allein aus Glauben**« (Luther); Beispiel Abraham (vgl. Gal)
5–8	Das neue Leben der Christen		**Freiheit** von:
		5	Tod
		6	Sünde (Taufe)
		7	Gesetz
		8	Freiheit der Kinder Gottes und Universalität des Heils für die ganze Schöpfung
9–11	Gottes Gerechtigkeit und sein Volk Israel	9–10	Unheil Israels trotz seiner **Erwählung**, seine Schuld
		11	Gottes dialektischer Heilsplan: Ziel der **Heilsgeschichte**: Erlösung aller, d. h. der Griechen und Juden
12–15	Paränese		
	Folgerungen aus der Gerechtigkeit	12	Tägliches Leben als Gottesdienst – viele Gaben ein Leib – Aufruf zu **brüderlicher Liebe**
		13	**Staat – Nächstenliebe** – eschatologische Ermahnung (Leben als Kinder das Lichts)
		14–15	Starke und Schwache: gegenseitige Rücksichtnahme

10.8.1 Theologische Grundlegung

Paulus beginnt den Brief mit einer These (Röm 1,16 f.):

> Denn ich schäme mich des Evangeliums nicht; eine Kraft Gottes ist es zur Rettung für jeden, der glaubt, für die Juden zuerst und auch für die Griechen. Gottes Gerechtigkeit nämlich wird in ihm offenbart, aus Glauben zu Glauben, wie geschrieben steht: Der aus Glauben Gerechte aber wird leben. (Zü)

Diese These entfaltet Paulus im Folgenden. Zuerst weist er nach, dass Juden und Griechen vor dem Zorn Gottes gerettet werden müssen; den Griechen weist er ihr Fehlverhalten nach, u. a. mit ihrem Polytheismus. Aber auch die Juden haben durch die Tora (Lu: »Gesetz«) keinen Vorteil, da sie diese nicht befolgen. Alle sind also »unter der Herrschaft der Sünde« (Röm 3,9), aus der sie sich nicht selbst befreien können, und somit schuldig vor Gott.

Griechen und Juden stehen unter dem Zorn Gottes

Gerechtigkeit vor Gott erlangen sie also nicht durch eigene Leistung (3,27; Zü), sondern allein durch den Glauben an Jesus Christus (3,21-24). Das veranschaulicht Paulus am Beispiel Abrahams: Sein Glaube wurde ihm schon von Gott zur Gerechtigkeit angerechnet (Gen 15,6), noch bevor er das zentrale Gebot der Tora, die Beschneidung erfüllt hatte, was erst Gen 17 erzählt wird. Damit ist nach Paulus der Glaube dem Erfüllen der Tora vor- und übergeordnet.

Gerechtigkeit vor Gott: allein aus Glauben

In Christus sind die Menschen nun mit Gott versöhnt (Kap. 5), und zwar alle, wie Paulus durch die sog. Adam-Christus-Typologie deutlich macht; er bezieht sich auf die Wirkung, die der Sündenfall Adams gehabt hat:

Christus als zweiter Adam

> Wie nun durch die Sünde des Einen die Verdammnis über alle Menschen gekommen ist, so ist auch durch die Gerechtigkeit des Einen für alle Menschen die Rechtfertigung gekommen, die zum Leben führt. (Röm 5,18; Lu)

Damit sind die Menschen auch nicht mehr dem Tod unterworfen. Doch nicht nur vom Tod sind die Menschen durch Christus frei geworden, auch von der Sünde (Kap. 6) und dem Gesetz (also der Erfüllung der Vorschriften der Tora, Kap. 7) sind die Menschen befreit. Und so ist das neue Leben der Christen ein Leben als Kinder Gottes im Geist (Kap. 8).

Freiheit der Christen

In den Kap. 9–11 behandelt Paulus ein Problem, das sich im Anschluss an die ersten drei Kapitel stellt: Wenn Israel unter der Herrschaft der Sünde ist und dem Zorn Gottes verfallen, wie sieht es dann mit der

Israels Erwählung gilt immer noch

Erwählung Israels aus, die im AT belegt ist? Für Paulus ist es ein persönlicher Schmerz, dass Israel sich nicht zu Christus bekennt (Röm 9,2–5):

> Voll Trauer bin ich, unablässiger Schmerz macht mir das Herz schwer. Ja, ich wünschte, selber verflucht und von Christus getrennt zu sein, anstelle meiner Brüder, die zum gleichen Volk gehören, die Israeliten sind, die das Recht der Kindschaft und die Herrlichkeit und die Bundesschlüsse und die Gabe des Gesetzes und die Gottesdienstordnung und die Verheissungen haben, die die Väter haben und aus deren Mitte seiner irdischen Herkunft nach der Christus stammt; Gott, der über allem waltet, er sei gepriesen in Ewigkeit, Amen! (Zü)

Dialektik der Heilsgeschichte Gottes

Und so grübelt er darüber nach, ob Gottes Verheißung hinfällig geworden sei. Seine Antwort ist etwas verwickelt; sie gipfelt in dem Gedanken einer dialektischen Heilsgeschichte: Israel kommt auf einem Umweg zum Heil. Indem es den Glauben an den Messias, also Christus, ablehnt, werden die Heiden missioniert und nehmen den Glauben an. Dies, so die Überzeugung des Paulus, macht Israel eifersüchtig (Röm 11,11) und zuletzt wird es ebenfalls Barmherzigkeit bei Gott finden, da Gott seine Verheißungen an die Väter nicht zurücknimmt. Mit Röm 11,32 schließt sich dann der Bogen, den Paulus in den ersten drei Kapiteln begonnen hat:

> Denn Gott hat alle in den Ungehorsam eingeschlossen, um allen seine Barmherzigkeit zu erweisen. (Zü)

Ein Text gegen christlichen Antijudaismus

Dieser Abschnitt wurde von der christlichen Theologie lange wenig beachtet. Doch nach dem Zweiten Weltkrieg wurde dieser Text wichtig, als die Kirchen begannen, sich mit dem christlichen Antijudaismus und seinen neutestamentlichen Anknüpfungspunkten auseinanderzusetzen. Hier war einer der wenigen Texte, die trotz einer gewissen Kritik Israel nicht als endgültig verworfen dargestellt haben, sondern eine Heilsperspektive erkennen.

> Vertiefung: **Taufe (Röm 6) und Urgeschichte des Ich (Röm 7)**
> Innerhalb dieses Argumentationsganges ist noch auf zwei wichtige Stellen hinzuweisen:
>
> *Taufe als Übergang*
>
> In Kap. 6 entwickelt Paulus seine Tauftheologie, und zwar anhand der Metapher vom Sterben. So wie Jesus gestorben ist, stirbt auch der Täufling – und darf die Hoffnung haben, dass auch er am Leben des Auferstandenen Anteil haben wird. Charakteristisch ist hier das Ineinander von vergangenem und zukünftigem Geschehen, der Taufe, in der der Christ gestorben ist, und einem zukünftigen Geschehen, dass er Leben haben wird:

> Sind wir aber mit Christus gestorben, so glauben wir fest, dass wir mit ihm auch leben werden. (Röm 6,8; Zü)

In dieser Spannung von Vergangenheit und Zukunft lebt der Christ und steht gleichzeitig in einer zweiten Spannung: Tatsache ist, dass der Christ mit der Taufe für die Sünde gestorben ist, sie also nicht mehr über ihn herrscht. Gleichzeitig fordert Paulus die Christen auf, die Sünde nicht über sich herrschen zu lassen (6,12). Aus der indikativischen Beschreibung des neuen Zustandes folgt bei Paulus also der Imperativ der ethischen Mahnung, die ab Kap. 12 breit entfaltet wird.

Christliche Existenz in der Spannung zwischen Befreiung und neuem Leben

In Röm 7 stellt Paulus in einem berühmten Text die »Urgeschichte des Ich« dar. In Anspielung auf das Gebot in der Gartenerzählung der Genesis (Gen 2-3), nicht zu begehren, beschreibt Paulus, wie das menschliche Ich an den Geboten scheitert:

> Denn nicht das Gute, das ich will, tue ich, sondern das Böse, das ich nicht will, das treibe ich voran. (Röm 7,19; Zü)

Ein psychologisch spannender Text, bei dem in der Exegese die Meinungen auseinandergehen, ob Paulus hier eigene Erfahrungen verarbeitet oder nicht.

10.8.2 Paränese (Ermahnungen)

In der Paränese ab Kap. 12 behandelt Paulus eine Reihe von Themen; neben der Formel vom einen Leib und vielen Gliedern in der Gemeinde, die schon aus 1Kor bekannt ist, schärft Paulus die Liebe ein, und konkretisiert, wie er sie versteht (Kap. 12). In Kap. 13 fordert Paulus zum Gehorsam gegenüber den Organen des römischen Staates auf. Dieser Text war für Luther wichtig bei der Entwicklung seiner »Zwei-Regimenter-Lehre« (später »Zwei-Reiche«). In ihr stellt Luther den Gehorsam der Obrigkeit gegenüber als zentrale Tugend heraus – nur in Glaubensfragen darf davon abgewichen werden. Damit hat Luther eine Tradition der evangelischen Obrigkeitshörigkeit begründet, von der sich Männer wie Dietrich Bonhoeffer (1906-1945) im Kampf gegen die nationalsozialistische Diktatur nur mühsam haben lösen können.

Gegenseitige Liebe und Achtung als Grundlage christlicher Ethik

Gehorsam gegen die Obrigkeit

> *Stichwort:* **Zorn und Barmherzigkeit Gottes**

Paulus geht im Röm ausführlich auf den Zorn Gottes ein. Er greift dabei auf eine Vorstellung aus dem AT zurück. So vernichtet Gott in seinem Zorn die Israel feindlichen Völker (z. B. Jer 25):

> Denn so hat der Herr, der Gott Israels zu mir gesprochen: Nimm diesen Kelch mit Wein, mit Zorn, aus meiner Hand und lass alle Nationen daraus trinken, zu denen ich dich sende. Und sie werden trinken und sich erbrechen und sich wie Wahnsinnige verhalten vor dem Schwert, das ich unter sie sende ... Ihr werdet nicht ungestraft bleiben, denn ich rufe das Schwert gegen alle Bewohner der Erde. (Jer 25,15 f.29)

Doch kann man dieses Gottesbild nicht verallgemeinern. Oft ist im AT von Gottes Liebe und Verzeihung die Rede, besonders in der mehrmals wiederholten Formel:

> Der HERR, ein barmherziger und gnädiger Gott, langmütig und von großer Gnade und Treue (Ex 34,6).

Siehe hierzu auch Num 14,18; Ps 86,15; Joel 2,13; Jona 4,2. – Diese Formel wirkt bis in den Koran nach, wo fast alle Suren durch die sog. Bismillah eröffnet werden: »Im Namen Gottes, des Erbarmers, des Barmherzigen«.

Da in beiden Teilen der Bibel von Gottes Zorn und von Gottes Barmherzigkeit und Liebe die Rede ist, ist es falsch – wiewohl es nicht selten geschieht – im AT von einem Gott der Rache o. Ä. zu sprechen und ihm den Gott der Liebe des NT gegenüberzustellen. Gott hat im AT und im NT zwei Seiten. Der evangelische Theologe Paul Tillich (1886–1965) hat versucht, den Zorn Gottes als Kehrseite seiner Liebe zu verstehen: »Es ist die Macht der Liebe selbst, die das zerstört, was gegen die Liebe steht.« (Tillich, 1987, 325 f.)

Literatur

Jeremias, Jörg, Der Zorn Gottes im Alten Testament. Das biblische Israel zwischen Verwerfung und Erwählung, BThSt 104, Neukirchen 2009.

Sloterdijk, Peter, Der zornige Gott: Der Weg zur Erfindung der metaphysischen Rachebank, in: Ders., Zorn und Zeit, Frankfurt a. M. 2006, 110–169.

Tillich, Paul, Systematische Theologie, Bde. 1/2, Berlin/New York 1987.

10.9 Fragen neutestamentliche Briefe und Paulus

1.) Welche Briefgruppen gibt es im Neuen Testament?
2.) Wie sind die neutestamentlichen Briefe aufgebaut und was bedeuten die jeweiligen Fachbegriffe?
3.) Was ist das zentrale Problem im 1. Thessalonicher?
4.) Welche Gemeindekonflikte lässt der 1. Korinther erkennen und wie reagiert Paulus bzw. für welche Lösungen votiert er?
5.) Wie verteidigt Paulus seine Autorität im 2. Korinther?
6.) Inwieweit ist das Verhältnis des Paulus zur Gemeinde in Philippi besonders?
7.) In welchen Briefen entwickelt Paulus seine Rechtfertigungslehre? Aus welchem konkreten Anlass entwickelt er seine Gedanken und wie sehen seine Argumente in den einzelnen Briefen aus?
8.) Beschreiben Sie den Gedankengang von Röm 9–11 und erläutern Sie, warum der Text nach dem Zweiten Weltkrieg in der deutschen Theologie wichtig geworden ist.

Vertiefung
- Stellen Sie die biografischen Angaben zu Paulus aus Apg und seinen Briefen zusammen!
- Was lehrt Paulus über die Taufe?

11.

DIE SYNOPTISCHEN EVANGELIEN

Der Begriff Evangelium bezeichnet ursprünglich den »Botenlohn«, dann auch die gute Botschaft selbst. In neutestamentlicher Zeit ist es der Begriff für Mitteilungen der kaiserlichen Propaganda. Im Gegensatz zu solchen politischen Heilsbotschaften steht die gute Nachricht von Jesus, die Paulus schon so nennt, z. B. im Motto des Römerbriefs:

Der Begriff Evangelium

»Ich schäme mich des Evangeliums nicht« (Röm 1,16)

Der Bedeutungswandel beginnt mit dem Mk-Evangelium; dort steht der Begriff quasi als Titel: »Beginn des Evangeliums von Jesus Christus« (Mk 1,1). Von hier entwickelt sich die Bezeichnung für Berichte über das Leben Jesu. Markus kann also als Erfinder dieser besonderen biografischen Gattung gelten, die sich von anderen antiken Biografien (»Viten«) unterscheidet. Markus hat mündlich überlieferte Geschichten über Jesus gesammelt und mit dem (vermutlich schon schriftlich vorliegenden) Passionsbericht verbunden. Gleichzeitig wird das Geschehen mit der Heilsgeschichte Israels verknüpft.

Das Evangelium als literarische Gattung

Die einzelnen kleineren Einheiten sind in den Evangelien noch gut als Episoden der Erzählung zu erkennen, man nennt sie »Perikopen«. Bei ihnen kann man erzählende Gattungen von Spruchgattungen unterscheiden. Die Unterteilung geht auf den Begründer der neutestamentlichen Gattungsforschung, Rudolf Bultmann (1884–1976) zurück.

Aufbau aus kleinen Einheiten: Perikopen

Vertiefung: **Untergattungen des Evangeliums**

Spruchgattungen
Die Worte Jesu sind in unterschiedlichen Formen überliefert. Zum einen in dialogischer Form, in eine Erzählung eingebettet: Jesus diskutiert in den Streit- und Schulgesprächen mit seinen Gegnern bzw. Schülern. Daneben stehen dialogische Stücke mit biografischem Interesse, wie etwa die Jüngerberufungen (z. B. Mk 1,16 ff.) oder die Aussprüche über seine wahren Verwandten (z. B. Mk 3,20 f.). Zudem gibt es Jesusworte, die ohne Kontext

überliefert sind: Weisheitssprüche (auch »Logien« genannt, z.B. Lk 9,62); eine zweite Gruppe dieser Worte bilden prophetische und apokalyptische Sprüche (z. B. Seligpreisungen, Mt 5,1 ff.). Gesetzesworte und Gemeinderegeln legen die Tora aus bzw. geben Anweisung für das Leben in der Gemeinde (z. B. Mt 5,17-19). Eine für Jesus typische und wichtige Gattung sind die Gleichnisse (Mt 13), in denen er seine Gotteslehre darstellt.

Erzählende Gattungen

Typisch für die Evangelien (aber auch für die Apostelgeschichte) sind Wundererzählungen (s. u. § 14.4, Stichwort: Wunder). Die Erzählungen über Johannes den Täufer, die Taufe Jesu, Einzug in Jerusalem sowie die Passionsgeschichte, die Osterberichte und die Vorgeschichte bei Matthäus und Lukas und manche andere Geschichte nennt Bultmann Legenden.

Literatur

Bultmann, Rudolf, Geschichte der synoptischen Tradition (1921; 1931), Göttingen ⁹1979.

Reiser, Marius, Sprache und literarische Formen des Neuen Testaments; Paderborn u.a. 2001.

Vertiefung: **Zwei-Quellen-Theorie**

Matthäus, Markus und Lukas weisen gegenüber dem Johannes-Evangelium sehr viele Gemeinsamkeiten auf. Deswegen fasst man sie unter dem Begriff der synoptischen Evangelien zusammen. Dieser Begriff stammt aus dem Griechischen: Es sind die drei Evangelien, die man zusammensehen kann (*syn* »zusammen«; *opsis* »Schau«), weil sie einen gemeinsamen Aufbau und viele wörtliche Übereinstimmungen haben. Man kann sie daher nebeneinander stellen, wie es in der folgenden Übersicht geschieht; an dieser Basissynopse ist deutlich zu erkennen, wie die drei Evangelien einem gemeinsamen Grundplan folgen: Er beginnt mit dem Auftreten des Täufers, beschreibt das Lehren und die Wunder Jesu in Galiläa und in den angrenzenden heidnischen Gebieten; das Petrusbekenntnis gibt den Auftakt zu den Leidensankündigungen Jesu, die seinen Weg nach Jerusalem begleiten. Die letzte Woche in Jerusalem ist durch die Auseinandersetzung mit den jüdischen Autoritäten geprägt; Verhaftung, Hinrichtung und Auferstehung am Ostermorgen bilden den Schluss des Handlungsbogens. Auch das Johannesevangelium folgt im Groben diesem Aufriss, während die Synoptiker bis in die einzelnen Abschnitte hinein übereinstimmen:

11. DIE SYNOPTISCHEN EVANGELIEN

	Mk	Mt	Lk	Joh
Vorgeschichte		1-2	1-2	
1. LEHRE UND WUNDER IN GALILÄA	1-7	3-15	3-9	1-12 mehrfach zu Festen in Jerusalem
Taufe durch Johannes	1	3	3	1
Versuchung	1	3	3	
Berufung der Jünger	1	4 5-7 Bergpred.	4	(1)
Heilungen und Streitgespräche	2-3	8-9	4-5	
Wahl der Zwölf	3	<u>10</u>	6	
Gleichnisse	4	<u>13</u>	8	
Sturmstillung	4	8	8	
Aussendung der Jünger	6	10	9	
Speisung der 5000	6	14	9	6
Seewandel	6	14		6
2. WEG INS LEIDEN	8-10	16-20	9-18	
Petrusbekenntnis	8	16	9	6
Erste Leidensankündigung	8	16	9	
Nachfolge und Selbstverleugnung	8	16	9	12,25
Verklärung	9	17	9	
Zweite Leidensankündigung	9	17	9	
Aufbruch nach Judäa	10	19	9 10-18 gr. Einsch.	
Nachfolgeworte	10	19	18	
Dritte Leidensankündigung	10	20	18	
3. PASSION UND OSTERN	11-16	21-28	19-24	12-21
Einzug in Jerusalem	11	21	19	12,12 ff.
Tempelreinigung	11	21	19	2
Jerusalemer Streitgespräche	11-12	21-22	19-20	12 Hellenenrede, Ende d. öffentl. Lehre
Belehrung über die Endzeit	13	24	21	(14-17)

	Mk	Mt	Lk	Joh
Verrat des Judas	14	26	22	13
Abendmahl	**14**	**26**	**22**	**(6); (13)**
Gebet in Gethsemane	14	26	22	14-17 Abschiedsr.
Gefangennahme	**14**	**26**	**22**	**18**
Verhör vor dem Hohen Rat	14	26	22	18
Verleugnung des Petrus	14	26	22	18
Verhör vor Pilatus	15	27	23	18
Verurteilung	15	27	23	19
Kreuzigung	**15**	**27**	**23**	**19**
Begräbnis	15	27	23	19
Das leere Grab	**16**	**28**	**24**	**20**
Erscheinungen des Auferstandenen	sekundär	28	24	20-21

Erklärung der Zeichen in der Basissynopse:

(in Klammern)	gleiches Thema – aber andere Erzähltradition
unterstrichen	umgestellt
((doppelte Klammer)):	weitere Referenz außerhalb der Evangelien
fett	zentrale und tragende Perikopen
sek. Anh.	sekundärer Markusschluss

Meist erklärt man Ähnlichkeiten der Synoptiker dadurch, dass Matthäus und Lukas das Markusevangelium verwendet haben, um ihr eigenes Evangelium zu schreiben; Lukas schreibt in seinem Prolog ja ausdrücklich, dass er solche Vorlagen benutzt hat (Lk 1,1). In den Rahmen des Markus haben Mt und Lk nun weitere Abschnitte eingefügt. Dabei gibt es eine Reihe von Passagen, in denen sie wieder übereinstimmen und andere, die sie jeweils allein überliefern. Man nimmt an, dass diese gemeinsamen Textanteile aus einer Quelle stammen, die beide gekannt haben, die aber verloren ist. Da sie überwiegend Worte Jesu enthält, nennt man sie »Logienquelle« (Abk. Q für »Quelle«), nach dem griechischen Wort für Ausspruch: *logion*, pl. *logia*. Die Stoffe, die Mt und Lk nur je allein haben, nennt man »Sondergut« (S).

11. Die synoptischen Evangelien

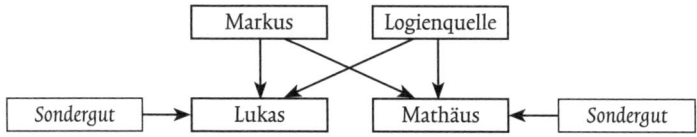

Abb. 16: **Zwei-Quellen-Theorie** der synoptischen Evangelien

Wie so oft in der Wissenschaft, gibt es konkurrierende Modelle, und auch die vorgestellte Zwei-Quellen-Theorie kann man noch um einige Details verfeinern; aber für die Zwecke der Bibelkunde genügt es, sich die Zusammenhänge auf diese Weise zu verdeutlichen. Dann wird klar, dass man sich das Markusevangelium gut einprägen muss – dann kann man sich den Aufbau der anderen Evangelien in Abwandlung zu Markus leicht merken. Wir fangen darum auch entgegen der kanonischen Reihenfolge mit Markus an; es ist das älteste Evangelium.

Literatur
Schnelle, 2013, 205-242; Ebner/Schreiber, 2008, 67-84.
Hoffmann, Paul/Heil, Christoph, Die Spruchquelle Q. Studienausgabe Griechisch und Deutsch, Darmstadt ²2007.

Fragen zu den Evangelien

Was bedeutet der Begriff »Evangelium« und welchen Bedeutungswandel macht er durch?

> *Vertiefung*
> Nennen Sie einige wichtige Gattungen, die in den Evangelien verwendet werden. Nach welchem Kriterium werden sie eingeteilt?
> Was bedeutet die Bezeichnung »synoptische« Evangelien?

12.

Markusevangelium

Markus als das älteste Evangelium erzählt das Leben Jesu von der Taufe bis zur Auferstehung. Es ist – nach einem Prolog mit Johannes dem Täufer in der Wüste – in drei große Blöcke gegliedert: Die Erfolge seiner Lehre und seiner Wunder finden am See Genezareth statt; der Weg nach Jerusalem ist von Leidensweissagungen und Jüngerbelehrung geprägt. In Jerusalem zieht Jesus zwar noch triumphal ein, wird dann aber verhaftet und hingerichtet. In einem Epilog wird die Auferstehung nur durch das leere Grab angedeutet. Die Leitfrage das Evangeliums lautet: »Wer ist dieser?« (Mk 4,41) Die christologischen (Hoheits-)Titel antworten darauf; der zentrale Titel ist »Sohn Gottes«. Die Geheimnistheorie (Jüngerunverständnis, Schweigegebote, Parabeltheorie) verbindet die Hoheitstitel mit der Darstellung Jesu als leidender Messias, der in die Nachfolge als Kreuzesnachfolge beruft.

Das Markusevangelium wird üblicherweise auf die Zeit um 70 n. Chr. datiert, in die Zeit kurz vor der Zerstörung Jerusalems durch die Römer im Ersten Jüdischen Krieg. Sein Verfasser dürfte ein Heidenchrist gewesen sein, der es wahrscheinlich in Rom geschrieben hat.

Im Markusevangelium decken sich geografische Gliederung und dramatischer Aufriss; es entsteht eine konzentrische Komposition (siehe Schaubild, nach Ebner/Schreiber, 2008, 156). Die Orte des Geschehens sind reale Orte, aber sie sind symbolisch aufgeladen. Wüste als lebensfeindlicher Ort und Grab als Ort des Todes entsprechen einander. Im ersten Hauptteil wechselt Jesus am Meer von Galiläa (See Genezareth) mehrfach von einem Ufer zum anderen. Ähnlich verhält es sich mit dem Jerusalem-Teil; hier pendelt Jesus zwischen Ölberg und Tempel. Das Zentrum ist gerahmt von zwei Blindenheilungen; auch sie sind symbolisch zu verstehen, die Augen werden geöffnet. Im Zentrum selbst werden zwei Themen ausgeführt: Jesus ist der Messias auf dem Weg ins Leid und die Jünger sind in die Leidensnachfolge berufen.

Konzentrische Gliederung des Mk-Evangeliums

1,1–3	**Wüste** (lebensfeindlicher Ort)
	1,14 f. *Übergang: vom Täufer zu Jesus*
1,16–8,21	**Meer von Galiläa:** An beiden Ufern
	zentrale Rede: G l e i c h n i s s e
	→ *Erfolg*
	8,22–26 Blindenheilung
8,27–10,45	**Weg:** ins Leiden – mit den Jüngern
	10,46–52 Blindenheilung
11,1–15,39	**Jerusalem:** Zwischen Ölberg und Tempel
	zentrale Rede: E n d z e i t
	→ *Scheitern*
	15,40 f. *Übergang: Frauen, die Jesus begleitet haben*
15,42–16,8	**Grabmal** (Ort des Todes)
(16,9–20	sekundärer Markusschluss)

12.1 In der Wüste

Taufe durch Johannes

Mit zwei Zitaten aus Mal und Jes knüpft Mk gleich zu Beginn seines Evangeliums an das AT an. Es sind zwei Prophezeiungen eines Boten in der Wüste, den Mk mit Johannes dem Täufer identifiziert; der alttestamentliche Bote kündet das Kommen Gottes an, Johannes das Kommen eines Stärkeren. Jesus hat bei seiner Taufe durch Johannes eine Vision: Er sieht den Himmel offen und den Heiligen Geist auf sich herabsteigen. Eine Himmelsstimme sagt ihm:

> Du bist mein geliebter Sohn, an dir habe ich Wohlgefallen. (Mk 1,11; Zü)

Damit ist zu Beginn des Evangeliums Jesus als Repräsentant Gottes auf Erden eingeführt.

12.2 Am Meer von Galiläa

In den Übergangsversen (Mk 1,14 f.) wird Jesu Auftreten durch die Gefangennahme des Johannes von dessen Wirksamkeit abgesetzt und Jesu Botschaft programmatisch zusammengefasst:

> Erfüllt ist die Zeit, und nahe gekommen ist das Reich Gottes. Kehrt um und glaubt an das Evangelium! (Mk 1,14; Zü)

Vor dem ersten Wunder werden vier Jünger berufen: Simon und Andreas sowie die Söhne des Zebedäus, Johannes und Jakobus. *Jüngerberufungen und erste Wunder*

Das erste Wunder ist eine Dämonenaustreibung in der Synagoge; der »unsaubere Geist« erkennt Jesus als den Heiligen Gottes, doch Jesus bringt ihn zum Verstummen. Wichtig ist die Reaktion der Umstehenden:

> Was ist das? Eine neue Lehre aus Vollmacht? Selbst den unreinen Geistern gebietet er, und sie gehorchen ihm. (Mk 1,27; Zü)

Hier wird eine erste Leitfrage nach der Vollmacht Jesu formuliert. Diese Vollmacht wird nicht nur in einer Reihe von Wundergeschichten entfaltet, auch in den Streitgesprächen geht es um das gleiche Thema: Jesus erklärt, dass der Menschensohn Vollmacht hat, Sünden zu vergeben (Mk 2,10), Herr ist über den Sabbat (2,28), und die Macht hat, Dämonen auszutreiben (3,22 ff.). Diese Aussagen fallen in der Auseinandersetzung mit jüdischen Autoritäten; die Konflikte spitzen sich zu, während Mk immer wieder den Erfolg Jesu festhält, indem er summarisch berichtet, wie viele Menschen zu Jesus kommen. Im Kontrast dazu fassen Pharisäer und Herodianer dann das erste Mal einen Tötungsbeschluss gegen Jesus (3,6). *Leitfrage nach der Vollmacht Jesu*

Konflikte

Die zentrale Rede des Galiläa-Teiles ist die Gleichnisrede in Kap. 4 mit vier Gleichnissen vom Gottesreich (vgl. den Programmsatz Mk 1,15): *Gleichnisse vom Gottesreich*

- Viererlei Saat
- Licht unter dem Scheffel
- Selbst wachsende Saat
- Senfkorn

Eine wichtige, deutende Funktion für die Gleichnisse hat die sog. Parabeltheorie (Mk 4,10–13); in ihr erklärt Jesus seinen Jüngern, warum er so spricht: Die Gleichnisse sind verhüllte Rede für die Außenstehenden, damit sie nicht verstehen, was Jesus zu ihnen sagt; dabei zitiert Mk 4,12 die Verstockungsankündigung aus der Berufung des Jesaja (Jes 6). *Parabeltheorie*

Leitfrage:
Wer ist Jesus?

Doch obwohl Jesus den Jüngern die Gleichnisse erklärt, sind sie nicht viel klüger als die Außenstehenden; bei einer Überfahrt über den See Genezareth gebietet Jesus dem Sturm zu schweigen, doch anstatt darin eine alttestamentliche Anspielung auf seine göttliche Macht zu erkennen (vgl. Ps 104,7), fürchten sie sich und verstehen nicht:

> Wer ist denn dieser, dass ihm selbst Wind und Wellen gehorchen? (Mk 4,41; Zü)

Jünger-
unverständnis

Trotz der besonderen Beziehung Jesu zu den Jüngern, die ihm folgen, und exklusiver Belehrung wie in Kap. 4, verstehen sie nicht, wer Jesus wirklich ist. Dieses Motiv charakterisiert die Jünger durch das ganze Evangelium hindurch.

Reinheit und
Unreinheit

In Kap. 5 begibt sich Jesus erstmals in nichtjüdisches Gebiet, die Dekapolis; die »Zehn Städte« waren hellenistische Städte, zu denen auch Gerasa gehört hat. Hier lässt Jesus einen Dämon in eine Schweineherde fahren, die ja nach jüdischem Verständnis unrein sind (Lev 11,7). Während in den jüdischen Gebieten Jesus den Geheilten befiehlt, das Wunder für sich zu behalten, erhält der Geheilte hier einen Verkündigungsauftrag (5,20 vs. 5,43).

In seiner Heimatstadt Nazareth wird Jesus abgelehnt und kann keine Wunder tun (Mk 6,1-6). Dann sendet er die Jünger aus. Und während sie unterwegs sind, verlässt Mk den Erzählfaden um Jesus und berichtet vom Tod des Täufers.

Der letzte Teil des Galiläa-Teiles ist von zwei Speisungswundern gerahmt; das erste an der jüdischen Westseite des Galiläischen Meeres, das zweite an seiner nichtjüdischen Ostseite. Die Wundergeschichten machen deutlich, wie viele Tausend Menschen zu Jesus kommen – und er versorgt sie, wobei die Brotausteilung sprachliche Anklänge an das Abendmahl enthält (Mk 6,41). Bei der folgenden Überfahrt über den See fahren die Jünger mit dem Boot vor und Jesus kommt nach: Er wandelt übers Wasser, die Jünger fürchten sich. Wieder hält Markus das Unverständnis der Jünger fest, ja er spricht sogar von einer »Verhärtung der Herzen« (6,52).

Heidenmission –
rein/unrein

In Kap. 7 ist die Heidenmission Thema. In der Auseinandersetzung mit pharisäischen Reinheitsvorschriften widerspricht Jesus:

> Nichts, was von aussen in den Menschen hineingeht, kann ihn unrein machen, sondern was aus dem Menschen herauskommt, das ist es, was den Menschen unrein macht. (Mk 7,15; Zü)

12.2 Am Meer von Galiläa

Abb. 17: **Salome** (Mk 6,22–28), die für ihren Tanz den Kopf Johannes des Täufers verlangt, hat die Fantasie der Maler immer schon angeregt; im 19. Jh. entwickelt sich das Sujet dann weiter zum harten Aufeinandertreffen von Erotik und Tod. Oskar Wilde hat den Stoff zur Vorlage eines Theaterstückes genommen und Richard Strauss hat eine Oper daraus gemacht. (Gemälde: Pierre Bonneau: Salomé, 1900, Öl auf Leinwand, 198 × 141 cm, Musée National Ernest Hébert)

Abschließend vermerkt Mk ausdrücklich:

> *Damit erklärte er alle Speisen für rein.* (Mk 7,19; Zü)

Überwindung religiöser/nationaler Grenzen

In der folgenden Geschichte bittet eine Nichtjüdin, eine Frau aus Phönizien, Jesus, ihre Tochter zu heilen. Der lehnt ab, da er nur in Israel wirken will. Doch die Frau lässt sich durch die beleidigende Antwort Jesu nicht abweisen und beharrt, woraufhin Jesus ihr die Heilung der Tochter zusagt. Auch die folgende Heilung eines Taubstummen spielt in nichtjüdischem Gebiet, diesmal wieder der Dekapolis.

In Kap. 8 wird dann die Konsequenz aus der Aufhebung der Reinheitsvorschriften gezogen: Jesus und seine Jünger essen mit Menschen aus der Dekapolis, also Nichtjuden. Der Galiläa-Teil schildert so den Übergang des Evangeliums von den Juden zu den Heiden.

Verstockung der Jünger

Als Abschluss dieses Abschnittes schilt Jesus seine Jünger wegen ihres Unverständnisses und greift die Verstockungsankündigung aus Jes 6 auf, die in der Parabeltheorie dem Volk galt:

> *Begreift ihr noch nicht und versteht ihr nicht? Ist euer Herz verstockt? Augen habt ihr und seht nicht, und Ohren habt ihr und hört nicht?* (Mk 8,17 f.; Zü)

Jesus erinnert sie an die beiden Speisungswunder und wundert sich, dass sie immer noch nicht begreifen. Im Kontrast zum »Nicht-Sehen« der Jünger steht die Blindenheilung, die den Einstieg zum folgenden Abschnitt bildet: In ihm werden uns die Augen über Jesu wahres Wesen geöffnet.

12.3 Der Weg ins Leiden – Nachfolge

Zwar beginnt die eigentliche Reise nach Jerusalem erst in Kap. 10, aber mit dem Petrusbekenntnis und der darauf folgenden ersten Leidensankündigung ist das Thema gegeben: Leiden und Leidensnachfolge (Mk 8,31.34 ff.).

Petrusbekenntnis als zweideutige Antwort auf die Frage nach der Person Jesu

Das Petrusbekenntnis fasst die Versuche des Galiläa-Teiles zusammen, Jesus in den Kategorien des Judentums begrifflich zu verorten; Jesus fragt nach den Meinungen der Leute, die Jünger berichten, dass Jesus für einen Propheten gehalten wird, für den wiedererstandenen Täufer oder Elia. Jesus fragt nun nach der Meinung seiner Jünger und Petrus bekennt ihn als den Messias, griechisch: »Christus« (s. u. § 19.2, Vertiefung: Christologische Hoheitstitel). Dieser Titel war außer in der Überschrift noch nicht gefallen. Bisher stand der Titel »Sohn Gottes« im Vordergrund, den Jesus bei seiner Taufe von der Himmelsstimme gehört hatte. Mit diesem Titel ist die Rolle des jüdischen Königs verbunden, der die Feinde vertreibt und in seiner Stadt Jerusalem regiert. Diese Sicht wird durch die dreimalige Leidensankündigung korrigiert: Jesus ist als Messias der Leidende.

Jesus kündigt sein Leiden an und erklärt Nachfolge als Nachfolge ins Leiden

Im Anschluss an die erste Leidensankündigung, die Petrus zu einer falschen Reaktion provoziert, lehrt Jesus dann, dass Nachfolge Leidensnachfolge sein muss:

> Wer mir nachfolgen will, der verleugne sich selbst und nehme sein Kreuz auf sich und folge mir nach. (Mk 8,34; Lu)

In der Verklärungsszene, bei der Jesus mit auserwählten Jüngern wie einst Mose auf einen hohen Berg steigt, sehen die Jünger nicht nur Jesus im Gespräch mit Mose und Elia, sondern hören auch die Himmelsstimme, die das bei der Taufe Gesagte wiederholt. Auf dem Rückweg befiehlt Jesus den Jüngern, über das Erlebte bis nach der Auferstehung zu schweigen. Und sie verstehen wieder nicht:

Verklärung: Jesus und die jüdische Tradition

> Was ist das, auferstehen von den Toten? (Mk 9,10; Lu)

Im eigentlichen Reisebericht Kap. 10 werden – neben dem Scheidungsverbot – Fragen der richtigen Nachfolge besprochen:
- Kindersegnung: wie man das Reich Gottes empfängt
- Reicher Jüngling: wie man nicht ins Reich Gottes kommt
- Familienbindungen: was man aufgeben muss
- Ehrenplätze im Reich Gottes: dass man dienen muss

Nachfolge als Statusverzicht

Die Gespräche machen deutlich, dass Nachfolge Verzicht auf Status bedeutet und die Bereitschaft zu dienen verlangt, sogar bis zur Lebenshingabe (8,35). Den Abschluss bildet analog zum Auftakt dieses Abschnittes eine Blindenheilung, diesmal als Beispielerzählung über einen, der Jesus nachfolgt: die Heilung des blinden Bartimäus.

12.4 JERUSALEM: ZWISCHEN ÖLBERG UND TEMPEL

Triumphal ist Jesu Einzug in Jerusalem gestaltet. Die Menschen, denen er begegnet, begrüßen ihn als König. Am nächsten Tag vertreibt Jesus die Händler aus dem Tempel (Tempelreinigung mit Zitat von Jes 56). Im Tempel kommt es zu Diskussionen mit den jüdischen Autoritäten, die

Königlicher Einzug in Jerusalem

Streitgespräche im Tempel

man als Jerusalemer Streitgespräche zusammenfasst; es geht um folgende Themen:
- Jesu Vollmacht
- Zinsgroschen (Legitimität der Steuerzahlung an die römische Besatzungsmacht)
- Auferstehung der Toten
- das höchste Gebot (Jesus antwortet mit zwei Tora-Zitaten)
- Messias als Davidsohn

Eingebettet in diese Streitgespräche ist das Gleichnis von den bösen Weingärtnern, eine allegorische Deutung von Jesu Auftreten.

Vorblick in die Endzeit

Die zentrale Rede des Jerusalem-Teiles ist die synoptische Apokalypse, in der Jesus vor seinen Jüngern ein Szenario der Endzeit ausbreitet. Es endet mit einem Aufruf zur Wachsamkeit, da die genaue Zeit der Wiederkunft unbekannt ist (Mk 13,37).

Das letzte Abendmahl

Ausführlich wird Jesu letzter Abend erzählt; der Verrat des Judas, das letzte Mahl mit den Einsetzungsworten (Anspielung auf das Blut des Bundes von Ex 24,8) und das Gebet in Gethsemane; wieder versagen die Jünger und schlafen ein. Markus zeichnet Jesus voller Angst und doch bereit, dem Willen Gottes zu entsprechen.

Gefangennahme Jesu und Verhör

Bei der Gefangennahme fliehen die Jünger und Petrus, der Jesus noch bis ins Haus des Hohepriesters folgt, verleugnet ihn dreimal (und nicht sich, wie Jesus gefordert hatte, vgl. Mk 8,34) – ganz so, wie Jesus es ihm vorhergesagt hatte. Im Verhör fragt der Hohepriester Jesus danach, ob er der Messias, der Sohn Gottes sei; Jesus bejaht und fügt eine Weissagung über den Menschensohn an, der zur Rechten Gottes thront.

Kreuzigung mit Motiven aus den Psalmen

Im Verhör vor Pilatus geht es um die Frage, ob Jesus König der Juden sei – eine politische Deutung des Messias/Christus-Titels, und so wird dies auch der Grund für die Hinrichtung (15,26). Mit dem Hauptmann unter dem Kreuz endet der Spannungsbogen, den Mk mit seiner Überschrift eröffnet hat: Die Geschichte des Sohnes Gottes ist zu Ende – jedenfalls stellt das der Hauptmann so fest (Mk 15,39):

Wahrlich, dieser Mann ist Gottes Sohn gewesen. (Lu)

Dieser Formulierung wirft die Frage auf, warum im Tempus der Vergangenheit formuliert ist, und was mit diesem »Rückblick« genau gemeint ist? Erkennt erstmals ein Mensch richtig, wer Jesus wirklich ist – oder deutet das Tempus an, dass das Entscheidende, die Auferstehung, bei dieser Aussage nicht im Blick ist?

12.5 Das Grab

Unvermittelt tauchen nun Frauen auf, die Jesus gefolgt sind – anders als die Jünger haben sie ihn auch im Tod nicht verlassen: Sie sehen, wo Josef von Arimatia Jesus begräbt und kommen am dritten Tag zum Grab, um Jesus zu salben. Doch sie finden keinen Toten, sondern einen Engel, der ihnen die Auferstehung verkündet und sie auffordert, das Erfahrene weiterzusagen. Dieser Verkündigungsauftrag steht im Gegensatz zu den Schweigegeboten, die Jesus vielfach den Geheilten erteilt hatte. Doch genauso wenig, wie die Geheilten sich an ihren Befehl gehalten haben, so nun auch die Frauen; das Evangelium endet mit folgenden Satz:

Frauen am Grab

Nicht schweigen, sondern verkündigen!

> Da gingen sie hinaus und flohen weg vom Grab, denn sie waren starr vor Angst und Entsetzen. Und sie sagten niemandem etwas, denn sie fürchteten sich. (Mk 16,8; Zü)

Dies ist ein paradoxer Schluss – denn wenn die Frauen ihr Schweigen durchgehalten hätten, wüssten wir nichts von der Auferstehung. Da muss also noch etwas passiert sein; nur: Mk erzählt es nicht, er lässt sein Evangelium offen enden, mit der Ankündigung, Jesus in Galiläa zu sehen.

Paradoxie des echten Schlusses

Schon ab dem 2. Jh. haben die Überlieferer des Mk hier eine Lücke empfunden, und diese nach den anderen Evangelien ergänzt. Die so entstandenen verschiedenen Fassungen eines sekundären, längeren Mk-Schlusses fehlen aber in den ältesten Handschriften.

> *Vertiefung:* **Erzählstrategie des Geheimnismotivs**
>
> Das Mk-Evangelium ist nicht einfach ein historischer Bericht über Jesu Leben, es ist eine literarisch anspruchsvolle Erzählung, die mit den kunstvollen Mitteln ihrer Darstellung ihre Theologie transportieren möchte. Der Neutestamentler William Wrede (1859–1906) hat die markantesten Züge dieser Erzählung unter dem Stichwort »Messiasgeheimnis« zusammengefasst:
> - Schweigegebote an Dämonen
> - Jüngerunverständnis
> - Parabeltheorie
>
> Wrede wollte mit diesen Beobachtungen den Unterschied zwischen einem unmessianischen Leben des historischen Jesus und dem als Messias geglaubten Jesus deutlich machen. Doch haben Neutestamentler in den letzten Jahrzehnten unter dem Einfluss der literarischen Erzählforschung in diesen Motiven kunstvolle Stilmittel identifiziert. Und so überschneiden

sich in Mk Darstellung zwei Linien: Einmal das Jüngerunverständnis – die Jünger verstehen nicht, wer Jesus wirklich ist, und auch das Bekenntnis des Petrus bringt nicht die Wende, wie seine Reaktion auf die erste Leidensankündigung zeigt – und zudem noch das Versagen – die Jünger folgen Jesus nicht, wie er es gefordert hat, sondern fliehen, selbst Petrus verleugnet Jesus, nicht sich selbst.

Mehrfach erklingt – in unterschiedlichen Varianten – die Leitfrage »Wer ist dieser?« (Mk 1,27; 4,41; 6,2.14–16; 8,28 f.; 9,10). Die Antworten darauf sind vielfältig; es sind all die Bezeichnungen, die Jesus beigelegt werden, und all die Bewertungen, die über ihn getroffen werden. Sie konstituieren die zweite Hauptlinie der Motive. Die wichtigste Bezeichnung ist dabei der christologische Hoheitstitel »Sohn Gottes«, der mehrfach an entscheidenden Stellen im Evangelium vorkommt:

1,1	Überschrift (Stimme des Autors)
1,11	Himmelsstimme (zu Jesus)
3,11	Dämon
9,7	Himmelsstimme an Jünger
14,61	Frage des Hohenpriesters (Verhör)
15,33	Hauptmann unter dem Kreuz (Vergangenheit)

Vielfalt der Stimmen im Mk-Evangelium

Mk schafft so eine Vielfalt an Stimmen, alles Facetten der Antwort auf die Leitfrage: »Wer ist der?« (Mk 4,41) Es gibt nach Mk nicht die eine richtige Antwort, sondern viele, oder noch genauer: Mk beschreibt einen Prozess, in dem Antworten gefunden und immer wieder aus anderer Perspektive neu formuliert werden. Darum endet sein Evangelium auch offen: Die Geschichte, die er erzählt, ist nicht abgeschlossen, sie öffnet sich in die Zukunft der Hörer hinein mit der Ankündigung der Wiederkunft Christi. Gleichzeitig wird ein zentrales hermeneutisches Problem deutlich, der Neutestamentler Georg Strecker (1929–1994) hat es so formuliert:

> Die Dialektik von *Verborgenheit* und *Offenbarung* macht deutlich, daß das Christusgeschehen in der Historie nicht aufgeht. Es wird der Zeit nicht immanent, so sehr es sich in der Zeit, in der Verborgenheit ereignet. (Strecker, G., Theologie des Neuen Testaments, Berlin/New York 1996, 370 f.)

Markus behandelt hier ein theologisches Fundamentalproblem, das der Möglichkeit von Offenbarung: Wie kann die endliche Welt den unendlichen Gott fassen? Ein Streitthema zwischen Reformierten und Lutheranern, das unter der lateinischen Parole *finitum non capax infiniti* (»das Endliche fasst das Unendliche nicht«, J. Calvin) abgehandelt wurde.

12.5 Das Grab

Vertiefung: **Jüdische Gruppen im NT**
In neutestamentlicher Zeit gab es kein einheitliches Judentum; dieses bestand vielmehr aus einer Reihe von Gruppierungen mit unterschiedlicher religiöser Ausrichtung. Einige von ihnen kommen auch im NT vor.

Sadduzäer
Bei den Sadduzäern handelt es sich um Angehörige der Tempelaristokratie, die mit den römischen Besatzungsbehörden eng zusammengearbeitet haben; es ist die kleinste, aber politisch einflussreichste Gruppe. Im NT kommen die Sadduzäer v. a. in der Passionsgeschichte Jesu vor und als Gegner in den Jerusalemer Streitgesprächen.

Pharisäer
Die Pharisäer sind die im NT am häufigsten genannte Gruppe; sie besaßen großen Einfluss innerhalb der jüdischen Gesellschaft, aber auch in der Politik. Die Pharisäer sind keine feste Gruppe, sondern eher eine religiöse Bewegung. Ihr Hauptcharakteristikum ist die besondere Verpflichtung gegenüber der religiösen Tradition in Gestalt der »mündlichen Tora«. Mit großer Gewissenhaftigkeit versuchen sie die Regeln für priesterliche Reinheit in ihren Alltag zu übertragen. Daneben spielen Gebete und Fasten eine wichtige Rolle. Mit dem frühen Christentum teilen sie den Glauben an die Auferstehung und die Existenz von Engeln. Die Pharisäer streben nach Gerechtigkeit und Wohlgefallen bei Gott.

Im Neuen Testament erscheinen sie als Diskussionspartner und Gegner Jesu, besonders im Mt-Evangelium werden sie scharf kritisiert (Mt 23). Paulus war vor seiner Berufung Pharisäer und urteilt über diese Zeit später sehr abfällig (Phil 3). In der protestantischen Exegese galten die Pharisäer darum lange als prototypische Juden und Repräsentanten der Gesetzesfrömmigkeit.

Essener
Die Essener kommen im NT nicht vor, sind aber bei antiken Schriftstellern mehrfach erwähnt. Es ist eine religiöse Gemeinschaft mit festen Aufnahmeregeln. Nach verbreiteter Meinung war ihr Zentrum in Qumran (s. o. § 3.3.1, Vertiefung: Qumran), einige der dort gefundenen Texte gelten als Literatur der Essener. Die Gruppe stand in Opposition zum Jerusalemer Tempelkult. Sie versuchte eine extreme Form kultischer Reinheit zu leben.

Zeloten

Die Zeloten (griech. »Eiferer«) sind eine antirömische Aufstandsbewegung. Ihre Anfänge liegen im Jahr 6 v. Chr., als die römische Besatzungsmacht einen Zensus in Galiläa durchgeführt hat. Sie gelten als ein radikaler Flügel der Pharisäer und haben versucht, die Königsherrschaft Gottes mit Gewalt gegen die Römer durchzusetzen. Dieser Kampf sollte die eschatologische Befreiung herbeiführen. So finden wir diese Gruppe im jüdischen Krieg 66–71 maßgeblich beteiligt.

Einer der Jünger Jesu, Simon Kananäus, war wohl Zelot, wie die Übersetzung bei Lk zeigt (Mk 3,18 par. Lk 6,15; qnh hebr. »eifern«).

Schriftgelehrte

Die jüdischen Schriftgelehrten sind aus der altorientalischen Tradition juristisch gebildeter Schreiber erwachsen. Ihre besondere Ausprägung hängt mit der zentralen Rolle der Tora für das jüdische Leben – nicht nur das Glaubensleben – zusammen. Ihr Urbild ist der Schreiber Esra (s. o. § 8.6.1). Sie sind nicht mit den Pharisäern zu identifizieren, vielmehr muss man davon ausgehen, dass Schriftgelehrte allen Strömungen und Gruppen des Judentums zurzeit des Zweiten Tempels angehört haben. Im NT sind sie als Diskussionspartner und Gegner Jesu erwähnt. So fassen sie in Mk 15,1 einen Todesbeschluss gegen Jesus und in Mt 23 werden sie zusammen mit den Pharisäern kritisiert.

Samaritaner

Die ältere Forschung sah in den Samaritanern die synkretistischen Bewohner des ehemaligen Nordreichs und bezog sich auf die Darstellung 2Kön 17,24–41. Neuere Arbeiten sehen in den Samaritanern eine jüdische Gruppe in der Region um Samaria. Dort war das Heiligtum auf dem Berg Garizim ihr Kultzentrum, nicht Jerusalem. Dieses Heiligtum dürfte in persischer Zeit von dissidenten Jerusalemer Priestern gegründet worden sein. Seit der Hasmonäerzeit entwickelte sich zwischen diesen beiden jüdischen Kultgemeinden eine anhaltende Antipathie. Unter römischer Herrschaft wurden die Samaritaner dann eine eigene Kultgemeinde.

Die Samaritaner verwenden von der jüdischen Bibel nur den Pentateuch, allerdings in einer eigenen Textfassung, die v. a. den Altar auf dem Garizim betrifft; so gibt es ein neues 10. Gebot: einen Altar auf dem Garizim zu errichten. Umgekehrt hat die judäische Fassung des Pentateuch den Garizim als Kultort nachträglich auf den Berg Ebal verlegt (Dtn 27,4). Die deutschen

Übersetzungen spiegeln an dieser Stelle die unterschiedliche Texttradition wider: Lu und Zü folgen dem judäischen MT, die EÜ folgt dem vermutlich ursprünglichen Text, den der samaritanische Pentateuch bewahrt hat. Im NT spielen die Samaritaner eine große Rolle. Bei Mk vermeidet Jesus auf dem Weg nach Jerusalem das Gebiet der Samaritaner, er kommt über Jericho nach Jerusalem (Mk 10,46; andere Route Lk 9,51–56, allerdings verweigern die Samaritaner die Aufnahme). Mt verbietet in der Aussendungsrede die Mission bei den Samaritanern (Mt 10,5). Dies spiegelt die Vorbehalte, die Juden Samaritanern gegenüber hegten; in Joh 4,9 spricht die Samaritanerin am Brunnen Jesus direkt an. Bei Lk finden wir aber ein durchaus positives Bild der Samaritaner, etwa beim barmherzigen Samariter (Lk 10,25 ff.) oder der dankbare Samariter (Lk 17,15 f.). Offenbar hat das Christentum unter ihnen schon früh Anhänger gefunden (Apg 8).

Heute sind die Samaritaner nur noch eine winzige Glaubensgemeinschaft von knapp 1000 Mitgliedern.

Literatur

Pummer, Reinhard, The Samaritans. A Profile, Grand Rapids/Cambridge 2016.

Stemberger, Günter, Pharisäer, Sadduzäer, Essener, Stuttgart 1991.

Tiewald, Markus, Das Frühjudentum und die Anfänge des Christentums. Ein Studienbuch, Beiträge zur Wissenschaft vom Alten und Neuen Testament 208, Stuttgart 2016, 117–200.

12.6 Fragen zu Markus

1.) Welche Leitfragen formuliert Markus in seinem Evangelium und welche Antworten gibt er darauf?
2.) Welche Rolle spielt der Verstockungsauftrag aus Jes 6 im Evangelium?
3.) Nennen Sie die zentralen Reden des Evangeliums und geben Sie Stichworte zum Inhalt!
4.) In welcher Weise wird Jesu Leiden im Markusevangelium thematisiert?
5.) Was ist am Schluss des Evangeliums bemerkenswert?

Vertiefung

- Erklären Sie das Geheimnismotiv als Erzählstrategie des Evangeliums!
- Charakterisieren Sie die im NT erwähnten jüdischen Gruppierungen.

Erzähltexte
- Taufe Jesu, Mk 1 im Vergleich mit Joh 1
- Heilung des Gelähmten, Mk 2
- Berufung des Levi und Zöllnermahl, Mk 2
- Gleichnis vom vierfachen Acker, Mk 4
- Sturmstillung, Mk 4
- Speisung der 5000, Mk 6
- Verklärung, Mk 9
- Heilung des blinden Bartimäus, Mk 10
- Gleichnis von den bösen Weinbauern, Mk 12
- Passionsgeschichte, Mk 11; 14–16

13.

MATTHÄUSEVANGELIUM

In fünf großen Reden stellt Matthäus Jesus als königlichen Lehrer Israels dar. In der eröffnenden Programmrede, der Bergpredigt, fordert er von seinen Jüngern eine bessere Gerechtigkeit als die der Pharisäer, was in der abschließenden Rede gegen Pharisäer und Schriftgelehrte noch einmal bekräftigt wird. Matth schildert im Evangelium die Sendung Jesu zu den Juden. Diese lehnen ihn ab. Darum befiehlt der Auferstandene die Heidenmission. Unter den Jüngern ist Petrus als der Fels herausgehoben.

Das Matthäusevangelium ist das Hauptevangelium der christlichen Tradition gewesen. Mt erweitert den Entwurf des Mk: Er fügt eine Vorgeschichte an (Mt 1-2), ordnet den Bereich der Wunder und Streitgespräche in Galiläa neu (Mt 8-11; vgl. Mk 1-5) und verzichtet zugunsten von Ostererzählungen auf den offenen Schluss des Mk. Das markanteste Merkmal sind aber fünf Reden, in denen Mt die Lehre Jesu konzentriert. Der Name des Autors mag aus 9,9 entlehnt sein, wo der Zöllner, der bei Mk Levi heißt, Matthäus genannt wird.

Mt gestaltet die Jesusgeschichte auch theologisch neu, besonders im Verhältnis zum Judentum. Während Jesus im Mk-Evangelium als der verborgen-offenbare Sohn Gottes erscheint, stellt Mt ihn als den königlichen Lehrer Israels vor.

Der grobe Aufriss des Mt wird unterschiedlich bestimmt; folgt man dem Handlungsverlauf, legt sich folgende Gliederung nahe:

1-4	Vorgeschichte
4-11	Lehre und Machttaten: Sammlung der Jünger
	Kap. 5-7 BERGPREDIGT,
	Kap. 10 AUSSENDUNGSREDE
12-16	Konflikte mit den religiösen Autoritäten Israels
	Kap. 13 GLEICHNISREDE

16–20	Der Weg nach Jerusalem: Die Ordnung der Jüngergemeinde
	Kap. 18 GEMEINDEREDE
21–25	Die letzte Woche in Jerusalem: Abrechnung mit den Autoritäten Israels
	Kap. 23–25: *Weherufe über Pharisäer;* ENDZEITREDE
26–28	Passion, Ostern, Missionsbefehl

13.1 Vorgeschichte

Der Stammbaum Jesu verankert ihn in der jüdischen Heilsgeschichte

Die ersten Worte des Evangeliums lauten auf griechisch: *biblos geneseos* »Stammbaum« (EÜ, Zü) oder »Buch der Geschichte« (Lu) und erinnern an das erste Buch der Bibel, Genesis. Im Stammbaum wird Jesus als Sohn Davids und Abrahams vorgestellt; einerseits betont es seine jüdisch-königliche Abkunft, andererseits ist in frühjüdischer Zeit Abraham auch der Vater der Proselyten, d. h. der Nichtjuden, die sich zum jüdischen Glauben bekehrt haben (schließlich wurde Abraham ja auch berufen, als er noch unbeschnitten war, und alle Völker sollten in ihm gesegnet sein, vgl. Gen 12,1–3).

> ➤ *Stichwort:* **Heilige Drei Könige**
> Bei Matthäus heißen die Weisen aus dem Osten, *magoi* »Magier«; das persische Wort bezeichnet Weise und Priester, die sich auf Stern- und Traumdeutung verstanden. Beheimatet ursprünglich in Persien, wurde der Begriff auch in Mesopotamien heimisch. Matthäus nennt keine Anzahl der Weisen; dass es drei sein sollen, hat man später aus der Anzahl der Geschenke geschlossen. Im Laufe der Zeit erhielten die Weisen Namen und sie wurden ikonographisch zu Repräsentanten der drei Lebensalter (Jüngling, Mann, Greis) und der drei im Mittelalter bekannten Kontinente, Europa, Asien und Afrika, weswegen einer der Könige schwarz ist. Die Reliquien der drei sind im Mittelalter nach Köln gekommen – Heine lässt sie in seinem »Wintermärchen« (Caput VII) auftreten: »Drei Totengerippe, phantastisch geputzt ... die haben nach Moder und zugleich/Nach Weihrauchduft gerochen.«

Geburtsgeschichte nimmt das Ende vorweg: Kommen der Heiden

Jesus ist in der Geburtsgeschichte der »neugeborene König der Juden« (Mt 2,2), den die Sterndeuter aus dem Osten aufgrund des Sternes fälschlicherweise im Königspalast des Herodes suchen. Durch ein Eingreifen Gottes gelingt es, die Pläne des Herodes zu vereiteln, der Jesus als Rivalen ausschalten will – doch lässt er in Bethlehem alle Jungen unter zwei Jahren töten. Jesus entkommt mit seinen Eltern nach Ägypten, von wo sie erst nach dem Tode des Herodes zurückkommen. Aber sie gehen nicht mehr nach Bethlehem, sondern nach Nazareth.

> ➤ Stichwort: **Erfüllungszitate**
> Vor allem in der Geburtsgeschichte stellt Mt das Geschehen als Erfüllung alttestamentlicher Weissagungen dar; dies geschieht in den sog. »Erfüllungszitaten« (auch »Reflexionszitate« genannt), hier eine Auswahl:
>
> | | | |
> |---|---|---|
> | Immanuelsweissagung | Mt 1,22 f. | Jes 7,14 |
> | Geburtsort Bethlehem | Mt 2,5 f. | Mi 5,1 |
> | Jesus als Gottesknecht | Mt 12,18–21 | Jes 42,1-4 |
> | Verstockung | Mt 13,14 f. | Jes 6,9 |
> | Einzug in Jerusalem | Mt 21,5 | Sach 9,9 |

Johannes der Täufer wird als Vorläufer Jesu deutlich, indem seine Predigt wortgleich mit der Jesu ist: *Johannes der Täufer*

> Kehrt um! Denn nahe gekommen ist das Himmelreich. (Mt 3,2 = 4,17; Zü; Lu: Tut Buße ...)

Als Jesus zu Johannes kommt, um sich taufen zu lassen, will Johannes nicht, doch Jesus besteht darauf:

> Lass es jetzt zu! Denn so gehört es sich; so sollen wir alles tun, was die Gerechtigkeit verlangt. (Mt 3,15; Zü)

Und so erklingt eines der Leitworte des Mt, Gerechtigkeit erfüllen.

Nach der Himmelsstimme geht Jesus in die Wüste und wird vom Teufel versucht; Mt konkretisiert die Versuchungen mit Geschichten aus der bereits erwähnten Logienquelle Q: Jesus soll Steine in Brot verwandeln, vom Tempel herabspringen, den Teufel anbeten, um von ihm die Weltherrschaft zu erhalten. *Versuchungen*

13.2 Lehre, Wunder und Konflikte

Den Auftakt bilden die ersten Jüngerberufungen (Petrus und Andreas, Jakobus und Johannes). Dann beginnt Jesus seine Tätigkeit als Heiler, mit der er Menschen aus einem weiten Umkreis anzieht (Mt 4,23 ff.). *Bergpredigt als theologische Programmrede Jesu*

In einer ersten großen Rede, der Bergpredigt (Kap. 5-7), entwickelt Matthäus das Programm Jesu: Erfüllung der Tora (Gesetz, s. u. S. 264) durch die bessere Gerechtigkeit. Diese Rede ist als kunstvolle Ringkomposition angelegt:

Forderung nach der besseren Gerechtigkeit

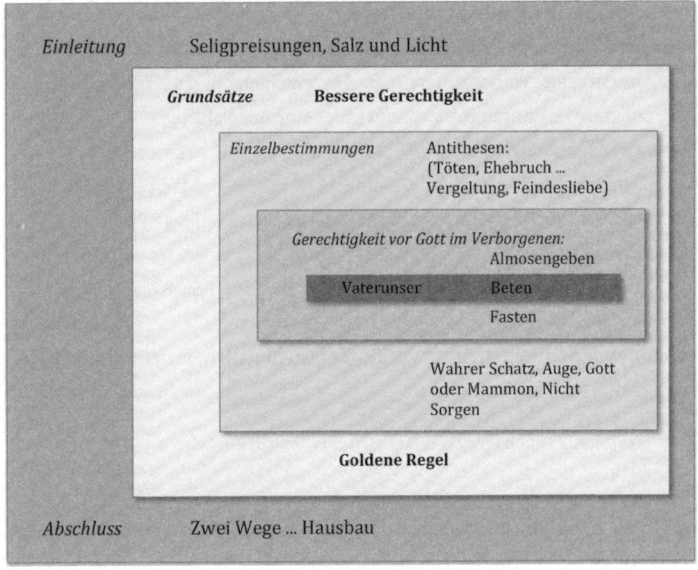

Abb. 18: **Bergpredigt**

In den Kap. 8-9 fasst Mt die Wunder Jesu zusammen als seine Machttaten. Daneben stehen Geschichten von den Jüngern über den Ernst der Nachfolge (Mt 8,18 ff.), die Tischgemeinschaft mit Zöllnern und Sündern (Berufung des Matthäus, von hier der Name des Evangelisten, 9,9 ff.) und über das Fasten.

Sendung der Jünger an Israel

Gegen Ende dieses Teils steht die zweite Rede des Evangeliums, die Aussendungsrede, in der Jesus seine Jünger »zu den verlorenen Schafen Israels« sendet (10,6). Der erste Abschnitt dieses Teils endet in Kap. 11 mit dem sog. Heilandsruf (Mt 11,28-30):

> Kommt her zu mir, alle, die ihr mühselig und beladen seid; ich will euch erquicken. Nehmt auf euch mein Joch und lernt von mir; denn ich bin sanftmütig und von Herzen demütig; so werdet ihr Ruhe finden für eure Seelen. Denn mein Joch ist sanft, und meine Last ist leicht. (Lu)

In Mt 12,1 beginnt der zweite Abschnitt, der durch Konflikte mit den jüdischen Autoritäten geprägt ist und thematisch um die Entstehung der Schülergemeinde kreist. Die Konflikte mit den Autoritäten bestimmen eine Reihe von Schul- und Streitgesprächen über die Heilungen am Sabbat, Jesus und Beelzebub.

Konflikte mit jüdischen Autoritäten

Die Gleichnisrede stellt das Zentrum der fünf Reden des Evangeliums dar; sie enthält sieben Gleichnisse vom »Himmelreich« (s. o. § 5.2.9 zu Gottesnamen). Neben den von Mk übernommenen Gleichnissen stehen drei Sondergutsgleichnisse:

Gleichnisse vom Himmelreich

- Vom Sauerteig
- Schatz im Acker und kostbare Perle
- Fischernetz

In den Schülertexten beginnt Petrus eine herausgehobene Rolle zu spielen; er ist, wie in Mk, der erstberufene Jünger und spricht als Erster das Bekenntnis zu Jesus als Messias. Beim Seewandel verlässt Petrus das Boot (Mt 14,22 ff.), und nach dem Petrusbekenntnis bekommt er von Jesus einen Ehrennamen:

Petrus als der Fels für die Kirche

> Du bist Petrus, und auf diesen Felsen werde ich meine Kirche bauen, und die Tore des Totenreichs werden sie nicht überwältigen. Ich werde dir die Schlüssel des Himmelreichs geben, und was du auf Erden bindest, wird auch im Himmel gebunden sein, und was du auf Erden löst, wird auch im Himmel gelöst sein. (Mt 18,18 f.; Zü)

13.3 Jüngergemeinde und Abrechnung mit den Gegnern

Ab Mt 16,21 beginnt ein neuer Abschnitt, Jesus beginnt von seinem Gang nach Jerusalem und seinem Leiden zu sprechen und so übernimmt Mt die drei Leidensankündigungen von Mk. Dieser Teil beschäftigt sich inhaltlich auch stark mit dem Leben der Nachfolger Jesu, der Jüngergemeinde. Zentrum dieses Teiles ist die Gemeinderede (Kap. 18). In ihr wird der Wert eines jeden Jüngers herausgestellt (Mt 18,14):

Gemeinderede: Barmherzigkeit im Umgang miteinander

> So ist es nicht der Wille eures Vaters im Himmel, dass auch nur eins dieser Geringen verloren gehe. (Zü)

Der Sünder soll wieder zurückgebracht werden und untereinander sollen sich die Jünger siebzigmal siebenmal vergeben – eine symbolische Zahl für »immer«. Diese Bestimmung wird durch das Sondergutsgleichnis vom »Schalksknecht« unterstrichen, der die Streichung seiner Schuld nicht an seine Schuldner weitergibt.

Bei den Gesprächen über die Scheidung erlaubt Jesus nach Mt diese im Fall der Hurerei der Frau – während nach der Überlieferung des Mk Jesus Scheidung generell untersagt hat. Das Jesuswort vom Lohn der Nachfolge wird bei Mt durch das Sondergutsgleichnis von den Arbeitern im Weinberg ergänzt und ausgelegt: Alle, unabhängig davon, wie früh sie in Dienst kamen, erhalten den gleichen Lohn.

Auseinandersetzung mit jüdischer Frömmigkeit

Die letzte Woche in Jerusalem ist wie bei Mk von den Streitgesprächen mit den jüdischen Autoritäten geprägt. Als Höhepunkt der Abrechnung mit diesen stehen die Weherufe gegen Pharisäer und Schriftgelehrte; dabei wird nicht deren Lehre verworfen, sondern die Umsetzung:

> Was immer sie euch sagen, das tut und haltet! Nach dem, was sie tun, aber richtet euch nicht, sie reden nur, aber tun nicht danach. (Mt 23,3; Zü)

Gleichnisse von der Endzeit

An diese Rede schließt die eigentliche Endzeitrede an, die die synoptische Apokalypse des Mk aufgreift und durch drei Gleichnisse, zwei davon Sondergut des Mt, ausweitet:
- Die klugen und die törichten Jungfrauen
- Die anvertrauten Talente (von dieser antiken Gewichtseinheit in diesem Gleichnis stammt unsere Rede von den »Talenten« eines Menschen)
- Vom Weltgericht: alle werden nach ihren Taten gerichtet; diese Trennung nach rechts und links hat in der Kunstgeschichte die Darstellungen des Jüngsten Gerichtes geprägt.

13.4 Passion und Ostern

Sondergut im Passionsbericht

Im Passionsbericht nimmt Mt einige Änderungen vor, davon die wichtigsten:
- Bei den Einsetzungsworten zum Abendmahl ergänzt Mt die Formel: »zur Vergebung der Sünden« (Mt 26,28); diese Erweiterung bietet nur er (vgl. die wichtige Rolle, die das Vergeben in der Gemeinderede spielt!).
- Mt berichtet, wie Lk, auch vom Tod des Judas, der Jesus verraten hat (Mt 27,3 ff.).
- Pilatus »wäscht seine Hände in Unschuld« (Mt 27,24) – daher unsere

13.4 Passion und Ostern

Abb. 19: Das **Weltgericht** (Pieter Pourbus, Öl auf Holz 1551, Brügge): Rechts von Christus aus gesehen werden die Seligen in die himmlische Stadt geführt, links schnappen sich die Teufel die Verdammten. Neben Christus sind links (auf seiner rechten Seite) Maria und verschiedene Heilige zu sehen, darunter auch König David mit der Harfe; rechts: Mose mit den Gesetzestafeln.

Redensart, weil er Jesus für unschuldig hält und eigentlich nicht verurteilen will.
- Dafür übernehmen die Juden ausdrücklich die Schuld an Jesu Tod: »Sein Blut komme über uns und unsere Kinder« (Mt 27,25). Dieser Satz hat in der Geschichte der christlichen Judenfeindschaft eine unselige Rolle gespielt, da dieses fiktive Zitat als ein Schuldbekenntnis der Juden gewertet wurde.

- Als Jesus stirbt, stehen die Heiligen aus ihren Gräbern auf (Mt 27,52 f.), ein Vorgeschmack auf die Totenauferstehung.

Wachen am Grab Die Grablegung erweitert Mt um eine apologetische Legende gegen das jüdische Gerücht, Jesu Leichnam sei aus dem Grab gestohlen worden. Mt berichtet, dass Soldaten das Grab bewacht hätten, ein Motiv, das in der Kunstgeschichte für die Darstellung der Auferstehung beliebt ist.

Abschluss: Jesus befiehlt die Heidenmission Den Abschluss bildet der Tauf- oder Missionsbefehl. Mt erzählt, was bei Mk lediglich angekündigt wird (Mk 14,28; 16,7): Die Jünger treffen Jesus in Galiläa wieder, und bei Mt erhalten sie einen neuen Auftrag zur Aussendung, der den der Aussendungsrede ersetzt. Waren die Jünger damals zu den Israeliten geschickt worden, so jetzt zu den Völkern, also den Nichtisraeliten.

Vertiefung: **Jesus als Lehrer der besseren Gerechtigkeit**
Aus dieser Nacherzählung, die auf die Änderungen und Sondergutüberlieferungen des Mt konzentriert war, lassen sich die theologischen Hauptlinien des Mt erkennen.

Jesus als Immanuel (Jes 7) Jesus erscheint seit der Geburtsgeschichte als Immanuel, »Gott mit uns«, und noch in seinen Abschiedsworten im Taufbefehl klingt dieses Motiv als Verheißung an:

»Siehe ich bin bei euch alle Tage bis an der Welt Ende.« (Mt 28,20)

Verhältnis zum Judentum, bzw. zur Tora Ein zentrale Rolle spielt das Verhältnis zum Judentum: Gerade in der einleitenden Rede, der Bergpredigt, wird dieses Thema grundlegend entfaltet. Die Tora gilt weiter und bei Mt wird sogar die Lehre der Pharisäer nicht grundsätzlich abgelehnt, der Vorwurf ist deren mangelnde Konsequenz bei der Umsetzung ihrer eigenen Vorschriften (23,3), und so ist das Leitwort bei

Die bessere Gerechtigkeit Mt auch die »bessere Gerechtigkeit«, die auf das Tun abzielt, und im Gericht nach den Werken gipfelt (Mt 25,31-46).

Bestimmte antijüdische Spitzenaussagen, die sich bei Mk finden, lässt Mt aus, so die ausdrückliche Feststellung des Mk, Jesus habe »alle Speisen für rein« erklärt (Mk 7,19 par. Mt 15,17). Konsequenterweise legt Mt auch beide Speisungsgeschichten ins jüdische Kernland, während Mk in Kap. 8 die zweite Geschichte in der heidnischen Dekapolis spielen lässt. Als Einziger berichtet Mt auch, dass Jesus, wie jeder Jude, die Tempelsteuer entrichtet habe (Mt 17,24 ff.).

Antithesen der Bergpredigt Kontrovers ist die Deutung der Antithesen in der Bergpredigt (»Ich aber sage euch ...«): In der traditionellen Sicht stellt sich Jesus über die Tora und

13.4 Passion und Ostern

macht so seine göttliche Vollmacht deutlich; in einer heute beliebten Sicht interpretiert Jesus als jüdischer Lehrer die Vorschriften der Tora neu, wie es in jüdischen Debatten ja auch der Fall ist. Darin erweist sich Jesus als der Lehrer der besseren Gerechtigkeit.

In der Aussendungsrede beschränkt Mt den Auftrag der Jünger auf Israel (Mt 10,5 f.). Doch gerät Jesus in Konflikt mit den Autoritäten. Hier spielen speziell Pharisäer eine führende Rolle. Jesus setzt sich mit diesen mehrfach auseinander, was in einer Abrechnung mit diesen kulminiert (Weherufe, Kap. 23). Die Ablehnung der Juden gegenüber Jesus hat ihren Höhepunkt in der ausdrücklichen Schuldübernahme an Jesu Tod (27,25). Erst nach der Auferstehung werden die Jünger dann zu den Völkern gesandt. Dieser Schluss ist in der Vorgeschichte vorweggenommen: Die vier Frauen im Stammbaum sind Heidinnen (Tamar, Rahab, Rut, Weib des Uria, d. i. Batseba, vgl. Mt 1,3.5 f. und die Magier aus dem Osten sind Repräsentanten der Völkerwelt, die den jüdischen König anbeten.

Aussendungsrede und Auseinandersetzung mit jüdischen Autoritäten

Anders als bei Mk sind Jünger nicht als unverständig dargestellt; Mt reduziert dieses Motiv gegenüber Mk, stattdessen spricht er mehrfach vom »Kleinglauben« der Jünger. Sie sind aber als Vorbilder gelebten Lebens für die Gemeinde geeignet. Petrus, der auch bei Mk schon herausgehoben ist, spielt bei Mt eine noch größere Rolle (Felswort, Seewandel).

Kleinglauben statt Jüngerunverständnis

Literatur
Luz, Ulrich, Die Jesusgeschichte des Matthäus, Neukirchen ²2008.

➤ Stichwort: **Petrus**

Petrus gehört zu den prominentesten Gestalten des NT. Sein Name lautet Simon. Sein Beiname aus Mt 16 lautet Kefas, die griech./lat. Umschrift von aramäisch *kefâ* »der Fels«. Paulus verwendet diese aramäische Namensform, während die anderen Autoren den Namen ins Griechische übersetzen und ihn Petrus nennen. Unter den Jüngern Jesu hat er die führende Rolle: Er ist der erstberufene Jünger (Mk 1,16 ff.), er spricht das Bekenntnis zu Jesus (Mk 8,29), im Mt ist er der Fels mit der Schlüsselgewalt (Mt 16,18 – weswegen er auf traditionellen Abbildungen immer mit Schlüsseln dargestellt ist und in Witzen als Himmelspförtner auftritt!) und derjenige, der über das Wasser zu gehen wagt (Mt 14,28). Laut Paulus ist er der erste Auferstehungszeuge (1Kor 15,5).

Der Fels mit Schlüsselgewalt

Doch nicht nur positive, auch negative Züge weist das Petrusbild auf: Er verleugnet Jesus, als diesem der Prozess gemacht wird; Jesus schilt beim Seewandel seinen Kleinglauben.

Die Apostelgeschichte zeigt bis Kap. 15 Petrus als eine der führenden Gestalten der Jerusalemer Urgemeinde: Pfingstpredigt, Wunder, Bekehrung des Hauptmanns Cornelius. In den Briefen des Paulus erfahren wir, dass Petrus offenbar mit seiner Frau als Missionar unterwegs war (1Kor 9,5) und hören von einem Konflikt des Paulus mit Petrus in Antiochia (Gal 2,11).

Über seinen Tod erfahren wir nichts im NT; aus dem 1. Clemensbrief, einer urchristlichen Schrift vom Ende des 1. Jh.s, können wir jedoch erschließen, dass Petrus in Rom zu Tode gekommen ist. Die christliche Legende verbindet das mit der Christenverfolgung des Nero (64 n. Chr.). Da Petrus als erster Bischof von Rom gilt, führen sich die Päpste auf ihn zurück und begründen mit dem besonderen Rang des Petrus ihren Vorrang vor allen anderen Bischöfen der katholischen Kirche.

Sein Tod ist nur in außerntl. Quellen greifbar

Der Legende nach wollte Petrus aus Rom vor seiner Kreuzigung fliehen und ist Jesus begegnet, worauf Petrus ihn fragte: Quo vadis? (»Wohin gehst du?«), und Jesus antwortete: Eo Romam iterum crucifigi (»Ich gehe nach Rom, um wieder gekreuzigt zu werden.«); daraufhin kehrte Petrus nach Rom zurück (überliefert in den apokryphen Petrusakten). Der polnische Schriftsteller Henrik Sienkiewicz nahm Petrus' Frage als Titel für sein Buch »Quo vadis« (1895), für das er den Nobelpreis erhielt. Berühmt ist die Verfilmung mit Peter Ustinov als Nero (USA 1951).

Legende: Quo vadis?

Literatur
Becker, Jürgen, Simon Petrus im Urchristentum, BthSt 105, Neukirchen 2009.
Böttrich, Christfried, Petrus: Fischer, Fels und Funktionär. Biblische Gestalten Bd. 2, Leipzig 2001.

➤ *Stichwort:* **Das Christentum und das jüdische Gesetz (die Tora) – christlicher Antijudaismus**

Bei der Beschäftigung mit dem Aufbau des jüdischen Kanons haben wir die grundlegende Rolle der Tora für die jüdische Bibel und das jüdische Leben kennengelernt.

Das hebräische Wort Tora bedeutet »Weisung«, in der LXX wird es in der Regel mit dem griechischen Wort *nomos* »Gesetz« wiedergegeben. Diese Übersetzung prägt auch die neutestamentlichen Schriften und ihre Auseinandersetzung mit der Tora als dem Gesetz Israels. Das alttestamentliche Verständnis des Gesetzes als einer Weisung zum Leben kommt besonders gut in den Rahmentexten des Dtn zum Ausdruck, v.a. in Kap. 6 und in Dtn 30,11 ff. (nahes und fernes Gebot). Im Psalter haben wir die Torapsalmen (1; 19; 119) kennengelernt.

13.4 Passion und Ostern

Abb. 20: **Die triumphierende Kirche** (mit dem Abendmahlskelch) **und die blinde Synagoge** (mit den Gesetzestafeln). Dies ist ein im Mittelalter beliebtes Motiv, das sich auch an vielen gotischen Kirchenportalen findet. Hier eine französische Buchmalerei von ca. 1375 aus dem Gothaer Missale, das heute in Cleveland beheimatet ist (‹https://archive.org/details/clevelandart-1962.287-the-gotha-missal›, das Bild ist auf Blatt 65 recto)

Die neutestamentlichen Autoren nehmen unterschiedliche Haltungen zum jüdischen Gesetz ein: Bei Mt fordert Jesus eine bessere Gerechtigkeit in der Erfüllung des Gesetzes (Bergpredigt); Mk interpretiert Jesu Aussagen zur Reinheit als Absage an jüdische Speisegesetze (Mk 7,19). Gleichzeitig geben die Evangelien Jesu Antwort auf die Frage nach dem höchsten Gebot wieder: ein Zitat zweier Verse aus der Tora, die Gottesliebe nach Dtn 6,5 und die Nächstenliebe nach Lev 19,18.

Paulus lehnt dagegen ab, dass Heidenchristen sich an die Tora halten sollen, besonders die Vorschrift zur Beschneidung bekämpft er im Gal; im Röm begründet er diese Sicht noch einmal ausführlich. Der Autor des Jakobusbriefes stellt sich gegen die paulinische Vorordnung des Glaubens vor die Werke (Jak 2,14 ff.). In Anlehnung an die alttestamentlichen Opfervorschriften entwickelt der Hebr eine ganz eigene Theologie.

In der neutestamentlichen Auseinandersetzung mit jüdischer Gesetzeserfüllung ist nicht nur die Rolle der Tora von besonderer Bedeutung; Jesus wirft bei

Matthäus den Pharisäern Heuchelei vor (Mt 23). Die Ablehnung Jesu wird in der Szene seiner Verurteilung deutlich, bei Matthäus übernimmt sogar »das ganze (jüdische) Volk« (Mt 27,25) die Verantwortung für seinen Tod. Bei Johannes führt das dann zum Verdikt, dass der Teufel der Vater der Juden sei (Joh 8,44).
Diese negativen Bewertungen des Judentums führen zum christlichen Antijudaismus. Er führte zu Ausgrenzungen und gewalttätigen Verfolgungen und half, den rassistischen Antisemitismus plausibel zu machen, der im Holocaust des nationalsozialistischen Deutschland gipfelte. Erst nach dem Zweiten Weltkrieg haben sich die Kirchen aus dieser unseligen Tradition zu lösen begonnen.

Literatur
Nierenberg, David, Antijudaismus. Eine andere Geschichte des westlichen Denkens (engl. 2013), München 2015.

13.5 Fragen zu Matthäus

1.) Wie arbeitet Mt das Mk-Evangelium um?
2.) Nennen Sie Titel und Hauptaussagen der fünf Reden im Evangelium, besonders die der Programmrede, der Bergpredigt!
3.) Wie verhält sich Jesus im Evangelium zum jüdischen Gesetz, der Tora?
4.) Stellen Sie die Informationen des NT zu Petrus zusammen!

Vertiefung
- Was sind »Erfüllungszitate«? Nennen Sie einige Beispiele!
- Was versteht Matthäus unter der »besseren Gerechtigkeit«?
- Wie unterscheidet sich die Darstellung der Jünger zwischen Mk und Mt?
- Wie beschreibt Mt das Verhältnis der Christen/der Kirche zu Israel?

Erzähltexte
- Weihnachtsgeschichte nach Matthäus, Mt 2
- Versuchung Jesu, Mt 4
- Hauptmann von Kapernaum, Mt 8
- Gleichnis vom Schatz im Acker, Mt 13
- Petrusbekenntnis und Felswort, Mt 16
- Arbeiter im Weinberg, Mt 20
- Kluge und törichte Jungfrauen, Mt 25
- Vom Weltgericht, Mt 25

14.

LUKASEVANGELIUM

Lukas schreibt als Historiker. Er fügt in den Markusfaden eine kleine und große Einschaltung (Reisebericht) ein, hier findet sich das meiste Sondergut. Dieses enthält Charakteristisches für die Theologie des Lk: Parallele Geburtsgeschichte mit Johannes dem Täufer, Jüngling zu Nain, barmherziger Samariter, gegen die Habsucht, reicher Mann und armer Lazarus, verlorener Sohn, zwei Räuber am Kreuz, Emmausjünger, Himmelfahrt. Wegen seiner sozialen Botschaft nennt man Lk auch »Evangelist der Armen«. Er schreibt eine Fortsetzung in der Apostelgeschichte! Bei Lk werden die Heiden in das Gottesvolk integriert.

Lukas erweitert den Entwurf des Mk auf eine andere Weise als Mt; zwar übernimmt er auch die Stoffe der Logienquelle, ergänzt aber seinen Bericht über das Leben Jesu auch durch ein Buch über die Taten der Apostel, die Apostelgeschichte. Dabei versteht er sich als Historiker, der die Quellen sammelt und kritisch sichtet, wie die Prologe zu seinen beiden Werken deutlich machen (Lk 1,1-4; Apg 1,1-2). Außerdem bietet er als einziger neutestamentlicher Autor absolute Datierungen durch Verweise auf regierende Herrscher, das in der Antike übliche Verfahren:

Der Historiker

1,5	Herodes (73-4 v. Chr)	Geburt des Täufers
2,1	Augustus (63 v.-14 n. Chr)	Geburt Jesu
3,1	15. Jahr des Tiberius (29 n. Chr?)	Auftreten des Täufers

Die Gliederung des Evangeliums folgt der Vorgabe des Markus; Lk ergänzt lediglich eine Vorgeschichte und einen Bericht über Ostern und Himmelfahrt. Das zusätzliche Material, Q und reichlich Sondergut (S), konzentriert Lukas in zwei Blöcke, wodurch besonders der Reisebericht sehr umfangreich wird:

1–3	Parallele Geburtsgeschichte: Jesus und Johannes der Täufer
3–9	Jesu Auftreten in Galiläa (mit kleiner Einschaltung: Q und Sondergut)
9–19	Jesu Weg nach Jerusalem (große Einschaltung: Q und Sondergut)
19–24	Jesus in Jerusalem: Leiden, Sterben, Ostern und Himmelfahrt

14.1 Parallele Geburtsgeschichten

Parallele Geburtsgeschichten von Jesus und Johannes dem Täufer

Schon in den parallelen Geburtsgeschichten von Jesus und Johannes dem Täufer verbindet Lk seine Darstellung eng mit der des AT; Lk verwendet alttestamentliche Erzählmotive: Elisabeth, die Mutter des Täufers, ist als lange unfruchtbare Frau mit Sara und Hanna zu vergleichen, die eingestreuten Hymnen nehmen die Sprache der Psalmen auf. Es sind auch fromme jüdische Familien, die Lk schildert: Hannas Mann ist Priester am Jerusalemer Tempel (Lk 1,5) und Jesus wird am achten Tag beschnitten (2,21). In diesen Geburtsgeschichten erscheint Jesus von Anfang an als der im AT erwartete Retter Israels. Die Weihnachtsgeschichte bietet eine andere Erklärung als Matthäus für den Geburtsort Bethlehem: Bei ihm ist es eine Volkszählung, die Jesu Eltern nach Bethlehem bringt. Durch die Datierung in einen welthistorischen Bezug gestellt, wird Jesus hier als Gegenfigur zu dem göttlichen Kaiser Augustus dargestellt, der auch die Titel *Kyrios* (»Herr«) und *Soter* (»Retter«, vgl. Lk 2,11) für sich in Anspruch nahm.

Weihnachtsgeschichte mit den Hirten

Antrittspredigt in Nazareth

Jesu öffentliches Auftreten beginnt bei Lk mit einer Antrittspredigt in seiner Heimatstadt Nazareth; dabei legt Jesus eine Stelle aus Jesaja aus. Gleich zu Anfang seines Auftretens stellt sich Jesus selbst als Erfüllung der prophetischen Verheißungen des AT und als Träger des Hl. Geistes dar (Lk 4,18).

➢ Stichwort: **Hymnen in der Geburtsgeschichte**
In der Vorgeschichte des Lukas finden wir mehrere Hymnen, die in der abendländischen Musikgeschichte gerne vertont wurden; sie werden nach den lateinischen Anfangsworten aus der Vulgata benannt:
- Magnificat, 1,46–55
- Benedictus, 1,68–79
- Nunc dimittis, 2,29–32

14.2 Kleine Einschaltung und große Auslassung

Die kleine Einschaltung (Lk 6,20–8,4) enthält mit der Feldrede das lukanische Pendant zur Bergpredigt; sie ist allerdings um einiges kürzer. Dazu kommen zwei Geschichten des Sondergutes: Jesus erweckt in Nain einen toten Jüngling wieder zum Leben und er wird von der Sünderin gesalbt. Lk erwähnt auch Frauen, die Jesus nachgefolgt sind. Überhaupt spielen in seinem Evangelium Frauen eine besondere Rolle.

Lk übergeht Mk 6,45–8,26, die sog. »große Auslassung«. Die Gründe dafür nennt Lk nicht, man kann daher nur Vermutungen anstellen; möglicherweise wollte Lk die Hinwendung Jesu zu den Heiden, die Mk in diesen Kapiteln thematisiert, für die Apg aufheben.

Die Feldrede als kleine Schwester der Bergpredigt

Lukas übergeht Jesu Hinwendung zu den Heiden

14.3 Große Einschaltung: lukanischer Reisebericht

Zwischen 9,51 und 18,14 bringt Lk den größten Block mit Stücken aus Q und Sondergut. Der Abschnitt ist nicht leicht zu gliedern. Den Beginn machen Texte über die Jünger (Ernst der Nachfolge, Aussendung der siebzig Jünger), gefolgt von den beiden bekannten Geschichten vom »barmherzigen Samariter« und Maria und Martha (Kap. 10). Daran schließt ein Abschnitt zum Themen Beten mit dem Vaterunser und dem Gleichnis vom bittenden Freund (Lk 11,1–13) an. Die Kap. 12–13 bringen vorwiegend eschatologische Themen. In Kap. 14–15 kann man so etwas wie das theologische Zentrum des Evangeliums erkennen. Im Gleichnis vom großen Abendmahl (Q; Lk 14,15–24) werden die Armen, die Blinden, Lahmen und Krüppel eingeladen, in Kap. 15 stehen drei Gleichnisse von Verlorenen: Schaf – Groschen – Sohn; in 15,7 ist der soteriologische (Soteriologie: Lehre vom Heil, nach griech. *sôtêria* »Rettung«) Kernsatz formuliert; Jesus sagt:

Der barmherzige Samariter

Vaterunser

Gleichnisse vom Verlorenen drücken Jesu Hinwendung zu den Kranken und Sündern aus

> *So wird man sich auch im Himmel mehr freuen über einen Sünder, der umkehrt, als über neunundneunzig Gerechte, die keiner Umkehr bedürfen.* (Lk 15,7; Zü)

Hier ist der Mensch nicht als erlösungsbedürftig gesehen, sondern als einer, der auf den rechten Weg gebracht werden muss.

Über die richtige Verwendung des Reichtums als Almosen

Das Thema Reichtum prägt das nächste Kapitel; nachdem schon Kap. 12 der reiche Kornbauer die Gefahren des Reichtums sichtbar gemacht hat, nehmen die Geschichte vom reichen Mann und armen Lazarus, sowie das Gleichnis vom ungetreuen Haushalter (beide S) das Thema wieder auf; hier wird auch deutlich, dass Lk nicht für die Armen schreibt, sondern für die Reichen; sie nämlich können nur aufgefordert werden:

> Macht euch Freunde mit dem ungerechten Mammon. (Lk 16,9; Zü)

Das Gericht der Endzeit kommt überraschend

Die Apokalypse in Kap. 17 unterrichtet nicht über die Anzeichen für die Endzeit, sondern betont umgekehrt, dass das Gericht unerwartet kommt. Den Schluss der großen Einschaltung machen die zwei bekannten Geschichten von der bittenden Witwe und vom Pharisäer und Zöllner.

Zum Schluss des Reiseberichtes greift Lk wieder den Mk-Faden auf. In Jericho steht aber neben dem blinden Bartimäus nun auch noch der Zöllner Zachäus (S), der sein Unrecht wiedergutmacht und die Hälfte seines Vermögens den Armen spendet.

14.4 Ende in Jerusalem

Jesu triumphaler Einzug wird ergänzt durch eine Episode, in der Jesus über Jerusalem weint – er sieht den Untergang der Stadt voraus, wie die Römer ihn 70 n. Chr. herbeigeführt haben (Lk 19,41-44, S).

Abendmahl

Bei der Darstellung der Passionsgeschichte hat Lk einige Besonderheiten. Beim Abendmahl hat Lk zwei Kelchworte, eines zu Beginn der Mahlzeit und eines zu deren Schluss. Im Anschluss an die Mahlzeit setzt Jesus in einer Rede seine Jünger als Nachfolger ein, wobei Petrus eine führende Rolle zugewiesen wird.

Jesu Prozess

Auch im Prozess vor Pilatus setzt Lk eigene Akzente: Pilatus schickt Jesus zu Herodes Antipas, dem Landesherrn Jesu, der ihn aber nur verspottet, nicht verurteilt. Insgesamt dreimal stellt Pilatus Jesu Unschuld fest, gibt aber dem jüdischen Drängen nach, ihn zu verurteilen.

Bei der Kreuzigung bleibt Jesus souverän

Bei der Kreuzigung hat Lk drei Worte am Kreuz, die Jesus in größerer Souveränität als bei Mk (und Mt) zeigen: Jesus vergibt seinen Henkern:

> Vater, vergib ihnen, denn sie wissen nicht, was sie tun! (Lk 23,34; Lu)

14.4 Ende in Jerusalem

Auf die Bitte des einen Mitgekreuzigten verspricht Jesus ihm, heute ins Paradies zu kommen, und statt von Gottverlassenheit (Mk 15,34, zitiert Ps 22) handelt Jesu Gebet von der Hingabe an den Vater:

> *Vater, ich befehle meinen Geist in deine Hände (Lk 23,46; Lu)*

In den Geschichten vom Auferstandenen dreht sich die Emmausgeschichte um die Deutung von Jesu Tod als Erfüllung der alttestamentlichen Verheißungen (24,25-27), ein Thema, das ja schon in der Vorgeschichte zentral war. In einer weiteren Geschichte isst der auferstandene Jesus sogar einen Fisch (24,43) und verweist wieder auf das AT (24,44). Anders als in der Apg findet die Himmelfahrt im Lukas-Evangelium in Betanien statt. Das Evangelium endet damit, dass die Jünger nach Jerusalem gehen und im Tempel beten.

Emmausjünger und gebratener Fisch am See Genezareth

Vertiefung: Lukas als Theologe der Heilsgeschichte

Lukas schreibt die Geschichte Jesu als einen Ausschnitt aus der Heilsgeschichte Israels. Sie beginnt im AT in den Verheißungen der Propheten und in Jesus kommen sie zur Erfüllung (z. B. Jesu Antrittspredigt in Nazareth Lk 4; Emmausjünger Lk 24,25 ff.). Doch es beginnt eine neue Epoche, das zeigt die Periodisierung der Heilsgeschichte in Lk 16,16:

Periodisierung der Heilsgeschichte

> *Das Gesetz und die Propheten reichen bis zu Johannes; von da an wird das Evangelium vom Reich Gottes verkündigt (Zü).*

Hier werden zwei Abschnitte der Heilsgeschichte unterschieden: vor Johannes und ab Johannes. Die zweite Epoche umfasst dann das Wirken Jesu und die Kirche. Bei Lk erfüllt auch die weitere Geschichte des frühen Christentums alttestamentliche Verheißungen, z. B. die Pfingstpredigt des Petrus Apg 2,16 ff. oder Paulus' Kommentar zur jüdischen Ablehnung seiner Botschaft in Rom Apg 28,26 f. Auf diese Weise hebt Lk auf die göttliche Lenkung der Geschichte ab. Die Gestalt des Heiligen Geistes verdeutlicht dieses Motiv erzählerisch (vgl. § 15.4, Stichwort: Hl. Geist).

Für Lk stellt das Christentum keinen Bruch in der Heilsgeschichte dar, sondern die konsequente Fortsetzung der Geschichte Israels. Diese enge Bindung an Israel zeigt sich auch an manchen Details. Lk lässt Jesu Reisen in das phönizische Gebiet aus und streicht eine radikale Absage Jesu betreffs der Reinheit (Mk 7, große Auslassung, s. o. § 14.2). Paulus missioniert in der Apg immer erst in der Synagoge des jeweiligen Ortes, bis ihn die Ablehnung der jüdischen Gemeinde dazu treibt, sich an die Nichtjuden zu wenden – und das,

Christentum als neue Periode der Heilsgeschichte setzt Israels Weg mit Gott fort

obwohl schon in Apg 10 die Heidenmission legitimiert ist und das Apostelkonzil die Heidenmission freigegeben hat. Noch das Ende der Apg zeigt Paulus im Gespräch mit den Juden in Rom; einige kann er überzeugen – erst als die Mehrheit das Evangelium ablehnt, wendet Paulus sich an die römischen Nichtjuden (Apg 28,28). Das Evangelium bringt also eine Scheidung in Israel, keine Verwerfung ganz Israels wie die Verheißung des Simeon deutlich macht:

> Dieser hier ist dazu bestimmt, viele in Israel zu Fall zu bringen und viele aufzurichten, und er wird ein Zeichen sein, dem widersprochen wird (Lk 2,34; Zü).

Hinwendung zu den »Verlorenen«

Auch innerhalb Israels wird diese Trennung deutlich: Während die Führungsgruppen (Pharisäer u.a.) Jesus ablehnen (Lk 6,11), wendet sich Jesus den Ausgestoßenen zu, wie v.a. das Gleichnis vom großen Gastmahl deutlich macht, wo seine Diener die Armen, Verkrüppelten, Blinden und Lahmen hereinbringen sollen (14,21). Zu diesen Verstoßenen gehören auch die Sünder, die wieder zu Gott geführt werden sollen (15,7). Und so verbinden sich diese Gruppen der Ausgestoßenen und Sünder zu den »Verlorenen«, die in drei zentralen Gleichnissen Thema sind (Kap. 15), am prägnantesten die Beispielerzählung vom verlorenen Sohn.

Literatur
Pokorný, Petr, Theologie der lukanischen Schriften (Forschungen zu Religion und Literatur des Alten und Neuen Testaments 174), Göttingen 1997.

➤ Stichwort: **Wunder**
Unser neuzeitliches Verständnis sieht in Wundern die Durchbrechung eines naturgesetzlichen Zusammenhanges. Dies kann schon allein deshalb nicht das biblische Verständnis der Wunder treffen, da die biblischen Autoren den Begriff des Naturgesetzes nicht kannten. Darum sind Wunder biblisch etwas anderes: In ihnen zeigt sich eine übermenschliche oder göttliche Macht, die menschliches Maß und Erfahrung übersteigt.

So erkennt Israel in seiner Geschichte die Macht- und Großtaten Gottes (Exodus, Ende des Exils). Und so finden wir auch in den Geschichten von Mose und dem Volk in der Wüste manche Wundererzählung (Manna und Wachtel, Wasser aus dem Felsen, Ex 16–17). Aber auch im Leben des Einzelnen finden Wunder statt. So sind v.a. Elia und Elisa als Wundertäter gezeichnet, die Hungrige speisen, Kranke heilen, Tote auferwecken (1Kön 17; 2Kön 4–5).

Die neutestamentlichen Wundergeschichten knüpfen eher an diese Elia-Elisa-Tradition an. Man unterscheidet verschiedene Arten von Wundergeschichten:

I. Exorzismen (Dämonenaustreibungen), z. B. Mk 5,1 ff. (der besessene Gerasener)
II. Therapien (Krankenheilungen), z. B. 2Kön 5 (Heilung des Naaman), Joh 9,1–7 (Heilung des Blindgeborenen), gesteigert als Totenerweckung, z. B. Lk 7,11 ff. (Jüngling von Nain)
III. Naturwunder
   A. Epiphanien (Erscheinungswunder), z. B. Mk 6,45 ff. (Seewandel)
   B. Rettungswunder, z. B. Mk 4,35 ff. (Sturmstillung)
   C. Geschenkwunder, z. B. 1Kön 17 (Elia bei der Witwe in Sarepta); Mk 8,1–9 (Speisung der 4000)
   D. Normenwunder Mk 7,24 ff. (Syrophönizierin)
   E. Strafwunder, 2Kön 1 (Elia lässt Feuer vom Himmel fallen), Mk 11 (Verfluchung des Feigenbaums)

In diesen Erzählungen kommt die Überzeugung zum Ausdruck, dass Gott durch Jesus und die Apostel handelt – der alternativen Deutung, dass Jesus mit Hilfe des Teufels (Beelzebub) die Dämonen austreibt, wird ausdrücklich widersprochen (Mk 3,22 ff.). Tritt in den Evangelien vorwiegend Jesus als Wundertäter auf, so erzählt Lukas in der Apostelgeschichte von den Wundern v. a. des Petrus und Paulus; Paulus selbst lässt in 2Kor 12,12 erkennen, dass er Wunder gewirkt hat.

Literatur

Kollmann, Bernd, Neutestamentliche Wundergeschichten. Biblisch-theologische Zugänge und Impulse für die Praxis, Stuttgart ³2010.

Ritter, Werner H./Albrecht, Michaela, Zeichen und Wunder. Interdisziplinäre Zugänge. Biblisch-theologische Schwerpunkte, Bd. 31, Göttingen ²2007.

Zimmermann, Ruben (Hg.), Kompendium der frühchristlichen Wundererzählungen. Band 1: Die Wunder Jesu, Gütersloh 2013.

➤ Stichwort: **Maria, die Mutter Jesu**

Bei Mk spielt Maria keine große Rolle; zusammen mit seinen Geschwistern will sie Jesus ergreifen, weil sie meinen, er sei von Sinnen (3,21). Bei Mt spielt Maria in der Geburtsgeschichte keine aktive Rolle. Erst Lk stellt Maria in den Mittelpunkt seiner Vorgeschichte. Johannes erwähnt sie bei der Hochzeit in Kana (Joh 2) und unter dem Kreuz (Joh 19,25–27). In der Apg erscheint sie im Kreis der Jerusalemer Urgemeinde (Apg 1,14). In der Apokalypse dürfte sie mit dem Sonnenweib, bzw. der Himmelskönigin gemeint sein (Apk 12,1).

Für die christliche Frömmigkeit ist v. a. die Darstellung des Lukas bestimmend geworden: Maria übernimmt bereitwillig ihre von Gott bestimmte Rolle und wird so zum Vorbild für den glaubenden Gehorsam. In den Bekenntnissen der Kirche wird die Jungfrauengeburt erwähnt, und die Ostkirche verehrt sie als *Theotokos* (griech. »Gottesgebärerin«). In der katholischen Theologie wird sie zum Urbild der Kirche. Sie ist auch nach der Geburt von Jesus Jungfrau geblieben, was die alleinige Abkunft Jesu von Gott symbolisieren soll. Seit 1850 hat die katholische Kirche das mariologische Dogma sehr weiterentwickelt. 1854 wurde die unbefleckte Empfängnis Mariens zum Dogma erhoben, also der Umstand, dass schon bei der Zeugung Marias die Erbsünde vom ersten Augenblick ihres Daseins keinen Einfluss auf sie hatte. Marias leibliche Aufnahme in den Himmel ist eine alte Vorstellung, die 1950 zum Dogma erhoben wurde.

Abb. 21: **Prozession in Lourdes**: Für die katholische Volksfrömmigkeit spielt Maria eine wichtige Rolle; immer wieder kommt es zu Marienerscheinungen, so in Fatima oder Lourdes. Dort haben sich bedeutende Wallfahrtsorte entwickelt.

Das Judentum hat lange gegen die Jungfrauengeburt polemisiert und sie als eine uneheliche Geburt dargestellt, doch in der gegenwärtigen jüdischen Literatur erscheint Maria eher als jüdische Mutter. Im Islam spielt Maria eine große Rolle als Mutter Jesu. Die 19. Sure des Koran trägt ihren Namen und erzählt ihr Leben in Anlehnung an die Vorgeschichte des Lukasevangeliums. Die Geburt Jesu unter einer Palme (Sure 19,23–26) greift hingegen eine Episode aus einem apokryphen Kindheitsevangelium auf, wo der Baum auf der Flucht nach Ägypten situiert ist. Der jüdische Vorwurf einer unehelichen Geburt Jesu wird im Koran ausdrücklich abgelehnt (Sure 4,156).

Literatur

Becker, Jürgen, Maria. Mutter Jesu und erwählte Jungfrau. Biblische Gestalten Bd. 4, Leipzig 2001.

Khoury, Adel Th., Der Koran erschlossen und kommentiert, Düsseldorf 2005, 154-160.

➤ Stichwort: **Judas Iskarioth**

In den Evangelien kann man eine zunehmend negativere Darstellung des Judas erkennen; ist Judas für Mk der, der Jesus ausliefert (Mk 14,18; Zü; Lu: »verraten«) – und so den göttlichen Heilsplan weitertreibt, so wird er bei Lk und Joh zum Werkzeug des Teufels (Lk 22,3; Joh 13,2), bei Joh 6,70 sogar selbst zu einem Teufel. Lediglich Mt und Lk berichten auch vom Tod des Judas durch Selbstmord (Mt 27,3-10) oder Unfall (Apg 1,15-20).

Abb. 22: **Judas küsst Jesus**, Passionsaltar von Hans Holbein d. J. um 1523 (Tempera auf Holz, Basel, Kunstmuseum; Ausschnitt).

In der christlichen Tradition wird er zum Verräter, der geldgierig ist (30 Silberlinge, der sprichwörtliche »Judaslohn«, vgl. Mt 26,14 ff.) und heimtückisch (Kuss, Mk 14,44 f.). In der Ikonographie erhält Judas die als typisch jüdisch geltenden Gesichtszüge.

In der neueren Literatur wird dieses negative Bild des Judas revidiert; er erscheint als ein Jesus zutiefst ergebener Jünger, der den Verrat aus Liebe begeht, so bei Walter Jens, »Der Fall Judas« (1975).

Literatur
Robinson, James M., Das Judasgeheimnis. Ein Blick hinter die Kulissen, Göttingen 2007.

➤ Stichwort: **Johannes der Täufer**
Die Evangelien beginnen ihre Darstellung des Wirkens Jesu übereinstimmend mit dem Täufer; doch nur Lk berichtet von seiner Herkunft (Lk 1) aus einer priesterlichen Familie und seinen Eltern Zacharias und Elisabeth. Aus Q fügen Mt und Lk auch die Bußpredigt des Täufers ein. Die Evangelien kennen seine asketische Lebensweise in der Wüste und seine Taufpraxis im Jordan. Seinen Tod berichten die Synoptiker ausführlich (Mk 6 parr.).

In der neutestamentlichen Darstellung erscheint Johannes als der wiedergekommene Elia, der den Messias (Jesus) ankündigt (Mt 11,10-14 unter Aufnahme von Mal 3,1.23).

Von Anhängern des Täufers erfahren wir aus den Evangelien (Mk 2,18 par.) und aus der Apostelgeschichte, wo sie in Ephesus erwähnt werden (Apg 18,25). Möglicherweise gehen Reste der Johannesjünger in der gnostischen Religionsgemeinschaft der Mandäer auf, die in Mesopotamien bis in die Gegenwart existiert.

Literatur
Müller, Ulrich B., Johannes der Täufer. Biblische Gestalten 6, Leipzig 2002.

14.5 Fragen zu Lukas

1.) Wie arbeitet Lk seinen Stoff ins Mk-Evangelium ein?
2.) Woran merkt man, dass Lk sich als Historiker versteht?
3.) Wie unterscheiden sich die Weihnachtsgeschichte vom Mt und Lk?
4.) Nennen Sie theologisch zentrale Texte aus dem lukanischen Sondergut und erläutern Sie die Relevanz dieser Texte für die theologische Eigenart des Evangeliums!

Erzähltexte
- Weihnachtsgeschichte nach Lukas, Lk 2
- Der barmherzige Samariter, Lk 10
- Maria und Martha, Lk 10
- Der reiche Kornbauer, Lk 12
- Das große Abendmahl, Lk 14
- Der verlorene Sohn, Lk 15
- Emmausjünger, Lk 24

15.

Apostelgeschichte

Lukas schreibt als Fortsetzung seines Evangeliums eine Geschichte der Ausbreitung des Christentums von Jerusalem bis Rom, vom Rande des Imperium Romanum in sein Zentrum. Nach einer Schilderung der judenchristlichen Urgemeinde mit ihrer Leitfigur Petrus erzählt er von ersten missionarischen Erfolgen des Philippus und des Petrus in Samarien und der Küstenebene. Die Gruppe der Adressaten weitet sich dabei auf Heiden aus.

Diesen Impuls nimmt Paulus auf und trägt das Christentum, ausgehend von Antiochien, nach Kleinasien und Europa. Wichtige Stationen seiner Mission sind Philippi, Thessaloniki, Korinth und Ephesus. Bei einem Besuch in Jerusalem wird er verhaftet. Im Zuge des Prozesses appelliert er an den römischen Kaiser und wird nach Rom überstellt. Dort missioniert er zwei Jahre.

Lukas setzt mit der Apostelgeschichte seine Darstellung des Lebens Jesu durch eine Geschichte der Ausbreitung des Christentums fort.

Apostelgeschichte setzt das Lk-Evangelium fort: Kontinuität der Heilsgeschichte

1–8	Pfingsten und die Urgemeinde in Jerusalem (Petrus, Stefanus †)
8–12	Philippus und Petrus verkündigen das Evangelium in Samaria und der Küstenebene (erste Heiden)
13–21	Drei Missionsreisen des Paulus (Kap. 15 Apostelkonzil: Heidenmission)
21–28	Gefangenschaft des Paulus, seine zwei letzten Jahre in Rom

Im Mittelpunkt der Darstellung stehen einzelne Personen: Petrus als Repräsentant der Jerusalemer Urgemeinde, Stefanus von Siebenerkreis der Hellenisten in Jerusalem, und dann Paulus, der für Lukas kein Apostel ist (Ausnahme Apg 14,4.14), da Lukas einen eigenen Apostelbegriff hat, den er bei der Nachwahl des Matthias offenlegt: bei Jesus gewesen und Zeuge der Auferstehung geworden zu sein. Beides trifft auf

Hauptpersonen: Petrus und Stefanus, dann v. a. Paulus

Paulus nicht zu, da Lukas durch die Himmelfahrt die Auferstehung von der Vision des Paulus abrückt. Paulus ist die zentrale Figur ab Kap. 13.

> *Vertiefung:* **Reden als Stilmittel antiker Historiografie**
> Lukas nähert seine Darstellung in der Apg der antiken Historiografie noch mehr an als in seinem Evangelium. Vor allem greift er das Stilmittel der Reden auf, die er seinen Protagonisten in den Mund legt und die das Geschehen deuten:
> - Pfingstpredigt des Petrus (Kap. 2)
> - Rede des Stefanus (Kap. 7)
> - Missionspredigt des Paulus auf seiner 1. Reise (Kap. 13)
> - Areopagrede des Paulus in Athen (Kap. 17)
> - Abschiedsrede des Paulus in Milet (Kap. 20)
> - Drei Verteidigungsreden des Paulus (Kap. 22.24.26)

15.1 Jerusalemer Urgemeinde

Der erste Abschnitt der Apg ist in drei Teile zu untergliedern. Zu Beginn steht, wie im Evangelium, ein Proömium mit Widmung an Theophilus.

Himmelfahrt Der erste Teil erzählt noch einmal die Himmelfahrt Jesu mit leichten Differenzen zum Lk-Evangelium sowie die Nachwahl des Matthias als Apostel, um den verunglückten Judas zu ersetzen (Apg 1,18).

Der zweite Teil beginnt mit Pfingsten (Kap. 2), der dritte mit Kap. 6 und der Wahl der Sieben.

Im zweiten Teil werden zwei Themen verhandelt:
- Die öffentliche Predigt v. a. des Petrus sowie die Konflikte mit den jüdischen Behörden, die sich daran entzünden.
- Das innere Leben der Urgemeinde, das sich um den Tempel abspielt, mit dem »Brotbrechen« (2,42, Abendmahl) auch einen eigenen Ritus entwickelt. Hier ist auch die Gütergemeinschaft (4,32 ff. und Kap. 5, sog. »Kommunismus« der Urgemeinde) wichtig, die an das Thema Armut-Reichtum aus dem Evangelium anknüpft.

Ausgießung des Heiligen Geistes an Pfingsten

> *Vertiefung:* **Pfingsten und erste Konflikte**
> Von Anfang an macht Lukas deutlich, wie Gott, v. a. durch den Hl. Geist, der eigentliche Motor für die Ausbreitung des Christentums ist. So steht die

Pfingsterzählung mit der Ausgießung des Hl. Geistes am Anfang. In einer ersten großen Rede wendet sich Petrus an die zum Wochenfest versammelten jüdischen Pilger aus dem ganzen östlichen Mittelmeerraum und deutet das Geschehen im Rückgriff auf die prophetische Weissagung aus dem Joel-Buch (Joel 3) und stellt auch Jesu Wirken als Erfüllung der alttestamentlichen Weissagung heraus. Nun sei er auferstanden und zur Rechten Gottes erhöht (vgl. Ps 110). Im Anschluss an diese Predigt bildet sich die erste nachösterliche Gemeinde. Durch Wunder und Predigten breiten Petrus und Johannes das Evangelium weiter in Jerusalem aus, werden mehrfach verhaftet. Doch der Pharisäer Gamaliel findet eine gütliche Lösung, die ironisch Lukas' Position vorstellt; man solle die Apostel laufen lassen, denn:

Verhaftung von Petrus und Johannes

> wenn das, was hier geplant und ins Werk gesetzt wird, von Menschen stammen sollte, dann wird es sich zerschlagen. Wenn es aber von Gott kommt, dann werdet ihr sie nicht aufhalten können; ihr aber könntet als solche dastehen, die sogar gegen Gott kämpfen. (Apg 5,38 f.; Zü)

Im dritten Teil werden Konflikte innerhalb der Jerusalemer Gemeinde deutlich; es geht um die Versorgung der Witwen der griechisch sprechenden Judenchristen. Für diese Aufgabe wird ein neues Gremium geschaffen, die »Sieben«. Die herausragendste Persönlichkeit dieses Kreises war Stefanus, der der erste Märtyrer (martys, griech., »Zeuge«, christlich in der Regel »Blut-Zeuge«) der christlichen Kirche geworden ist. In einer großen Rede erinnert Stefanus an die Ereignisse um die Erzeltern und Mose – aber auch daran, dass Israel immer wieder ungehorsam gewesen ist. Er wird gesteinigt.

Konflikte in der Gemeinde führen zur Bildung des Gremiums der »Sieben«

Stephanus als der erste Märtyrer

15.2 Mission in Samaria und der Küstenebene

Hier kann man vier Episoden unterscheiden, bei denen es zu den ersten Heidenbekehrungen kommt:
- Mission des Philippus (Taufe des äthiopischen Kämmerers)
- Berufung des Paulus als Heidenapostel
- Petrus bekehrt den heidnischen Hauptmann Cornelius (ausführliche Legitimation)
- Gemeinde in Antiochia und Abschluss der Erzählung über die Urgemeinde in Jerusalem.

Vertiefung: **Erste Heidenbekehrungen**

Taufe des äthiopischen Kämmerers

Im Anschluss an die Steinigung des Stefanus kommt es zu einer ersten Verfolgung der Christen, die viele aus Jerusalem vertreibt. Philippus, einer der Sieben (Apg 6,5), kommt nach Samarien und in die Küstenebene und missioniert dort. Dabei werden erstmals Nichtjuden bekehrt: Simon Magus (d. i. der Zauberer, 8,9) ist Samaritaner, der Kämmerer aus Äthiopien ist ein Sympathisant des Judentums.

Beginn der Heidenmission durch Petrus

Auch Petrus hat Jerusalem verlassen und missioniert an der Küste. In der Provinzhauptstadt Cäsarea bekehrt er Hauptmann Cornelius, einen römischen Offizier. Die Bekehrung dieses Nichtjuden wird durch eine Vision von Petrus legitimiert, in der die Unterschiede von rein (= Juden) und unrein (= Heiden) aufgehoben werden (10,13 f.28).

Berufung des Paulus

Zwischen diese beiden Episoden mit Bekehrungen der ersten Nichtjuden steht die Berufung des Paulus (der hier noch Saulus heißt, der Name wird erst auf Zypern geändert, Apg 13,9!). Sie geschieht auf dem Weg nach Damaskus (sog. »Damaskuserlebnis«).

➤ *Stichwort:* **Keine »Bekehrung« des Paulus**
Oft wird diese Episode auch als Bekehrung des Paulus bezeichnet; Lukas stellt bei diesem Ereignis primär seine Aufgabe heraus, den Völkern, d. h. den Heiden zu verkündigen (Apg 9,15). Das ist eine Berufung, denn »Berufung« meint, dass eine Person (hier Jesus) eine andere mit einer bestimmten Aufgabe betraut. So versteht auch Paulus selbst seine Christuserscheinung als Berufung zum Apostel (Gal 1,15). Bei Paulus selbst finden sich auch Varianten, die in Richtung einer Bekehrung, also einer extremen Lebenswende gehen (v. a. Phil 3). Doch ist der Begriff der Bekehrung mit einer bestimmten Richtung evangelischer Frömmigkeit verbunden, die man so in den Berichten von Paulus' Christuserscheinung nicht wiederfinden kann; daher sollte man zutreffender von »Berufung« sprechen.

Die Gemeinde in Antiochien als Zentrum des frühen Christentums

Gegen Ende des Abschnittes greift Lukas noch einmal auf den Anfang zurück, die Verfolgung im Anschluss an die Steinigung des Stefanus: Bei der Vertreibung sind einige auch nach Antiochien, die Hauptstadt der Provinz Syrien, gegangen, nach Rom und Alexandria, die drittgrößte Stadt des Römischen Reiches. Dort werden auch die Nichtjuden (Griechen, Apg 11,20) missioniert, und der Begriff »Christen« kommt zur Bezeichnung der Jesusanhänger auf. Die Gemeinde in Antiochien wird zum Ausgangspunkt der Missionsreisen des Paulus.

15.3 Drei Missionsreisen des Paulus und Apostelkonvent

Lukas erzählt von einer Verfolgung der Jerusalemer Gemeinde durch den jüdischen König Agrippa (41–44): Jakobus, der Bruder des Johannes, wird getötet, Petrus kommt ins Gefängnis. Ein Engel befreit ihn und Petrus verlässt Jerusalem (12,17). Damit ist nach Lukas' Darstellung das Ende der Urgemeinde gekommen. Was jetzt noch aus Jerusalem erzählt wird, betrifft nicht die dortige Gemeinde: Apostelkonvent (Kap. 15); Verhaftung des Paulus (Kap. 21).

Ende der Urgemeinde

15.3 Drei Missionsreisen des Paulus und Apostelkonvent

Der Heilige Geist schickt Barnabas und Paulus, als Mitglieder der Gemeinde in Antiochien, auf Missionsreise. Diese führt sie über Zypern an die Südküste Kleinasiens, wo Paulus durch verschiedene Städte der Landschaften Pisidien, Pamphylien und Kilikien reist, die im Süden der römischen Provinz Galatien liegen. (Bibelausgaben haben in der Regel eine Karte, auf der man die Routen gut nachvollziehen kann.)

Erste Missionsreise des Paulus nach Kleinasien

Typisch für die Art, wie Lukas die Mission des Paulus darstellt, ist der Bericht über Paulus in Antiochia in Pisidien. Paulus beginnt seine Mission in der Synagoge, doch die Juden lehnen seine Verkündigung ab, woraufhin Paulus sein Evangelium den Heiden verkündet, wie Lukas Paulus und Barnabas sagen lässt:

Paulus beginnt seine Missionsarbeit immer in der Synagoge

> Euch musste das Wort Gottes zuerst verkündigt werden; da ihr es aber von euch weist und euch damit des ewigen Lebens unwürdig erweist, nun – so wenden wir uns an die anderen Völker. (Apg 13,46; Zü)

Von den Juden erfährt Paulus viel Feindschaft, so wird er auf der ersten Reise sogar gesteinigt und fälschlich für tot gehalten (14,19). Doch als Paulus und Barnabas von ihrer Reise nach Antiochia (in Syrien) zurückkommen, lässt Lukas sie das Ergebnis so zusammenfassen:

> ... was Gott alles durch sie getan und dass er allen Völkern die Tür zum Glauben aufgetan habe. (Apg 14,2; Zü)

Müssen die Heidenchristen beschnitten werden und so die Tora des Mose einhalten (15,1)? Das ist offenbar die zentrale Frage gewesen, die sich für die frühe christliche Gemeinde aus dieser Ausweitung der Mission auf Nichtjuden ergeben hat. Wir haben diesen Konflikt ja schon im

Galaterbrief kennengelernt (s. o. § 10.7) – in der Darstellung des Paulus selbst. In Apg 15 berichtet nun Lukas über die gleichen Begebenheiten, und stellt sie etwas anders dar.

Apostelkonzil erlaubt beschneidungsfreie Heidenmission

Die Gemeinde in Antiochien schickt eine Delegation nach Jerusalem, um mit der dortigen Gemeinde – in der Jakobus, der Bruder Jesu und der Apostel Petrus führende Rollen innehaben – zu besprechen, welche Vorschriften für die Heidenchristen gelten sollen: der sog. Apostelkonvent (oder Apostelkonzil). Vor allem bei der Kompromissformel, auf die man sich einigt, gibt es deutliche Unterschiede zwischen dem Bericht des Paulus und dem des Lukas. Paulus schreibt, er habe keine Auflagen bekommen und sich mit Petrus die Missionsfelder geteilt, er zu den Heiden, Petrus zu den Juden. Lukas nennt drei Vorschriften der Tora, die auch für Heiden gelten sollen, die Christen werden (Apg 15,20.29):

Minimum an Reinheitsvorschriften für Christen

- kein Götzendienst
- keine Unzucht
- kein ersticktes oder blutiges (also nur rituell-jüdisch geschlachtetes, d. h. koscheres) Fleisch.

Während die ersten beiden Punkte, Monotheismus und Verzicht auf Unzucht, für Paulus in seinen Briefen selbstverständlich sind, ist die Frage nach dem richtigen Fleisch in Korinth ja umstritten gewesen – allerdings spielte die Frage nach koscherem Fleisch in dieser Diskussion keine Rolle, da Paulus erlaubt, Fleisch vom römischen Markt ohne Bedenken zu essen. Die Beschneidung wird in der Diskussion nicht ausdrücklich erwähnt, gehört aber nicht zu den drei Punkten, auf die man sich einigt.

Zweite Missionsreise nach Paulus führt ihn nach Griechenland, d. h. Europa

Im Anschluss an den Apostelkonvent geht Paulus – diesmal mit Timotheus – auf eine zweite Reise; der Weg führt ihn über Kleinasien nach Europa, wo er einige Gemeinden gründet: Philippi, Thessaloniki, Korinth sind die wichtigsten Stationen. Briefe an diese Gemeinden von Paulus haben wir ja schon kennengelernt. In Athen hält Paulus eine Rede auf dem Areopag, aber die dort versammelten Philosophen lehnen die Vorstellung von der Auferstehung ab (Kap. 17).

Dritte Missionsreise: Hauptstation Ephesus

Auf seiner dritten und letzten Missionsreise ist die wichtigste Station Ephesus. Dort erscheint Apollos, der nach Korinth weiterreist, während Paulus durch die Landschaft Galatien reist. Als Paulus in Ephesus ankommt, muss er einigen getauften Christen noch den Hl. Geist austeilen, weil sie diesen noch nicht haben. Nachdem Paulus nicht mehr in der Synagoge lehren darf, lehrt er zwei Jahre in der Schule des Tyrannos. Sein Aufenthalt endet im Aufruhr der Goldschmiede, die Andenken an

Abb. 23: **Artemis von Ephesus** (2. Jh. n. Chr., Alabaster und Bronze, Archäologisches Nationalmuseum, Neapel) – die »Trauben« sind entweder Brüste oder Eier oder Stierhoden oder ein speziell geformter Schmuck.

die Artemis von Ephesus herstellen. Ihr Tempel war eines der Sieben Weltwunder der Antike.

Das Ende der Reisen des Paulus fasst Lukas in einer langen Abschiedsrede zusammen, die Paulus in Milet hält. Dort versammeln sich die Ältesten der von ihm gegründeten Gemeinden, die er als vom Heiligen Geist eingesetzte Bischöfe anredet (Apg 20,28). Zusammen mit der Warnung vor den Irrlehrern finden sich hier Themen, die auch in den Deuteropaulinen aufgegriffen werden.

Abschiedsrede des Paulus

Vertiefung: **Die »Wir-Passagen«**
In diesem Abschnitt findet sich das erste Mal in Apg eine sog. »Wir-Passage«, in der die Perspektive plötzlich zur 1. Pers. Pl. wechselt (Apg 20,6 ff.; 21,1 ff.; 27,1 ff.). Über die Gründe für diesen Wechsel wird viel gerätselt: Liegt eine Quelle zugrunde oder ist es ein literarisches Stilmittel?

15.4 GEFANGENSCHAFT DES PAULUS

Paulus' Gefangennahme in Jerusalem

Über die Hafenstadt Cäsarea kommt Paulus nach Jerusalem. Dort wird er im Tempel ergriffen, weil er Griechen in den Tempel geführt hat, die als unrein gelten und so den Tempel entweiht haben (Apg 21,28). Ein römischer Hauptmann rettet ihn aus dem Tumult in die Festung Antonia am Nordende des Tempels. Es kommt zum Prozess gegen Paulus, den Lukas ausführlich nachzeichnet. Dreimal lässt Lukas Paulus sich in einer langen Rede verteidigen; dabei berichtet er mehrfach von seiner Berufung. Neben dem Hohen Rat muss er sich vor dem römischen Statthalter Felix und vor dem jüdischen König Agrippa verantworten. Paulus wird schließlich nach Rom gebracht, weil er – als römischer Bürger (22,25.28) – an den Kaiser appelliert hat (25,11). Auf der Reise nach Rom kommt das Schiff in einen Sturm und die Reisegesellschaft erleidet Schiffbruch.

Paulus wird nach Rom überstellt

Zwei Jahre lehrt Paulus in Rom

In Rom angekommen, versucht Paulus wieder, die Juden zu missionieren, doch das scheitert und Paulus stellt mit Jes 6 fest, dass das Herz der Juden verstockt sei:

> Das Rettende, das von Gott kommt, ist zu den andern Völkern gesandt worden, und die werden hören. (Apg 28,28; Zü)

Offenes Ende deutet Paulus' Tod nur an

Paulus lehrt das Evangelium in Rom, allerdings begrenzt Lukas die Zeit auf zwei Jahre. Was danach geschieht, darüber schweigt er. Doch dürfte damit der Tod des Paulus in Rom angedeutet sein.

➤ Stichwort: **Heiliger Geist**
Im AT ist mehrfach vom Geist – weniger vom Hl. Geist – die Rede. So erhalten in Num 11 die 70 Ältesten vom Geist des Mose; die Richter gelten als geistbegabt; in Ez 36,26 wird Israel ein neues Herz und ein neuer Geist verheißen, ähnlich Joel 3. Auch die Jünger erhalten den Hl. Geist (Mk 13,11: er spricht aus ihnen vor Gericht). Im lukanischen Geschichtswerk ist der Hl. Geist eine treibende Kraft der Handlung:

- Geburt Jesu aus dem Hl. Geist, Lk 1,35
- Jesus trägt den Geist, Lk 4,18 (als Erfüllung von Jes 61,1)
- Pfingsten, Apg 2 (Erfüllung von Joel 3)
- Geist lenkt den Weg des Paulus (Apg 16,6)
- Geisttaufe (Apg 19,1-6)
- Hl. Geist spricht durch die Propheten des AT (Apg 28,25)

Bei Johannes erscheint er als Paraklet (»Tröster«, vgl. Joh 14,26). Die Jünger erhalten ihn in der Taufe (Joh 3,5).

Für Paulus ist der Geist die anthropologische Gegenkraft zum Fleisch (Gal 3,2; 5,16), die ihn von der Knechtschaft der Sünde befreit (Röm 8). Die verschiedenen Begabungen in der Gemeinde (Charismen) sind Gaben des Hl. Geistes (1Kor 12, 4 f.).

Literatur

Ebner, Martin/Fischer, Irmtraud/Frey, Jörg (Hg.), Heiliger Geist. Jahrbuch für biblische Theologie, Bd. 24 (2009), Neukirchen 2010.

➤ Stichwort: **Kirche/Gemeinde (ekklesia)**

Kirche und Gemeinde, das sind die beiden Übersetzungen des griechischen Wortes *ekklesia*. Dessen Grundbedeutung ist »Versammlung«. Im NT wird das Wort gebraucht, um die Gemeinschaft der Christen zu bezeichnen. Dabei ist zu beachten, dass das Wort *ekklesia* beide Aspekte christlicher Gemeinschaft abdeckt: die lokale Versammlung von Christen an einem Ort bzw. in einer Stadt, aber immer auch die universale Gemeinschaft aller Christinnen und Christen klingt an. Lediglich der deutsche Sprachgebrauch nötigt dazu, in der Übersetzung zu unterscheiden.

Wichtige Texte für das Thema Kirche/Gemeinde sind:

Mt 16	Petrus als Fels; Schlüsselgewalt
Apg 2	Pfingsten als »Geburtstag« der Kirche
Röm 11	Heidenchristen als Zweige am wilden Ölbaum Israel
Röm 12; 1Kor 12	Ein Leib in Christus
1Kor 3,9	(Acker &) Gottes Bau
Gal 3,28	Einheit in Christus
1Tim 3	Haus Gottes, Pfeiler und Fundament der Wahrheit
Past.	Bischöfe und Älteste als Ämter

Literatur
Albrecht, Christian (Hg.), Kirche, Tübingen 2011.

Vertiefung: **Missionare neben Paulus**
Während wir über Petrus in der Apg einiges erfahren und vor allem über Paulus dort und in seinen Briefen ziemlich ausführlich unterrichtet werden, wissen wir über die anderen Persönlichkeiten in den urchristlichen Gemeinden nur sehr wenig. Hier soll eine kleine Auswahl vorgestellt werden, damit nicht der Eindruck entsteht, das frühe Christentum bestünde nur aus Petrus und Paulus.

Barnabas
Barnabas gehört zu den führenden Persönlichkeiten in der Gemeinde von Antiochien (Apg 11,22; 13,1). Zusammen mit Paulus unternimmt er die erste Missionsreise (Apg 13-14) und vertritt auf dem Apostelkonzil in Jerusalem zusammen mit diesem die Antiochener. Nach dem Konzil trennen sich beide im Streit (Apg 15,39). Paulus erwähnt ihn im Gal, wo auch die Auseinandersetzung erwähnt ist (»Heuchelei«, Gal 2,13).

Timotheus
Timotheus ist einer der wichtigsten Mitarbeiter des Paulus; er begleitet nach der Apg Paulus auf der zweiten und dritten Missionsreise. In mehreren Paulusbriefen erscheint er als Mitabsender (1Thess, 2Kor, Phil, Phlm), und er übernimmt Aufträge für Paulus. In den pseudepigraphen Briefen an Timotheus wird er als Gemeindeleiter angesprochen.

Aquila und Priscilla
Aquila und Priscilla sind ein judenchristliches Paar, das nach Korinth gekommen war, weil Claudius 49 n. Chr. alle Juden aus Rom ausgewiesen hatte (Apg 18,2). In Korinth treffen sie Paulus und arbeiten mit ihm zusammen, weil sie als Zeltmacher den gleichen Beruf wie er haben. In Ephesus treffen sie auf Apollos, den sie nach der Darstellung des Lukas besser im Christentum unterweisen (Apg 18,26). Paulus grüßt sie im Römerbrief (16,3, dort die Namensform »Priska«).

Apollos
Eine interessante Gestalt der frühen Christenheit ist Apollos, auch wenn wir über ihn nur sehr wenig wissen. Ein gebildeter Jude, aus Alexandria stam-

mend, war er schon Christ, als er nach Ephesus kam. Dort missionierte er und traf mit Aquila und Priscilla zusammen. Er kannte nur die Johannestaufe (Apg 18,25).

In Korinth war er nach Paulus (1Kor 3,6). Dort hat sich eine Gemeindegruppe auf ihn berufen, wie Paulus im 1Kor erkennen lässt (Kap. 1-4); Paulus lässt gegenüber Apollos keine Animositäten erkennen; er erkannte offenbar dessen Missionsarbeit an.

15.5 Fragen zur Apostelgeschichte

1.) Nennen Sie fünf (*Vertiefung*: sieben) wichtige Personen der frühen Christenheit, über die wir in der Apostelgeschichte etwas erfahren!
2.) Welche Rolle spielt die Heidenmission im Evangelium und welche Texte beschäftigen sich mit den Problemen, die dadurch für die frühen Christen entstanden sind?
3.) In welchen Städten missioniert Paulus? (Erklären Sie, wo diese Städte liegen.)
4.) Was erfahren wir über die letzte Reise des Paulus?

Vertiefung

- In welchen Texten beschäftigt Lukas sich mit Armut und Reichtum sowie der Verwendung von Geld und Gut? Welche ethischen Maximen lassen sich dabei erkennen?
- Mit welchen internen und externen Konflikten ist die Jerusalemer Urgemeinde konfrontiert?

Erzähltexte
- Pfingsten, Apg 2
- Berufung des Paulus, Apg 9
- Hauptmann Cornelius, Apg 10-11
- Paulus in Ephesus (Zauberbücher, Silberschmiede), Apg 19

16.

Unechte Paulusbriefe

Alle unechten Paulusbriefen führen die Theologie des Paulus auf unterschiedliche Art weiter:
- Kol und Eph legen die Herrschaft Christi als Weltenherrscher aus und betonen die Einheit der Gemeinde, der Epheserbrief weist auf Gottes Heilsplan hin, der die Aufnahme der Heiden in das Reich Gottes vorsieht.
- Die Pastoralbriefe als Briefe an Gemeindeleiter ordnen das Leben in der Gemeinde unter einem Bischof.

Alle Briefe grenzen sich gegen verschiedene Irrlehrer ab und betonen die Unterordnung der Frau.

Bei einer Reihe von Briefen aus dem Corpus Paulinum wird angenommen, dass sie nicht der Apostel selbst geschrieben hat, sondern dass Schüler diese Briefe unter seinem Namen geschrieben haben. Man spricht von den Deuteropaulinen (»zweiten« Paulusbriefen – in Analogie zu »Deuterojesaja«).

Vertiefung: **Pseudepigraphie**
Das Phänomen, dass Briefe unter dem Namen eines fremden, berühmten Autors geschrieben werden, war in der Antike nicht ungewöhnlich. Man nennt es Pseudepigraphie (griech. »falsche Überschrift«). Damit wird die Autorität des anerkannten Autors für das eigene Werk übertragen. Es gibt pseudepigraphe Dialoge und Briefe des Philosophen Platon und manches andere. Im Alten Testament sind die Texte, die David oder Salomo zugeschrieben werden, als pseudepigraphisch anzusehen. Auch unter den außerkanonischen jüdischen Schriften gibt es manche, so zum Beispiel das Henoch-Buch, das sich einen mythischen Verfasser wählt (Gen 5,24).

Vertiefung: **Veränderungen gegenüber Paulus**

Briefe der dritten christlichen Generation

Es gibt eine Reihe von Beobachtungen, die nahelegen, dass nicht Paulus selbst die Deuteropaulinen geschrieben hat. Im 2. Tim kann man an einer Stelle recht genau erkennen, dass auf eine längere christliche Geschichte zurückgeblickt wird:

> Denn ich erinnere mich an den ungefärbten Glauben in dir, der zuvor schon gewohnt hat in deiner Großmutter Lois und in deiner Mutter Eunike; ich bin aber gewiss, auch in dir. (2Tim 1,5)

Hier sind drei christliche Generationen in den Blick genommen, was sich zu Lebzeiten des Apostels nur schwer vorstellen lässt.

Dazu kommen bestimmte Stileigentümlichkeiten, die nicht in den Bereich der Bibelkunde fallen, und eine Reihe von inhaltlichen Differenzen, denen unsere Aufmerksamkeit gelten soll, da sie bestimmte theologische Besonderheiten der Deuteropaulinen erkennen lassen.

Taufe und neues Leben

Für Paulus ist mit der Taufe das Alte zu Ende gegangen, etwas Neues hat schon begonnen, das Leben als Ergebnis der Auferstehung ist aber noch nicht da (Röm 6, vgl. Phil 3,10 ff.). Bei den unechten Paulusbriefen finden sich nun zwei verschiedene Deutungen: Im Kol (Kol 2,12 ff.) und im Eph (Eph 2,1-10) hat mit der Taufe das neue Leben schon begonnen (präsentische Eschatologie). Gegen diese Vorstellung polemisieren die Pastoralbriefe (2Tim 2,17 ff.).

Leib Christi

Bei Paulus spielt das Bild vom Leib Christi mehrfach eine wichtige Rolle in der Argumentation. In 1Kor 12 und Röm 12 wird die Gemeinde mit dem Leib Christi identifiziert. Dabei sind die einzelnen Mitglieder der Gemeinde Glieder am Leib Christi. Alle zusammen bilden diesen Leib und die Pointe besteht darin, dass jedes Glied für den Leib gleich wichtig ist, es also keine Hierarchie in der Gemeinde geben soll. In den Deuteropaulinen wird dieses Bild nun hierarchisch verstanden: Christus ist der Kopf, die Gemeinde bzw. die Kirche ist der Leib (Kol 1,24; 2,10; Eph 4,7-16).

Rolle der Frau

In den Paulusbriefen, v. a. im 1Kor 11, erkennt man, dass Frauen im Gottesdienst eine aktive Rolle eingenommen haben, ja die sozialen Unterschiede zwischen Männern und Frauen sah Paulus in der Gemeinde aufgehoben (Gal 3,28). In den Deuteropaulinen wird die Frau dem Mann eindeutig untergeordnet (Eph 5,22 ff.; Kol 3,18, analog zum hierarchischen Verhältnis von Haupt und Glied), sie verliert ihre aktive Rolle im Gottesdienst (1Tim 2,8 ff.) und wird auf Haus und Kinder beschränkt (1Tim 2,15).

Die Begründung ist schöpfungstheologisch, weil Eva nach Adam geschaffen ist und ihn verführt hat (Gen 2-3, vgl. 1Tim 2,13). Diese Argumentation hat in der Kirchengeschichte eine sehr nachhaltige Wirkung entfaltet, weil die Frau mit der Erbsünde in Verbindung gebracht wurde – und die anfängliche Emanzipation der Frauen in der ersten christlichen Generation wurde rückgängig gemacht.

In den Paulusbriefen kann man v. a. in der Korrespondenz mit Korinth erkennen, dass es in der Gemeinde zwar verschiedene Begabungen und Funktionen gab (1Kor 12) und dass Paulus und andere als Apostel eine herausgehobene Stellung eingenommen haben, aber bestimmte Ämter haben sich in den ersten Jahren der christlichen Gemeinden noch nicht gebildet. Anders in den später entstandenen Deuteropaulinen. Hier ist die Rolle des Apostels als Fundament der Kirche deutlich in den Blick genommen (Eph 2,20 – anders 1Kor 3,11: Christus als Fundament der Kirche). Auch gelten die Ämter in der Gemeinde nun als Stiftung Christi (Eph 4,7–16). Besonders die Pastoralbriefe lassen erkennen, welch wichtige Rolle Amtsträger in der dritten christlichen Generation zu spielen begonnen haben.

Ämter

16.1 Kolosser-Brief

Da der Kolosserbrief die Vorlage für den Epheserbrief darstellt, beginnen wir unseren Durchgang mit diesem – entgegen der kanonischen Reihenfolge, die sich an der Brieflänge orientiert.

Im Proömium (1,3–8) dankt »Paulus« für den Glauben der Gemeinde. Die Fürbitte für die Gemeinde leitet zum Thema des Briefes über: der Lehre über Christus als Herrn der Welt. Diese Lehre entfaltet zuerst ein Hymnus (1,15–20), in dem Christus als Mittler bei Schöpfung und Erlösung erscheint, wobei Erlösung als Versöhnung des Alls, als Friedensstiftung im Kosmos gedacht ist:

Hymnus über Christus als den Herrn der Welt

> Er ist das Ebenbild des unsichtbaren Gottes, der Erstgeborene vor aller Schöpfung.
> Denn in ihm ist alles geschaffen, was im Himmel und auf Erden ist, ...
> Und er ist vor allem, und es besteht alles in ihm.
> Und er ist das Haupt des Leibes, nämlich der Gemeinde/Kirche.
> Er ist der Anfang, der Erstgeborene von den Toten, ...
> Denn es hat Gott wohlgefallen, dass in ihm alle Fülle wohnen sollte
> und er durch ihn alles mit sich versöhnte, es sei auf Erden oder im Himmel,
> indem er Frieden machte durch sein Blut am Kreuz. (Kol 1,15–20; Lu)

Die angeredete Gemeinde wird ausdrücklich in dieses Versöhnungswerk einbezogen und soll darum am Glauben und der Hoffnung festhalten.

Leiden des Apostels

Der Gedanke von der versöhnenden Wirkung des Kreuzes (1,20) wird am Beispiel des Apostels Paulus aufgegriffen: Die Leiden des Apostels machen die Leiden Christi voll und sollen die Gemeinde stärken und ihr Einsicht in das göttliche Geheimnis (*mystêrion*) gewähren (1,24–2,5; der Apostel als Mystagoge – einer, der ins göttliche Geheimnis einführt).

Warnung vor Irrlehrern

Dieses Wissen und diese Glaubensstärke braucht die Gemeinde auch, um nicht von Irrlehrern mit ihrer »Philosophie« verführt zu werden (Kol 2,8):

> Seht zu, dass euch niemand einfange durch Philosophie und leeren Trug, gegründet auf die Lehre von Menschen und auf die Mächte der Welt und nicht auf Christus.

Christus als das Haupt

Denn Christus ist als Haupt der Mächte und Gewalten (vgl. Kol 1,16) der zuverlässige Retter, und die Gemeinde hat bereits jetzt Anteil daran (präsentische Eschatologie, s. o. § 7.5.3). Dies geschieht durch die Taufe, als wahrer Beschneidung (2,11).

Abb. 24: **Beschneidung Jesu** (Taufstein der Stadtpfarrkirche St. Maria Magdalena, Münnerstadt, von Georg Prünn, 1613); als jüdischer Junge wurde Jesus am achten Tage beschnitten (Lk 2,21). Auf dieser Darstellung findet die Beschneidung über einem Taufstein statt, damit steht die Beschneidung symbolisch für die Taufe wie in Kol 2,11.

Im Folgenden (Kol 2,16–23) wird erläutert, was dieses neue Leben und die Entmachtung der kosmischen Mächte für das Leben der Glaubenden bedeutet: Sie müssen nicht mehr auf die Mächte achten und nicht mehr Speisegebote beachten, Fest, Neumond, Sabbate halten sowie Engel verehren. All das sind Menschensatzungen, die sich nur den Anschein von Weisheit geben (2,23).

Aus dieser Gegenüberstellung erwächst nun auch die Paränese (3,1–4,6). Sie soll das verborgene Leben der Christen bei Gott sichtbar machen und wird nach zwei Seiten entfaltet; einmal individualethisch und dann sozialethisch. Für den Einzelnen wird ein Tugend- und Lasterkatalog entfaltet (3,1–17), für das Zusammenleben eine Haustafel angeführt (3,18–4,1). Diesen Begriff hat Martin Luther geprägt. Man versteht darunter eine Reihe von Mahnungen, die an die Bewohner eines Hauses gerichtet sind. Im Zentrum steht dabei der Mann als *pater familias* (lat. »Familienvater« rechtliches Familienoberhaupt) in seinen Beziehungen zu seiner Ehefrau, seinen Kindern sowie seinen Sklaven.

Haustafel

Mahnungen an alle beschließen diesen Teil. In der Korrespondenz des Postskripts empfiehlt »Paulus« den Tychikus und Onesimos, richtet Grüße aus, und fordert auf, den vorliegenden Brief mit der Gemeinde in Laodicea zu tauschen, die auch einen Brief empfangen hat. Dies ist ein interessanter Hinweis: Es hat offenbar den Brauch gegeben, dass die paulinischen Gemeinden untereinander Briefe weitergegeben haben. Über diesen Austausch ist vermutlich die Sammlung der Paulusbriefe entstanden.

16.2 Epheser-Brief

Der Epheserbrief folgt in seinem Aufbau eng dem Kol; im ganzen Brief finden sich wörtliche Parallelen (eine Übersicht bei Ebner/Schreiber, 2013, 411 f.). Das lässt darauf schließen, dass der Verfasser des Eph den Kol kannte und neu bearbeitet hat. Dabei hat er eigene theologische Akzentsetzungen vorgenommen.

Das zentrale Thema des Eph ist die Aufnahme der Heiden in die Heilsgemeinschaft mit Israel (Eph 2,11 f.; 3,6). Dabei geht die Bewegung von Gott aus: Er hat sie erwählt, noch vor der Schöpfung (1,4), und durch die Erlösungstat Jesu hat er diesen geheimen Plan offenbar gemacht (1,9; 3,9). Dabei werden Tod und Auferstehung Jesu auf die Bekehrung der

Aufnahme der Heiden in die Heilsgemeinschaft mit Israel

Heiden übertragen: Auch sie waren tot und sind jetzt lebendig (2,1.5 – präsentische Eschatologie).

Auch die Paränese stellt der Verfasser unter die Abkehr vom Heidentum (4,17). Eine Besonderheit stellt die geistliche Waffenrüstung aus Wahrheit, Gerechtigkeit usw. dar, mit der sich die Gläubigen gegen die »listigen Anschläge des Teufels« (6,11) schützen sollen.

16.3 Pastoralbriefe

Der Name Pastoralbriefe (*pastor*, lat., »Hirt«), kommt daher, dass sie an Gemeindeleiter geschrieben sind, auch wenn das namengebende Bild in den Texten selbst nicht verwendet wird. Gelegentlich heißen diese Briefe auch Tritopaulinen.

Paulus als Autorität und Glaubensvorbild

In der Form unterscheiden sich die drei Pastoralbriefe von den übrigen Paulusbriefen. Der 1. Timotheus und der Titusbrief geben in autoritativer Form Anweisungen an die beiden Gemeindeleiter Timotheus und Titus; der zweite Timotheusbrief ist als Testament des Paulus verfasst. Im Ganzen ist Paulus als Vorbild für die Glaubenden stilisiert, auch in seinen Mühen und seinem Leiden.

Das fiktive Setting des 1. Timotheusbriefes ist: »Paulus« hat Timotheus in Ephesus zurückgelassen, dort soll er die Irrlehrer bekämpfen (1Tim 1,3). Das des Titusbriefes: Titus ist auf Kreta zurückgeblieben, um dort die Gemeinden zu festigen, indem er Älteste einsetzt (Tit 1,5). Es geht in diesen Briefen also um Fragen der Gemeindeleitung.

Ämter in der Gemeinde

Beiden Briefen gemeinsam ist die Ordnung der kirchlichen Ämter.
- ein Bischof (griech. *episkopos*, daher das deutsche Wort)
- mehrere Älteste (griech. *presbyteros*, daher das deutsche Wort Priester)
- mehrere Diakone (nur 1Tim 3)

Das Bischofsamt ist schon aus dem Philipperbrief bekannt, dort aber hat es mehrere gegeben (Phil 1,1), in den Pastoralbriefen gibt es für jede Gemeinde nur noch einen Bischof, der die oberste Autorität darstellt, die er v. a. durch Predigten und Ermahnungen ausübt.

Ketzerpolemik und »gesunde Lehre«

In den Pastoralbriefen finden wir Ketzerpolemik, dabei sind folgende Irrlehren angesprochen:
- Geschlechtsreihen und Mythen (1Tim 1,4)
- Askese (1Tim 4)

- Fabeln (1Tim 1,4; 2Tim 4,4)
- Auferstehung sei schon geschehen (= präsentische Eschatologie; 2Tim 2,18).

Leider ist nicht immer deutlich, was mit den Schlagworten konkret gemeint ist. Demgegenüber steht die »gesunde Lehre«, auf die die Gemeindeleiter festgelegt werden (1Tim 1,10; 2Tim 1,13; Tit 2,1); dieser Begriff ist ein Leitwort der drei Briefe.

16.4 Der zweite Thessalonicher-Brief

Der 2. Thess greift noch einmal das Thema des 1. Thess auf, die Eschatologie, korrigiert die Naherwartung des Paulus und führt als neuen Gedanken die Gestalt eines Widersachers ein, der mit dem Satan in Verbindung gebracht wird (2Thess 2,4.9). Dabei ergeben sich sehr viele wörtliche Übereinstimmungen, die manche dazu veranlassen, im 2. Thess eine Art »Neuauflage« des 1. Thess zu sehen, die diesen ablösen will.

Der Satan als Widersacher bei den Ereignissen der Endzeit

> ➤ Stichwort: **Heil und Erlösung**
> Heil und Erlösung sind systematisch-theologische Konzepte, die verschiedene Vorstellungen aus AT und NT zusammenfassen; sie greifen zwar bestimmte biblische Begriffe auf, fassen aber auch noch weitere Vorstellungen unter diese Oberbegriffe. Umgekehrt lassen die alt- und neutestamentlichen Texte eine Vielfalt von Lebensbezügen erkennen, in denen Heil und Erlösung je Unterschiedliches bedeuten können.
> Im AT gehören viele Begriffe in dieses Bedeutungsfeld, so Frieden (hebr. šālôm), Untergang der Feinde (prophetische Fremdvölkersprüche), Rettung, Lösung (von verkauftem Gut, vgl. den Löser im Buch Rut), Befreiung aus der Sklaverei (Exodus); in den apokalyptischen Texten des AT gehört auch die Vernichtung der gottfeindlichen Mächte dazu. In den Psalmen finden wir eher individualisierte Vorstellungen: Befreiung von Krankheit, sozialer Isolation, Anfeindung, Wiederherstellung verlorenen Lebensglücks; Schuld ist in den Psalmen ein eher seltenes Thema.
> Im NT ist die Vorstellung von Heil und Erlösung dann an die Verbindung mit Jesus Christus geknüpft und wird daher in der Systematischen Theologie (Dogmatik) im Zusammenhang mit der Christologie abgehandelt. Auch im NT ist der Vorstellungskomplex vielfältig: Befreiung von den Mächten der Sünde (Röm 6) und des Todes (Röm 8) bei Paulus; Joh prägt den Zentralbegriff des ewigen Lebens.

Die übrigen Evangelien veranschaulichen das Gemeinte in ihren Wundererzählungen als Befreiung von Dämonen und Krankheit; darin wird das Anbrechen von Gottes endzeitlicher Herrschaft sichtbar.

16.5 Fragen zu den unechten Paulusbriefen

1.) Was sind die zentralen Themen der einzelnen deuteropaulinischen Briefe?
2.) Welche Gemeindeordnung entwerfen die Pastoralbriefe? Woher kommt ihr Name?

Vertiefung
- Welches sind die inhaltlichen Gründe, warum die Deuteropaulinen als unechte Paulusbriefe gelten?
- Welche biblischen Motive und Themen sind in den theologischen Begriffen von Heil und Erlösung zusammengefasst?

17.

Hebräerbrief und katholische Briefe

17.1 Hebräerbrief

Der Hebräerbrief entwirft eine eigenständige Theologie, wobei er das AT auslegt, speziell die Opfergesetze des Buches Levitikus. Dargelegt wird die Überlegenheit Jesu nicht nur über die Engel und Mose, sondern auch über den Hohepriester. Damit wird die Unwirksamkeit des alten Bundes und die Gültigkeit des neuen deutlich gemacht.

Traditionell wird der Hebräerbrief den Paulusbriefen zugeordnet; die Verfasserschaft des Apostels war aber schon in der Alten Kirche umstritten und wird heute nicht mehr vertreten, weil er in Stil und Theologie wenig mit Paulus gemeinsam hat.

Der unbekannte Verfasser des Hebräerbriefes entwirft eine originelle Theologie, die innerhalb des NT ohnegleichen ist. Der Autor benutzt ausführlich das AT, was vermutlich zu der Überschrift an die Hebräer – im Sinne von Judenchristen – geführt hat.

Formal ist der Hebräerbrief kein richtiger Brief: Zwar endet der Hebräerbrief mit einem Briefschluss (Hebr 13,22–25), der Grüße an den aus den Paulusbriefen bekannten Timotheus enthält, aber ein Präskript fehlt, ebenso wie eindeutige Korrespondenz. Daher ist der Hebräerbrief ein Traktat oder eine Predigt – gibt es doch eine Reihe von Hinweisen auf die Mündlichkeit der Kommunikation (2,5; 5,11 passim).

Zu den echten Paulusbriefen und den Briefen aus seiner Schule gibt es eine Reihe von Differenzen, z. B. dass er nicht ausdrücklich als Verfasser genannt ist und als Apostel nur Jesus gilt (3,1).

1–4	Überlegenheit Jesu ...	1–2	... über die Engel
		3–4	... über Mose
4–10	Jesus als Hohepriester nach der Ordnung Melchisedeks	4–5	Grundlegung Ps 110,4
		5–6	Retardierung: Mahnung zu Geduld und Glaubensfestigkeit (**keine zweite Buße**)
		7–10	esoterische Lehre
		7–8	Überlegenheit über Leviten • ewiges Priestertum • muss nicht entsühnt werden • himmlisches Urbild • **Bundesmittler** wie Mose
		9	Opferdienst im Neuen und Alten Bund: • Heiligtum: himmlisch/irdisch • Blut: eigenes/fremdes • Opfer: einmal/wiederholt
		10	Unwirksamkeit des **alten Bundes**; Endgültigkeit des **neuen**
10–13	**Paränese**	11	**Glaubensdefinition**, atl. Beispiele: »Wolke der Zeugen«
		12	Züchtigung als Zeichen göttl. Liebe
	Briefschluss/aber kein Präskript!	13	Einzelnes

Gleich der erste Satz (Hebr 1,1) knüpft an die alttestamentliche Offenbarung durch Propheten an, in deren Reihe er den Sohn als neuen Offenbarer stellt. Dies sei Gottes endgültige Rede, sein neuer Bund. Seine Überlegenheit über Figuren der alttestamentlichen Tradition (Engel, Mose, Leviten, Hohepriester) wird im Folgenden in mehreren Anläufen demonstriert, alttestamentliche Zitate spielen dabei eine tragende Rolle.

Überlegenheit Jesu über die Engel

Vertiefung: **Warum Jesus überlegen ist**
Zuerst wird die Überlegenheit des Sohnes über die Engel dargelegt, die Mose die Tora übergeben haben.

17.1 Hebräerbrief

➤ *Stichwort:* **Von wem erhält Mose die Tora?**
Im Buch Exodus ist es Gott, der Mose die Tora gibt. In der jüdischen Tradition findet sich vereinzelt auch der Gedanke, dass es Engel waren (z. B. bei Flavius Josephus); diese Vorstellung verwendet auch Paulus in Gal 3,19 und Lukas in Apg 7,38. Hebr 2,2 spielt ebenfalls darauf an!

An dieser Überlegenheit ändert auch nichts, dass der Sohn für eine Zeit unter die Engel erniedrigt wurde, als er den Tod erlitten hat; er ist durchs Leiden zur Vollendung gelangt (2,14-17).

In einem nächsten Argumentationsgang (3,1–4,13) wird die Überlegenheit Christi über Mose dargetan. Jesus ist der Sohn, Mose nur der Diener. Deswegen sollen die Christen auch auf Jesu Stimme hören und nicht wie die Wüstengeneration, die – warnendes Beispiel! – ihr Herz verhärtet hatte (3,13). Hier wird auch der aktuelle Anlass des Hebräerbriefes formuliert: »heute nicht vom Glauben an das Wort Gottes abzufallen, das die endzeitliche Ruhe verspricht.« (Pokorný/Heckel, 2007, 675)

Überlegenheit über Mose

Dieses Festhalten wird nun mit der Rolle Jesu als Hohepriester begründet, »der den Himmel durchschritten hat« (Hebr 4,14), aber gleichzeitig den Menschen gleich geworden ist; von Versuchung war ja schon in 2,18 die Rede, jetzt wird dieser Gedanke wieder aufgegriffen (Hebr 4,15):

Jesus ist dem Hohepriester überlegen

> Denn wir haben nicht einen Hohenpriester, der nicht könnte mit leiden mit unserer Schwachheit, sondern der versucht worden ist in allem wie wir, doch ohne Sünde.

➤ *Stichwort:* **Sündlosigkeit Jesu**
Hebr 4,15 ist eine wichtige neutestamentliche Stelle, da sie die Lehre von der Sündlosigkeit Jesu ausdrücklich formuliert (auch 7,26). Weitere Parallelen:

> 2Kor 5,21: Denn er hat den, der von keiner Sünde wusste, für uns zur Sünde gemacht, damit wir in ihm die Gerechtigkeit würden, die vor Gott gilt.

> Joh 8,46: Wer von euch kann mich einer Sünde zeihen? Wenn ich aber die Wahrheit sage, warum glaubt ihr mir nicht?

> 1Joh 3,5: Und ihr wisst, dass er erschienen ist, damit er die Sünden wegnehme, und in ihm ist keine Sünde.

> 1Petr 3,18: Denn auch Christus hat einmal für die Sünden gelitten, der Gerechte für die Ungerechten, damit er euch zu Gott führte, und ist getötet nach dem Fleisch, aber lebendig gemacht nach dem Geist.

Paul Tillich hat diesen Gedanken abgelehnt. Er meinte, wenn Jesus wirklich ganzer Mensch gewesen sei, dann gehörten dazu auch die tragischen Verstrickungen der Schuld. Er nimmt dabei einen Gedanken Kierkegaards auf, wenn er fragt: »ob man das Recht habe, sich für die Wahrheit töten zu lassen. Wer das tut muss wissen, dass er tragisch für die Schuld derer verantwortlich wird, die ihn töten.« (Tillich, 1987, 144)

Jesus als Hohepriester nach der Ordnung Melchisedeks

Jesus wurde nun von Gott zum Hohepriester eingesetzt, und zwar nach der Ordnung Melchisedeks (Hebr 5,1-10, mit Zitat von Ps 110,4).

Der nun folgende Abschnitt (5,11-6,20) unterbricht die Darlegung zum Hohepriesteramt Jesu mit einer Mahnung zu Geduld und Glaubensfestigkeit. Dabei wird die Möglichkeit einer zweiten Buße verworfen (6,6), d. h. wer einmal Christ geworden und die Taufe zur Vergebung der Sünden empfangen hat, kann nicht noch einmal Vergebung für eine Sünde erlangen. Wegen dieser Aussage mochte Luther den Brief nicht.

Die zweite Buße wird verworfen

Jesus ist den levitischen Priestern überlegen

Des Weiteren ist Christi Priestertum dem levitischen in mehreren Aspekten überlegen:
- Christus ist ewiger Priester – anders als die Leviten.
- Da Christus sündlos ist, muss er nicht entsühnt werden, wie der levitische Hohepriester.
- Christus tut seinen Dienst im Himmel, nicht in einem irdischen Zelt; er ist damit das himmlische Urbild und nicht das irdische Abbild (vgl. die Idee eines himmlischen Urbildes des irdischen Heiligtums in Ex 25,40; das Vorbild, das Gott Mose auf dem Berg gezeigt hat, wird später als himmlisches Urbild verstanden).
- Mit seinem Dienst vermittelt Christus einen neuen Bund (nach Jer 31) und ist darum ein Bundesmittler wie Mose.

Der neue Bund

Dieser Gedanke des neuen Bundes und seines Mittlers wird nun in Kap. 9 entfaltet, wieder exemplarisch am hohepriesterlichen Opferdienst. Im Vergleich zum alten Bund und seinem Priesterdienst wird nun die Überlegenheit von Jesu Priesterdienst und dem neuen Bund demonstriert:
- Zuerst wird noch einmal der Gegensatz von himmlischem und irdischem Heiligtum erläutert,
- dann wird dargelegt, dass der Hohepriester des alten Bundes fremdes Blut von Tieren opfert, der des neuen eigenes,
- somit reicht sein einmaliges Opfer aus, um Sünden zu vergeben, weitere Opfer sind nicht nötig.

Damit ist der alte Bund abgetan (Hebr 8,1–13) und ein neuer errichtet, der ein für alle Mal Sündenvergebung garantiert (9,26). Darum ist kein neues, weiteres Opfer mehr nötig (10,1–19). Daraus folgt die Mahnung, am Bekenntnis der Hoffnung festzuhalten und eine Warnung davor, vom neuen Bund abzufallen, da eine zweite Buße unmöglich sei (6,6).

Ab Hebr 10,32 beginnt die lange Schlussparänese über den Glauben. Zuerst erinnert der Autor an frühere Verfolgungen, die schon überstanden sind, und ermuntert, weiterhin beständig zu bleiben.

Schlussparänese über den Glauben

Was Glauben für den Autor des Hebräerbriefes ist, das erklärt er in Hebr 11,1-3:

Definition des Glaubens

> Es ist aber der Glaube eine feste Zuversicht auf das, was man hofft, und ein Nichtzweifeln an dem, was man nicht sieht. Durch diesen Glauben haben die Vorfahren Gottes Zeugnis empfangen. Durch den Glauben erkennen wir, dass die Welt durch Gottes Wort geschaffen ist, sodass alles, was man sieht, aus nichts geworden ist. (Lu)

»Der Glaube verbindet den Menschen mit dem Grund der Hoffnung, der in der Zukunft, jenseits des Horizontes menschlicher Erfahrung liegt« (Pokorný/Heckel, 2007, 675). Aber er hat auch Vorgänger, »die Wolke der Zeugen« (12,1): Abel, Henoch, Noah, Abraham u.v.a. aus dem AT (Kap. 11). Christen haben nun Aussicht, zu diesem zukünftigen Ziel zu gelangen, wenn sie dem Vorbild Christi nacheifern. So können sie auch das Leiden ertragen als Erziehungsmaßnahme Gottes (Zitat von Prov 3,11). Die Mahnungen werden eingeschärft mit einem Hinweis auf die kommende Endzeit (12,26–28).

Die Wolke der Zeugen

Zum Abschluss der Ermahnungen werden christliche Tugenden zusammengestellt und auf die Vorläufigkeit der irdischen Existenz hingewiesen:

> Wir haben hier auf Erden keine bleibende Stadt, sondern die zukünftige suchen wir. (Hebr 13,14; Lu)

Dies ist ein beliebter Spruch bei Beerdigungen.

In der reformierten Dogmatik hat der Hebr eine wichtige Rolle gespielt; Johannes Calvin (1509–1564) hat das Hohepriesteramt Jesu als eines von drei Ämtern gesehen (neben König und Prophet).

Literatur

Calvin, Johannes, Institutio Christianae Religionis, Bd. 2, Kap. 15 (Unterricht in der christlichen Religion), übers. v. O. Weber, hg. v. M. Freudenberg, Neukirchen 2008.

Tillich, Paul, Systematische Theologie, Bd. 2, Berlin/New York 1987.

➤ *Stichwort:* **Erwählung**
In der reformierten Dogmatik spielt das Thema Erwählung eine zentrale Rolle, dort verbunden mit der doppelten Prädestination (lat., »Vorherbestimmung«; doppelt, weil ein Teil der Menschen zum Heil, ein anderer zur Verdammnis vorherbestimmt ist).

Im AT ist Israel von Gott erwählt; davon ist v. a. im Dtn die Rede (Kap. 4; 7), aber auch in den Psalmen (33,12; 47), Amos (3,2) und Jesaja (14,1; 41,9). Maleachi betont, dass Gott in seiner Wahl frei ist (1,2), ein Gedanke, den Paulus aufgreift (Röm 9,13).

Im NT sind natürlich die Christen in Christus erwählt (Eph 1,4; 1Petr 1,1 f.). Paulus kann das zuspitzen dazu, dass Gott das Unbedeutende, ja sogar Törichte erwählt hat (im AT erwählt Gott auch die Kleinen, Ohnmächtigen: David, vgl. 1Sam 16; Israel, vgl. Dtn 7). Der Jakobusbrief nennt die Armen als die Erwählten Gottes (Jak 2,5).

Darüber hinaus setzt Paulus aber auch die Erwählung Israels weiter voraus (Röm 11,28). Dies ist ein Gedanke, der erst nach dem Holocaust ins christliche Bewusstsein getreten ist.

17.2 Katholische Briefe

Zu den katholischen Briefen rechnet man alle nicht Paulus zugeordneten Briefe. Der Name »katholische« Briefe stammt von dem ersten Kirchenhistoriker Eusebius (Anfang des 4. Jh.s); das griechische Wort bedeutet *allgemein* und weist darauf hin, dass diese Briefe anders als die Paulus zugeordneten überwiegend keine konkreten Adressaten tragen. Darum werden sie nach ihren Absendern genannt.

➤ *Stichwort:* **Bedeutung der Zahl »Sieben«**
Insgesamt bilden sieben Schreiben die kanonische Sammlung der katholischen Briefe, eine Zahl, die Vollkommenheit signalisiert und der Zahl der sieben Sendschreiben in der Apokalypse entspricht. Auch die Paulussammlung benutzt diese Zahlensymbolik, indem sie aus zweimal sieben Briefen besteht.

17.3 Jakobusbrief

Der Jakobusbrief ist eine weisheitlich geprägte Spruchsammlung. Er kritisiert das Verhalten von Reichen, betont - im Gegensatz zu Paulus - die Werke gegenüber dem Glauben und empfiehlt die Krankensalbung.

Der Jak enthält eine Sammlung von Weisheitssprüchen (vgl. Jak 3,13: hier erscheint das Stichwort »Weisheit«) zu einer Reihe von Themen des christlichen Lebens. Dabei steht das richtige Verhalten im Mittelpunkt:

> Was hilft's, liebe Brüder, wenn jemand sagt, er habe Glauben, und hat doch keine Werke? Kann denn der Glaube ihn selig machen? (Jak 2,14; Lu)

Diese Gewichtung klingt nach Polemik gegen eine einseitig verstandene Gnadenlehre im Gefolge des Paulus (die vergessen hat, dass auch Paulus durchaus das rechte Verhalten immer im Blick hatte). Und so wird wie bei Paulus am Beispiel Abrahams die Bedeutung der Werke unterstrichen (mit Verweis auf Gen 22, die Opferung Isaaks):

> Denn wie der Leib ohne Geist tot ist, so ist auch der Glaube ohne Werke tot. (Jak 2,26; Lu)

Konkretisiert wird dieser Gedanke u. a. am Verhältnis der Reichen zu den Armen. Dem Reichen gebührt kein Vorrang vor dem Armen, was innerhalb der antiken Gesellschaft, für die solche Rangunterschiede enorme Bedeutung hatten, sehr ungewöhnlich war (2,1-4). Darüber hinaus wird den Reichen das Gericht angesagt (5,1-6).

> ➤ Stichwort: **Sakramente im NT**
> Die katholische Kirche kennt sieben Sakramente (Taufe, Abendmahl, Firmung, Ehe, Priesterweihe, Beichte, Krankensalbung). Luther hat sie auf die zwei reduziert, die seiner Ansicht nach auf Jesus selbst zurückgehen: Taufe und Abendmahl.

Abendmahl
In den Evangelien finden wir die Berichte über Jesu letzte Mahlzeit mit seinen Jüngern; die Kapitel sind gut zu merken, es handelt sich jeweils um das vor-vorletzte Kapitel. Die Synoptiker bieten jeweils die Einsetzungsworte, ebenso Paulus in 1Kor 11; im Einzelnen unterscheiden sich aber die Fassungen. So hat die Fassung bei Matthäus den Aspekt der Sündenvergebung, Lukas hat zwei Kelchworte,

die die Mahlzeit rahmen, Paulus fügt an Brot- und Kelchwort jeweils einen Wiederholungsbefehl und ergänzt beim Leib (wie Lukas) »für euch«. Johannes überliefert die Einsetzungsworte nicht, kennt sie aber, wie Anspielungen in der Brotrede zeigen (Joh 6,11.56). In der Geschichte der Emmausjünger (Lk 24) und in Joh 21 isst der Auferstandene Jesus mit seinen Jüngern.

Bei den Berichten über das Abendmahl handelt es sich um Berichte über eine Kultstiftung durch Jesus; die frühen Christen haben diesen Brauch geübt. Lukas berichtet in der Apg vom »Brotbrechen« (Apg 2,42) und Paulus versucht, Konflikte um das Abendmahl in Korinth zu lösen (1Kor 11,17-34).

Literatur

Hartenstein, Judith (Hg.), »Eine gewöhnliche, harmlose Speise«? Von den Entwicklungen frühchristlicher Abendmahlstraditionen, Gütersloh 2008.

Schröter, Jens, Nehmt – esst und trinkt. Das Abendmahl verstehen und feiern, Stuttgart 2010.

Taufe

Anders als das Abendmahl hat Jesus die Taufe nicht eingesetzt. Der »Erfinder« der Taufe dürfte Johannes sein, der darum wohl den Beinamen »der Täufer« trägt (Mk 1 parr.). Von ihm lässt Jesus sich taufen. Die einzigen Stellen im NT, an denen berichtet wird, Jesus habe getauft, finden sich im Johannesevangelium: Joh 3,22 und 4,1 (anders aber schon Joh 4,2). Im Mt-Evangelium gibt Jesus aber nach seiner Auferstehung den Befehl, alle Völker zu taufen, also auch (und gerade) die Nicht-Juden.

Für die neutestamentliche Tauftheologie ist die Unterscheidung von Wasser- und Geisttaufe wichtig, wobei die Wassertaufe Johannes dem Täufer zugesprochen wird, während Jesus und seine Jünger auch mit dem Heiligen Geist taufen (Mk 1,8 parr.; vgl. Joh 3,5; Apg 19,1-7). In Gal 3,27 verwendet Paulus für die Taufe die Metapher vom »Anziehen Christi«, in Röm 6 entwickelt er eine differenzierte Tauftheologie. In Kol 2 wird die Taufe mit der Beschneidung verglichen, Tit 3,5 bezeichnet sie als »Bad der Wiedergeburt«. Die ersten christlichen Taufen finden an Pfingsten statt (Apg 2).

Krankensalbung

Die Krankensalbung ist eine Besonderheit des Jakobusbriefes; in der katholischen Kirche ist sie eins ihrer sieben Sakramente geworden und heißt im Volksmund »letzte Ölung«, da sie oft kurz vor dem Tode vorgenommen wird.

Ordination, Handauflegung
Die Priesterweihe ist ein Sakrament der katholischen Kirche; in den Kirchen der Reformation werden Pfarrer ordiniert (jedoch nicht als Sakrament!). Der Brauch, dabei die Hand aufzulegen, findet sich in der Apostelgeschichte (Apg 6,6; vgl. 8,17 zur Geistübertragung nach der Taufe) und in den Pastoralbriefen (1Tim 4,14, dort verbunden mit Weissagung!).

Beichte mit Sündenvergebung
Im Mt-Ev wird Petrus bevollmächtigt, Sünden zu vergeben (Mt 16,19), in Mt 18,18 und Joh 20,23 werden alle Jünger damit beauftragt.

17.4 Der Brief des Petrus und der Brief des Judas

17.4.1 Der erste Petrus-Brief

Der Brief stellt das neue Leben der Wiedergeborenen dar: Es geht um Bewährung der Christen im Alltag der Welt und in Verfolgungen; der römische Staat wird anerkannt; Leiden werden als Züchtigung Gottes verstanden. Er enthält die biblische Belegstelle für Jesu Hinabsteigen in die Hölle, das im Apostolischen Glaubensbekenntnis aufgegriffen ist.

Dieser Brief wird traditionell auf den Apostel Petrus zurückgeführt, doch gibt es eine Reihe von Indizien, die darauf hindeuten, dass dieses Schreiben pseudepigraph ist; dazu gehört v. a. die Nähe des Briefes zur paulinischen Theologie – wohingegen die Paulusbriefe erkennen lassen, dass es zwischen ihm und Petrus große theologische Differenzen gab (Gal 2); dazu kommen Anachronismen:
- Titel »Mitpresbyter« für andere Gemeindeleiter (1Petr 5,1) – also haben sich schon Ämter entwickelt, wie in den Deuteropaulinen;
- beachtliche Ausbreitung des Christentums in Kleinasien (für die Lebzeiten des Petrus bis 64 nicht wahrscheinlich)

Die Anrede der Adressaten gibt schon den inhaltlichen Schwerpunkt des Briefes an; er ist an die Christen in Kleinasien gerichtet. Sie werden als die »Auserwählten, die als Fremdlinge in der Diaspora leben«, bezeichnet: Es geht also um die Situation einer christlichen Minderheit in einer feindlichen Umgebung. Der Brief versucht das Selbstverständnis der Gemeinden zu klären und will sie im Leiden trösten und stärken.

Vertiefung: **Stärkung im Leiden**

Hat das Präskript mit seiner Anrede schon das Thema gesetzt, so bestimmt die folgende *Eulogie* (griech. »Lobpreis«) des Proömiums (1Petr 1,3-12) die theologische Argumentation. Sie erinnert an die neue Geburt und die mit ihr verbundene Hoffnung auf die Auferstehung. Die Leiden der Christen werden angesprochen und als »Prüfungen« bezeichnet; dieser Begriff deutet das Leiden als Bewährungsprobe (vgl. Hiob, s. o. § 8.3.2).

In einem ersten Durchgang (1,13-2,10) werden die Christen zu einem Leben in Heiligkeit aufgefordert. Das neue Leben gründet in der Heilstat Christi, die die Christen mit »Blut freigekauft« hat (1,18 f.). Es realisiert sich in der Gemeinschaft mit dem Erlöser in der Kirche. Dieser Gedanke wird bildhaft ausgeführt: Christus ist der Eckstein, das Fundament, auf dem ein Bau entsteht aus lebendigen Steinen, das sind die Gläubigen, die als Priester verstanden werden (2,9) – Luthers Belegstelle für das Priestertum aller Gläubigen!

Die Heiligung wird nun in konkrete für die Lebenssituation der Gemeinde als »Fremdlinge in fremdem Land« (2,11) unter den Heiden ausformuliert:

- Gehorsam gegenüber der staatlichen Obrigkeit (vgl. Röm 13,1)
- Sklaven (Herren kommen nicht vor!): sie sollen Unrecht leiden wie Christus (Beispiel gegeben mit einem Hymnus)
- Schmuck der Frauen ist die Unterordnung unter die Männer; diese sollen verständnisvoll sein

Darauf widmet sich der Autor in 3,13-4,11 ausführlich dem Thema des Leidens, das ja schon mehrfach angeklungen war. Christus ist in die Unterwelt hinabgestiegen und hat die Herrschaft über die unterirdischen Mächte übernommen. So wird Christus zum Vorbild für die Glaubenden in ihrem Leiden (4,1).

Im Briefschluss (Kap. 5) werden die Gemeindeleiter, die Presbyter ermahnt, ebenso die Jungen in der Gemeinde: Sie sollen sich unterordnen. Insgesamt soll die Gemeinde wachsam sein, weil der Teufel wie ein »brüllender Löwe« umhergeht.

17.4.2 Judasbrief

Der Judasbrief leitet seine Autorität von Judas, dem Bruder des Jakobus ab. Dieser war ein Bruder Jesu (»Herrenbruder«, vgl. Apg 15 und Gal 1–2). Damit wird indirekt gesagt, dass auch Judas ein Bruder Jesu gewesen sei (vgl. Mk 6,3, par. Mt 13,55). Vor allem, dass er sich auf die Tradition der Apostel beruft, deutet auf einen späteren Autor.

Der Brief ist eine einzige Polemik gegen Irrlehrer; wir erfahren wenig über sie, da der Brief sie mit negativen Figuren aus dem AT gleichsetzt: Sodom und Gomorrha, Kain, Bileam (obwohl im AT selbst nicht so negativ gesehen). Interessant ist der Brief v. a. deshalb, weil er außerbiblische jüdische Traditionen aufgreift – so den Engelssturz – und sogar als einzige neutestamentliche Schrift einen außerbiblischen Text zitiert, nämlich das Henochbuch.

Irrlehrerpolemik mit negativen atl. Vorbildern

17.4.3 Zweiter Petrus-Brief

Der 2. Petr verwendet den Judas-Brief als Vorlage für seine Irrlehrer-Polemik. Der 2. Petr ist als Testament des Petrus stilisiert (2Petr 1,14); als biografisches Detail aus seinem Leben wird auf die Verklärung Jesu angespielt (Mk 9), bei der er anwesend war. In 2Petr 3,4 findet sich ein Hinweis auf die »entschlafenen Väter« – die Gründungsgeneration der Christen, zu dieser Generation zählt aber auch Petrus!

Überarbeitung des Judasbriefes zum »Testament des Petrus«

Dieser Tod der ersten Christen stellt auch das zentrale Problem des Briefes dar: Wie lange dauert es noch, bis Jesus wiederkommt? In der neutestamentlichen Wissenschaft wird dieses Problem als »Parusieverzögerung« (griech. *parusia* »Anwesenheit« – für die Wiederkunft Christi zum endzeitlichen Gericht) bezeichnet. Der Autor erklärt das Ausbleiben unter anderem mit Gottes Geduld: möglichst viele sollten sich noch bekehren (3,9). Am Schluss mahnt der Verfasser noch vor einem Missverständnis der Paulusbriefe und ist so ein frühes Zeugnis für die Autorität des Paulus.

Parusieverzögerung

Bezeugt die Autorität des Paulus

17.5 Fragen Hebräerbrief und Katholische Briefe

1.) Welche alttestamentliche Vorstellung greift der Hebräerbrief auf und wie macht er sie christologisch fruchtbar?
2.) Nennen Sie die zentralen Themen des 1. Petrusbriefes und des Jakobusbriefes!

Vertiefung
- Nennen Sie zu den übrigen Briefen ein charakteristisches Stichwort!
- Auf welche biblischen Texte gehen die zwei evangelischen und die sieben katholischen Sakramente zurück?

18.

DIE APOKALYPSE

Die Offenbarung des Johannes deutet die eigene Zeit als Zeit des endzeitlichen Kampfes zwischen Gott und seinen Engeln mit dem Teufel und seinen Verbündeten. Zu diesen zählt Babylon, Chiffre für die damalige Weltmacht, und das Römische Reich. In der Tradition jüdischer Apokalypsen stehend spielt das Buch mit zahlreichen alttestamentlichen Motiven. Höhepunkt ist die Schilderung eines neuen Himmels und einer neuen Erde mit Jerusalem als Zentrum der Gottesgegenwart.

Der Name des Buches »Apokalypse« ist in unseren Wortschatz eingegangen; laut Duden (*Das Große Wörterbuch der deutschen Sprache*, Bd. 1, Mannheim u. a. 1976) bezeichnet es »Untergang, Unheil, Grauen«. In diesem Sinn taucht das Wort als Filmtitel auf, etwa »Apocalypse Now« (USA 1979, Regie: Francis Ford Coppola). Dabei handelt es sich eindeutig um eine Bedeutungsverschiebung, da das biblische Buch nicht mit dem Weltuntergang endet, sondern mit der Aussicht auf eine neue und bessere Welt.

18.1 RAHMENERZÄHLUNG: JOHANNES AUF PATMOS

Literarisch ist die Apk als Brief stilisiert. In ihr erzählt Johannes von seinen Visionen. Dieser Johannes ist nicht mit dem Jünger Jesu noch mit dem Presbyter der Johannes-Briefe zu identifizieren. Obwohl diese Identifizierung in der Alten Kirche weithin vollzogen wurde, gab es immer wieder Zweifel an dieser Zuordnung, weswegen die Apk im griechischsprachigen Osten erst ab dem 6. Jh. endgültig kanonisiert wurde.

Die Visionen hat Johannes als Gefangener auf der Insel Patmos (vor der kleinasiatischen Westküste) empfangen: Ihm ist Christus als Weltenherr erschienen. Er beauftragt ihn mit einer Botschaft an sieben Gemeinden in Kleinasien, alle in der Nähe von Patmos gelegen. Die Zahl Sieben bedeutet Vollkommenheit und Fülle, so dass mit den sieben Gemeinden die ganze Kirche angesprochen ist.

Der Hauptteil des Buches gliedert sich in zwei ungleich lange Teile:

2–3 Sendschreiben an die sieben Gemeinden
4–22 Visionen vom endzeitlichen Kampf und Sieg

18.2 Sieben Sendschreiben

Lob und Tadel für die Gemeinden in Kleinasien

Die sieben Sendschreiben sind an die Engel der Gemeinden gerichtet; damit sind entweder die Gemeindeleiter gemeint oder himmlische Repräsentanten der Gemeinden analog zu den Völkerengeln. In den relativ kurzen Sendschreiben spiegelt sich die Gemeindesituation in Lob und Tadel. Als Probleme sind lascher Glaube, Irrlehren und Verfolgungen zu erkennen.

18.3 Visionen vom endzeitlichen Kampf und Sieg

Eröffnung im Thronsaal Gottes

Der Hauptteil der Johannesapokalypse beginnt mit einer einleitenden Thronsaalvision: Johannes sieht Gott auf dem Thron und vor ihm die 24 Ältesten; anwesend sind auch die vier Wesen aus der Vision Ezechiels (Löwe, Stier, Mensch, Adler; vgl. Ez 1,10). Diese Vision steht ganz in alttestamentlicher und damit auch jüdischer Tradition. Sie unterstreicht das monotheistische Gottesbild im Gegenüber zum heidnischen Polytheismus, aber auch im Gegensatz zum römischen Kaiserkult, der am Ende des ersten Jahrhunderts, der Entstehungszeit der Apokalypse, gerade in Kleinasien große Bedeutung hatte. Christus erscheint in dieser Vision in der symbolischen Gestalt eines Lammes, das die messianischen Hoffnungen, die u. a. im Bilde des Löwen von Juda angesprochen werden (Apk 5,5), völlig umdeutet: das Lamm ist das Bild des Leidenden, des Märtyrers und bietet sich damit als Identifikationsfigur für Christen in bedrängter Lage an. Dieses Lamm erhält von Gott eine Buchrolle mit sieben Siegeln, als Symbol für die Übertragung der Aufgabe, Gottes Vertreter im nun folgenden Endkampf gegen den Teufel zu sein. Diese Übergabe ist als Inthronisation gezeichnet und steht in Konkurrenz zur Inthronisation des weltlichen Herrschers, des römischen Kaisers.

18.3 Visionen vom endzeitlichen Kampf und Sieg

Die endzeitlichen Kämpfe entwickeln sich in drei Ereignisreihen, die jeweils sieben Elemente enthalten:
- Sieben Siegel (Kap. 6-7)
- Sieben Posaunen (Kap. 8-11)
- Sieben Schalen (Kap. 15-16)

In ihrem Verlauf setzt sich in Kämpfen gegen den Satan Gottes Herrschaft in der Welt durch. Dabei deutet der Gegenspieler – und die zu ihm gehörenden Figuren, wie die zwei Tiere (Kap. 13), die Hure Babylon oder das Tier aus dem Meer (Kap. 17-19) – immer auf das Römische Reich, das als widergöttliche Macht entlarvt wird. Die endzeitliche Wiederkunft Christi (Kap. 19) führt zum Tausendjährigen Friedensreich, bevor in einer zweiten eschatologischen Schlacht der Teufel ins ewige Feuer geworfen wird (Kap. 20).

Die endzeitlichen Kämpfe sind in Siebener-Reihe gegliedert

Rom als widergöttliche Macht

> Stichwort: **Untergang Babylons = Rom**
> Der Untergang Babylons (Roms) wird im Anschluss an die sieben Schalen breiter ausgeführt (Kap. 17-19): als Hure auf einem scharlachfarbenen Tier symbolisiert, steigt Babylon aus dem Meer. Die Darstellung des Tieres erinnert an Dan 7. Die Einzelheiten der Schilderung werden auf Rom und sein Weltreich gedeutet, so die sieben Köpfe des Tieres auf die sieben Hügel der Stadt (Rom ist auf sieben Hügeln erbaut). Ein Engel verkündet erneut den Untergang der Stadt. Die Heiligen, Apostel und Propheten jubeln – dann erscheint Christus als Sieger (Kap. 19) und versammelt die Seinen zum Abendmahl als Siegesmahl, während das Tier in einen feurigen Abgrund gestürzt wird und das Tausendjährige Friedensreich beginnt.

Vertiefung: **Römischer Kaiserkult**
Das Römische Reich umfasste im ersten Jahrhundert alle Länder rings ums Mittelmeer, ja es reichte nach Deutschland und England. Viele Völker, Kulturen und religiöse Traditionen existierten in diesem Raum. An der Spitze des Reiches stand der Kaiser in Rom. Die Kaiser bemühten sich, eine Einheit zu schaffen. Im Laufe des ersten Jahrhunderts entwickelte sich ein Kaiserkult, in dem religiöse und politische Ordnung des Riesenreiches zusammenflossen und die Einheit des Reiches ihren symbolischen Ausdruck fand. Das Bild des Kaisers war das Symbol der Einheit, seine Verehrung vereinte die unterschiedlichen Völker und Kulturen dieses Riesenreiches. Teilnahme bedeutete gesellschaftliche Integration und Loyalität. Juden waren vom Kaiserkult befreit, da ihr Monotheismus anerkannt war. Für die Christen bedeutete die Loslösung vom Judentum, die am Ende des ersten Jahrhun-

derts stärker sichtbar wurde, eine schwierige Situation. Die Quellen zeigen, dass der Kaiserkult gerade in den Provinzen Kleinasiens der Konfliktpunkt zwischen römischer Verwaltung und den Christen war.

Vertiefung: **Einzelnes aus dem Verlauf der endzeitlichen Kämpfe**
Die Siegel werden nacheinander geöffnet, die Posaunen erschallen nacheinander und ebenso werden die Schalen geleert. Jedes dieser Ereignisse ist mit einem großen Unheil für die Erde verbunden: So kommen bei den ersten vier Siegeln die apokalyptischen Reiter mit Krieg, Teuerung und Tod (Apk 6,3-8). Dazu kommen kosmische Katastrophen, bei denen die Sterne vom Himmel fallen (6,13; 8,10) oder sich Sonne und Mond verfinstern (8,12). In diese Kette von Offenbarungen sind weitere Szenen eingelegt.

Die Himmelskönigin

Michael kämpft gegen den Drachen

- Zwischen den Posaunen und den Schalen ist ein Kampf mit den bösen Mächten eingefügt: Die Himmelskönigin, als Weib, das mit der Sonne bekleidet ist (12,1), erscheint und gebiert ein Kind, dem der Rote Drache nachstellt. Doch diese wird mit ihrem Kind entrückt zu Gott, während Michael und seine Engel gegen den Drachen kämpfen (Kap. 12). In Kap. 13 steigen zwei Tiere aus dem Meer. Beide verfolgen die Heiligen (Christen) und wollen sie zum Abfall vom Glauben anstiften. Das zweite trägt als Zeichen die Zahl 666. In einer weiteren Szene sind die 144 000 Geretteten vor dem Lamm versammelt und ein Engel verkündet den Fall Babylons: in der Apokalypse der Deckname für Rom.
- Die beiden Tiere (Kap 13) symbolisieren das Römische Reich bzw. den römischen Kaiser; so heißt es vom ersten Tier: »es wurde ihm Macht gegeben über jeden Stamm und jedes Volk, über jede Sprache und jede Nation.« (Apk 13,7), und vom zweiten: »Und es befiehlt den Bewohnern der Erde, ein Bild zu machen für das Tier, ... ja das Bild des Tieres begann sogar zu sprechen und bewirkte, dass alle getötet wurden, die ihre Knie nicht beugten vor dem Bild des Tieres.« (13,14 f.)

18.4 Neuer Himmel, neue Erde und neues Jerusalem

Den Abschluss des Buches bildet eine ausgedehnte Vision vom neuen Himmel und der neuen Erde, einem Gedanken aus Jes 65,17. Diese Zeit sieht das Ende von allem Leid und allen Tränen, und auch der Tod wird nicht mehr sein. Höhepunkt der Schilderung ist eine Beschreibung des

18.4 Neuer Himmel, neue Erde und neues Jerusalem

neuen Jerusalem, die an Ez 40-48 anknüpft mit einem charakteristischen Unterschied: Im neuen Jerusalem wird es keinen Tempel geben (Apk 21,22), weil Gott selbst anwesend ist, während der Tempel hier nur als Platzhalter Gottes verstanden wird.

Das neue Jerusalem braucht keinen Tempel, weil Gott persönlich anwesend ist

Vertiefung: **Wirkungsgeschichte der Apokalypse**
Die Apokalypse ist eines der wirkmächtigsten Bücher der Bibel gewesen. In der christlichen Kunst werden Szenen aus dem Buch immer wieder dargestellt; besonders häufig der Kampf des Engels Michael mit dem Drachen. Berühmt ist Dürers großer Bilderzyklus, der die ganze Apokalypse darstellt. Im Mittelalter hat man Kirchengebäude als Verkörperungen des himmlischen Jerusalem verstanden.

Die Vorstellung vom tausendjährigen Zwischenreich des Messias (Apk 20) hat durch die ganze Kirchengeschichte immer wieder große Faszination ausgeübt. Immer wieder haben Gruppen versucht, dieses Tausendjährige Reich zu realisieren, haben sein Erscheinen unmittelbar erwartet. Solche Bewegungen nennt man chiliastisch von griech. *chilia* »Tausend« (manchmal auch nach dem Lateinischen »Millenarismus«). Demgegenüber hat Augustinus gemeint, es sei bereits in der Kirche verwirklicht (vgl. *de civitate dei*, xx, 9), die Zahl Tausend hatte für ihn lediglich die symbolische Bedeutung einer Vollzahl (*de civitate dei*, xx, 7). Der mittelalterliche Theologe Joachim von Fiore (1135?-1202) machte v. a. unter Franziskanern die Vorstellung vom Tausendjährigen Reich des Geistes populär. Auch in den Reformationsbewegungen des späten Mittelalters und der beginnenden Neuzeit ist der Chiliasmus (von griech. *chilioi* »tausend«) eine wichtige Triebfeder, so bei den böhmischen Hussiten im 15. Jh. und später v. a. unter den Radikalen der Reformation wie Thomas Müntzer (1490?-1525) und den Täufern. So verstand sich das Täuferreich zu Münster (1534) als Beginn des Tausendjährigen Reiches. Die gemäßigten Vertreter der Reformation lehnten solche Vorstellungen allerdings vehement ab (vgl. *Confessio Augustana*, Artikel 17).

Chiliasmus: Hoffnung auf Verwirklichung der Gottesherrschaft

Tausendjähriges Reich

Literatur
Augustinus, Aurelius, de civitate dei, Buch xx, capp. 7-9 = Vom Gottesstaat, übers. v. Wilhelm Thimme, München 2007, 598-613.
Böcher, Otto, Johannes-Offenbarung und Kirchenbau: Das Gotteshaus als Himmelsstadt, Neukirchen 2010.
Böcher, Otto u. a., Art. »Chiliasmus«, TRE 7, Berlin/New York 1981, 723-745.
Kovacs, Judith/Rowland, Christopher, Revelation (Blackwell Bible Commentaries), Malden, MA u. a. 2004.

> Stichwort: **Engel und Teufel**

Der deutsche Begriff Engel geht auf das griechische Wort *angelos* »Bote« zurück. Wir verstehen unter Engeln die Vielfalt himmlischer Wesen, die im Auftrag Gottes agieren. Bibelkundlich sind im AT unter diesem Begriff aber verschiedene Figuren zusammengefasst: die eigentlichen Engel, also »Boten« (hebr. *mal'ach*), die in der Regel als Menschen wahrgenommen werden (Gen 18). Daneben stehen Wesen aus der altorientalischen Mythologie: die Cheruben sind Mischwesen mit einem Stierkörper und einem Löwenkopf, also sphinxartige Wesen. Sie sind Schutzfiguren, etwa Gen 3 als Wache vor dem Paradies, oder über der Lade im Jerusalemer Tempel (1Kön 6,23). Die Seraphen sind schlangenförmige Wesen mit Flügeln, ähnlich der ägyptischen Uräusschlange. Auch sie haben Schutzfunktion (vgl. Jes 6). In der späteren Angelologie, die sich ab der hellenistischen Zeit entwickelt, fließen diese Wesen zunehmend unter der Kategorie Engel zusammen.

Unterschiedliche mythologische Wesen fließen in der Engelsvorstellung zusammen

Der Teufel gehört als Satan wie die Engel ursprünglich zum himmlischen Hofstaat; er spielt dort die Rolle des »Anklägers« (das ist die Übersetzung des hebr. *śāṭān*; vgl. Hi 1,5 ff.). Im AT ist seine Rolle als der große Gegenspieler Gottes noch nicht zu erkennen. Erst die außerkanonische jüdische Literatur der hellenistischen Zeit entwickelt den Mythos des gefallenen Engels, der das Böse in die Welt gebracht hat und Herr der Dämonen ist (z. B. 1. Henochbuch). Diese Vorstellung ist im NT vorausgesetzt. In der Apokalypse erscheint Satan als der Gegenspieler Gottes und dient als Symbol für die widergöttliche Macht des Römischen Reiches.

Die Karriere des Teufels vom Ankläger im himmlischen Hofstaat zum Gottesfeind Nr. 1

Engel		**Teufel**	
Gen 3	Cherub als Wache	Gen 6	Engelssturz (spätere Deutung)
Gen 6	Engelehen		
Gen 18	Drei Männer bei Abraham	Hi 1 f.	im himmlischen Hofstaat
Gen 28	Himmelsleiter	Sach 3,1	klagt Hohepriester Josua an
Ex 14	Engel führt Israel	1Chr 21	▸ 2Sam 24
Jes 6	Seraphen	Jes 14,12 ff.	Engelssturz ▸ Luzifer
Ps 91	»Er hat seinen E. befohlen«	SapSal	durch Teufels Neid der Tod
Sach 1–6	Deuteengel	Mt 4//Lk 4	Versuchung Jesu
Daniel	Michael & Gabriel	Mk 3 parr.	Teufel durch Beelzebub austreiben
Lk 1	Gabriel		
Mt 1	E. bei Josef	Lk 10,18	Jesus sah S. vom Himmel fallen
Lk 2	Weihnachtsgeschichte		
Mk 1,13	Versuchung	Lk 22	S. ergreift Besitz von Judas
Mt 18,10	Schutzengel	Apk 12	Michael besiegt d. Drachen
Mt 28	E. am Grab	Apk 20	endgültig vernichtet
Hebr 1	Jesus höher als E.		
Gal 3,19	Gesetz durch E. gegeben		

18.5 Übersicht Apokalypse

1–3	Vorspann mit Berufungsvision	1	Berufungsvision
		2–3	Sieben Sendschreiben
4–20	Visionen des Endes	4–5	einleitende Himmelsvision: Thronsaal, 24 Älteste, **Buchrolle**
	Im himmlischen Thronsaal wird der Prophet Zeuge von den künftigen Ereignissen, den Katastrophen und Kämpfen gegen die gottfeindlichen Mächte, in denen die Engel Gottes mit dem Lamm (= Christus) kämpfen. Teufel im Bild des Drachen; Harmaggedon als Ort der letzten Schlacht.	6–7	**SIEBEN SIEGEL**
		8–11	**SIEBEN POSAUNEN** (= 7 Siegel)
		12–14	Kampf mit den bösen Mächten: • **Himmelskönigin**, Michael und der Drache • die beiden Tiere • **Lamm** und das Gefolge der 144.000
		15–16	**SIEBEN SCHALEN**
		16	Sammlung des feindlichen Heeres in **Harmaggedon**
		17–19	Untergang Babylons (= Rom) + Frau auf dem scharlachroten Tier
		19–20	Vernichtung der gottfeindlichen Mächte: • **Harmaggedon** • Sieg über den Drachen
21–22	Neuer Himmel und neue Erde, neues Jerusalem		

18.6 Fragen Apokalypse

1.) Welche alttestamentlichen Motive nimmt die Apokalypse auf?
2.) Erläutern Sie die Symbolik der Zahlen in der Apokalypse! (Erinnern Sie sich dabei an weitere Beispiele für die jeweilige Zahlensymbolik aus der übrigen Bibel!)

Vertiefung
- Welche Rolle spielen der Erzengel Michael und die Himmelskönigin?
- In welcher Weise zeichnet die Apokalypse das Römische Reich? Wie sehen es die anderen neutestamentlichen Texte (Passionsgeschichte: Pilatus; Röm 13; 1Petr)?

19.

Johanneische Schriften

19.1 Das Evangelium nach Johannes

Das Johannes-Evangelium bietet einen dreiteiligen Aufbau: Öffentliche Wirksamkeit – Abschiedsreden – Passion und Ostern. Schon im Prolog formuliert der Evangelist seine Sendungschristologie. Die sieben Wunder (»Zeichen«) des Evangeliums sind als Steigerung angelegt. In mehreren längeren Reden erweist Jesus sich als der Offenbarer, der v. a. über sich selbst Auskunft gibt. Den prägnantesten Ausdruck findet diese Selbstoffenbarung in den Ich-bin-Worten. Jesu Tod ist hoheitlich geschildert, als Erhöhung bzw. Rückkehr zum Vater verstanden.

In seiner ganzen Art unterscheidet sich das Johannesevangelium von den Synoptikern; theologisch steht es den drei Johannes-Briefen am nächsten, mit denen es über seinen traditionellen Namen verbunden ist. Darum werden diese vier neutestamentlichen Schriften hier auch zusammengenommen. Joh ist das jüngste der vier Evangelien, nach kirchlicher Tradition von einem Mitglied des Zwölferkreises um Jesus geschrieben, nämlich dem Zebedaiden Johannes – eine Tradition, die wahrscheinlich aus dem Nachtragskapitel 21 gewonnen ist, in dem der Lieblingsjünger als Verfasser des Evangeliums bezeichnet wird. Die Existenz des Evangeliums ist schon für die erste Hälfte des 2. Jh.s belegt, sogar durch einen Papyrusfund, der ein paar Verse des Evangeliums enthält. Damit dürfte das Evangelium etwa um 100 n. Chr. entstanden sein.

Das Johannesevangelium als eine der jüngsten ntl. Schriften

Insgesamt kommt als Autor allerdings kein Augenzeuge des Lebens Jesu in Frage, es dürfte eher ein Theologe gewesen sein, der die Traditionen über Jesus, wie sie die Synoptiker gesammelt hatten, zu einem eigenständigen Entwurf des Lebens Jesu verarbeitet hat. Dabei dürfte er wenigstens Mk gekannt haben, von dem er den Aufriss übernimmt (Beginn mit der Taufe, Ende mit Passion und Ostern, s. o. die Basissynopse); möglicherweise hat er auch den Passionsbericht von dort übernommen – wenn er nicht eine eigene Fassung von ihm besaß. Ob Joh darüber hin-

Johannes greift auf die synoptischen Evangelien zurück, gestaltet aber eigenständig neu

aus noch weitere Quellen hatte, ist umstritten. Am wahrscheinlichsten dürfte noch die Annahme einer Semeia-Quelle mit Wundergeschichten sein.

➤ *Stichwort:* **Semeia – Wunder als Zeichen**
Johannes verwendet in seinem Evangelium das griech. Wort *sēmeion* (»Zeichen«, pl. *sēmeia*) für die Wunder Jesu (vgl. Joh 2,11). Johannes reduziert die Zahl der Wunder auf die symbolische Zahl Sieben (= Vollständigkeit, s. o. § 17.2) und ordnet sie in einer sich steigernden Reihe an. Höhepunkt ist die Auferweckung des Lazarus, Kap. 11.

Mit großer Sicherheit ist das Evangelium in der vorliegenden Gestalt das Ergebnis einer Bearbeitung; am deutlichsten zeigt sich das an Kap. 21: Es folgt auf den ersten Epilog 20,30 f., den ursprünglichen Buchschluss. Bei 7,53–8,11, der Geschichte von Jesus und der Ehebrecherin, ist deutlich, dass der Text eine spätere Einfügung darstellt, da er in vielen Handschriften fehlt, in einzelnen Handschriften steht sie an anderen Stellen im Joh-Evangelium, in zweien ist sie sogar an jeweils anderer Stelle ins Lukas-Evangelium eingefügt.

Die Grobgliederung des Johannes-Evangeliums ist recht einfach:

1,1-18	Prolog
1-12	Jesu öffentliches Wirken
13-17	Jesu Reden an seine Jünger am letzten Abend vor seinem Tod (Abschiedsreden)
18-20	Passion und Ostern
20,30-31	Epilog 1
21	Nachtragskapitel: Am See Genezaret
21,24-25	Epilog 2

19.1.1 Unterschiede zu den Synoptikern

Die Unterschiede zu den Synoptikern liegen zuerst im Stil, das Evangelium enthält lange Offenbarungsreden (z. B. Brotrede, Kap. 6), in denen Jesus von sich selbst spricht und sein Auftreten deutet. Vergleichbare Texte finden sich in den Synoptikern nicht.
- Offenbarungsreden (z. B. Kap. 6 Brotrede)
- Jesus redet ausdrücklich von sich (Ich-bin-Worte)

- vier Jerusalem-Aufenthalte vs. ein Aufenthalt am Ende der Wirksamkeit (bzw. zwei bei Lukas, wenn man den »Zwölfjährigen Jesus im Tempel« mitzählt)
- Johannes tauft Jesus nicht
- Jesu Todestag Rüsttag zum Passa vs. Passa
- Tempelreinigung zu Beginn des Evangeliums

19.1.2 Prolog

Im Prolog entwirft der Evangelist das Programm seiner Christologie. Thema des Hymnus ist der präexistente Logos (lat. *prae*, »vor«, gemeint ist eine Existenz vor der Schöpfung), das Wort Gottes. Mit dieser Vorstellung greift Johannes auf jüdische Vorstellungen zurück, die die Weisheit noch vor dem Beginn der Schöpfung bei Gott verorten (vgl. Prov 8), und ihr eine helfende Rolle bei der Schöpfung zuschreiben (Schöpfungsmittlerschaft, im Johannes-Prolog durch die Anspielung an Gen 1,1 »Im Anfang« unterstrichen!). In der letzten Strophe wird dieser Logos mit dem Sohn identifiziert, in ihm ist er »Fleisch« geworden und lebte als Mensch unter Menschen. Nur über diesen Logos haben die Menschen Zugang zu Gott. In den Prolog eingearbeitet sind zwei Abschnitte über Johannes den Täufer.

Sendungschristologie

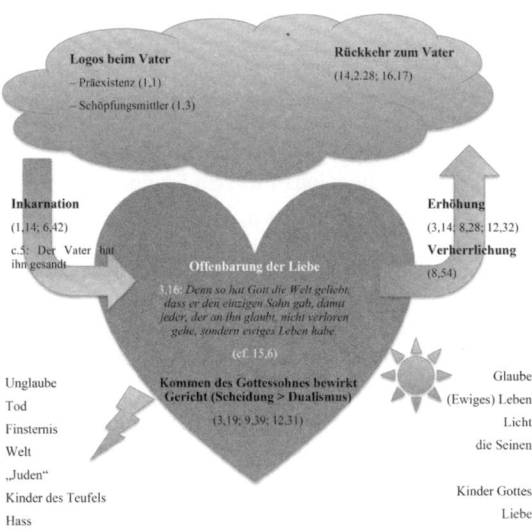

Abb. 25: **Sendungschristologie**

Die zugrunde liegende Christologie nennt man Sendungschristologie, nach dem Begriff »senden«, mit dem Jesus sehr oft im Evangelium seine Rolle beschreibt (vgl. Joh 3,16 f.; 4,34; 5,23 u. ö.): der präexistente Sohn kommt von Gott in die Welt zu den Menschen, offenbart Gott und seine Liebe und kehrt dann zum Vater zurück; dies geschieht durch die Erhöhung (3,14; 8,28; 12,32–34) am Kreuz.

➤ *Stichwort:* **... seinen eingeborenen Sohn**
Die besondere Rolle von Jesus als Sohn Gottes wird auch durch das griech. Wort *monogenês* wiedergegeben (1,14). Die Lutherbibel übersetzt es mit »eingeboren« und so heißt es ja auch im Apostolischen Glaubensbekenntnis (»... und an seinen eingeborenen Sohn«); doch dieses Wort ist missverständlich, da Jesus kein »Eingeborener« ist. Genauer ist das griechische Wort mit »der einzig-geborene« Sohn (so die Zürcher) wiederzugeben, oder einfach: der »einzige« Sohn.

Im Gespräch mit Nikodemus (Kap. 3) lässt Johannes Jesus diese Christologie prägnant zusammenfassen:

> *Denn also hat Gott die Welt geliebt, dass er seinen eingeborenen Sohn gab, damit alle, die an ihn glauben, nicht verloren werden, sondern das ewige Leben haben.* (Joh 3,16; Lu)

Bei der Sendungschristologie geht es um die »völlige Handlungs-, Offenbarungs- und Wesenseinheit« (Pokorný/Heckel, 2007, 565) Jesu mit Gott.

19.1.3 Öffentliche Wirksamkeit Jesu

Johannes tauft Jesus nicht, er weist nur hin

Wie Markus beginnt auch Johannes sein Evangelium mit Johannes dem Täufer, doch dieser tauft Jesus nicht, sondern weist auf ihn hin:

> *Siehe, das ist Gottes Lamm, das der Welt Sünde trägt!* (Joh 1,29.36)

Als Jesus stirbt, bestätigt der Evangelist diese Deutung, denn als den am Kreuz Hängenden die Knochen gebrochen werden sollen, um ihren Tod zu beschleunigen, stellt man fest, dass Jesus schon tot ist; Johannes kommentiert das mit einem alttestamentlichen Zitat aus den Anordnungen über das Passalamm:

> *Denn das ist geschehen, damit die Schrift erfüllt würde* (2. Mose 12,46): »*Ihr sollt ihm kein Bein zerbrechen.*« (Joh 19,36)

19.1 Das Evangelium nach Johannes

Damit ist als zweites christologisches Thema die Deutung von Jesu Tod als Sühnopfer eingeführt.

Jesu Tod als Sühnopfer

Die Jüngerberufungen eröffnen wie bei den Synoptikern die Wirksamkeit Jesu, allerdings sind die ersten Jünger durch Johannes vermittelt (1,36 f.). Von Anfang an sind Jesu Würdetitel öffentlich: Johannes bekennt ihn als Gottes Sohn (1,34; auch Natanael 1,49) und die berufenen Jünger als Messias (so Petrus 1,41), oder König Israels (Natanael 1,49).

Bei der Hochzeit in Kana findet das erste Wunder statt, Jesus verwandelt Wasser in Wein, ein Symbol für die Feier des Gottesreiches. Johannes zählt dieses Wunder ausdrücklich als das erste »Zeichen« (griech. *sēmeion*). Sie spielen im Weiteren eine wichtige Rolle (vgl. 2,23; 3,2).

Erstes Wunder: Hochzeit von Kana

> Stichwort: **Jerusalemaufenthalte in Joh**
> Die Jerusalemaufenthalte Jesu sind mit den jüdischen Festen des Jahreslaufes verbunden:
>
> | | | |
> |---|---|---|
> | 2,13–25 | Passa | Tempelreinigung; Gespräch mit Nikodemus |
> | 5,1 | Passa (nach 6,4) | Heilung am Teich Bethesda |
> | 7,10 | Laubhüttenfest | Reden zum lebendigen Wasser und Abrahamskindschaft |
> | 10,22 | Chanukka | Ablehnung durch die Juden |
> | 12,12 | Passa | Einzug – Passion |

In Jerusalem wird Jesus von Nikodemus besucht, einem Pharisäer und Mitglied des Hohen Rates. In diesem Gespräch geht es um die Taufe und das Geborenwerden aus dem Geist; Jesus deutet die Taufe als »von Neuem geboren werden« (Joh 3,3). Doch das griechische Wort »von Neuem« ist doppeldeutig und bedeutet auch »von oben«. Nikodemus versteht aber den symbolischen Ausdruck konkret als zweite Geburt. Solche Missverständnisse gehören zum literarischen Verfahren des Johannes, mit denen er Anlass zu genaueren Erläuterungen gibt und so die symbolische Dimension der Botschaft hervorhebt: Hinter dem ersten Sinn des Wortes ist ein weiterer Sinn vorhanden. Dabei werden die Leser in die erfreuliche Lage gebracht, die Missverständnisse zu durchschauen und die Symbole zu entschlüsseln.

Gespräch mit Nikodemus: erstes Missverständnis

Taufe mit Gabe des Geistes verbunden

Das Kommen des Gottessohnes bringt die Trennung der Menschen, die Entscheidung, das Gericht (3,19; 9,39; 12,31). In der Konsequenz ist darum das Heil auch schon gegenwärtig, das ewige Leben ist Gegenwart:

Präsentische Eschatologie

> *Wahrlich, wahrlich, ich sage euch: Wer glaubt, der hat das ewige Leben.* (Joh 6,47)

In Kap. 4 kehrt Jesus durch Samarien nach Galiläa zurück und trifft am Jakobsbrunnen eine Frau, mit der sich ein Gespräch entspinnt, in dessen Verlauf er sich als das lebendige Wasser offenbart. Sie erkennt ihn als den Christus und bringt durch ihr Zeugnis eine Reihe von Landsleuten zum Glauben an Jesus. Mit einem zweiten Zeichen in Kana endet der erste Teil von Jesu öffentlichem Wirken: Er heilt den Sohn des königlichen Beamten (4,46-54, par. Mt 8,5-13; Lk 7,1-10: Hauptmann von Kapernaum).

➤ *Stichwort:* **Johanneische Missverständnisse**
Eine Auswahl:

2,20	Tempel	11,11 f.	aufwecken
3,4	Wiedergeburt	11,50	besser ein Mensch stirbt ...
4,25	lebendiges Wasser	12,34	erhöhen
6,34	lebendiges Brot	13,9	waschen
7,35	hingehen	14,22	sich offenbaren
8,33	Sklave		

Feindschaft der »Juden« Im zweiten Teil seines öffentlichen Auftretens beginnt die Feindschaft der Juden. Ausgelöst wird sie durch die Heilung des Kranken am Teich Bethesda in Jerusalem (zweiter Aufenthalt). Sie geschieht an einem Sabbat und löst den aus den Synoptikern bekannten Streit um Heilungen am Sabbat aus (vgl. z. B. Mk 3,1-6). Bei Johannes entzündet sich die Gegnerschaft aber auch an Jesu Anspruch, Sohn Gottes zu sein:

> Darum trachteten die Juden noch viel mehr danach, ihn zu töten, weil er nicht allein den Sabbat brach, sondern auch sagte, Gott sei sein Vater, und machte sich selbst Gott gleich. (Joh 5,18; Lu)

Jesu Identität mit dem Vater In der nun folgenden Offenbarungsrede (5,19-47) beschreibt Jesus seine Rolle als Sohn des Vaters, seine Identität mit ihm in der Liebe, in den Werken, v. a. der Auferweckung der Toten und seiner Rolle als Richter. In dieser Rede stehen präsentische und futurische Eschatologie nebeneinander: 5,25 vs. 5,28 f. Jesus wirft den zuhörenden Juden vor, nicht an ihn zu glauben, und bezieht sich auf Mose, der die Juden anklagt, und er stellt sich in die Kontinuität mit diesem:

> Wenn ihr Mose glaubtet, so glaubtet ihr auch mir; denn er hat von mir geschrieben. Wenn ihr aber seinen Schriften nicht glaubt, wie werdet ihr meinen Worten glauben? (Joh 5,46 f.; Lu)

19.1 Das Evangelium nach Johannes

Unvermittelt wechselt die Geschichte nach Galiläa, wo die Geschichten von der Speisung der 5000 und dem Seewandel lokalisiert sind; daran anschließend folgt die Brotrede. In ihr stellt sich Jesus als das wahre Brot vor, das erste Ich-bin-Wort. Die Ich-bin-Worte machen Jesu Exklusivität deutlich und seinen einzigartigen absoluten Anspruch! – Dabei verwendet Johannes so elementare Symbole wie Brot, Leben, Hirte etc. Dieser Anspruch, den Johannes hier Jesus in den Mund legt, deckt sich nicht mit dem Bild, das die Synoptiker vermitteln, v. a. Messiasgeheimnis bei Markus! Die Ich-bin-Worte kulminieren in dem dreimaligen absoluten »Ich bin's« der Passionsgeschichte: 18,5.6.8. In der Brotrede bezieht sich Jesus auf die Geschichte vom Manna in der Wüste aus dem AT (Joh 6,31 f., vgl. Ex 16). Zudem deutet er das Abendmahl symbolisch, als Speise, die das ewige Leben vermittelt:

Brotrede: Erstes Ich-bin-Wort

Abendmahl als symbolische Speise

> Wer mein Fleisch isst und mein Blut trinkt, der hat das ewige Leben, und ich werde ihn am Jüngsten Tage auferwecken. (Joh 6,54; Lu)

Diese Rede führt zur Scheidung unter den Jüngern, die, die nicht glauben, gehen weg; von den Übriggebliebenen spricht Petrus sein Bekenntnis, dass Jesus Worte des ewigen Lebens habe, doch unter den Zwölf ist der »Teufel«, der Verräter (Judas, 6,67–71).

Scheidung unter den Jüngern

In Kap. 7 besucht Jesus heimlich das Laubhüttenfest in Jerusalem. Johannes notiert, welche Gespräche über Jesus geführt werden und merkt an:

> Niemand aber redete offen über ihn aus Furcht vor den Juden. (Joh 7,13; Lu)

Historisch gesehen eine seltsame Bemerkung, da die Jerusalemer, die da heimlich über Jesus reden, natürlich alle Juden waren. In der Darstellung des Johannes sind die Juden aber nicht neutral das Volk, sondern es sind die Gegner Jesu, teilweise erscheinen sie als Symbole für die Repräsentanten der gottfeindlichen Welt. In den nun folgenden Auseinandersetzungen um die Messianität Jesu (7,25–30) und um die Abrahamskindschaft der Juden (Kap. 8) verschärft sich der Konflikt mit den Juden; Jesus nennt die Juden »Kinder des Teufels« (8,44), eine der härtesten antijudaistischen Aussagen des NT. Dabei hebt Jesus seine Bedeutung im Vergleich mit Abraham hervor: Er übertrifft ihn, weil Abraham starb, Jesus aber Leben geben kann (8,52) und Jesus vor Abraham schon gewesen ist (Präexistenz, 8,58). Hier fällt auch der Satz: »Ich bin das Licht der Welt«: Der Gegensatz Licht vs. Finsternis gehört zu den Dualismen, die für das Evangelium typisch sind.

»Juden« als Chiffre für die Gegner – nicht als religiöse oder nationale Gruppe

Juden als Kinder des Teufels und nicht Abrahams!

Synagogenausschluss

In der nun folgenden Szene heilt Jesus einen Blinden am Sabbat, was zu erneuten Konflikten mit den Juden führt, die den Geheilten aus der Synagoge ausstoßen. Dies ist ein Thema im Joh-Evangelium, das offenbar Erfahrungen der johanneischen Gemeinde widerspiegelt, den Synagogenausschluss (9,22; 12,42; 16,2).

Hirtenrede: Einheit mit dem Vater

In diesem Zusammenhang steht auch die Hirtenrede (10,1–18): »Ich bin der gute Hirte«. Beim Tempelweihfest (Chanukka) redet Jesus über sich als Sohn Gottes und fasst die christologischen Aussagen über sich als Offenbarer in dem prägnanten Satz zusammen:

»Ich und der Vater sind eins.« (Joh 10,30; Lu)

Siebtes und letztes Wunder: Die Auferweckung des Lazarus

Daraufhin muss sich Jesus der Verhaftung entziehen, wird aber gerufen, als Lazarus in Betanien stirbt, um ihn wieder aufzuerwecken. Dieses letzte und größte Wunder führt zum Todesbeschluss des Hohen Rates (11,50). Von einer Schwester des Lazarus gesalbt (12,3), zieht Jesus in Jerusalem ein (12,12-19). Dort hält er zum Abschluss seines öffentlichen Wirkens noch eine Rede an die Hellenen (griechisch sprechende Juden); in ihr kündigt er seinen Tod an und deutet ihn als Erhöhung (12,32) und Verherrlichung (12,23) – beides ist das Gericht über die Welt (12,31). Und schließlich wird der Unglaube der Juden als Ergebnis der Sendung Jesu festgestellt und als Erfüllung der Verstockungsankündigung von Jes 6,9 gedeutet (12,40); diesen Text hatte schon Mk in seiner Gleichnistheorie (Mk 4) aufgegriffen.

Hellenenrede: Abschluss der öffentlichen Wirksamkeit und Ankündigung von Erhöhung und Verherrlichung

19.1.4 Abschiedsreden

Fußwaschung als Beispielhandlung

Die Abschiedsreden werden von der Fußwaschung eröffnet; Jesus tut das im vollen Bewusstsein dessen, was kommen wird: seine Rückkehr zum Vater (13,3), um seinen Jüngern Liebe bis zur Vollendung zu erweisen (13,1). Jesus gibt damit ein Beispiel für seine Jünger, damit sie auch so handeln (13,15). Diese gegenseitige Liebe ist für die johanneische Ethik grundlegend und ein zentrales Thema im 1. Joh.

Die Fußwaschung nimmt im Johannes-Evangelium die Stellung ein, die in den Synoptikern die Einsetzung des Abendmahles hat.

Nachdem Judas als Verräter gekennzeichnet ist, verlässt er den Jüngerkreis (13,21-30) und Jesus beginnt seine Abschiedsreden. Er schärft den Seinen die gegenseitige Liebe als neues Gebot ein (13,34). Als Liebe deutet Jesus auch seinen Tod:

Abb. 26: **Papst Franziskus** wäscht Migranten die Füße

> Niemand hat größere Liebe als die, dass er sein Leben lässt für seine Freunde.
> (Joh 15,13; Lu)

➤ Stichwort: **Lieblingsjünger**
Beim letzten Mahl taucht unvermittelt ein Jünger auf, der als Lieblingsjünger bezeichnet wird (13,23). Er bleibt ohne Namen. Er steht in herausgehobener Konkurrenz zu Petrus: Wettlauf zum Grab (20,4), Dialog am See Genezareth (21,7 ff.). Er wird im zweiten Epilog mit dem Verfasser des Evangeliums identifiziert (21,24, s. u. zu den Johannesbriefen). Die kirchliche Tradition hat ihn mit dem Zebedaiden Johannes identifiziert, eine Gleichsetzung, die historisch nicht haltbar ist.

Zentrales Thema der Abschiedsreden ist der Weggang Jesu, seine Rückkehr zum Vater. Für die Zeit seiner Abwesenheit kündigt Jesus einen anderen Parakleten an. Vorösterlich hat Jesus den Geist beschrieben:

Abschiedsreden thematisieren den Weggang Jesu

> Wer an mich glaubt, wie die Schrift sagt, von dessen Leib werden Ströme lebendigen Wassers fließen. Das sagte er aber von dem Geist, den die empfangen sollten, die an ihn glaubten; denn der Geist war noch nicht da; denn Jesus war noch nicht verherrlicht. (Joh 7,38 f.; Lu; vgl. 1,32–34; 3,34)

In den Abschiedsreden wird den Jüngern der Geist angekündigt (14,16 f.26; 15,26; 16,7.13). Die Bezeichnung »Paraklet« ist griechisch und bedeutet »der Herbeigerufene, Beistand, Helfer, Anwalt, Fürsprecher,

Ankündigung des Parakleten

Advokat« (Pokorný/Heckel, 2007, 566) – weniger »Tröster«, wie Luther übersetzt. Seine Aufgaben:
- Stellvertreter Jesu (14,17)
- Lehrt über Sünde, Gericht und Gerechtigkeit (16,8–11)
- Geist der Wahrheit (14,17)
- Erinnert an Lehre Jesu (14,26; 15,26)
- Ergänzt Jesu Offenbarung (16,13–15)

Die Abschiedsreden betonen die Einheit von Sohn und Vater und Glaubenden in den so genannten Immanenzformeln, z. B. Joh 14,20:

> An jenem Tage werdet ihr erkennen, dass ich in meinem Vater bin und ihr in mir und ich in euch. (Lu)

Dieser Einheitsgedanke wird auch in der Bildrede vom Weinstock und den Reben symbolisch ausgedrückt. Die Abschiedsreden schließen mit dem hohepriesterlichen Gebet Jesu ab. Bei den Synoptikern steht an dieser Stelle die Erzählung von Jesu Gebet in Getsemane.

19.1.5 Passion und Ostern

Jesus bleibt auch im Leiden absolut souverän

Die eigentliche Passion wird, wie bei Markus und den anderen Synoptikern, mit der Gefangennahme eröffnet – bei Johannes ist Jesus ganz souverän und Herr der Lage; er gibt sich zu erkennen: »Ich bin es.« Auf dieses Offenbarungswort hin, das die Ich-bin-Worte aufgreift, stürzen die Häscher, er muss sie auffordern, ihn gefangen zu nehmen! Nach dem Verhör durch den Hohepriester (mit Verleugnung des Petrus) wird Jesus Pilatus überstellt.

Im Verhör vor Pilatus gibt Jesus sich auf Nachfrage als König zu erkennen, dessen Reich nicht von dieser Welt ist.

In der Kreuzigung hebt Johannes wieder Jesu Souveränität hervor, das wird besonders deutlich in den Worten, die der Gekreuzigte bei Johannes spricht. Zitiert er bei Mk und Mt Ps 22 und gibt so seine Gottverlassenheit zu erkennen (Mk 15,34), so mildert Lukas schon ab, mit der Bitte um Vergebung für seine Peiniger, dem Trost an den Mitsterbenden und dem Zitat von Ps 31 (Lk 23,34-46). Diese Tendenz steigert Joh noch: Jesus regelt seine familiären Angelegenheiten, kümmert sich um seine Mutter, hat noch Durst und endet mit den Worten: »Es ist vollbracht.« (19,28–30)

Sieben Worte Jesu am Kreuz

1.	»Mein Gott, mein Gott, warum hast du mich verlassen.«	Ps 22	**Mk/Mt**
2.	»Vater vergib ihnen, denn sie wissen nicht, was sie tun.«		**Lk**
3.	»Heute wirst du mit mir im Paradiese sein.«		**Lk**
4.	»Vater, in deine Hände befehle ich meinen Geist.«	Ps 31	**Lk**
5.	»Frau, siehe, das ist dein Sohn; siehe, das ist deine Mutter.«		**Joh**
6.	»Mich dürstet.«		**Joh**
7.	»Es ist vollbracht.«		**Joh**

Die zentrale Bedeutung der beiden Sakramente Abendmahl und Taufe wird in der Kreuzigungsszene symbolisch deutlich, wenn Johannes erzählt, dass aus Jesu geöffneter Seitenwunde Blut und Wasser geflossen seien (Joh 19,34, vgl. 1Joh 5,6-8). Jesus ist tot, und darum werden ihm die Knochen nicht gebrochen, was Johannes mit einem Hinweis auf das Passalamm erzählt (Ex 12,46) und so Jesu Tod als Opfer deutet – gleichzeitig ist damit auch die Datierung des Todes Jesu anders als bei den Synoptikern. Dort stirbt er an einem Passatag, hier bei Johannes am Rüsttag, dem Tag vor Passa, an dem die Lämmer geschlachtet werden (Joh 19,31).

Bei der Grablegung unterstützt Nikodemus (vgl. Kap. 3) – der in der synoptischen Tradition nicht vorkommt – den Josef von Arimatia.

Kap. 20 erzählt die Ereignisse des Ostermorgens, die Frauen sind als Erste am Grab, dann kommen Petrus und der Lieblingsjünger in einem Wettlauf zum Grab. Der Lieblingsjünger steht im Gegenüber zu Petrus.

Ostermorgen, die Frauen am Grab und Petrus' Wettlauf mit dem Lieblingsjünger

Johannes berichtet von drei Erscheinungen: einmal vor Maria Magdalena, dann vor den Jüngern und schließlich vor Thomas. Diese Geschichte kulminiert im Schlusssatz:

Selig sind, die nicht sehen und doch glauben! (Joh 20,29; Lu)

Dieser Satz bildet den Übergang zu den Lesern des Evangeliums, die keine Augenzeugen sind, sondern auf das Zeugnis des Evangeliums hin glauben können – bzw. müssen, weil sie anders dem Offenbarer nicht mehr begegnen können. Ein erster Epilog schließt das Werk ab.

19.1.6 Anhang

Nach dem offensichtlichen Ende folgt noch die Geschichte vom wunderbaren Fischfang, in der Petrus und der Lieblingsjünger einander gegenübergestellt werden. Ein zweiter Epilog nennt den Lieblingsjünger als Autor des Evangeliums.

19.2 Übersicht Johannesevangelium

In der folgenden Übersicht über das Evangelium sind die Wundergeschichten fett, die Reden fett, die Ich-bin-Worte kursiv hervorgehoben:

1	Prolog		
1–12	**Öffentl. Wirksamkeit Jesu**		
1	Jüngerberufung		Johannes schickt die ersten Jünger
2	**❶ Hochzeit in Kana** Erster Jerusalem Besuch		Erstes Zeichen (Wunder) Tempelreinigung – bei den Synoptikern zu Beginn der Passion
3	Gespräch mit Nikodemus		
4	Jesus und die Samaritanerin **❷ Der königliche Beamte**		
5	**❸ Heilung des Gelähmten am Sabbat** Teich Bethesda in Jerusalem (2. Reise) 1. Todesbeschluss der Juden Rede Jesu		Sendung des Sohnes durch den Vater
6	**❹ Speisewunder, ❺ Seewandel Brotrede** (Deutung aufs Abendmahl)	①	*»Ich bin das Brot des Lebens.«*
7	Dritte Jerusalemreise Lehre im Tempel: Ist Jesus der Messias?		

8	Ehebrecherin Juden nicht Kinder Abrahams, sondern Kinder des Teufels	②	»Ich bin das Licht der Welt«
9	❻ **Heilung des Blindgeborenen**		
10	**Hirtenrede** Vierter Jerusalemaufenthalt	③ ④	»Ich bin die Tür zu den Schafen« »Ich bin der gute Hirte«
11	❼ **Auferweckung des Lazarus**	⑤	»Ich bin die Auferstehung und das Leben«
12	Salbung in Betanien, Einzug in Jerusalem, **Hellenenrede**		
13–17	**Abschiedsreden**		
13	Fußwaschung		statt Einsetzung des Abendmahls Lieblingsjünger
14	Jesus und der Vater	⑥	»Ich bin der Weg, die Wahrheit und das Leben«
15	Jesus und die Jünger und der künftige Hass der Welt	⑦	»Ich bin der wahre Weinstock«
16	Ankündigung von Verfolgung und Ankündigung des Parakleten		In den Abschiedsreden fünf **Paraklet**-Sprüche (Tröster/Beistand): 14,16 f.26; 15,26; 16,7.13
17	Das hohepriesterliche Gebet		
18–20	**Passion und Auferstehung**		
18–19	Verhaftung, Verhör, Kreuzigung		anders als Synoptiker am Rüsttag zum Passa
20	Ostern		Wettlauf zum Grab! Erscheinung vor: Maria von Magdala (Gärtner) Jünger → Thomas
20	Epilog I		aufgeschrieben zum Glauben
21	Nachtragskapitel		Jesus am See: Fischfang; Petrus und der Lieblingsjünger
	Epilog II		Zeugnis des Jüngers

Literatur

Frey, Jörg, Die johanneische Theologie als Klimax der neutestamentlichen Theologie, Zeitschrift für Theologie und Kirche 107, 2010, 448–478.

Vertiefung: **Christologische Hoheitstitel**

Unter christologischen Hoheitstiteln versteht man die Bezeichnungen, die Jesus beigelegt werden, um seine besondere Rolle in der Heilsgeschichte zu kennzeichnen.

1. **Christus/Messias:** *messias* ist die griechische Umschrift für das hebräische *mēšiaḥ* »Gesalbter« (s. o. § 7.3.5, Stichwort: Messias).
2. **Sohn Gottes:** Im AT ist der König Sohn Gottes (Ps 2), aber auch der Gerechte (SapSal 2,18). In der griechisch-römischen Antike gab es mancherlei Göttersöhne, z. B. Herkules als Sohn des Zeus. In neutestamentlicher Zeit begann der Kaiserkult mit der Vergöttlichung des römischen Herrschers; Augustus nannte sich *divi filius* »Sohn Gottes«. Im Markusevangelium hat der Titel leitmotivische Funktion, im Johannesevangelium ist er der wichtigste; dort ist er mit dem Gedanken der Präexistenz verbunden, d. h. der Vorstellung, dass Jesus im Himmel bei Gott war, bevor er auf die Erde gekommen ist.
3. **Sohn Davids:** meint allgemein einen Nachkommen Davids, d. h. einen Angehörigen der judäischen Königsdynastie. Es ist die Bezeichnung für einen möglichen König. Jesus wurde durch seinen Stammbaum als Nachkomme Davids ausgewiesen.
4. **Herr** (griech. *kyrios*): Für Paulus ist das die wichtigste Bezeichnung: Jesus ist der Herr der Welt. Die LXX geben mit »Herr« den Gottesnamen Jhwh wieder. In der griech.-röm. Antike werden die Herrscher mit diesem Titel angeredet.
5. **Menschensohn:** Dieser Titel hat einen Schwerpunkt in den Evangelien. Im Munde Jesu bezeichnet er eine endzeitliche Richtergestalt (z. B. Mt 19,28) und eine gegenwärtige Autorität, die z. B. »Herr über den Sabbat« ist (Mt 12,8). Daneben dient sie ihm als Selbstbezeichnung, etwa in den Leidensankündigungen (z. B. Mk 8,31 ff.). Er geht vermutlich auf das Danielbuch zurück (vgl. Dan 7; 10 und in Ez 2,1 wird Ezechiel so genannt).

Die Titel stammen also aus der jüdischen Tradition; sie beziehen sich überwiegend auf den König bzw. den in der Endzeit erwarteten Heilskönig. Mit der Bezeichnung Kyrios/Herr wird Jesus in die Nähe Gottes gerückt. Sohn Gottes und Herr/Kyrios spielen auch in der Kaiserideologie eine große Rolle. Hier zeichnet sich eine Konkurrenz von Christentum und Kaiserkult ab.

Literatur

Karrer, Martin, Jesus Christus im Neuen Testament. Grundrisse zum Neuen Testament 11, Göttingen 2007.

> Stichwort: **Maria Magdalena**

Eine der Figuren des NT, die am meisten die Fantasie der Menschen angeregt haben, ist Maria Magdalena. Was wir über sie aus dem NT erfahren, ist allerdings wenig:
- Jesus hat sie geheilt und sie folgt ihm (Lk 8,2)
- Sie beobachtet die Kreuzigung und ist am Ostermorgen am Grab (Mk 15,40; 16,1–8)
- Sie erhält als Erste die Osterbotschaft (Joh 20,1–10)

In der Tradition wird sie mit der namenlosen Sünderin aus Lk 7 identifiziert, die Jesu Füße mit ihren Tränen wäscht und von ihm für ihre Liebe gelobt wird. Aus dieser Verbindung entsteht das Bild von Maria Magdalena als einer bekehrten Prostituierten. Die christliche Legende macht sie mit Martha und Lazarus zu Missionaren Frankreichs, wo es u. a. in Vezelay eine bedeutende Wallfahrt gibt. In der bildenden Kunst finden sich viele Darstellungen und auch die Literaten haben den Stoff gerne weitergesponnen: Maria Magdalena wird zur Freundin bzw. Geliebten Jesu, ja sogar zur Mutter seiner Kinder.

Vertiefung: **Die drei Briefe des Johannes**

1. Johannesbrief

ist ein theologischer Traktat, der um den Gedanken kreist: Gott ist Licht und Liebe. Aus Anlass von Streitigkeiten um die Deutung der Sendung Jesu steht Einheit der Gemeinde im Zentrum und Bruderliebe wird als zentrale Tugend gepriesen; sie besteht im Halten der Gebote. Als eschatologischer Gegenspieler Jesu wird der »Antichrist« erwähnt.

2. Johannesbrief

ist ein Privatbrief, der sich gegen die Irrlehren des Antichristen richtet und die Einheit der Gemeinde beschwört.

3. Johannesbrief

ist ein Privatbrief, und zwar ein Empfehlungsschreiben; auch hier ist die Einheit der Gemeinde ein Thema.

Sprachlich und theologisch stehen sich das Johannes-Evangelium und die drei Johannes-Briefe sehr nahe; ob sie auf denselben Verfasser zurückgehen, ist allerdings umstritten. Im 2. und 3. Brief erscheint als Absender »der Presbyter« (griech. *presbyteros* »alt«; 2Joh 1; 3Joh 1), offenbar ein Ehrentitel. Ein Name ist nicht genannt, offenbar genügte der Titel, um die Person eindeutig zu identifizieren. Nach altkirchlicher Tradition handelt es sich um einen Presbyter namens Johannes, der dann sekundär mit dem Jesusjünger Johannes, dem Sohn des Zebedäus, identifiziert wurde. In ihm sah man den Lieblingsjünger, der nach dem zweiten Epilog des Evangeliums ja dessen Verfasser sein sollte.

Absender der »Alte«, dessen Name nicht genannt ist

Während es sich beim 2. und 3. Joh um kurze Privatbriefe handelt, fehlen im ersten Brief die typischen Elemente des Briefrahmens; es handelt sich daher eher um ein Traktat (Abhandlung) oder eine Homilie, eine Predigt über einen biblischen Text – in diesem Fall das Johannes-Evangelium, an das der 1. Joh offenbar anknüpft (1Joh 1,1–4).

Anknüpfung an das Joh-Evangelium

Der 1. Joh beginnt mit einem Prolog (1,1–4). Er beruft sich auf die Tradition eines Augenzeugen und kann wie eine Anknüpfung an das Joh-Evangelium verstanden werden: Was wir von Anfang an gesehen haben (vgl. Joh 20,29), verkündigen wir.

Über die weitere Gliederung des 1. Joh herrscht kein Konsens; darum sei hier eine Gliederung vorgeschlagen, die die vielen Wiederholungen des Briefes sichtbar macht. Es gibt drei Abschnitte, die eine ähnliche thematische Abfolge aufweisen. Der erste und der letzte Abschnitt beginnen jeweils mit einer Charakterisierung Gottes als Licht (1,5) und Liebe (4,8). Der mittlere Abschnitt eröffnet mit dem Gedanken, dass »wir Gottes Kinder sollen heißen«. In jedem der drei Abschnitte werden dann in der gleichen Reihenfolge die gleichen Themen variiert: Sündenvergebung und Bruderliebe.

Zentralgedanken: Gott als Licht und Liebe

Im ersten und zweiten Abschnitt kommt der konkrete Anlass des Schreibens zur Sprache: Innerhalb der Gemeinde gibt es Spaltungen (1Joh 2,19), die offenbar auf christologischen Lehrunterschieden beruhen; die Gegner leugnen, dass Jesus der Christus sei (2,22) und dass er »ins Fleisch« gekommen ist (4,2). Diese Leugnung der Inkarnation verbindet die Gegner mit den Doketisten. Die Doketisten waren eine theologische Strömung in der Alten Kirche, die als häretisch ausgeschieden wurde; ihre zentrale Lehre war, dass der Gottessohn nicht wirklich, sondern nur scheinbar Mensch wurde.

Spaltungen aufgrund christologischer Lehrunterschiede

19.2 Übersicht Johannesevangelium

1	Proömium	Zeugnis vom Wort des Lichts
	Gott ist LICHT	Sündenvergebung (Sühnetod Jesu)
2	Gotteserkenntnis	= Bruderliebe = Halten der Gebote = Trennung vom Kosmos
		Antichrist = Irrlehrer
3	Gotteskindschaft	= Bruderliebe = Sündlosigkeit = Zuversicht auf Gebetserhörung
4	Warnung vor Pseudopropheten = Antichrist	die sagen: »Christus ist nicht ins Fleisch gekommen« (sog. »doketische Christologie«)
	Gott ist LIEBE	= Bruderliebe = Gotteskindschaft, Zuversicht, das Gericht zu bestehen
5	Glaube an Jesus besiegt die Welt	

Die Spaltungen in der Gemeinde werden mit dem endzeitlichen Auftreten des Antichristen erklärt (2,18). Insgesamt findet sich im Brief (wie im Evangelium) ein scharfer Dualismus zwischen Licht und Finsternis, Gott und Welt, den Kindern Gottes und den Kindern des Teufels (3,10). Neben dem ewigen Leben sind die, die in Gott bleiben, auch der Gebetserhörung sicher (3,22; 5,14).

Antichrist

Dualismus

Die Bruderliebe als ein zentrales Thema wird als »Halten der Gebote« näher erläutert (2,3) und erhält auch eine soziale Komponente:

Bruderliebe

> Wer immer in der Welt sein Auskommen hat und seinen Bruder Not leiden sieht und sein Herz vor ihm verschließt: wie bleibt da die Liebe Gottes in ihm?
> (1Joh 3,17; Zü)

Es gibt eine Reihe theologischer Gemeinsamkeiten mit dem Johannes-Evangelium:
- Einheit von Vater und Sohn
- das Stichwort »Bleiben«
- Liebesgebot »einander lieben« (nur in 1. Joh: Bruderliebe)

Doch daneben stehen auch charakteristische Unterschiede:

	1Joh	Joh-Evg
Paraklet	mit Jesus identisch (2,1)	von Jesus verschieden (14,16)
Eschatologie	futurisch	präsentisch und futurisch
Licht	Gott (1,5)	Jesus (1,9; 8,12)
Kinder des Teufels	nicht spezifiziert (3,10)	Juden (8,44)

2Joh: Warnung vor Irrlehrern

Der 2. Joh warnt vor den Irrlehrern, die mit dem Antichristen gleichgesetzt werden; sie lehren, dass Christus nicht ins Fleisch gekommen ist. Der 3. Joh ist ein Empfehlungsschreiben, das aber auch Konflikte innerhalb der Gemeinde um die richtige Lehre erkennen lässt.

➤ Stichwort: **Falsche Propheten und Irrlehrer (Ketzerpolemik)**
Falsche Propheten

Dtn 18	Kriterium für Wahrheit: Eintreffen der Vorhersage
1Kön 22	Micha ben Jimla
Jer 28	Falschprophet Hananja
Ez 13	törichte Propheten

Irrlehrer

Mk 13 parr.	Antichrist
1Kor 1–4	Parteienstreit
Kol 2	»Philosophie«
Past.	mehrfach Thema
1Tim 1	sollen dem Satan übergeben werden
1Tim 6,20	»fälschlich so genannte Gnosis«
Apk 2	Sendschreiben erwähnen mehrfach Irrlehrer

19.3 Fragen Johannesevangelium und Johannesbriefe

1.) Worin unterscheidet sich das Johannesevangelium von den Synoptikern?
2.) Stellen Sie die Sendungschristologie anhand der einschlägigen Textbelege dar!
3.) Welche Funktion haben die Wundergeschichten im Evangelium?
4.) Beschreiben Sie die Rolle der »Juden« im Evangelium!
5.) Worum geht es in den Abschiedsreden; gehen Sie besonders auf den Parakleten ein!

Vertiefung

- Welche Personen, die im Johannesevangelium eine wichtige Rolle spielen, fehlen bei den Synoptikern?
- Erläutern Sie die christologische Eigenart der Evangelien anhand der Sieben Worte Jesu am Kreuz!

- Welches sind die zentralen Gedanken des 1. Johannesbriefes?
- Stellen Sie die wichtigsten christologischen Hoheitstitel zusammen und erläutern Sie ihre Verwendung!

Erzähltexte
- Hochzeit in Kana, Joh 2
- Ehebrecherin, Joh 8
- Auferweckung des Lazarus, Joh 11
- Fußwaschung, Joh 13
- Kreuzigung nach Johannes, Joh 19
- Ungläubiger Thomas, Joh 20

20.

Die Bibel als Wort Gottes: hermeneutischer Ausblick

Die Autorität der Bibel liegt darin begründet, dass sie Zeugnis vom Wort Gottes ist. Das Bemühen der Auslegung geht dahin, dieses Wort immer wieder neu zur Sprache zu bringen.

Hier kann natürlich nicht gründlich in die Hermeneutik eingeführt werden. Vielmehr sollen einige Gesichtspunkte zusammengestellt werden, die sich aus der Bibelkunde ergeben haben dürften und die für die Hermeneutik von grundlegender Bedeutung sind:

- Die Autorität des biblischen Textes und seines Wortlautes wird in der alttestamentlichen Kanonformel (Dtn 4,2; 13,1) und der neutestamentlichen Inspirationslehre (2Tim 3,15 f.; 2Petr 1,20 f.) formuliert.
- Einzelne biblische Texte geben zu verstehen, dass sie nicht voraussetzen, man könne sie unmittelbar und wörtlich verstehen. So geben im Johannesevangelium die häufigen Missverständnisse hermeneutische Fingerzeige, dass der Text einer Auslegung seines symbolisch zu verstehenden Sinngehalts bedarf.
- Bei der Lektüre sind wir immer wieder darauf gestoßen, dass in der Bibel eine Pluralität der Stimmen zu vernehmen ist, ja teilweise finden wir Widersprüche auch in theologischen Fragen, etwa im NT bei der Frage nach präsentischer oder futurischer Eschatologie.
- Eines der Phänomene der Pluralität ist die sog. innerbiblische Exegese, d. h. Bibeltexte greifen andere auf und legen sie neu aus. Dieser Vorgang zeigt sich v. a. im NT, wenn alttestamentliche Texte und Motive aufgenommen werden. Aber auch innerhalb des AT gibt es dieses Phänomen.
- Die Gestaltung des jüdischen und des christlichen Kanons bildet einen je eigenen Auslegungsrahmen, der die unterschiedlichen biblischen Bücher mit ihren verschiedenen Themen und Theologien

- in einen übergreifenden Zusammenhang bringt, der sich zwischen christlichem AT und jüdischer Bibel erheblich unterscheidet.
- Die Wirkungsgeschichte der Texte (die, in der die innerbiblische Exegese beginnt!) zeigt, welche Sinnpotentiale die Texte im Laufe ihrer Rezeptionsgeschichte haben entfalten können. Die moderne wissenschaftliche Auslegung versucht demgegenüber, den ursprünglichen Sinn zu ermitteln. Doch auch diese führen nicht zu abschließenden Ergebnissen, sondern bilden eine Kette von unterschiedlichen Versuchen, die Texte zu verstehen. Letztlich ist die historisch-kritische Exegese auch nur eine bestimmte Traditionskette in der Wirkungsgeschichte der Texte, die ihre Eigenart der europäischen Aufklärung verdankt. Ein Umstand, auf den besonders feministische und postkoloniale Interpretinnen und Interpreten hinweisen.

In dieser Perspektive erscheint uns die Bibel als Beginn eines langen Diskurses, an dessen vorläufigem Endpunkt wir selber und andere stehen. Wir lesen die vielstimmige Bibel nicht unmittelbar als Gottes Wort, sondern als menschliches Zeugnis, das um das Verstehen von Gottes Wort immer wieder neu ringt. Darum ist die Bibel nach christlichem Verständnis auch nicht direkt das Wort Gottes. Das ist vielmehr Jesus Christus (vgl. Joh 1; Theologische Erklärung der Bekenntnissynode von Barmen 1934, Artikel 1). Die Bibel bezeugt dieses eine Wort nur. Gottes Wort liegt quasi hinter den Buchstaben der Bibel (Unterscheidung des Paulus von Buchstabe und Geist, 2Kor 3,6) und unsere Verstehensbemühung muss dahin gehen, es zu vernehmen.

EG 810

Unter den vielen verschiedenen Deutungen dieses Sachverhaltes sei lediglich auf die von Karl Barth verwiesen. Er betont, dass Jesus Christus, nicht die Bibel selbst, das offenbarte Wort Gottes ist – ganz nach der Vorgabe des Prologes im Johannes-Evangelium. Das AT versteht er als Zeugnis der Erwartung, das NT als Erinnerung an dieses Wort. Darüber hinaus gibt noch viele andere Modelle, Bibel und Wort Gottes zusammenzubringen, doch mit diesem Hinweis seien Sie in Ihr weiteres Studium entlassen. Ich wünsche Ihnen, dass Sie in seinem Verlauf Antwort auf viele wichtige Fragen finden – und dass Sie immer wieder mit Neugier sich den biblischen Texten zuwenden, bis Sie eines Tages ... (1Kor 13,12).

20. Die Bibel als Wort Gottes: hermeneutischer Ausblick

Literatur

Barth, Karl, Die Kirchliche Dogmatik. Die Lehre vom Wort Gottes (Bd. I,2), Zürich 1986, § 14.

Behrens, Achim, Das Alte Testament verstehen. Die Hermeneutik des ersten Teils der christlichen Bibel (Einführungen in das Alte Testament 1), Göttingen 2013.

Brettler, Marc Z., How to Read the Jewish Bible, New York 2007.

Chalier, Catherine, Lire la Torah, Paris 2014.

De La Torre, Miguel A., Reading the Bible from the Margins, New York 2002.

Dohmen, Christoph/Stemberger, Günter, Hermeneutik der jüdischen Bibel und des Alten Testaments, Stuttgart u. a. 1996.

Luther, Susanne/Zimmermann, Ruben, Studienbuch Hermeneutik, Gütersloh 2014.

Luz, Ulrich, Theologische Hermeneutik des Neuen Testaments, Neukirchen 2014.

Oeming, Manfred, Biblische Hermeneutik. Eine Einführung, Darmstadt ³2010.

Schüssler Fiorenza, Elisabeth, Brot statt Steine. Die Herausforderung einer feministischen Interpretation der Bibel, Freiburg/Schweiz 1988.

Sugirtharajah, Rasiah S., Voices from the Margin: Interpreting the Bible in the Third World, New York 2006. [Weitere englischsprachige Literaturhinweise mit Verweis auf Google Books finden sich bei: ‹www.tyndale.ca/seminary/mtsmodular/reading-rooms/interpretation› (3. April 2017).]

Theißen, Gert, Polyphones verstehen. Entwürfe zur Bibelhermeneutik, Münster 2014.

Wischmeyer, Oda, Lexikon der Hermeneutik, Berlin/New York 2009.

21.

ANHANG

21.1 LERNSTRATEGIEN ZUM WIEDERHOLEN DES STOFFS

Natürlich können Sie alles nochmal lesen, um es zu lernen. Oder Sie haben sich Notizen angefertigt, die Sie je nach Temperament noch einmal durchgehen – oder auswendig lernen. All das geht, ist aber bisweilen langweilig, da es nur eine Wiederholung darstellt. Wechselt man die Hinsichten, nach denen man den Stoff durchgeht, lassen sich am Bekannten neue Facetten entdecken und das Lernen wird etwas interessanter. Und ich hoffe, dass Sie so das Wichtigste an der Bibelkunde lernen: sich die Texte immer wieder in neuen Zusammenhängen fruchtbar zu machen.

Denkbare Wege, das Bekannte in neuen Bahnen durchzugehen, sind etwa folgende:

- Stellen Sie ganz subjektiv Texte zusammen, die Ihnen gefallen haben, und andere, die Sie geärgert haben, die Sie rätselhaft fanden.
- Versuchen Sie sich klar zu machen: Was habe ich Neues über Gott erfahren? Was über Jesus? Wo wurden meine bisherigen Ansichten bestätigt, wo ergänzt? Wo korrigiert oder verändert?
- Welche Querschnitt-Themen haben Sie kennengelernt? Was sind ethische, was theologische Themen? Fallen Ihnen noch Beispieltexte für die Themen ein? Oder eigene Themen, die Sie interessieren und für die Sie mithilfe eines Bibel-Lexikons wichtige Belegstellen zusammenstellen. (Machen Sie sich dabei immer klar, wo diese Stellen bibelkundlich verortet werden und wie sie in das theologische Profil ihres biblischen Buches passen.)
- Welche historischen Auskünfte haben Sie den Bibeltexten entnehmen können? Wo war der Bericht eher legendarisch?
- Welche theologischen Schwerpunkte haben die einzelnen Bücher? Im Alten Testament sind vor allem die theologischen Schwerpunkte von Gen, Ex, Dtn, Hiob, den großen Prophetenbüchern sowie den Psalmen wichtig; im Neuen Testament sind die Evangelien wichtig, dann die echten Paulusbriefe, Hebräerbrief und Apokalypse.

Versuchen Sie, sich die theologischen Hauptaussagen dieser Bücher stichpunktartig klarzumachen! Wo gibt es Gemeinsamkeiten, wo Unterschiede zwischen den Büchern?
- Welche Personen sind Ihnen bei der Lektüre interessant erschienen? Rekapitulieren Sie die biografischen Angaben und merken sich, in welchen biblischen Büchern die Personen vorkommen.
- Welche biblischen Gattungen sind Ihnen begegnet? Was ist ein typischer Text für jede Gattung?
- Versuchen Sie, sich eigene Fragen für die Wiederholung zu entwickeln. Das geht besonders gut in einer kleinen Gruppe von 3 bis 5 Personen.

Falls Sie irgendwelche Fragen beim Lernen haben sollten und diese nicht für sich zufriedenstellend klären können, sollte Sie das nicht grämen, sondern freuen. Die Bibelkunde ist nur der Anfang Ihres universitären Bibelstudiums, und die Lernpsychologie zeigt: Wer mit eigenen Fragen ans Lernen geht, dem fällt es leichter! Neugier motiviert.

21.2 Abkürzungen

dtr.	deuteronomistisch
DtrG	deuteronomistisches Geschichtswerk
Elb	Elberfelder Übersetzung der Bibel (2006)
EG	Evangelisches Gesangbuch
EÜ	Einheitsübersetzung (1980)
Evg.	Evangelium
GAT	Grundrisse zum Alten Testament. Das Alte Testament Deutsch, Ergänzungsreihe
Kap.	Kapitel
Lu	Luther-Übersetzung in der revidierten Fassung von 1984
LXX	Septuaginta, die griechische Übersetzung des AT
MT	Masoretischer Text: der hebräische (aramäische) Bibeltext
par.	Parallelstelle
parr.	Parallelstellen
Past.	Pastoralbriefe
sc.	*scilicet* - Ergänzung in einem Zitat zum besseren Verständnis
TRE	Theologische Realenzyklopädie, hg. v. H. Balz, 36 Bde., Berlin u. a., 1977–2007
TUAT	Texte aus der Umwelt des Alten Testaments, hg. v. O. Kaiser u. Bernd Janowski, Gütersloh 1982 ff.
V.	Vers
vs.	versus – bezeichnet zwei gegensätzliche Begriffe/Vorstellungen
XII	Dodekapropheton, die zwölf kleinen Propheten
Zü	Zürcher Bibel (2007)

21.3 Zeittafel

Fett: Sechs Eckdaten als Orientierungsanker zum Auswendiglernen!

Epoche		Ereignis	
Bronzezeit ägyptische Vorherrschaft		kanaanäische Stadtstaaten, »Seevölkersturm«	
Eisenzeit	1200	»Landnahme«, Entstehung Israels	
	1000	**»Staatsbildung«**	
	926	»Reichsteilung«	
		Aramäerkriege	
	871–852	Ahab und Isebel v. Israel	
Assyrische Epoche	853	Schlacht bei Qarqar am Orontes	
	845–818	Jehu v. Israel (Jehurevolution)	
Juda wird assyrischer Vasall (733–622)	734	Syrisch-ephraimitischer Krieg	
	722	**Eroberung Samarias** durch die Assyrer; Israel wird assyrische Provinz	
	728–700	Hiskia v. Juda	um 700: Homer Hesiod
	701	Belagerung Jerusalems	
	622	»Josianische Reform«	
605–587 Juda babylonischer Vasall	697	Erste Eroberung Jerusalems	
	586	Zweite Eroberung Jerusalems; Stadt und Tempel werden zerstört	um 585: Vorsokratiker Thales
	586–538	**Babylonisches Exil**	
539–332 Juda persische Provinz	538	Kyros-Edikt: Rückkehr	
	515	Einweihung des Zweiten Tempels	
	445–433	Nehemia	um 450: Herodots Reisen
	(458?) 398	Esra	
332–63 hellenistisches Zeitalter	**333**	Schlacht bei Issos: **Sieg Alexanders des Großen** über die Perser Juda zuerst ptolemäische und dann seleukidische Provinz	348 Tod Platons

Epoche		Ereignis	
	168	Religionsedikt des Antiochus Epiphanes	264–146: drei Punische Kriege Roms
	167–164	Makkabäeraufstände	
		Königtum der Hasmonäer	
Juda unter römischer Herrschaft	63	Pompeius erobert Jerusalem	
	40–4	Herodes der Große	

Das neutestamentliche Zeitalter

	3 v. u. Z.?	Geburt Jesu	
	30 u. Z.	**Tod Jesu**	
	33	Bekehrung des Paulus	
	64	Tod des Paulus in der Christenverfolgung des Nero	
	60–70/74	Erster Jüdischer Krieg	
	70	**Zerstörung Jerusalems; Ende des Zweiten Tempels**	
	um 100	jüd. Kanon ist abgeschlossen	
	132–135	Zweiter Jüdischer Krieg	
	140–200	der neutestamentliche Kanon entsteht	
	367	Osterfestbrief des Athanasius: der christliche Kanon steht fest	

21.4 Leseminimum

Buch/Bücher	Texte
Genesis	1-9; 11,1-11; 11,27-12,20; 17-19; 21 f.; 27-29; 32,23-33; 37-45; 50,15-26
Exodus	1-6; 12-14; 15,20 f.-17,16; 19,1-24,18; 31,12-17; 32-34; 35,1-3; 40,34-38
Levitikus	2-3; 7,11-21; 11-13; 16; 19; 20,1-5
Numeri	6,22-27; 10,11-14,45; 16; 21; 22-24
Deuteronomium	1,1-5; 4,1-40; 5-8; 12,1-7; 13,1-6; 16; 17,14-20; 18,9-22; 20,1-9; 22,5; 23,20 f.; 25,5-10; 24,20-22; 26,1-11; 30 f.; 34
Josua	2; 6; 9; 23 f.
Richter	2,6-23; 4-5; 9,7-21; 16
Samuel	I: 1-3; 8-12; 15-17; 25; 31// II: 2,1-11; 5-7; 11 f.
Könige	I: 1,1-2,12; 3,16-28; 8,22-53; 10,1-13; 12; 17-19; 21// II: 1-2; 4-6; 17; 22,1-23,30; 25,8-26
Hosea	1-3; 4,1-10; 6,1-6; 8,1-9,6; 11; 12,3-11; 14,2-10
Joel	3
Amos	1-2; 5,7-15; 7-9
Jona	1-4
Micha	1,2-7; 2,1-11; 4,1-5; 5,1-8
Nahum	1,2-3; 2,1
Habakuk	2,1-5
Zefanja	3,1-15
Haggai	1-2
Sacharja	1; 4,1-14; 6,9-15; 14
Maleachi	1,2 f.; 3,22-24
Jesaja, Proto	1-2; 5,1-7; 6,1-9,6; 11,1-9; 14,1-23; 26,19; 28,1-15; 29,1-8; 30,8-17; 31,1-3; 32,1-8; 35
Deutero-Jesaja	40; 42; 44,6-8; 44,24-45,8; 48,12-16.20-22; 50,1-9; 52,1-53,12; 54,11-17; 55,6-13
Trito-Jesaja	60-61; 65,16-66,24
Jeremia	1; 3,1-13; 7,1-8,3; 11,1-13,14; 16,1-9; 18; 28-29; 31,23-32,44; 36-38; 44,15-19; 46,27 f.
Ezechiel	1-5; 8-11; 18; 23; 24,15-27; 28,11-19; 33,1-22; 34; 37; 38,14-16; 40,1-4; 43,1-12; 44,1-3; 45,18-25; 47,1-12
Psalmen	1-3; 8; 13; 19; 22; 29; 46; 49; 69; 72; 78; 90; 96; 104; 110; 137; 145; 146; 150
Hiob	1-7; 28-31; 40-42
Proverbien	4,1-9; 8; 9; 10,1-12; 15,33-16,25; 22,17-22; 26,1-12; 29,23-27; 30,1-6; 30,15-16; 31,1-9

21.4 LESEMINIMUM

Hoheslied	1; 8,6-7
Qohelet	1; 3; 4,17-5,2; 9,1-10; 12
Klagelieder	2
Rut	1-4
Ester	9,20-32
Daniel	1-7; 12
Esra	1; 3,1-7,23
Nehemia	1-2; 4,1-7,3; 8-9; 13
Chronik	I: 1; 15-17; 22; 28// II: 6-7; 20,1-30; 36,17-21
Markus	1-16
Matthäus	1-2; 5-7; 10; 13; 16; 18; 23-28
Lukas	1-4; 6; 9,51-19,28; 21-24
Johannes	1-21
1.-3. Joh	I: 1,1-2,11; 4,7-21// II.//III.
Apostelgeschichte	1-2; 4,32-5,11; 6,1-7; 7; 8,1-3; 9,1-31; 11-15; 17,16-34; 18,24-19,40; 21,1-22,21; 23,12-22; 28,16-30
Römer	1; 3,21-4,10; 5,12-21; 6,1-14; 7,7-25; 8,18-39; 9,1-13; 11,13-36; 12-13; 15,14-33
1. Korinther	1-2; 7,17-24; 9; 11; 14-15
2. Korinther	2,12-6,13; 11,16-13,10
Galater	1-6
Philipper	1-2
1. Thessalonicher	1-2; 4,13-5,11
Philemon	Verse 1-25
Epheser	1,1-3,13
Kolosser	1,12-20; 2,8-23; 3,18-4,1
2. Thessalonicher	2; 5,23
1.-2. Timotheus	I: 3// II: 1,3-5; 2,14-21; 3,14-17
Titus	2,1-10
Hebräer	2,5-18; 3,1-6; 4,14-5,10; 7,25-8,7; 9,11-15
Jakobus	2
1.-2. Petrus	I: 2,1-10; 3,18-22; 4,6// II: 3
Judas	Verse 8-16
Offenbarung	1; 4-6; 8; 10,8-11; 12-14; 17; 21-22

21.5 Hilfsmittel für das Studium der Bibel

Neben den Bibelausgaben gibt es eine Reihe von Hilfsmitteln, die das Verstehen der Bibel erleichtern. Die wichtigsten Arten dieser Hilfsmittel sollte man kennen!

Ein handliches Hilfsmittel sind **kommentierte Bibelausgaben**: neben der *Neue(n) Jerusalemer Bibel* (EÜ mit einem älteren, aus dem Französischen übersetzten Kommentar, hg. von Alfons Deissler/Anton Vögtle, Freiburg i. Br. 1985 u. ö.) gibt es noch die *Stuttgarter Erklärungsbibel* (Lutherbibel mit Apokryphen, 2005) sowie *Stuttgarter Altes und Neues Testament. Revidierte Einheitsübersetzung 2017* (2018). Für das AT liegt auch eine jüdische Version vor: *The Jewish Study Bible* (hg. von Adele Berlin/Marc Z. Brettler, Oxford 2004). Sehr gut ist auch die *The New Oxford Annotated Bible with Apocrypha*, die auch die Apokryphen der orthodoxen Kirche mitaufgenommen hat (hg. von Michael D. Coogan, Oxford/New York [4]2010).

Wer mehr wissen will, greift zu einer **Einführung**; sie vermittelt erste Hintergrundinformationen zu den biblischen Büchern, ihrer Auslegung sowie zu Geschichte und Kultur, in der die Texte entstanden sind:

Ganz elementar

Dohmen, Christoph/Hieke, Thomas, Das Buch der Bücher, Kevelaer [3]2010.
Spiekermann, Hermann/Feldmeier, Reinhard (Hg.), Die Bibel. Entstehung – Botschaft – Wirkung, Stuttgart u. a. 2004.
Theißen, Gerd, Das Neue Testament, München [2]2004.

Etwas ausführlicher

Niebuhr, Karl-Wilhelm (Hg.), Grundinformation Neues Testament, Stuttgart [4]2011.
Staubli, Thomas, Begleiter durch das Erste Testament, Ostfildern [4]2010.
Schreiber, Stefan, Begleiter durch das Neue Testament, Düsseldorf 2006.

Den jeweils aktuellen Stand der wissenschaftlichen Diskussion zu Entstehung und Theologie der biblischen Bücher findet man in den **Einleitungen** zum Alten und Neuen Testament.

Altes Testament

Dietrich, Walter/Mathys, Hans-Peter/Römer, Thomas/Smend, Rudolf, Die Entstehung des Alten Testaments, Stuttgart 2014.

Gertz, Jan Ch. (Hg.), Grundinformation Altes Testament, Göttingen (^{1}2006) ^{6}2019.

Römer, Thomas/Macchi, Jean-Daniel/Nihan, Christoph (Hg.), Einleitung in das Alte Testament. Die Bücher der Hebräischen Bibel und die alttestamentlichen Schriften der katholischen, protestantischen und orthodoxen Kirchen, Zürich 2013.

Zenger, Erich, Einleitung in das Alte Testament, hg. v. Christian Frevel, Stuttgart ^{9}2016.

Neues Testament

Broer, Ingo, Einleitung in das Neue Testament – Studienausgabe, Würzburg ^{3}2010.

Ebner, Martin/Schreiber, Stefan (Hg.), Einleitung in das Neue Testament, Stuttgart 2008 (^{2}2013).

Pokorný, Petr/Heckel, Ulrich, Einleitung in das Neue Testament, Tübingen 2007.

Schnelle, Udo, Einleitung in das Neue Testament, Göttingen ^{8}2013.

Einen Zugang zur feministischen Bibellektüre bieten:

Newsome Carol A./Ringe, Sharon H./Lapsley, Jaqueline E. (Hg.), The Women's Bible Commentary, Louisville (Kentucky) ^{3}2012.

Schottroff, Luise/Wacker, Marie-Theres (Hg.), Kompendium Feministische Bibelauslegung, Gütersloh ^{2}1999.

In diesen Büchern findet man grundlegende Informationen und sorgfältig ausgewählte, weiterführende Literatur.

Wer sich mit einem bestimmten Textabschnitt beschäftigt und dazu detaillierte Informationen sucht, greift zu einem **Kommentar**; hier werden einzelne Bücher ausführlich erklärt: Es gibt in der Regel eine Einleitung, die über die Entstehung und Theologie informiert. Zentrales Merkmal eines Kommentars ist, dass der gesamte Text fortlaufend mit Erklärungen versehen wird. Hier findet man also zu vielen Detail-Fragen mehr oder weniger erschöpfend Auskunft. Wissenschaftliche Kommentare setzen in der Regel die Kenntnis der biblischen Sprachen voraus – doch gibt es auch eine ganze Reihe von allgemeinverständlichen Kommentaren, die ohne diese Sprachkenntnisse (einigermaßen) lesbar sind:

Das Alte Testament Deutsch (ATD)/Das Neue Testament Deutsch (NTD)
Neue Echter Bibel. Altes Testament (NEB.AT)/Neues Testament (NEB.NT)
Neuer Stuttgarter Kommentar. Altes Testament

Ökumenischer Taschenkommentar zum Neuen Testament (ÖTK)
Regensburger Neues Testament (RNT)
Stuttgarter Kleiner Kommentar. Altes Testament (SKK.AT)/Neues Testament (SKK.NT)
Zürcher Bibelkommentare. Altes Testament (ZBK.AT)/Neues Testament (ZBK.NT)

Ein jüdischer Kommentar zu den Fünf Büchern Mose:
W. Gunther Plauth (Hg.), Die Torah in jüdischer Auslegung, Gütersloh 2000.

Kommentare, die die Auslegungsgeschichte besonders berücksichtigen:
Ancient Christian Commentary on Scripture
Blackwell Bible Commentary
Novum Testamentum Patristicum

Wer nur einzelne Begriffe erklärt haben möchte, greift zu einem **Lexikon**; neben den allgemeinen theologischen Lexika, die auch Artikel zu biblischen Büchern, Personen und Themen enthalten, gibt es spezielle Lexika für biblische Begriffe:
Anchor Bible Dictionary
Biblisch Historisches Handwörterbuch
Biblisches Reallexikon
Calwer Bibellexikon
Dictionary of Deities and Demons in the Bible
Handbuch Theologischer Grundbegriffe
Herder Bibellexikon
Neues Bibellexikon, ed. B. Lang u. a.
Reclams Bibellexikon
Sozialgeschichtliches Wörterbuch zur Bibel
Das wissenschaftliche Bibellexikon im Internet (WiBiLex):
‹http://www.bibelwissenschaft.de/wibilex› (22. Januar 2017); AT schon sehr umfangreich, NT im Aufbau begriffen.

Wer biblische Stellen zu einem bestimmten Wort oder eine bestimmte Stelle sucht, deren Wortlaut so ungefähr bekannt ist, greift zu einer **Konkordanz**. Sie verzeichnet den Wortschatz der Bibel und nennt die Vorkommen der Wörter. Es gibt sie natürlich in den Ursprachen – aber auch für die gängigen deutschen Übersetzungen (Lu, Zü, EÜ, Elb). Eine gedruckte Konkordanz kann man auch durch Computerprogramme ersetzen, deren es eine Vielzahl gibt. Neuere Übersetzungen sind über die Internetseiten der Bibelgesellschaften zugänglich:

‹http://www.bibelwissenschaft.de/startseite› (Deutsche Bibelgesellschaft, Stuttgart, evangelisch)
‹www.bibelwerk.de› (katholisch)

Ähnlich wie oben die Basissynopse gibt es bestimmte Textausgaben der Evangelien, in denen der Text in vier Spalten nebeneinander abgedruckt ist, so dass man leicht Gemeinsamkeiten und Unterschiede feststellen kann. Eine solche Textausgabe nennt man **Synopse**; es gibt sie in Griechisch, aber auch in den gängigen deutschen Übersetzungen (Lu, Zü, EÜ).

Die Nachgeschichte der Bibel kann man sich durch verschiedene Hilfsmittel erschließen:

Encyclopedia of the Bible and its Reception (EBR), edd. Hans-Josef Klauck e. a., Berlin 2009 ff.
Graf Reventlow, Henning, Epochen der Bibelauslegung, 4 Bde., München 1990–2001.
Sæbø, Magne, Hebrew Bible/Old Testament: The History of its Interpretation, 3 Bde., Göttingen 1996–2008.

Jüdische Rezeption

Artikel in EBR (s. o.).
Artikel in Religion in Geschichte und Gegenwart (RGG).
Encyclopaedia Judaica, 17 Bde., Jerusalem 1971.
Encyclopaedia Judaica, ed. Fred Skolnik, 22 Bde., Detroit 2007.
Liss, Hanna, Jüdische Bibelauslegung, Tübingen 2020.
Liss, Hanna, Tanach. Lehrbuch der jüdischen Bibel, Heidelberg ²2008.

Bibel und Koran

Artikel in EBR (s. o.).
Encyclopedia of Islam, edd. Marc Gaborieau e. a., Leiden 2007–2011.
Neuwirth, Angelika, Der Koran als Text der Spätantike, Berlin 2010, X. Koran und Bibel; XI. Biblisch-koranische Figuren, 561–671.
Speyer, Heinrich, Die biblischen Erzählungen im Qoran, Gräfenhainichen 1931, ND Hildesheim u. a. ³1988.

Christliche Rezeption (v. a. Kunstgeschichte)

Bocian, Martin, Lexikon der biblischen Personen, Stuttgart 2004.
Bütow, Kerstin/Kroneck, Ulrike, Bildungsschatz Bibel, 2 Bde., Neukirchen 2003/2004.
Kirschbaum, Engelbert (Hg.), Lexikon der christlichen Ikonographie, 8 Bde., Rom u. a. 1968–1976, Sonderausgabe 2004.
Poeschel, Susanne, Handbuch der Ikonographie, Darmstadt ⁶2016.
Wetzel, Christoph, Die Bibel in der bildenden Kunst, Ditzingen 2009.
‹http://www.biblical-art.com› (3. April 2017)

Speziell zur Musik

Leopold, Silke/Scheideler, Ullrich (Hg.), Oratorienführer, Stuttgart u. a. 2000.

Nohl, Paul-Gerhard, Lateinische Kirchenmusiktexte. Geschichte – Übersetzung – Kommentar, Kassel u. a. ²1998.

Nohl, Paul-Gerhard, Geistliche Oratorientexte. Entstehung – Kommentar – Interpretation, Kassel u. a. 2001.

‹http://bibleasmusic.com› (22. Januar 2017)

Literarische Motive

‹http://www.theologie-und-literatur.de/startseite› (7. August 2019)

Schmidinger, Heinrich u. a., Die Bibel in der deutschsprachigen Literatur des 20. Jahrhunderts, 2 Bde., Mainz 2000.

Schöpflin, Karin, Die Bibel in der Weltliteratur, Tübingen 2011 (enthält kommentierte Angaben für weiterführende Literatur!).

21.6 Abbildungsverzeichnis

Abb. 1 (S. 16): Die Expansion des Assyrischen Reiches, creative commons Lizenz (CC BY-SA 3.0), Sémhur (Hintergrund), Zunkir (Städte etc.).
Abb. 2 (S. 19): Die Reiche der Diadochen, creative commons Lizenz (CC BY-SA 3.0), Urheber: Captain Blood.
Abb. 3 (S. 32): Toralesung (Aish Synagogue, Tel Aviv, Israel), creative commons Lizenz (CC BY-SA 3.0), Foto: Roy Lindman.
Abb. 4 (S. 45): Brit Mila, gemeinfrei.
Abb. 5 (S. 51): Opferung Isaaks, Rembrandt (Harmensz. van Rijn) (und Werkstatt), 1636, Öl auf Leinwand, Bayerische Staatsgemäldesammlungen – Alte Pinakothek München.
Abb. 6 (S. 55): Sederabend als häusliche Feier, gemeinfrei.
Abb. 7 (S. 59): Das Stiftszelt, Ephraim Moses Lilien (1874–1925), 1922.
Abb. 8 (S. 75): Juden mit Gebetsriemen, creative commons Lizenz (CC BY-SA 4.0), Foto: Alwynloh.
Abb. 9 (S. 77): Mose mit Hörnern, creative commons Lizenz (CC BY-SA 3.0), Foto: Luca Volpi.
Abb. 10 (S. 93): Grafik: Achim Müller.
Abb. 11 (S. 112): Tonmodelle von Lebern, Louvre, Department of Oriental Antiquities, Paris, Foto: Marie-Lan Nguyen.
Abb. 12 (S. 122): Der Gott Baal, Department of Near Eastern Antiquities of the Louvre, Paris.
Abb. 13 (S. 129): Schwerter zu Pflugscharen, gemeinfrei.
Abb. 14 (S. 189): Madonna im Garten, Martin Schongauer, zwischen 1469 und 1491, Öl auf Holz, 30 × 21 cm, National Gallery London.
Abb. 15 (S. 194): Purimfest im Lager für Displaced Persons, Foto: G. Kadish.
Abb. 16 (S. 239): Grafik: Achim Müller.
Abb. 17 (S. 245): Salome, Pierre Bonneau, ca. 1900.
Abb. 18 (S. 258): Grafik: Achim Müller.
Abb. 19 (S. 261): Das Weltgericht, Pieter Pourbus, 1551, oil on panel, Groeningemuseum in Bruges.
Abb. 20 (S. 265): Die triumphierende Kirche und die blinde Synagoge, Boqueteaux-Meister, The Gotha Missal: Fol. 65r.
Abb. 21 (S. 274): Prozession in Lourdes, creative commons Lizenz (CC BY-SA 3.0), Foto: Darreenvt.
Abb. 22 (S. 275): Judas küsst Jesus, Passionsaltar von Hans Holbein d. J., um 1523, Kunstmuseum Basel.
Abb. 23 (S. 285): Artemis von Ephesus, Museo Archeologico Nazionale di Napoli, Foto: Marie-Lan Nguyen.
Abb. 24 (S. 294): Beschneidung Jesu, Taufstein der Stadtpfarrkirche St. Maria Magdalena, Georg Prünn, 1613, Münnerstadt, Foto: Andreas Praefcke.
Abb. 25 (S. 321): Grafik: Achim Müller.
Abb. 26 (S. 327): Papst Franziskus wäscht Migranten die Füße, Foto: Copyright 2016, KNA GmbH, www.kna.de, All Rights Reserved.

Udo Schnelle

**Einführung in die
Evangelische Theologie**

464 Seiten | Hardcover
14 x 21 cm
ISBN 978-3-374-06873-9
EUR 38,00 [D]

Dieses Buch des international anerkannten Exegeten Udo Schnelle führt in die Grundfragen, die Grundlagen und in die Fächer der Evangelischen Theologie ein: Warum Theologie an der Universität? Weshalb Theologie und nicht Religion? Welche Bedeutung hat die Bibel? Was verbindet die einzelnen Fächer der Theologie und gibt es ein gemeinsames Zentrum? Einen weiteren Schwerpunkt bildet die Frage nach dem Ort und der Leistungsfähigkeit von Theologie im Kontext neuzeitlichen Denkens. Es zeigt sich, dass Vernunft sowie Offenbarung, Glaube und Mythos keine Gegensätze darstellen, sondern unterschiedliche Bereiche der Wirklichkeit erfassen.
Theologisch steht im Mittelpunkt dieses fächerübergreifenden Lehrbuches die Vorstellung der Teilhabe am anhaltenden Schöpferwirken des einen Gottes: in der Geschichte Israels, in Jesus Christus und in der Kirche.

EVANGELISCHE VERLAGSANSTALT
Leipzig   www.eva-leipzig.de

Tel +49 (0) 341/ 7 11 41 -44   shop@eva-leipzig.de

Rüdiger Lux
Jiftach und seine Tochter
Eine biblische Tragödie

*Biblische Gestalten
(BG) | 33*

240 Seiten | Paperback
12 x 19 cm
ISBN 978-3-374-06755-8
EUR 20,00 [D]

Es gibt Geschichten, von denen mancher wünscht, sie stünden besser nicht in der Bibel. Die Erzählung von »Jiftach und seiner Tochter« aus dem Buch der Richter gehört zu ihnen. Kaum ein Prediger, der den Mut hat, sie seiner Gemeinde zuzumuten. Die Urteile, die die Ausleger der zurückliegenden Jahrhunderte über Jiftach fällten, können widersprüchlicher nicht sein. Wer oder was war dieser Richter aus Israel? Glaubensheld oder Kindermörder, Täter oder Opfer, Sieger oder Verlierer? Oder war er vielleicht beides in einer Person? Verdichtet sich in seiner Gestalt und der seiner Tochter die Paradoxie des Glaubens, in dem der Unglaube wohnt, des Glücks, in dem das Unglück rumort, des Sieges, der zur Niederlage wird?
Es gibt kaum einen zweiten Text in der Bibel Israels, der sich diesen Fragen in aller Radikalität stellt und seine Leser herausfordert, selbst nach Antworten zu suchen, nach einem Sinn im scheinbar sinnlosen Geschehen.

EVANGELISCHE VERLAGSANSTALT
Leipzig   www.eva-leipzig.de

Tel +49 (0) 341/ 7 11 41 -44   shop@eva-leipzig.de

Jens Herzer
Pontius Pilatus
Henker und Heiliger

*Biblische Gestalten
(BG) | 32*

280 Seiten | Paperback
12 x 19 cm
ISBN 978-3-374-06063-4
EUR 20,00 [D]

Was um alles in aller Welt hat ein römischer Provinzpräfekt im Glaubensbekenntnis der Kirche zu suchen? Wer war dieser Pontius Pilatus, eingeschrieben in das »kulturelle Gedächtnis« des Christentums? Weit über seine historische Funktion als römischer Beamter im Räderwerk der römischen Verwaltung hinaus ist sein Name im Bekenntnis untrennbar mit dem Todesschicksal Jesu verbunden, das nach dem Glauben der frühen Christen das Heil für die Welt bedeutet. Im Neuen Testament und darüber hinaus begegnet Pilatus als eine vielschichtige Persönlichkeit.

Jens Herzers ausgezeichnete Studie bringt vor allem die Spannung zwischen der historischen Person und ihrer Einbindung in eine vom Gottesglauben geprägte Deutung der Geschichte Jesu zur Geltung. Ist Pilatus in dieser Spannung Henker und Heiliger zugleich? Es wird gezeigt, in welcher Weise die Reminiszenz an Pilatus gleichsam zur »Erdung« des christlichen Glaubens beiträgt.

EVANGELISCHE VERLAGSANSTALT
Leipzig   www.eva-leipzig.de

Tel +49 (0) 341/ 7 11 41 -44   shop@eva-leipzig.de

Christfried Böttrich
Petrus
Fischer, Fels und Funktionär

Biblische Gestalten (BG) | 2

292 Seiten | Paperback
12 x 19 cm
ISBN 978-3-374-07035-0
EUR 18,00 [D]
3., korr. und erw. Aufl. 2021

Simon, Sohn des Johannes, erhält von Jesus den Beinamen Petrus (Stein). Unter diesem Namen tritt der Fischer vom See Gennesaret als einer der ersten und engsten Anhänger Jesu in Erscheinung. Die Texte zeichnen ihn als Wortführer, Bekenner und Draufgänger, als Leugner am Karfreitag und Zeugen am Ostermorgen. Später übernimmt er Verantwortung als Organisator, Verkündiger und Vermittler. So entsteht ein facettenreiches und ambivalentes Bild dieses besonderen Schülers Jesu. Ist er das Fundament für den Bau der Kirche – oder der schwankende Charakter, der von Paulus in die Schranken gewiesen wird? Erweist er sich eher als Reiz- oder als Integrationsfigur? Diesen Fragen spürt das Buch anhand biblischer und außerbiblischer Quellen nach. Es mündet in die Frage ein, inwiefern die verschiedenen Petrusbilder Konturen eines »Petrusdienstes« erkennen lassen, der für die Kirche unserer Tage neue Bedeutung gewinnen könnte.

EVANGELISCHE VERLAGSANSTALT
Leipzig www.eva-leipzig.de

Tel +49 (0) 341/ 7 11 41 -44   shop@eva-leipzig.de